六角会館研究シリーズ Ⅷ

親鸞と浄土仏教の基礎的研究

川添泰信編

永田文昌堂

まえがき

親鸞が開示した浄土真宗の教えは、多くの先哲によって連綿として教義的考究がなされてきた。またその教えは信仰として多くの民衆に受け入れられ、日々の生活の中に根付いている。日本の歴史を鳥瞰的に見た場合、親鸞の説示した浄土真宗は、日本の思想や文化に多大な影響を与えてきたと言うことができよう。しかし今日の近代化した日本においては、これまでと異なった思考や生活スタイルが現出すると共に、少なからずその教えは、ダイレクトに受け入れがたい課題を持つようになってきた、という一面も見られるのではないだろうか。先哲が考究に心血を注ぎ、さらに日本の思想文化に深く浸透してきた親鸞の教えであればこそ、浄土真宗の今日的課題は、多様な方法によって問い続けられなければならないであろう。

昨今の真宗学は、今日まで積み重ねられてきた研究成果に基づき、研究対象の基盤を拡幅する傾向にある。具体的には、現代社会に多在する諸問題への対応、国家・地域性との関係性を踏まえた上での検討、または哲学的、心理学的、医学的視座等の導入である。これらの視点は真宗学にとって、より広く多角的なアプローチを提示している。それは現代に生きる我々との間に築かれた架け橋とも言えるものであり、真宗学の裾野を拡げる役割を果たしていると言うことができるであろう。

また、真宗学を専攻する我々は、親鸞及び浄土教における基礎的研究を改めて問い直す必要がある。それは、あらゆる分野から向けられた問題提起であり、そのことに基づく真宗学の再構築を迫る必然的結果でもあろう。そしてその再構築へのアプローチが、日々発展していく研究方法の正当性を見定め、自身の研究問題や立ち位置等を確認する契機となれば幸いである。

掲題は「親鸞と浄土仏教の基礎的研究」と示した通り、あらゆる分野に広く対応できるように設定した。そのため、研究論文の内容および研究方法については各研究者に一任し、各人の研究分野で自身の知見を広げながら、各々の論理を確認すると共に、新たに真宗学を学ぶものにとって、その礎となるものを提出していただいた。加えて、本掲載論文については執筆者の中から査読委員を構成し、各論文について査読をおこなったことを付言しておく。なお、掲載順は取り扱うテーマに拠ることとする。

この度、六角仏教会より奨学金を頂戴してから五年の歳月を経て、このような研究成果をまとめることができた。厚く感謝する次第である。また、この論文集をお読みいただく読者諸賢には、いろいろご批判ご教示いただければと切に願うところである。

本書の出版に関して、多忙な中、論文執筆を快くお引き受けいただいた研究者の方々、さらには編集作業等に携わっていただいた龍谷大学非常勤講師・山﨑真純氏、同大学院文学研究科研究生・長宗博之氏、同大学院文学研究科博士後期課程・福井順忍氏、そして出版にご尽力いただいた永田文昌堂主・永田唯人氏に厚く御礼申し上げる。

二〇一七年三月

龍谷大学大宮学舎研究室にて

川　添　泰　信

目次

まえがき

第一部　浄土教思想関係

僧肇における般若思想と菩薩道……長宗博之　三
『往生論註』における「十念」考……溪　英俊　三三
曇鸞・道綽における仏身仏土論の思想構造（上）
——二種法身説・広略相入の論理の相違——……田中無量　五七
中国浄土教の拡大
——道綽を中心として——……福井順忍　八九
『往生拾因』における中国浄土教の受容……山﨑真純　一〇七
法然と明恵の菩提心理解について……細川　了　一三三
聖覚研究の視座についての一考察
——平雅行氏の聖覚論を手がかりに——……西河　唯　一五七
浄土教における中有思想の意義……榎屋達也　一八七

第二部　親鸞思想関係
親鸞における法師自称の問題……川添泰信　二一三
親鸞における教判論の再検討……四夷法顕　二三九
——二双四重判と天台五時八教判との関連性——
親鸞における『阿弥陀経』受容の諸相（II）……河智義邦　二六七
——方便化身土としての極楽国土荘厳の意義——
『教行信証』「行巻」大行釈にみる親鸞の念仏観……貫名　譲　二九九
——『往生礼讃』引用の意図と「六字釈」を中心に——
大悲伝普化と大悲弘普化……玉木興慈　三三五
——「行ずることもなほかたし」と関連して——
「正信念仏偈」の譬喩表現……玉木興隆　三五三
——「光」の譬喩表現に生じる矛盾とその源泉——
親鸞の来迎思想……田中好三　三八三
西田哲学と親鸞思想（一）……杉岡孝紀　四〇九
——西田幾多郎の宗教的関心と悲哀——
執筆者紹介

親鸞と浄土仏教の基礎的研究

僧肇における般若思想と菩薩道

長　宗　博　之

はじめに

僧肇（三七四-四一四）は、鳩摩羅什（三五〇-四〇九）の四大弟子の一人であり、特に般若思想に精通した人物とされる。(1)そして、僧肇の般若思想や体用思想の萌芽とされる寂用の論理は、後の中国仏教界にも非常に大きな影響を与えるものとなる。(2)

この僧肇の般若思想に関する先行研究は多数確認でき、近年では三桐慈海氏や池田宗譲氏等の論考(3)において、その詳細が述べられる。それらの研究は僧肇の般若思想そのものに関する言及、もしくは般若と関係した寂用の論理に関する言及、老荘側か仏教側かという僧肇の立場に関する言及等に重きが置かれている。また一方で、鳩摩羅什が漢訳した『維摩詰所説経』（以下、『維摩経』）の註釈書である『注維摩詰経』(4)を通じて、菩薩の実践行と関係させた形で論じた高城梓氏の論考(5)は、僧肇における般若思想と菩薩道の形態を考える上で非常に重要な意味を持つと考える。

上記のように、僧肇の思想構造に関する研究が進む中、約四〇年という短い生涯を終えた僧肇においては、般若の追求と同時に、それが菩薩道の完成に繋がると見ていたことが想定される。よって、本論で試みるような中国仏教界の中で僧肇の論理を体系づける作業は、後世への般若思想の影響や諸師の受容姿勢を明瞭にさせる基盤になると考える。

今回は、はじめに僧肇の般若思想及び寂用の論理を概観し、『注維摩詰経』に説かれる語句に注意を払いながら、般若の位置づけ、及び僧肇の般若思想における菩薩の修道形態について言及する。(6)その後、本論考では般若思想の上に菩薩をどのように捉えようとしていたのか明らかにしていきたい。(7)

一、僧肇の般若思想

まず、僧肇における般若思想は、前述の三桐氏や池田氏等の論考、拙稿論文(8)等において、すでに論じられているため、ここではそれらを概観するに留めたい。

般若の概念は、僧肇の『般若無知論』において、

放光云、般若無二所有相一、無二生滅相一。道行云、般若無二所知一、無二所見一。此弁二智照之用一、而曰二無相無知一者何耶。果有二無相之知、不知之照一明矣。何者、①夫有レ所レ知、則有レ所レ不レ知。以二聖心無知一、故無レ所レ不レ知。不知之知、乃曰二一切知一。故経云、聖心無レ所レ知、無レ所レ不レ知。信矣。②是以聖人虚二其心一而実二其照一。

(『大正新脩大蔵経』(以下、『大正蔵』)四五、一五三頁a-b。以下、傍線等は筆者に依る)

と述べられ、①「無知」と②「照察するはたらき」の二種の性質が見出される。①の性質は「無知」にして「一切知」であり、真理そのものを捉えるはたらきとして位置づけられる。この点については、三桐論文においてその詳細が述べられるため、詳しくはそちらに譲り、今回は②の「照察するはたらき」に重点を置くこととする。この②の照らす対象は、「是以聖人以㆓無知之般若㆒、照㆓彼無相之真諦㆒。」（『大正蔵』四五、一五三頁c）とあり、「般若」が「第一真諦」を照らすと示される。なお、ここでは「第一真諦」を「真諦」と表記されるが、「非有なる真諦」を示す場合の「真諦」という語も存在する。そのため、文脈から判断せざるを得ず、この点については随時補足することとする。さらに、この「第一真諦」の性質とは、『不真空論』において、「然則真諦独静㆓於名教之外㆒。」（『大正蔵』四五、一五二頁a）と述べられ、言説を超えた真理として位置づけられる。また、同じ『不真空論』において、

摩訶衍論云、諸法亦非㆓有相㆒、亦非㆓無相㆒。中論云、諸法不有不無者第一真諦。（『大正蔵』四五、一五二頁a）

とも述べられる。つまり、「第一真諦」は「非有非無」なる言説を超えた真理の境界とされるのである。さらに、この「非有非無」なる境界を説明するために、僧肇は「真諦」「俗諦」という語句を用いる。これも『不真空論』において、

誠以㆓即㆑物順通㆒、故物莫㆓之逆㆒、即㆑偽即㆑真、故性莫㆓之易㆒。性莫㆓之易㆒、故雖㆑無而有。物莫㆓之逆㆒、故雖㆑有而無。雖㆑有而無、所謂非有。雖㆑無而有、所謂非無。如㆑此、則非㆑無㆑物也。物非㆓真物㆒。物非㆓真物㆒、故於㆑何而可㆑物。（『大正蔵』四五、一五二頁b）

と述べられる。「非有」とは、実体的なものを認めず、すべては縁起によって成立することをいい、もう一方の

「非無」とは、ものは縁起によって成立しており、それを全くの無なるものと見なせないことをいう。これら「非有」「非無」という有無を共に否定することで示される境界が「第一真諦」なのである。さらに、「非有」と「非無」の関係については、

故放光云、第一真諦無レ成無レ得。世俗諦故、便有レ成有レ得。夫有得即是無得之偽号。無得即是有得之真名。真名故、雖レ真而非レ有。偽号故、雖レ偽而非レ無。是以言レ真未二嘗有一、言レ偽未二嘗無一。二言未二始一一。二理未二始殊一。故経云、真諦俗諦謂レ有レ異耶。答曰、無レ異也。此経直弁二真諦一以明二非有一。俗諦以明二非無一。豈以二諦二一而二二於物一哉。

（『大正蔵』四五、一五二頁b）

とある。[9] ここでは、『放光般若経』や『道行般若経』の文を基に、「非有」を「真諦」、「非無」を「俗諦」として、この二者を「世俗諦」に当てはめる。そして、「第一真諦」と「世俗諦」を不二なる関係で示している。

また、「般若」の性質②により「第一真諦」を照らすと述べたが、それら照らす主体と照らし出されるものの関係性は『般若無知論』末の第八問答において、

聖智之無者、無レ知。惑智之無者、知レ無。（乃至）是以般若之与真諦、言レ用即レ同而異、言レ寂即レ異而同。同故無レ心二於彼此一、異故不レ失二於照功一。是以弁レ同者同二於異一、弁レ異者異二於同一。斯則不レ可二得而異一、不レ可二得而同一也。何者、内有二独鑒之明一、外有二万法之実一。万法雖レ実、然非レ照不レ得。内外相与以成二其照功一。此則聖所レ不レ能レ同レ用也。内雖レ照而無知、外雖レ実而無相。内外寂然、相与倶無。此則聖所レ不レ能レ異寂也。

（『大正蔵』四五、一五四頁b－c）

と述べられる。ここでは、「寂」と「用」の関係をもって照らし出された具体相も真実であることが示される。

「寂」とは、「般若」により「第一真諦」（無相）を捉える時、そこから照らし出される一々の相（真諦・俗諦）も「般若」を媒介とした言説的展開であるため、無相なる「第一真諦」と性質を同じくすることをいう。もう一方の「用」とは、一々の相は「聖人」（般若）の照らすはたらきによって映し出されるものであるため、諸法の差異（真諦・俗諦等）を全く同じものであると見なすことはできないことを指す。つまり、「般若」によって照らされるという認識論的側面と、「第一真諦」と照らし出される具体相の本質的同一性という存在論的側面の両義によって、僧肇の般若思想が述べられていることが確認できる。(10) また、「寂」と「用」の関係において、同でありながら異、異でありながら同とあるが、「般若」に「寂」と「用」の区別があるのかという第九の問いに対して、

答曰、用即寂。寂即用。用寂体一。同出而異レ名。更無下無レ用之寂、而主中於用上也。是以智弥昧、照逾レ明、神弥静、応逾レ動。豈曰二明昧動静之異一哉。故成具云、不為而過レ為。宝積曰、無心無識無レ不二覚知一。斯則窮レ神尽レ智、極二象外之談一也。即二之明文一、聖心可レ知矣。（『大正蔵』四五、一五四頁ｃ）

と述べる。つまり、「寂」と「用」は相即の関係にあり、昧《くら》ければ昧い程明るく照らし、心が静であればある程ものに応じて動ずるものとして位置づけられる。

なお、「般若」と「第一真諦」の照察関係において主客がなくなるのか否かということも問題となる。これは、『般若無知論』末の第三問答において、

答曰、以レ縁求レ智。智非レ知也。何者、放光云、不二縁レ色生一レ識。是名レ不レ見レ色。又云、五陰清浄故、般若清浄。般若即能知也。五陰即所知也。所知即縁也。夫知与所知、相与而有、相与而無。相与而無故物莫二之有一、相与而有故物莫二之無一。（『大正蔵』四五、一五四頁ａ）

と述べている。つまり、「般若」とは「能知」であり、「所知」として「五陰」というものが存在し、この所知は縁であるという。そして、ものは実体的な有でもなく無でもなく、所知は智との関係において成立することを示している。そのような意味で、『不真空論』の冒頭では、「夫至虚無生者、蓋是般若玄鑑之妙趣、有物之宗極者也」（『大正蔵』四五、一五二頁ａ）と述べ、「般若」を「鑑（鏡）」として捉えている。「鑑（鏡）」とは、対象を映し出すものであり、ここでは「第一真諦」を照らし出すはたらきとして用いられていると言えるだろう。

また、先の「寂」と「用」に関する第八問答冒頭に、「般若」と共に「惑智」という語が用いられることが確認できる。「惑智」は無分別智を得ていない状態の心を指し、凡夫の煩悩による見方と考えられる。つまり、「般若」と「惑智」の間に明確な区別を認めつつも、「般若」の照察するはたらきによって顕れた一々の相・言説は、「惑智」の凡夫にさとりの一側面を知覚させるはたらきを有し、凡夫はそれをたよりに修道していくことで「般若」に至るという構造となる。

なお、僧肇はこの「般若」に至るものを「聖人」や「至人」[11]の語をもって述べる場合が多い。これらの概念は『荘子』の思想的要素に依拠する。僧肇在世当時も、『荘子』に関する理解は西晋の郭象（二五二―三一二）によるところが大きかったようである。そして、その郭象が追求した聖人像は荘子的究竟者（至人）であり、また「無心者」であると規定された。さらに、「至人」とは絶対無差別の境地に立つ無限なる存在とされ、そのはたらきは「応物無方」（自由自在）であるという点を、仏教側では諸仏や法身菩薩等の相を顕す語として用いたようである。[12]

つまり、僧肇は「般若」を有することを老荘思想で用いられるような「至人」「聖人」等の表現により、その身には衆生に応じて展開する「無相なる相」を有すと示したのである。この「無相」という概念は、「般若」の①「無

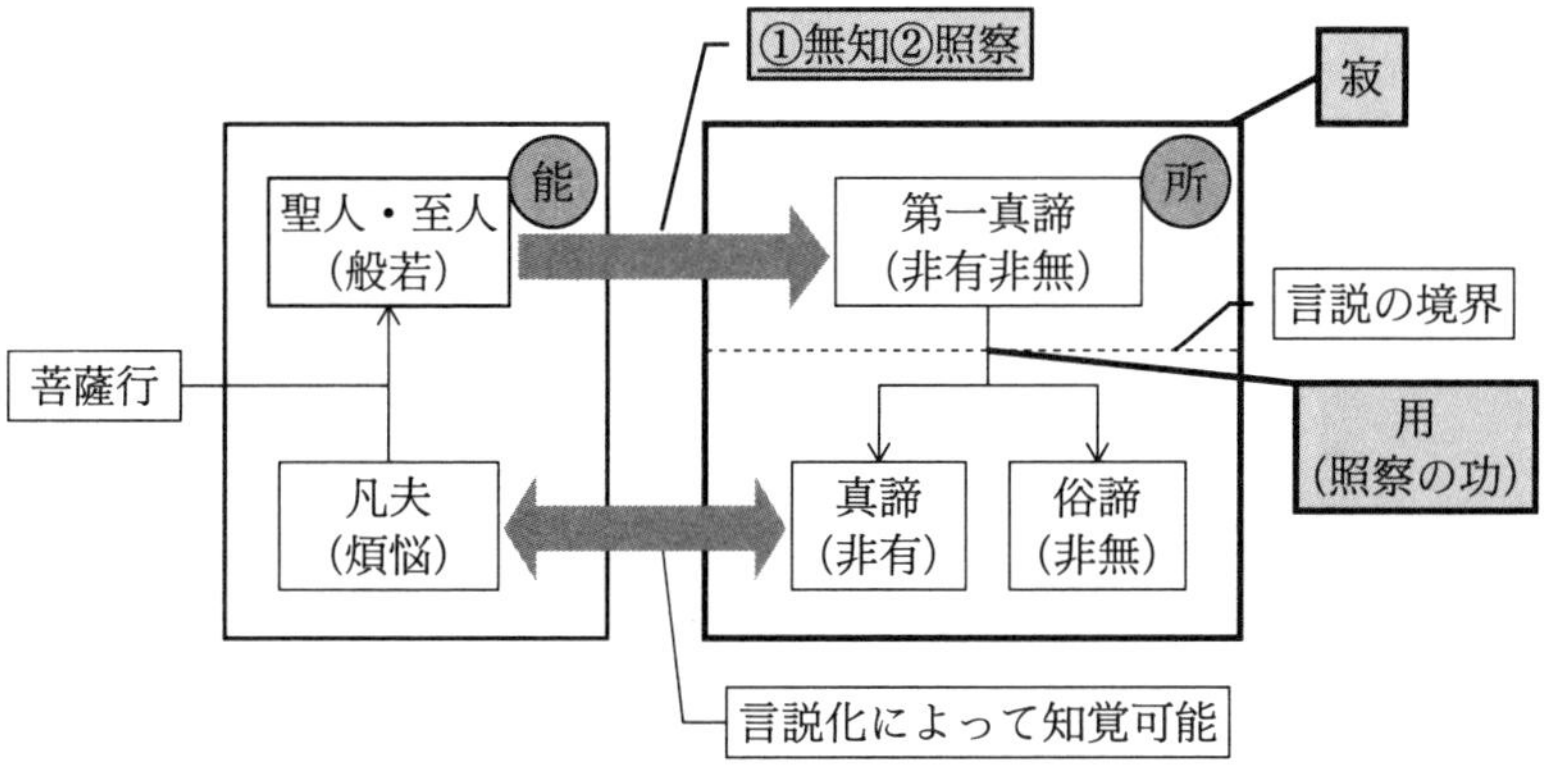

知」と同様の論理構造を持つと考えられる。「無知」とは、知るというはたらきがないことである。知るはたらきがないため、その対象として知られるところもない（「無所知」）。知られるところもないから、知られないところもない（「無所不知」）。だからこそ、一切を知るのである（「一切知」）。このような論理構造で、「無相」にも一切の相に展開するはたらきがあると理解しなければならない。そして、「般若」（②照察）と「第一真諦」の関係より、「般若」を有す「至人」は人に応じて真理を説く時、自身の姿を自在に顕すと共に、真理に裏付けられた言説表現を用いて衆生を導くとされたのである。

以上のことをまとめると、上のような図になると思われる。僧肇の般若思想とは、能所の関係にある「般若」と「第一真諦」の関係性によって「世俗諦」たる「真諦」「俗諦」のように言説化された展開相を基軸とする。その存在論は寂用相即の論理によって「第一真諦」と「世俗諦」（「真諦」「俗諦」）の二者を「不二」なる関係とし、その真実たる言説をもって凡夫に真実を伝えるというものである。それによって、「惑智」の凡夫が知覚可能となり、「般若」に至る過程が示されたのである。

二、僧肇における菩薩の修道過程

「般若」と「第一真諦」等の論理構造は前節において確認した。続く本節では、「凡夫」と「般若」に至った「聖人」「至人」「法身」という位の関係を見ていきたい。特に、「般若」に至った者の位については菩薩の階梯と重ねて考えられる。ただし、菩薩の修道過程は、『肇論』として纏められた各論にはほとんど言及されておらず、むしろ鳩摩羅什訳の『維摩経』を註釈した『注維摩詰経』僧肇註において確認できる。[13]

まず、僧肇が示す「般若」に至る位について確認する。これは『注維摩詰経』「仏国品」における「随丁諸衆生応丙以二何国一起乙菩薩根甲而取二仏土一」の文を註釈する中、

肇曰、上為レ入二仏慧一。仏慧七住所得無生慧也。今為二菩薩根一。菩薩根六住已下菩提心也。

（『大正蔵』三八、三三五頁ａ）

と述べられる。また、「文殊師利問疾品」の「何謂下無二方便一慧縛上。謂菩薩以二愛見心一荘二厳仏土一、成二就衆生一、於二空無相無作法中一而自調伏。是名下無二方便一慧縛上」という文を註釈する中、

肇曰、六住以下心未二純一一。在レ有則捨レ空、在レ空則捨レ有。未レ能下以二平等真心一有無俱渉上。所以厳レ土化レ人則雑以二愛見一。此非二巧便修徳之謂一。故無二方便一。而以二三空一自調故有レ慧也。

（『大正蔵』三八、三七九頁ａ）

とある。これらのことから、僧肇は菩薩の階梯において、特に「六住」と「七住」に明確な区別を見ていることが窺える。つまり、「七住」は「無生法忍」を得る位として、未だ「無生法忍」を得ていない「六住」との差を設け

ると共に、「六住」の位には方便がないことを述べている。[14] 換言すれば、「七住」の位には「無生法忍」だけでなく、「方便」の義が見出されているということになるだろう。また、「七住」については、「仏国品」の「無二有量已過量一」の文を釈す中において、

肇曰、既得二法身一入二無為境一、心不レ可二以レ智求一。形不レ可二以レ像取一。故曰二無量一。六住已下名二有量一也。

（『大正蔵』三八、三三〇頁ａ）

と述べられ、「法身」を得て形を顕すことに際限がないことを示すことにも留意したい。

なお、ここでは「六住」と「七住」という表記になっているが、例えば『華厳経』の「十地品」について鳩摩羅什が漢訳した経典名が『十住経』であったように、「地」と「住」は当時互用されていたものと考えられる。そのため、ここより先は便宜上「六地」「七地」で統一したい。

上記のような僧肇が用いた「六地」や「七地」の概念が何に依拠しているかというと、僧肇は各地の名称を用いないこともあり、明確に示すことは難しいとしながらも、高城氏は大品系の般若経類に依ると指摘している。それは、『大品般若経』「発趣品」において、「六地」に「六波羅蜜」、「七地」に「無生法忍」を挙げ、「十地」になって仏のごとしと位置づけられる点が見受けられるためであるとされる。[15] それらを確認するに当たり、まずは、『注維摩詰経』における「六地」と「七地」の特徴を見ていきたい。

まず、僧肇は『大品般若経』の記述を受け、「六地」における行として「六波羅蜜」を想定している。これは、「仏国品」と「方便品」の註釈部より確認できる。「仏国品」の「大智本行皆悉成就」という文に対して、

肇曰、大智一切種智也。此智以二六度六通衆行一為レ本。諸大士已備二此本行一。　（『大正蔵』三八、三二八頁ｃ）

と註釈している。ここでいう「大智」とは「一切種智」であり、「六度（六波羅蜜）」や「六通」等の行を本とすることが述べられる。次に、「方便品」の「従二方便一生、従二六通一生」という文に対し、

肇曰、七住以上則具二六通一。自レ非三六通運二其無方之化一、無三以成二無極之体一。（『大正蔵』三八、三四三頁b）

と註釈している。ここでは、「七地」は既に「六度」を具すと定義され、「六地」で「六度」（六波羅蜜）を完成させていることが推察される。そのため、「六地」に「六波羅蜜」を、「七地」に「無生法忍」を位置づけたことが確認できる。さらに、この「七地」を「不退転」の位とする。それは、「仏国品」の「逮二無所得不起法忍一」の文、そして直後の「已能随順転二不退輪一」の文を釈して、

肇曰、忍即無生慧也。以三能堪二受実相一故以レ忍為レ名。得二此忍一則於レ法無レ取無レ得、心相永滅。故曰二無所得不起法忍一也。（『大正蔵』三八、三二九頁b）

肇曰、無生之道無レ有二得而失一者不退也。流演円通無レ繋二于一人一輪也。諸仏既転二此輪一、諸大士亦能随順而転レ之。（『大正蔵』三八、三二九頁b）

等と述べられる箇所より確認できる。つまり、「七地」は「六地」で「六波羅蜜」を完成した結果、「法身」「無生法忍」「不退転」を得る位として理解されたのである。

また、六地以下についても心の問題を基に言及する。そこでは、『維摩経』に記される「直心」「深心」「大乗心（菩提心）[16]」の捉え方を用い、心の深化の後に「六波羅蜜」を修すとされる。それは、「仏国品」の「大乗心是菩薩浄土。菩薩成仏時大乗衆生来二生其国一。」を釈して

肇曰、乗二八万行一、兼二載天下一、不レ遺二一人一大乗心也。上三心是始学之次行也。夫欲レ弘二大道一要先直二其心一。

心既真直然後入レ行能深。入レ行既深則能広運無レ涯。此三心之次也。備二此三心一然後次修二六度一。別本云、直心深心菩提心。

（『大正蔵』三八、三三五頁c）

と述べられる。つまり、「直心」「深心」「大乗心」とは、まずその心を真っ直ぐにすることで行法の本となし、衆徳を行じてその心が深くなれば、さらにそのはたらきの際限がなくなるというものである。これが三心の次第であり、その後に「六度」を修すことで、「六地」「七地」へと進むのである。そのため、この三心は行の根底となり、かならず必要な要素であると僧肇は理解していたようである。

さらに、僧肇における心のあり方は、修行の根底に据えられると同時に、その心自体は本来無相であるという観点より、すべての衆生において「般若」に至る可能性を認めていく。それは、「智慧に入るために如何なる仏土を取るべきか」という「仏国品」の「随丁諸衆生応丙以二何国一入乙仏智慧甲而取二仏土一」を釈して、

肇曰、衆生自有下見二浄好一慕而進修者上。亦有下見二穢悪一厭而進修者上。所レ好殊レ方。略言レ之耳。所因雖レ異然其入二仏慧一一也。故随二其所一レ応而取二仏土一焉。

（『大正蔵』三八、三三五頁a）

と述べられる箇所より確認できる。ここでは、衆生によって仏道に至る因縁は様々であるが、「仏慧」に至る点においては一つであるとされる。また、同時に菩薩の定義についても、「仏国品」の「菩薩三万二千」の文を釈して、

肇曰、菩薩正音云二菩提薩埵一。菩提仏道名也。薩埵秦言二大心衆生一。有二大心一入二仏道一名二菩提薩埵一。無二正名訳一也。別本云、菩薩三万二千得二大神通一。

（『大正蔵』三八、三二八頁b）

と述べられる。ここでは、「菩提」を仏道、「薩埵」を「大心」のある衆生とし、「大心」があって仏道に入るものは皆「菩提薩埵」であると定義される。高城氏は、この点について「仏国品」の「随丁諸衆生応丙以二何国一起乙菩薩

> 根㆙而取㆓仏土㆒」という経文を踏まえて、
>
> 菩薩が衆生の性質に応じて仏国土を取るとあるように、菩薩による各自の性質に応じた教化を受けることによって、衆生が「大心」を発生させ、菩薩となると考える。[17]

と指摘する。これらの点より、すべての衆生に「般若」に至る可能性があると考えられるのである。

加えて、このような「三心」（六地以下）、「六度」（六地）、「不退転」（七地）の他に、「一生補処」の段階が述べられる。この点について、高城氏は『維摩経』当面では弥勒菩薩も維摩居士の批判対象とされるが、僧肇は弥勒菩薩を「一生補処」の位であると評価しており、維摩居士に批判されたのは未だ煩悩から離れられない衆生のために説かれたと述べる。[18]そのため、僧肇は「一生補処」という仏に近い段階も想定しており、これが十地の階梯でいうところの「第十地」に該当する。

ところで、『肇論研究』では、この十地について「共の十地」であると指摘され、直後の「進修三位」を辟支仏地・菩薩地・仏地であるとしている。[19]この見解については無理があるように思える。高城氏も、

> 「共の十地」から見ると、菩薩が無生忍を得るのは第一地なので、「七住で無生を得る」というのは不適切であること、及び菩薩地は第九地なので、それ以前に菩薩であることはおかしいことである。[20]

と指摘されるように、「共の十地」が該当しないことについては賛同する限りである。高城氏の場合、上記のような「六地」に「六波羅蜜」、「七地」に「不退転」ということから、おそらく大品系の般若経などを踏襲しているためであろうとされるが、明確な言及はされていない。これは、僧肇の十地の構造の検討が不十分であるため述べられており、単純な当てはめ作業を避けたためと考えられる。

しかし、この見解に対して再度見直せる点は、僧肇がどこまでも「般若」を追求し、各論の諸処に見られる種々の「般若経」を基に論証する姿勢である。特に、僧肇における十地の階梯の背景には、小品系の四種菩薩の階梯が考えられるだろう。ただし、単純な当てはめ作業をしたいわけではなく、十地という階梯の中、『注維摩詰経』で四種（六地以下・六地・七地・十地）のみ抽出した理由について考察したい。

まず、四種の菩薩とは、鳩摩羅什訳『小品般若経』の「深心求菩提品」において、

世尊、若人於二初発心菩薩随喜一、若於二行六波羅蜜一、若於二阿毘跋致一、若於二一生補処随喜一、是人為レ得二幾所福徳一。

（『大正蔵』八、五七五頁ａ）

と述べられる。つまり、四種の菩薩とは「初発心菩薩」「行六波羅蜜」「阿毘跋致」「一生補処」を示している。また、同じ小品系統の支婁迦讖訳『道行般若経』における四種について、平川彰氏は梶芳光運氏・山田龍城氏の論を採用すれば、「初発意菩薩」「阿闍浮菩薩」「阿惟越致」「阿惟顔（灌頂位）菩薩」が該当すると指摘する。[21] 加えて、「阿闍浮菩薩」は「新学菩薩」の意味に理解されると共に、同じ『道行般若経』の中でも第二の名称として「随般若波羅蜜教者」「随次第上菩薩」と呼ばれるように、浮動の状態であることを指している。ただし、「初発意菩薩」と「新学菩薩」の位置づけは異なるようである。「初発意」とは無上菩提の心を発すという心を整える時を指すのに対し、「新学」とは修行を始めた菩薩のことをいう。つまり、「初発意菩薩」と異なり、「般若波羅蜜」の修行が若干進んだ段階とされる。そのため、平川氏は「初発意・新学・不退転・阿惟顔（あるいは一生補処）の段階を立てることも充分可能である[22]」と指摘する。

このような四種の菩薩というあり方が、僧肇の用いた四種の特徴に大きな影響を与えたことは充分考えられるだ

ろう。例えば、僧肇の著作中における『道行般若経』の引文自体は少ないが、『般若無知論』の「般若」の性質を論ずる箇所で、無羅叉訳『放光般若経』の文と同列に引用される点[23]や、『涅槃無名論』で「般若をどこに求めるか」という問答の出拠に『大品般若経』と並んで指摘される点[24]など、決して評価の低いものではないことが窺える。

また、大南龍昇氏は「誓願」という観点から、『道行般若経』に説かれる四種菩薩に共通する誓願が『放光般若経』や『大品般若経』に至ると、十地との関連で述べられるようになることを指摘する。特に、『大品般若経』「浄願品[25]」において、「初発意菩薩」が初地の菩薩を指し、『道行般若経』の四願が初地の菩薩の発願内容となるということを述べており、小品系から大品系への展開が窺える[26]。

以上のことから、小品系統の四種菩薩が大品系統の十地とも関係を持つことが考えられ、僧肇は十地の中、特に衆生が「大心」を発し（初地）、次いで「六地」「七地」「十地」の名称を出して説明するのも『小品般若経』や『道行般若経』で説かれる四種の位を意識しながら、一地一地進修することに意義があると考えたからであろう。

さて、第一節において「般若」と寂用の論理構造を確認し、本節においては「惑智」から「般若」への方向性を確認した。その結果、僧肇は「惑智」のような存在においても、皆「般若」に至る可能性を有していると見ていたことが確認できた。それは、「六地以下」において、心を調整して、常に菩薩行を行じていくことを起点とし、「直心」をはじめとする三心を発す衆生をも十地の中に位置づけることで、「三心」「六度」「不退転」という段階を経て「般若」に至り、その後に「一生補処」に至ることを示しているのである。

三、『注維摩詰経』から見る「般若」と主客の問題

次に、前述の「般若」と「第一真諦」の関係、及び僧肇の菩薩の位置づけについて、『注維摩詰経』に顕れる僧肇の般若思想を基に補足・確認していきたい。それに差し当たって、まずはじめに、僧肇が『維摩経』は何を明らかにするものと理解していたのか、『注維摩詰経』序より確認する。ここでは、

維摩詰不思議経者、蓋是窮レ微尽レ化、絶妙之称也。其旨淵玄、非二言象所一レ測。（乃至）此経所レ明、統二万行一則以二権智一為レ主。樹二徳本一則以二六度一為レ根。済二蒙惑一則以二慈悲一為レ首。語二宗極一則以二不二一為レ門。凡此衆説皆不思議之本也。至レ若下借二座灯王一請二飯香土一手接二大千一室包中乾象上、不思議之迹也。然幽関難レ啓、聖応不レ同。非レ本無二以垂一レ跡。非レ跡無二以顕一レ本。本跡雖レ殊而不思議一也。故命二侍者一標以為レ名焉。

（『大正蔵』三八、三二七頁a－b）

と述べられ、『維摩経』は「不可思議不二法門」を明かすことを目的とし、「権智」「六度」「慈悲」「不二」をもって、本迹は異なるといえども「不可思議一」であると示すことが強調される。この本迹は何かというと、先の寂用の論理で示す「第一真諦」と「真諦・俗諦」の関係性を指すことは言うまでもないだろう。つまり、万行を統べる「権智」を主とし、功徳を植える「六度」を根とし、衆生を救済したいという「慈悲」を首とし、ものごとの真なるあり方を「不二」と定義して「不可思議不二」の法門を説くと理解される。そして、これらは今まで論じてきた部分が各々何と関連しているかというと、「権智」は「般若」の義と関係し、「六度」は「六地」と「七地」の差違

と関係する。次の「慈悲」は七地以上の菩薩のあり方（「般若」の②の性質）などと関係し、最後の「不二」は「般若」を得た後の真なる眼によって映る境界を指すため、「般若」や「七地」の境界と関係するだろう。なお、「六度」と「慈悲」に関しては既に述べているため、以降は特に「権智」と「不二」について言及したい。

（一）「権智」について

まず、「権智」とは、「不思議品」の中に、

肇曰、夫有二不思議之迹顕一レ於レ外、必有二不思議之徳著一レ於レ内。覆二尋其本一権智而已乎。何則智無二幽而不一レ燭、権無二徳而不一レ修。無二幽不一レ燭故理無レ不レ極。無二徳不一レ修故功無レ不レ就。功就在二于不一レ就故一以成レ之。理極存二于不一レ極故虚以通レ之。所以智周二万物一而無レ照。権積二衆徳一而無レ功。冥寞無為而無レ所レ不レ為。此不思議之極也。巨細相容殊形並応。此蓋耳目之麁迹。遽足二以言一乎。然将因レ末以示レ本、託レ麁以表レ微。故因レ借レ座、略顕二其事一耳。此経自レ始二于浄土一終二于法供養一。其中所レ載大乗之道無レ非二不思議法者一也。故嘱累云、此経名二不思議解脱法門一。当レ奉二持之一。此品因レ現二外迹一故別受レ名耳。解脱者自在心法也。得二此解脱一則凡所二作為一内行外応自在無閡。此非三二乗所二能議一也。七住法身已上乃得二此解脱一也。（『大正蔵』三八、三八二頁b）

とある。ここでは、「権智」を「権」と「智」を分け、「権」は諸の徳を積み、そのはたらきに際限のないこと、一方の「智」は万物に応じて際限なく照らすものと捉える。そして、「解脱」を「自在の心法」と見なし、『般若無知論』で述べた内外の関係（「般若」と「第一真諦」「万物」の関係）により、自在無碍なることを改めて論じていることが確認できる。さらに、同じ「不思議品」の「是名下住二不可思議解脱一菩薩智慧方便之門上」を釈して、

肇曰、智慧遠通、方便近導。異迹所以形、衆庶所以成。物不レ無レ由而莫二之能測一。故権智二門為二不思議之本一也。

（『大正蔵』三八、三八三頁b）

と述べられる。さらに、「仏道品」の「於レ是維摩詰以レ偈答曰、智度菩薩母。方便以為レ父。」を釈して、

肇曰、智為二内照一権為二外用一。万行之所二由生一、諸仏之所二因出一。故菩薩以レ智為レ母、以レ権為レ父。

（『大正蔵』三八、三九三頁a）

とあり、「権」と「智」の内外のあり方を、『般若無知論』で示された「般若」の二義（①無知②照察・言説化）と対応させ、菩薩のはたらきという形で用いていることが窺える。つまり、菩薩の境界における「権智」とは、七地以上で至る「般若」の境界であると解釈することができる。

この「権智」と関連して、「仏慧」と表記されるものもある。高城氏によると、これは菩薩の「無生慧」を「忍」と名づけた理由[27]と関連させ、菩薩のはたらきが仏と比べて劣るためであると指摘する。これは、三界の煩悩は滅したとしても、なお「結習」があるため、仏より劣るとある。つまり、「七地」で「無生法忍」を得て、「不退転」となったとしても、未だ修道の余地が残された状態を指しているのである。ただし、「方便品」の「当下仏現二此国土厳浄一之時上、宝積所レ将五百長者子皆得二無生法忍一、八万四千人発二阿耨多羅三藐三菩提心一。」という文に対して、

肇曰、仏国之興其正為レ此。無生忍同二上不起法忍一。忍即慧性耳。以レ見二法無生一、心智寂滅、堪受不レ退。故名二無生法忍一也。

（『大正蔵』三八、三三八頁b）

と註釈され、「忍」は「慧」の本質的なはたらきと見る観点から、仏と「七地」の菩薩の心の状態に差はあれども、「仏慧」というさとりの本質とは異なるものではないとされる。[28]

また、鳩摩羅什訳の『大智度論』では、僧肇が「般若」を得た「不退転」の位と考える「七地」において、「沈空の難」が示される。この点について、武田浩学氏は『大智度論』における「七地」には、「過二乗」「住阿毘跋致」「入菩薩位」「成仏の授記」「得般舟三昧」「知諸法実相」が明かされ、「自利の究竟」という扱いがなされることを指摘し、仏伝と対応させて解釈を試みる。そこには、釈尊の成道なくして説法はあり得ないという観点から、菩薩の「得無生法忍」なくして利他はあり得ないとし、「七地」は釈尊でさえ陥りそうになった危機への警鐘と捉え、「七地沈空の難」と「得無生法忍」の定型は矛盾しないものと指摘される(29)。

加えて、僧肇は、『大智度論』における「七地」の境界の問題について、特に「堕二乗」と関連させ、「凡夫」と「二乗」の差異よりこの問題の解決を試みる。それは、『維摩経』「仏道品」の「是故当レ知三一切煩悩為二如来種一。譬如下不レ下二巨海一、終不レ能レ得中無値宝珠上。如レ是不レ入二煩悩大海一則不レ能レ得二一切智宝一。」という文に対して、

肇曰、二乗既見二無為一安二住正位一。虚心静漠宴寂恬怡。既無二生死之畏一而有二無為之楽一。澹泊自足無レ希無レ求。孰肯蔽蔽以二大乗一為レ心乎。凡夫沈二淪五趣一為二煩悩一所レ蔽。進無二無為之歓一退有二生死之畏一。兼我心自高唯勝是慕。故能発二迹塵労一標二心無上一。樹二根生死一而敷二正覚之華一。自レ非下凡夫没二命洄淵一遊中盤塵海上者、何能致二斯無上之宝一乎。是以凡夫有二反覆之名一。二乗有二根敗之恥一也。

（『大正蔵』三八、三九二頁b－c）

と註釈する箇所より確認できるだろう。ここでは、無為を見て安立する二乗に対し、凡夫は煩悩の心により、無為の歓びもなく、生死の畏れがあるとされる。そして、その心が自ら高いものを求めるため、勝れたことを慕うとされる。そのように、凡夫には報謝の念があるのに(30)対し、五根等を敗壊する二乗には成仏の可能性がないことを指摘する。つまり、僧肇は煩悩なくしてさとりを得ることはできず、且つ改めてすべての衆生に「般若」に至る可能性

を見出しているのである。

他にも、直後にある凡夫と声聞の差について言及する『維摩経』の文に対して、

肇曰、凡夫聞レ法能続二仏種一、則報レ恩有二反復一也。声聞独善二其身一不レ弘二三宝一、於二仏法一為レ無二反復一也。又法華云、二乗中止終必成仏。而此経以二根敗一為レ諭。無二復志求一。夫涅槃者道之真也、妙之極也。二乗結習未レ尽、闇障未レ除。如レ之何以二垢累之神一而求二真極之道一乎。以二其三有分尽一故仮授二涅槃一。非二実涅槃一也。此経将以下二乗疲二厭生死一進向已息、潜二隠無為一綿綿長久上、方二於凡夫一則為二永絶一。又抑二揚時聴一卑二鄙小乗一。至人殊応其教不レ一、故令三諸経有二不同之説一也。

（『大正蔵』三八、三九二頁c－三九三頁a）

と註釈されることが参照できる。ここでも、凡夫の可能性と声聞の限界が論じられており、凡夫は法を聞いて仏種を続ければ、その恩に報いて反復していくことが述べられる。一方、声聞は独りで煩悩を滅し、三宝を弘めないため、仏法を反復することがないと記される。これも直前の文と同様に、二乗は凡夫に比べ永く断絶することを示唆している。他にも、「観衆生品」の「行二無等慈一断二諸愛一故」に対し、

肇曰、二乗六住已下皆愛レ彼而起レ慈。若能無二心愛一レ彼而起レ慈者、此慈超絶。可レ名二無等一。

（『大正蔵』三八、三八五頁a）

と註釈するように、二乗は菩薩の十地に当てはめても六地以下のように扱われる。ただし、この二乗に対しては、「香積品」の「不下与二声聞一而相違背上」を註釈して、

肇曰、三乗雖レ異、帰レ宗不レ殊。不下以二小大一而相違背上。

（『大正蔵』三八、四〇二頁c）

とあるように、三乗の差異も宗極に帰すれば異ならないとある。つまり、煩悩をなくすという方向性から、煩悩こ

そが菩提に至るために必要なものであるという方向へと転換させようとする僧肇の姿勢が窺えるのである。また、それらの観点を踏まえれば、僧肇が「七地」を「不退転」と位置づけたのも、「七地沈空の難」とされる「堕二乗」への恐れが菩薩道に入ったものにとっては無関係なものとなるため、「般若」に至る位を一つの到達点とし、「七地」を「不退転」としたとも考えられるだろう。

以上のことから、「煩悩」という心の存在こそが「般若」に至る条件であり、「煩悩」と「般若」の「不二」を衆生の心で語ることで、「煩悩即菩提」を提示していると考えられる。この点については次項で確認する。そして、その間の段階は既に述べてきたところであり、万行を統べる「権智」を「七地」（不退）で得られる「般若」の①一切を知り、②照らし出すはたらきと見ることで、「般若」を基盤とした「方便」を位置づけているのである。

（二）「不二」について

次に、「不二」の語については、『維摩経』だけでなく、『注維摩詰経』僧肇註においても多数見受けられる。例えば、「仏弟子品」の「若須菩提不レ見レ仏不レ聞レ法」という文を解釈する中で、

肇曰、猶三誨以二平等一也。夫若能斉二是非一一二好醜一者、雖三復上同二如来一、不二以為一レ尊。下等二六師一、不二以為一レ卑。何則天地一指万物一観。邪正雖レ殊其性不二。豈有二如来独尊而六師独卑一乎。若能同二彼六師一、不レ見レ仏不レ聞レ法。因レ其出家随二其所一レ堕而不二以為一レ異者、乃可レ取レ食也。此蓋窮レ理尽レ性、極二無方之説一也。善悪反論而不レ違二其常一。邪正同弁而不レ喪二其真一。斯可レ謂二平等正化莫二之道一乎。

（『大正蔵』三八、三五〇頁c）

とある。これは須菩提が維摩居士の元へ乞食に来た際の会話の場面になる。具体的には、維摩居士がもしも仏や法

に出遇わないまま、六師外道の教えに従って出家し、六師の堕ちるところにあなたも堕ちるのであれば、この食事を食べて良いとされた会話の場面となる。これに関する僧肇の註釈では、「若能斉二是非一一二好醜一者」とあるように、二項対立のような関係も「般若」の境界に入れば、対象が正・邪異なると雖も、その本質は「不二」と捉えられるとされる。つまり、如来と六師というような、一見、正・邪という対立するようなものであったとしても、「般若」の立場からすると平等と捉えられるのである。なぜなら、このような対立概念は衆生の心によって成り立つためであるとされる。これは、先にも述べた「仏国品」の註釈部の「肇曰、衆生自有下見二浄好一慕而進修者上。亦有下見二穢悪一厭而進修者上。所レ好殊レ方。略言レ之耳。所因雖レ異然其入二仏慧一一也。故随二其所一レ応而取二仏土一焉。」（『大正蔵』三八、三三五頁a）より窺える。つまり、衆生の心によって対象を見ると各々見え方が異なるように、衆生の心のはたらきによって対象に好醜があるように見えたとしても、その対象の本質は変わらないのである。

また続いて、「煩悩」と「菩提」の関係性より、その性質を考察していきたい。これは、「仏道品」の「文殊師利言有身為レ種」に僧肇が註釈を加えた箇所において述べられる。そこでは、

肇曰、有身身見。夫心無二定所一随レ物而変。在レ邪而邪、在レ正而正。邪正雖レ殊其種不レ異也。何則変レ邪而正、改レ悪而善。豈別有二異レ邪之正、異レ悪之善、超然無レ因、忽爾自得一乎。然則正由レ邪起、善因レ悪生。故曰衆結煩悩為二如来種一也。

（『大正蔵』三八、三九一頁c）

とあり、「衆結煩悩」と「如来種」が「不二」の関係にあることを明かしている。この「如来種」とは、維摩居士が文殊菩薩に「仏のさとりを開く種とは何か」と問うことから始まる場面で用いられ、煩悩を離れてさとりが成り立たないことが述べられる。これは先の「仏道品」の引文箇所よりも確認できるだろう。

以上のことから、「煩悩」と「菩提」、正と邪という対立関係も「不二」なるものであることが確認できた。しかし、僧肇の「不二」の概念については他にも特徴的な面が見られる。それは特に「我」「我所」という主客を述べる際に用いられる「不二」という表現である。まず、「方便品」の「是身為レ空離二我我所一」という文を註釈して、

　肇曰、我身之妙主也。我所自我之外。身及国財妻子万物尽我所有。智者観レ身、身内空寂二事倶離也。

（『大正蔵』三八、三四二頁ａ）

と述べる。ここでは、「我」を「身の妙主」といい、「我所」を「自我の外」とする。そしてさらに、万物はみな「我の所有」としている。それに対し、智者が身を観ずると、身内空寂にして「我」「我所」という二つを離れるとされる。

　これは、一見、「般若」とその対象の主客について論じているように見えるが、少し異なるようである。なぜなら、他の「我」「我所」について論じられる箇所において、さらに詳細な説明がされているからである。それは、「問疾品」において、維摩居士と文殊菩薩が菩薩の疾について論議する中、主客の二法と平等を行ずることの意義について論じた場面より確認できる。そこでは、『維摩経』の「云何為レ離。離二我我所一。」及び「云何離二我我所一。謂離二二法一。云何離二二法一。謂不レ念二内外諸法一行二於平等一。」を註釈する箇所において、

　肇曰、我為二万物主一、万物為二我所一。若離二我我所一則無二法不一レ離。

（『大正蔵』三八、三七六頁ｃ）

　肇曰、有二我我所一則二法自生。二法既生則内外以形。内外既形則諸法異レ名。諸法異レ名則是非相傾。是非相傾則衆患以成。若能不レ念二内外諸法一行二心平等一者、則入二空行一無二法想之患一。内外情塵也。

（『大正蔵』三八、三七六頁ｃ）

と示される。ここでも「我」を「万物の主」、「我所」を「万物」とし、もしも「我」と「我所」を離れるならば、法を離れることになるとある。また、「我」と「我所」の関係は内外の関係によって形成される。この内外とは、「情塵」という内の六根と外の六境のことであり、これら内外の関係によって、諸法は名を異にするのである。そして、それらの差異に依るため、是非という二項対立の関係に陥り、患いが生じるのである。もしも、内外の諸法を念ずることなく、「般若」によって平等に見れば、そこに分別を生じさせる煩悩もなくなるため、その想（知覚・表象）に患いがなくなるのである。さらにその直後には「云何平等。謂我等涅槃等。」を釈して、

肇曰、極㆑上窮㆑下、斉以㆓一観㆒乃応㆓平等㆒也。　（『大正蔵』三八、三七七頁ａ）

とされ、また、「得㆓是平等㆒、無㆑有㆓余病㆒唯有㆓空病㆒。空病亦空。」を釈して、

肇曰、群生封累深厚、不㆑可㆓頓捨㆒。故階級漸遣、以至㆑無㆑遣也。上以㆑法除㆑我、以㆑空除㆑法。今以㆓畢竟空㆒空㆓於空㆒者、乃無患之極耳。　（『大正蔵』三八、三七七頁ａ）

と述べている。これらのことにより、「煩悩」の心が深く厚い者に対しては段階をもって示す必要があり、「般若」の観によって斉しく見れば、その心がそのまま無患の極まりとなるとされる。[31]

以上のことから、「煩悩」と「菩提」という一見対立するような関係のものも、「般若」のはたらきによることで、「不二」なる関係にあると捉えることが可能となることを明かされたのである。ただし、僧肇は郭象のように「聖人」（「至人」）が物と一つになり、実体的なものとなることをそのまま受けておらず、「般若」の体得者という意味として用いる。[32] そのため、『不真空論』冒頭のような「般若（「鑑」）」の性質上、郭象のような物と冥ずるという意味ではなく、心自体の「煩悩」と「菩提」は「不二」でありながらも、それが内外との関係の中で、「煩悩」に依

れば好・醜のような性質となり、「般若」に依れば、そのような二項対立を促す「煩悩」を離れ、対象をそのまま捉えられるようになるのである。この点において、僧肇は『維摩経』等の漢訳された経典や中国的思惟を踏まえた上で、「煩悩」や「菩提」という概念や言葉さえも虚構と見なす龍樹の思想を中国的な般若理解へと転換させたと見なせるだろう。[33] そして、菩薩の実践行については、僧肇はどこまでも「般若」を基盤としながら、『維摩経』の中から、「権智」「六度」「大悲」「不二」の四種の義を抽出することで、最終的に『維摩経』が解き明かそうとした「不可思議不二法門」を解釈したのである。

おわりに

僧肇の般若思想について各論を参考に論じてきた。まず、「般若」の概念は、『不真空論』序で「鑑」と記載されるように、真理そのものに通達し、それを言説化させるはたらき（①無知②照察）のものとして捉えていた。そして、言説化される具体相は、真理を映し出したものであるため、その具体相も真実であり、それを媒介として凡夫も真理を知覚可能となるため、すべての者にさとりに至る可能性があると指摘したのである。

また、そのような凡夫から菩薩（「惑智」から「般若」）へという過程については、心を調えて（初地）、「六波羅蜜」を修し（六地）、「法身」「無生法忍」を得て（七地・不退転）、さらに「一生補処」の位（十地）へという段階に着目しながら述べたことが確認できた。特に、僧肇は心も無相なるものと捉え、たとえ「惑智」であろうとも、心を調えることで菩薩の位に入るとする。そして、むしろ煩悩を有すことこそが「般若」に至ることを可能にさせると述べている。また、煩悩の心によって対象を正・邪という二項対立のように見えていたものが、「般若」に至り、煩悩のとらわれを離れていくことによって、二項対立のように見えていたものも「不二」なる関係であったことに気づかされるのである。ただし、先にも述べたように、「般若」を「鑑」と見なし、対象の真なるあり方を照らすはたらきについては「不二」とせず、認識論についてではなく、存在論について「不二」を論ずるところにその特徴が見られるのである。そのような般若思想を通して、当時の仏教界に大乗菩薩道の精神を明かそうとしたのが僧肇という人物であると理解できるだろう。

註

（1）両者の生没年については、僧肇の生没年を塚本善隆氏の論考を参照する関係で、鳩摩羅什の生没年についても、『広弘明集』の説（三四四-四一三）を取らず、塚本氏の説に合わせることとする（塚本善隆「仏教史上における肇論の意義」（『肇論研究』、法藏館、一九五五）一二〇-一四六頁参照）。

（2）平井俊栄「中国仏教と体用思想」（『理想』五四九、一九七九）六一頁参照。さらに同氏は、体用の概念は純粋に中国起源のものではなくて、唐以前における体系的な用例は専ら仏教文献に限定されると指摘する。また、僧肇の般若思想及び寂用の論理は、浄土教の曇鸞、天台の智顗、三論の吉蔵、禅宗系統においてもその援用が見られる。他にも、僧肇の般若思想は南朝の方にも広がりを見せ、荊州長沙寺の僧衛や建康の棲霞山の方にも影響を与えたことが確認される。

（3）三桐慈海「僧肇の浄土観」（『大谷学報』一八五、一九七〇）、池田宗讓「僧肇に於ける「非有非無」の論証」（『大正大学綜合仏教研究所年報』九、一九八七）、同「僧肇に於ける空解明の構造」（『多田厚隆先生頌寿記念天台教学の研究』、一九九〇）、唐秀連「僧肇の「般若無知論」と玄学との関係」（『駒澤大學佛教學部論集』三五、二〇〇四）等、多数の優れた研究成果が報告されている。

（4）現行の『注維摩詰経』十巻は、鳩摩羅什・僧肇・道生・道融の註釈がまとめられているが、その編纂者・時期等は不明である。この『注維摩詰経』は、元々各師の単注であると考えられており、僧肇は『注維摩詰経』序を書いている他、他師に比べて註釈数・註釈箇所においても偏りなく記しているという特徴がある。これらの諸問題については、橋本芳契氏の論考（『維摩経の思想的研究』（法藏館、一九六六）一〇九-一一二頁参照）や臼田淳三氏の「維摩経僧肇単注本」（『聖徳太子研究』一二、一九七七）、大正大学綜合研究所注維摩詰経研究会編『対訳 注維摩詰経』（山喜房仏書林、二〇〇〇）八-一五頁等を参照されたい。

（5）高城梓「僧肇の十地思想-『注維摩詰経』を中心として-」（『集刊東洋学』九一、二〇〇四）。

（6）なお、僧肇の位置づけについては、谷川理宣氏の説（僧肇は郭象の「自然」思想を仏教の「無自性空」の思想を以て物の実体性を否定するものとして「般若」を位置づけ、「聖人」のような中国的老荘思想を依用しながらも、それを超えたとみなす説）に従うこととする。（谷川理宣「僧肇における「仏」の理解-至人と法身-」（『印度学仏教学研究』二九-一、一九八〇）参照）

（7）本論考は書物の真偽説に配慮し、『般若無知論』『不真空論』『注維摩詰経』を基に論じていく。

（8）拙稿「曇鸞の浄土観に関する一考察」（『印度学仏教学研究』六四-二、二〇一六）参照。

（9）この文の直後に、

然則万物果有三其所二以不一レ有、有三其所二以不一レ無。有三其所二以不一レ有、故雖レ有而非レ有、有三其所二以不一レ無、故雖レ無而非レ無。雖レ無而非レ無、無者不二絶虚一。雖レ有而非レ有、有者非二真有一。若有不レ即レ真、無不レ夷レ跡。然則有無称異、其致一也。故童子歎曰、説下法不レ有亦不レ無、以二因縁一故諸法生上。瓔珞経云、転二法輪一者、亦非レ有レ転、亦非レ無レ転。是謂レ転二無所転一。此乃衆経之微言也。何者、謂二物無一耶、則邪見非レ惑。謂二物有一耶、則常見為レ得。以二物非一レ無、故邪見為レ惑。以二物非一レ有、故常見不レ得。然則非有非無者、信真諦之談也。

（『大正蔵』四五、一五二頁b）

とあり、「非有」と「非無」の解釈をもってしても帰するところは一つであるとし、『維摩経』『菩薩瓔珞経』の言葉こそ微妙であると述べる。そして、有無という「邪見」「断見」を誤った見方とし、「非有非無」と見ることこそが真実であると提示される。

（10）なお、「寂」と「用」の捉え方については先行研究でも差が見られる。例えば、唐秀連氏の「僧肇と「般若無知

論」と玄学との関係」（二〇一頁）において、「寂」と「用」を「体」と「用」と同一概念と見なし、

「寂用」とは、般若の本体が虚寂で、真諦と異ならないので「体」（寂）と言い、一方、般若は同時に実相を照すことができる主体なので、真諦と異なり、故に「用」という。この言い方は般若の認識機能を出発点とし、般若を客体面の「体」（「寂」）と主観面の「用」の二つの側面に分解することとなる。

と述べられる。つまり、主客に「寂」「用」を当てはめる解釈がなされる。また、小椋章浩氏は、「僧肇『般若無知論』の一考察一「用」「寂」とは何か、及びそれらと「体用」との関係について一」（二八六頁）より、「用」の説明部の「内外相与以成二其照功一。此則聖所レ不レ能レ同レ用也」を解釈して、

このように事物が照らされて心に映し出されるので、一切が同であるとは言えない。このようなあり方が「用」である、と僧肇は論じる。要するに、般若のあり方のうちの「一切知」の側面が用なのである。

と述べる。もう一方の「寂」は、「雖レ照而無知、外雖レ実而無相。内外寂然、相与倶無。此則聖所レ不レ能レ異寂也」を解釈して、

無知無相であるので異とすることはできない。このような般若のあり方を彼は「寂」と呼ぶのである。すなわちこれは、「不知之知」の側面に相当すると言えるだろう。

と述べられる。つまり、小椋氏は「寂」＝「不知之知」、「用」＝「一切知」と捉え、般若の捉え方の二側面を一体のものとすることを以て「寂」と「用」の関係を見ている。

筆者は「般若」に「寂」と「用」を収めて解釈するのではなく、あくまで「般若」と「第一真諦」の関連において顕現する具体相の真実性を語る際に用いられる概念として捉える。

（11）「至人」の定義は、『注維摩詰経』の中においても、「至人冥レ真体レ寂、空二虚其懐一。錐二復万法並照一、而心未二嘗有一。」（『大正蔵』三八、三三三頁a）と述べられる。また、「至人」は「法身」と同義として扱われ、その身の性質を「仏身者即法身也　肇曰。経云、法身者虚空身也。無レ生而無レ不レ生。無レ形而無レ不レ形。」（『大正蔵』三八、三四三頁a）と述べ、「無相即相」なる義を有すと位置づけられる。

（12）三桐慈海「僧肇の浄土観」（『大谷学報』五〇-一、一九七〇年）や谷川理宣「『注維摩経』（仏国品・方便品）僧肇注における中国的思考について」（『印度学仏教学研究』二四-一、一九七五年）二四四-二四五頁参照。

(13) この点については、鳩摩羅什の註釈部でも三箇所しか顕れず、道生の註釈部に至っては全く見られないことから、僧肇が意図的に十地思想を用いて『維摩経』を註釈したと考えられる（高城梓「僧肇の十地思想―『注維摩詰経』を中心として―」（『集刊東洋学』九一、二〇〇四）二二―二三頁参照）。また、鳩摩羅什訳『維摩経』の出拠については、紙面の都合上、『注維摩詰経』に出てくるものを扱うこととする。

(14) 「七住」の内容は『大智度論』等の七地と符合する（高城梓「僧肇の十地思想―『注維摩詰経』を中心として―」（『集刊東洋学』九一、二〇〇四）参照。

(15) 高城梓「僧肇の十地思想―『注維摩詰経』を中心として―」（『集刊東洋学』九一、二〇〇四）三三頁参照。

(16) これら（「直心」「深心」「大乗心」）の『維摩経』自体の文は、

宝積当レ知。直心是菩薩浄土。菩薩成仏時不諂衆生来二生其国一。深心是菩薩浄土。菩薩成仏時具二足功徳一衆生来二生其国一。大乗心是菩薩浄土。菩薩成仏時大乗衆生来二生其国一。（『大正蔵』三八、三三五b―c）

とある。これは、菩薩が衆生を成就するために仏国を取ることについて言及された直後の文になる。

(17) 高城梓「僧肇の十地思想―『注維摩詰経』を中心として―」（『集刊東洋学』九一、二〇〇四）三一頁。

(18) 高城梓「僧肇の十地思想―『注維摩詰経』を中心として―」（『集刊東洋学』九一、二〇〇四）二六頁参照。

(19) 塚本善隆編『肇論研究』（法蔵館、一九九五）一〇六頁、『涅槃無名論』の末註部参照。

(20) 高城梓「僧肇の十地思想―『注維摩詰経』を中心として―」（『集刊東洋学』九一、二〇〇四）三八―三九頁参照。また、他にも「三位」を「三乗」と混同するなどの指摘もされるが、詳しい部分は文字数の関係上省略する。

(21) 平川彰『初期大乗仏教の研究』一（春秋社、一九八九）四〇三頁参照。『道行般若経』には初発意菩薩・随般若波羅蜜教者・阿惟越致の三種と、その連文に新発意菩薩・随次第上菩薩・阿惟越致菩薩・阿惟顔菩薩の四種、さらにその連文に阿閦浮菩薩の名前がある（『大正蔵』八、四六五頁c）。そして、梶芳・山田両氏は最後の菩薩地を『小品』の第二「行六波羅蜜」（久発意菩薩）と位置づける（梶芳光運著作集『東の智慧西の思想』（智山勧学会、一九八七）二八七頁参照、山田龍城『大乗仏教成立論序説』（平楽寺書店、一九五九）二一二頁参照）。

(22) 平川彰『初期大乗仏教の研究』一（春秋社、一九八九）四〇六―四〇九頁参照。

(23) 『大正蔵』四五、一五三頁a。

(24) 『大正蔵』四五、一六一頁a。なお『涅槃無名論』は真偽の問題が残るため、ここでは傍証として扱いたい。
(25) 『大正蔵』八、三五九頁a。
(26) 大南龍昇「十地経の誓願説」(『仏教文化研究』二九、一九八四)一二三―一二四頁参照。
(27) 『大正蔵』三八、三三八頁b。
(28) 高城梓「僧肇の十地思想―『注維摩詰経』を中心として―」(『集刊東洋学』九一、二〇〇四)二四―二六頁参照。
(29) 武田浩学「『大智度論』における「得無生法忍」の意義」一二一頁参照。なお、「得般舟三昧」と「知諸法実相」は『大智度論』のみに見られるものであり、その他の特徴については『大品般若経』と共通のものとされる。
(30) 大正大学綜合佛教研究書注維摩詰経研究会編『対訳 注維摩詰経』(山喜房仏書林、二〇〇〇)七八六頁参照。
(31) 他にも、その前の『維摩経』「問疾品」の「即除二我想及衆生想一」「当起二法想一」「起唯法起滅唯法滅」に対して、

肇曰、病本即上妄想也。因レ有二妄想一故現二我及衆生一。若悟二妄想之顛倒一則無レ我無二衆生一。(『大正蔵』三八、三七六頁b)

肇曰、我想患之重者。故除二我想一而起二法想一。法想於レ空為レ病。於レ我為レ薬。昇降相靡故仮レ之以治也。(『大正蔵』三八、三七六頁b)

肇曰、釈二法想一也。五陰諸法仮会成レ身。起唯諸法共起、滅唯諸法共滅。無下別有二真宰一主二其起滅一者上也。既除二我想一唯見二縁起諸法一故名二法想一。(『大正蔵』三八、三七六頁b)

とあり、「病」は妄想顚倒の心より起こり、その心が妄想顚倒であることを悟ればよいことが述べられる。そして、「妄想」のために「法想」を起こし、「法想」の定義として縁起の諸法を見ることが示される。
(32) 註(6)参照。
(33) 瓜生津隆真『ナーガールジュナ研究』(春秋社、一九八五)一八三―一八四頁参照。

『往生論註』における「十念」考

溪　英俊

はじめに

曇鸞の『往生論註』は、世親の(1)『浄土論』を逐語的に註釈しているため、当然ながら『浄土論』で説示された行体系である五念門が註釈されている。しかし八番問答において、下々品の十念による往生説も展開されている。

この十念の具体的内容は、漢訳の『仏説無量寿経』（以下『無量寿経』と略称）や『無量寿如来会』の第十八願文や下輩段においても、明瞭な説明はなされてはいない。そのため中国祖師などにより独自の解釈がなされてきた。

これに一定の決着をつけたのは善導である。善導は『観経疏』「玄義分」において、

又無量寿経《ニ》云《ク》、法蔵比丘在《シテ》二世饒王仏《ノ》所《ニ》一行《ジタマヒシ》二菩薩《ノ》道《ヲ》一時、発《シタマヘリ》二四十八願《ヲ》一。一一《ノ》願《ニ》言《ク》、若《シ》我得《タラムニ》レ仏《ヲ》、十方《ノ》衆生称《シテ》二我《ガ》名号《ヲ》一願《ゼムニ》レ生《ゼムト》二我《ガ》国《ニ》一、下至《ルマデ》二十念《ニ》一、若《シ》不《ハ》レ生《ゼ》者不《ト》レ取《ラ》二正覚《ヲ》一。

（『浄土真宗聖典全書』（以下『浄真全』と略称）一・六七四）

と述べ、四十八願の一願一願が、第十八願の意をあらわすものとしている。さらに『往生礼讃』において、

又如《シ》二無量寿経《ニ》云《フガ》一。若《シ》我成仏《セムニ》、十方《ノ》衆生、称《スルコトガ》二我名号《ヲ》一下至《ルマデ》二十声《ニ》一、若《シ》不レ生《ゼ》者《ト》不レ取《ラ》二正覚《ヲ》一。彼《ノ》仏今現《ニ》在《シテ》レ世《ニ》成仏《シタマヘリ》。当《ニ》レ知《ル》、本誓重願不レ虚《シカラ》、衆生称念《スレバ》必《ズ》得二往生《ヲ》一。

（『浄真全』一・九五八）

と述べる。ここでは、『観経疏』で取意した「下至十念」が、「下至十声」とされている。これらの文によれば、「十念」とは「十声」、つまり十回の称名念仏と理解されたといえる。

この善導の理解は、「偏依善導一師」と表白した法然にうけ継がれている。法然は、

問《ヒテ》曰《ク》、経《ニハ》云《フ》二十念《ト》一、釈《ニハ》云《フ》二十声《ト》一。念声之義如何。答《ヘテ》曰《ク》、念声是《ハ》一《ナリ》。

（『浄真全』一・一二七三）

と述べており、さらに親鸞もそれをうけて、

念と声とはひとつこころなりとしるべしとなり。念をはなれたる声なし、声をはなれたる念なしとなり。

（『浄真全』二・七一七）

と述べている。このように善導以降、十念とは十回の称名念仏であるという理解が形成されていく。浄土真宗の研究―いわゆる宗乗・宗学―の上では、基本的にこのような立場が踏襲されてきたといえよう。歴史的に善導以前に位置する曇鸞の『往生論註』についても、十念は称名だという前程で論じられることがほとんどであり、あるいは称名に加えて憶念の意味もあるといった理解がなされてきたのである。

しかし、この十念を信心や心念といった「心」の範疇において理解すべきものであるという説も示されている。信楽峻麿氏は、

十念と称名との関係については、すでに見た如く、称名は常にその根底に信心を持つべきである以上、信心の相続としての十念もまた称名の根底基板となるものであって、この信心―十念に基づくことによってのみ、称

名ははじめて如実の称名として、往生の行となりうるものであると言わねばならないのである。かくして、曇鸞教学における浄土往生の行道としての、信心→称名→往生と言う体系は、また信心→(十念)→称名→往生とも言いうることとなるのである。(2)

と述べる。これに対し中平了悟氏は、八番問答中の第六問答の在縁釈について、

「十念」と「信」を一致させると「信に依止して信（十念）が生じる」という、矛盾を生じる文脈になってしまう。(3)

と、「十念」を「信(心)」に限定することが困難であると述べる。また、『仏説観無量寿経』（以下『観経』と略称）引文の取意の文や氷上燃火の文によって、称名→十念という方向性を見ることができると指摘し、

「十念」とは称名によって観じられた心の状態を指す語であると見ることができると考えられるのである。(4)

と述べている。

筆者も、「十念」は「心」の範疇であると考えた方が、『往生論註』の「十念」の用例と合致すると考えている。既に『往生論註』の文章構成や、機の分類などから、曇鸞が『浄土論』を註釈しようとした意図について論じたことがあるが、(5)十念についての考察が不十分だったように思う。そこで小論では、『往生論註』における「十念」について、願生者の分際と、それに対応する行為という視点から窺ってみたい。

一、八番問答中の「十念」

㈠第一問答と第六問答の用例

十念による往生説は、『浄土論』において見られない内容である。『往生論註』において、「十念」の語は機械的に数えて一五例存し、そのうち一二例は八番問答に見られる。他は入第一義諦の一例、三願的証の二例である。これらの用例を通して、『往生論註』における十念の用法を検討する。

まず、用例の集中している八番問答における十念の語を中心に確認する。八番問答は、『浄土論』願生偈末において、

我作《リ》レ論《ヲ》説《ク》レ偈《ヲ》　願《クハ》見《タテマツリ》二弥陀仏《ヲ》一　普共《ニ》二諸衆生《ノト》一　往二生《セム》安楽国《ニ》一　（『浄真全』一・四三四）

と世親が述べ、「共に」往生することを願った「衆生」を明らかにする問答である。第一問答では『無量寿経』の第十七願・第十八願成就文を引用し、(6)一切の外道・凡夫人が往生すると示す。続いて、

又如《キハ》二観無量寿経《ノ》一有《リ》二九品《ノ》往生一。下下品《ノ》生《ト》者（中略）如《ク》レ是《クノ》至《シテ》レ心《ヲ》令《メテ》二声《ヲシテ》不《ラ》レ絶《エ》、具二足《シテ》十念《ヲ》一称《セム》二南無無量寿仏《ト》一。

（以下省略）　（『浄真全』一・四八二）

と、『観経』下々品が引用される。『観経』では「称南無阿弥陀仏」(7)とあるが、この引文では「称南無無量寿仏」となっている。曇鸞当時に流布していた『観経』には「称南無無量寿仏」となっていたものがあったのか、それとも

曇鸞が書き換えたのかは定かでない。いずれにせよ『観経』を引用し、謗法罪を犯していなければ下々品も往生すると示す。このように、『浄土論』には見られなかった下々品の問題を取りあげることが、『往生論註』の特徴だといえる。

第二問答から第五問答では、『無量寿経』と『観経』の同異に着目し、謗法罪を問題としている。概略を述べると、第二問答では『無量寿経』に五逆と謗法を除くとされ、『観経』に五逆十悪も往生できるとあるが、この矛盾を第三問答では五逆罪がなくても謗法があれば往生はできないのかと問い、謗法罪が極めて重く、また願生の理がないため、謗法の一罪で往生できないとする。第四問答では具体的な謗法罪の内容を問い、仏・菩薩やそれらの法を否定する心を持つこととする。第五問答では五逆罪よりなぜ謗法罪が重いのかが問われ、五逆罪は正法がないことによって生ずるから、その正法を謗ることが最も重い罪とする。このように、第二問答から第五問答では謗法罪について論じている。

続く第六問答から、「十念」が中心的なテーマとなる。第六問答は、「業道経」(8)と『観経』の同異が問題とされている。第六問答の問いには、

如《シ》㆓観無量寿経《ニ》言《フガ》㆒。有《リテ》㆑人造《リ》㆓五逆十悪《ヲ》㆒具《セラム》㆓諸《ノ》不善《ヲ》㆒。応《シ》㆘堕《シテ》㆓悪道《ニ》㆒逕㆓歴《シテ》多劫《ヲ》㆒受《ク》㆗無量《ノ》苦《ヲ》㆖。臨《ミテ》㆓命終《ノ》時《ニ》㆒、遇《ヒテ》㆓善知識《ノ》教《ニ》㆒称《セム》㆓南無無量寿仏《ト》㆒。如《ク》㆑是《ノ》至《シテ》㆑心《ヲ》令《メテ》㆓声《ヲシテ》不《ラ》㆑絶《エ》、具㆓足《シテ》十念《ヲ》㆒便《チ》得㆔往㆓生《スルコトヲ》安楽浄土《ニ》㆒。

（『浄真全』一・四八四）

とある。ここでは「如《シ》㆓観無量寿経《ニ》言《フガ》㆒」とあり、あたかも引用であるかのように思えるが、『観経』の原文と比較するとずいぶん違いのあることがわかる。そこで両者を上下に対照して確認すると、次のようになる。便宜上、対

応する文字がないと考えられる部分は「・」で置き換えた。

第一問答『観経』引文	第六問答『観経』取意の文
下下品生者或有衆生作不善業五逆十悪具諸	・・・・・・有人・造・・・五逆十悪具諸
不善如此遇人以悪業故応堕悪道逕歴多劫受	不善・・・・・・・・応堕悪道逕歴多劫受
苦無窮如此遇人臨命終時遇善知識種種安慰	無量苦・・・・臨《在決定》命終時遇《在心》善知識・・・・
為説妙法教令念仏彼人苦逼不遑念仏善友告	・・・・教・・・・・・・・・・・・・・
言汝若不能念者応称無量寿仏如是至心令声	・・・・・・・・・・・・・称《在縁》南無無量寿
不絶具足十念称南無無量寿仏称仏名故於念	仏如是至心令声不絶具足十念・・・・・・
念中除八十億劫生死之罪命終之後見金蓮花	・・・・・・・・・・・・・・・・・・・
猶如日輪住其人前如一念項即得往生極楽世	・・・・・・・・・・・・便得往生安楽浄
界於蓮花中満十二大劫蓮華方開〔当以此償	土・・・・・・・・・・・・・・・・・・
五逆罪也〕観世音大勢至以大悲音声為其広	・・・・・・・・・・・・・・・・・・・
説諸法実相除滅罪法聞已歓喜応時則発菩提	・・・・・・・・・・・・・・・・・・・
之心是名下品下生者・・・・・・・・・・・	・・・・・・・・・・・・・・・・・・・
・・・・・・・・・・・・・・・・・・・・	即入大乗正定之聚畢竟不退与三塗諸苦永隔

以上を見ると、網掛け部分は内容に変化があることがわかる。第一問答の引文では、善知識に教えられて十念を

具足して称念している（十念↓称名）が、第六問答の取意の文では順が代わっており、称念して十念具足するという順（称名↓十念）になっている。

さらに引文では称名の功徳によって八十億劫の生死の罪が除かれて往生するとあるが、取意の文では十念によって往生するとされている。引文では、信楽氏が主張するように「信心↓(十念)↓称名↓往生」の次第が見て取れるが、取意の文では、中平氏が指摘するように「称名↓十念（↓往生）」の次第となっている。第六問答のように取意することで、曇鸞は称名を、下々品が十念を具足する根拠として理解していると推察できるのである。

さらに、

又曠劫《ヨリ》已来《タ》、備《ニ》造《リテ》二諸《ノ》行《ヲ》一、有漏之法《ハ》繋二属《セリ》三界《ニ》一。但以《テ》三十念念《ジタテマツルヲ》二阿弥陀仏《ヲ》一便《チ》出《ヅ》二三界《ヲ》一。繋業之義復欲《スル》二云何《セムト》一。

（『浄真全』一・四八四）

と、問いを続ける。ここでは五逆・十悪と十念の軽重を問題としている。これに対して、曇鸞は下々品の造罪と十念を、「在心」「在縁」「在決定」の三つの視点で比較し、十念によって往生が成立することを述べる。

まず「在心」とは、

彼《ノ》造罪《ノ》人《ハ》自《ラ》依二止《シテ》虚妄顛倒《ノ》見《ニ》一生《ズ》。此《ノ》十念者依《リテ》二善知識《ノ》方便安慰《ニ》一聞《キテ》二実相《ノ》法《ヲ》一生《ズ》。

（『浄真全』一・四八四）

という。五逆・十悪の人は虚妄顛倒の見によって生じるものであり、対して十念は善知識の種々の方便安慰によって実相の法を聞くことによって生じるものである。「依止」は多義的な語であるが、ここでは「よりどころ」と理解するのが適当であろう。五逆・十悪の人が生じるというのは、虚妄顛倒の果報によって五逆・十悪という存在が生じるという理解もできるが、ここは在心釈であるから、造罪の人の「心（の状態）」が生じるという意味が穏当であろう。それに準じて考えれば、十念も、下々品が臨終時において善知識の種々の方便安慰により、実相の法を聞いて生じた「心（の状態）」を指すと考えるべきであろう。千歳の闇室の譬喩は、かの造罪の人の心中が転ぜられることを表したものである。

次に「在縁」とは、

彼ノ造罪ノ人ハ自ラ依㆓止シ妄想ノ心㆒ニ、依リテ㆓煩悩虚妄ノ果報ノ衆生㆒ニ生ズ。此ノ十念者依㆓止シテ無上ノ信心㆒ニ、依リテ㆓阿弥陀如来ノ方便荘厳真実清浄無量ノ功徳ノ名号㆒ニ生ズ。（『浄真全』一・四八五）

という。五逆・十悪の人は、自ら妄想の心をよりどころとし、煩悩虚妄の果報の衆生によって生ずるといわれる。この「妄想ノ心」とは、在心釈で説明される「依㆓止シテ虚妄顛倒ノ見㆒ニ生」じた心である。「煩悩虚妄果報ノ衆生」とは、仏・菩薩とは異なる迷いの存在が縁となっているということである。対して十念は、無上の信心をよりどころとし、阿弥陀如来の名号が縁となって生じるとされる。名号が縁となるというと、名号は所称であるから、この十念は称名だと理解できなくもない。しかし先の「在心」と、次の「在決定」との対応関係から考えると、ここでも十念は「心（の状態）」を意味していると考えるのが妥当である。付言すれば、阿弥陀仏の名号を称することによって生じる「心（の状態）」が十念だと考えられるのである。

三つ目の「在決定」とは、

彼ノ罪ノ人ハ依㆓止シテ有後心・有間心㆒ニ生ズ。此ノ十念者依㆓止シテ無後心・無間心㆒ニ生ズ。（『浄真全』一・四八五）

という。五逆・十悪の人はまだ先があると思い、集中を欠いた心をよりどころとしている。対して十念はもう後がないと思い、それ以外いかなる思いもまじらない、純一な心をよりどころとしている。ここは下々品の通常の心

（の状態）を有後心・有間心と説明し、十念を無後心・無間心と説明していると考えられるので、やはり十念は称名ではなく、「心（の状態）」を意味するものといえる。

さて、これら三在釈は、先の『観経』取意の文に対応していると考えることができる。まず在心の「善知識《ノ》方便安慰《ニ》二聞二実相《ノ》法《ヲ》一」くことは、「遇《ヒテ》二善知識《ノ》教《ニ》一」に対応する。在縁の「依二止《シテ》無上《ノ》信心《ニ》一、依《リテ》二阿弥陀如来《ノ》方便荘厳真実清浄無量《ノ》功徳《ノ》名号《ニ》一生《ズ》」ることは、「如《ク》レ是《クノ》至《シテ》レ心《ヲ》令《メテ》二声《ヲシテ》不《ラ》一レ絶《エ》」に対応する。在決定は下々品の臨終であるという時間設定を表している。これら三在釈に対応した語句の後に「具足十念」と示すために、第六問答の『観経』取意の文は順が変わっていると考えることができるのではなかろうか。

そして最後に、

挍《スルニ》二量《ノ》三義《ヲ》一、十念者重《シ》。

（『浄真全』一・四八五）

と述べ、下々品が十念によって往生することをまとめている。

㈡第七問答と第八問答の用例

前述のように、下々品の十念による往生の根拠が示された。これらの問答の内容をうけて、次に「念」の意味についての議論が行われる。第七問答では、

問《ヒテ》曰《ク》、幾《クノ》時《ヲカ》名《ケテ》為《ス》二一念《ト》一。答《ヘテ》曰《ク》、百一《ノ》生滅《ヲ》名《ク》二一刹那《ト》一。六十《ノ》刹那《ヲ》名《ケテ》為《ス》二一念《ト》一。此《ノ》中《ニ》云《フ》レ念《ト》者不《ラ》レ取二此《ノ》時節《ヲ》一也。

（『浄真全』一・四八五）

と、まず時間的な意味（時節の義）の「念」をあげるが、「此《ノ》中《ニ》云《フ》レ念《ト》者不レ取《ラ》二此《ノ》時節《ヲ》一」と否定している。わざわ

ざこのように述べたのは、第一問答の『観経』引文において、「如《クニ》二一念項《ノ》一即得《チム》三往二生《ヲ》極楽世界《ニ》一」（『浄真全』一・四八二）と、時間的な意味で用いられている「念」を意識してのことだと思われる。続けて、

但言《フ》三憶二念《スルヲ》阿弥陀仏《ヲ》一。若《シハ》総相若《シハ》別相、随《ヒテ》二所観縁《ノニ》一、心《ニ》無《クシテ》二他想一十念相続《スルヲ》名《ケテ》為《ス》二十念《ト》一。（『浄真全』一・四八五）

という。これは「念」が憶念の義であることを示し、その具体的内容を述べている。続けて、

但称《スルモ》二名号《ヲ》一亦復如《シ》レ是《ノ》。（『浄真全』一・四八五）

と、称名の義があることを示される。この箇所は、時節の義を憶念の義で打ち消し、憶念の義を称名の義で打ち消し、唯一称名のみを示そうとするものだという理解がある。例えば是山恵覚氏は、

二箇の但の言は、次第に前を揀ぶ、謂く、前は時節の念に簡び、後は観想の念に揀ぶ。[9]

と述べている。称名のみが選ばれる根拠としては、第六問答の在縁釈をあげる。はじめに述べたように、伝統的には「十念」は称名であるという理解があり、それに準じた理解だといえよう。

ここで、時節の意味を取らないということは明らかである。しかし、憶念の意味も否定し、称念のみに取りきろうとする意図が曇鸞にあったのだろうか。岡亮二氏は曇鸞前後の中国仏教の状況について論じ、十念を称名・憶念・観念などのように細分化する解釈・議論が、善導の対摂論学派の「六字釈」に起因するものだと指摘している。

そして曇鸞の十念思想について、

今日の学説では、『無量寿経』の十念思想は、梵本無量寿経よりみて、浄土に生まれたいとの願いを、繰返し起こし相続する「心」の意だと解されている。[10]第十八願に即していえば「至心信楽欲生」の心を、一心に相続

していくことが「十念」になるのである。とすれば本願の十念は、まさしく摂論学派の主張と重なるのであって、摂論学派からの論難が、如何に浄土教徒を混乱に陥れたかが知られるのである。曇鸞の時代は、未だ摂論学派は世で問われていない。したがって曇鸞においては、『無量寿経』の十念思想をその如く受け入れていると考えるのが、妥当な見方だといえる。(11)

と述べている。すでに見たように、曇鸞の十念を心の範疇で見るべきだとする研究もある。いずれにせよ、『無量寿経』や『観経』の一念や十念が何を意味するのか、それが経典自身で明示されていないところに、多くの解釈が分かれる原因がある。(12)この問答も、『無量寿経』や『観経』の「念」について、それがどのようなものかを規定しようとする問答だと理解されてきた。その見方は間違ってはいない。しかし、従来はまず「時節の義」を挙げ、それを否定して「憶念」や「称名」の義を見出すものとされた。これは一見妥当に思えるが、「但称《スルモ》二名号《ヲ》一亦復如《シ》レ是《ノ》」の「如《シ》レ是《ノ》」が何を指すのか明瞭でない。この個所の訓読には、注意すべき点がある。それは、親鸞の『往生論註』加点本にあるように、

但言《フココロハ》憶二念《シテ》阿弥陀仏《ノ》若《シハ》総相、若《シハ》別相《ヲ》一、随《ヒテ》二所観縁《ノニ》一、心《ニ》無《クシテ》二他想一、十念相続《スルヲ》名《ヅケテ》為《ス》二十念《ト》一。

と「若《シハ》総相」以下を続けて読むこともできることである。この場合、阿弥陀仏の総相や別相を憶念すること、それらを観察することによって、心に他の思いを浮かべることなく十念相続することを十念ということになる。ここでは十念の語が二回連続しているため理解しにくいのであるが、問答が『観経』下々品の十念についてたてられているため、後者の「名《ヅケテ》為《ス》二十念《ト》一」の十念は、それに準じたものだと考えられる。それでは前者の「十念相続」の十念は何を意味するのだろうか。「心《ニ》無《クシテ》二他想一」に類似した表現を考えると、『浄土論』偈頌の第一句目にある

「我一心」《ニ》について、

我一心者《ト》、天親菩薩《ノ》自督之詞《ナリ》。言《フココロハ》念《ジテ》二無礙光如来《ヲ》一願《ズ》レ生《ゼムト》二安楽《ニ》一。心心相続《シテ》無《シトナリ》二他《ノ》想間雑《スルコト》一。

（『浄真全』一・四五二、傍線部筆者強調）

とあり、「我一心」の内実が「心心相続《シテ》無《シトナリ》二他《ノ》想間雑《スルコト》一」と示されている。これは世親の「心（の状態）」をあらわしたものであるが、文の共通性から「心無《ニクシテ》二他想一」も臨終の下々品の「心（の状態）」をあらわしていると理解することができ、この十念の「念」が『無量寿経』と同様に「citta」と同義ということになる。そうなれば、前者の「十念相続」の十念は、阿弥陀仏の総相若しくは別相を憶念したことによって生じる「心」を「十回」発し続けるということになる。つまり「但称《スルモ》二名号《ヲ》一亦復如《シ》レ是《ノ》」の「亦復如《シ》レ是《ノ》」についても、名号を称えることによって生じる心を十回発し続けることを表していると理解しうる。第六問答と合すれば、このように読む方が全体の文脈に沿うように思う。

最後の第八問答は、十念の「十」について問われる。すなわち、

問曰《ヒテク》、心若《シ》他縁《セバ》、摂《シテヲ》レ之令《メテラ》レ還可《シ》レ知《リヌ》二念之多小《ヲ》一。但知《ルトモ》二多少《ヲ》一復非《ズ》二無間《ニハ》一。若凝《シ》レ心《シテヲ》注《ゲバ》レ想《ヲ》、復依《リテカ》レ何《ニ》可《キ》レ得レ記《スルコトヲ》二念之多少《ヲ》一。

（『浄真全』一・四八五）

と問いが立てられる。心が他に思いを向け、それをまたもとの憶念に戻したならば、それを一回と数えることができる。しかしそうなれば第六問答でいう無間心ではなくなってしまう。はたしてどのようにして数を知り得るのかというのである。それに対して、

答曰《ヘテク》、経言《ニヘルハ》二十念《ト》一者、明《ス》二業事成弁《ヲ》一耳。不《ル》二必《ズシモ》須《キ》レ知《ルコトヲ》二頭数《ヲ》一也。

（『浄真全』一・四八五）

と、十念とは、浄土往生の業が完成することを明かすだけで、その数にこだわるものではないという。また、

十念業成者《ト》、是亦通《ズル》レ神《ニ》者言《フ》レ之《ヲ》耳。但積《ミ》レ念《ヲ》相続《シテ》不《レバ》レ縁《ゼ》他事《ヲ》便《チ》罷《ミヌ》。

（『浄真全』一・四八六）

と、その十念という浄土往生の業が完成するということは、神通力のあるものがこれを言うだけのことだという。「積《ミ》レ念《ヲ》相続《シテ》不レ縁《ゼ》二他事《ヲ》一」とは、「無間心」の内容を表したものである。「罷」は「極まる」という意味なので、「浄土往生のつとめが完成する(14)（＝極まる）」ということである。

以上、第七・第八問答を合して考えると、阿弥陀仏の総相や別相を憶念したり、名号を称えることによって生ずる心を相続することを十念と称していることが理解されるのである。

二、下巻に見られる「十念」

(一)入第一義諦末の用例

曇鸞は、観察体相章の中、入第一義諦末において、

問《ヒテ》曰《ク》上《ニ》言《フハ》レ知《ルト》二生《ハ》無生《ナリト》一、当《ニ》二是上品生《ノ》者《ナル》一。若《シ》下下品《ノ》人《ノ》乗《ジテ》二十念《ニ》一往生《スルハ》、豈《ニ》非《ズ》レ取《ルニ》二実《ノ》生《ヲ》一耶。但取《ラバ》二実《ノ》生《ヲ》一、即《チ》堕《シナム》二二執《ニ》一。一《ニハ》恐《クハ》不《ラム》レ得二往生《ヲ》一。二《ニハ》恐《クハ》更《ニ》生《ズトモ》生《ゼム》レ惑《ヲ》。

（『浄真全』一・五〇六）

と問いを立てる。この問いから、上品生のものと下々品のものを区別していることが知られる。つまり、国土荘厳十七種を観察し、「生即無生」を知って往生することができるものを上品生とし、十念によって往生するもので、

実の生があるとの執着を起こすものを下々品としている。この下々品のように、実の生があると見てしまうならば、次の二つの疑問が生じる。一つには不生不滅の浄土に実に生ずると考えるから、浄土に生まれることはできないのではないか。二つには仮に浄土に生まれても、更に迷いの生をおこすのではないかという疑問である。これに対して、次の三つの譬喩をもって答えている。まず、

譬《ヘバ》如《シ》下浄摩尼殊《ヲ》置《ケバ》二之《ヲ》濁水《ニ》一水即《チ》清浄《ナルガ》上。若人、雖《モ》レ有《リト》二無量生死《ノ》罪濁《ニ》一、聞《キテ》二彼阿弥陀如来《ノ》至極無生清浄《ノ》宝珠《ノ》名号《ヲ》一、投《グレバ》二之《ヲ》濁心《ニ》一、念念之中《ニ》罪滅《シテ》心浄《マリ》、即《チ》得二往生《ヲ》一。（『浄真全』一・五〇六）

と述べ、第一の疑問に答える。これは『観経』の下々品の臨終を表している。浄摩尼珠は阿弥陀如来の名号であり、濁水は下々品の濁心である。『観経』にもとづいて、実の生と思っていても浄土に生ずることができると示される。

次に、

又是摩尼珠《ヲ》以《テ》二玄黄《ノ》幣《ヲ》一裹《ミテ》投《グレバ》二之《ヲ》於水《ニ》一、水即《チ》玄黄《ニシテ》一《ラ》如《クナリ》二物《ノ》色《ノ》一。彼《ノ》清浄仏土《ニ》有《ス》二阿弥陀如来無上《ノ》宝珠一。以《テ》二無量《ノ》荘厳功徳成就《ノ》帛《ヲ》一裹《ミテ》、投《グレバ》下之《ヲ》於所《ノ》二往生《スル》一者《ノ》心水《ニ》上、豈《ニ》不《ラム》レ能《ハ》下転《ジテ》二生見《ヲ》一為《スコト》中無生《ノ》智《ト》上乎。（『浄真全』一・五〇六）

と述べ、第二の疑問に答えている。ここで摩尼珠とは阿弥陀如来の無上の宝珠であり、玄黄幣とは無量の荘厳功徳成就の帛である。これは具体的には国土十七種荘厳のことを指していると考えられよう。水とは往生者の心水である。先の譬喩によって浄土往生が可能であると示され、今は場面が浄土に移っている。浄土に往生したならば、浄土のはたらきにより衆生心中が転ぜられるという。つまり実の生と思う生見の心が転ぜられて無生の智を得るのであり、それによって再度迷いの生を取ることはないのである。最後に、

又如《シ》二氷《ノ》上《ニ》燃《クニ》レ火《ヲ》、火猛《ケレバ》則《チ》氷解《ク》、氷解《ケレバ》則《チ》火滅《スルガ》一。彼《ノ》下品《ノ》人、雖《モ》レ不《ト》レ知《ラ》二法性無生《ヲ》一、①但以《テ》下称《スル》二仏名《ヲ》一力《ヲ》上作《シテ》二往生《ノ》

意《ヲ》一、願《ズルニ》レ生《ゼムト》二彼土《ノニ》一、②彼《ノ》土《ハ》是無生界《ノナレバ》、見生之火自然而滅《ニスルナリ》。（『浄真全』一・五〇六）

と、氷上燃火の譬喩を示す。これは第一・第二の内容を統合して示しているといえる。波線部①が第一の疑問、波線部②が第二の疑問に対する回答となる。

この問答によって、『往生論註』における機類の規定が明確になる。『浄土論』では五念門を修する菩薩を未証浄心の菩薩と位置づける。曇鸞は、この未証浄心の菩薩とは『浄土論』の著者である世親とする。さらに『観経』にもとづく上品生を世親と見る。(15)よって、世親を軸とし『浄土論』の未証浄心の菩薩と『観経』の上品生が同一の行者を指していることになる。『浄土論』の註釈という意味からすれば、あえて『観経』にもとづく機類の規定を当てはめる必要はないように思う。しかし、未証浄心の菩薩と上品生を同一の存在とすることにより、下々品と未証浄心の菩薩の関係も示されるようになるのである。

ここでは十念の内容そのものを論ずるのではなく、下々品が十念に乗じて往生することの根拠を示している。

(二)三願的証の用例

三願的証は、

菩薩如《ハクノ》レ是修《シテ》二五念門行《ノヲ》一自利利他《ス》。速得《ニル》三成二就《スルコトヲ》阿耨多羅三藐三菩提《ヲ》一故《ナリ》。（『浄真全』一・五二七）

と『浄土論』に示されているが、(16)なぜ「速得《ニル》三成二就《スルコトヲ》阿耨多羅三藐三菩提《ヲ》一」のかという疑問に対する回答である。まずは「修《シテ》二五門行《ノヲ》一、以《テノ》二自利利他成就《スルヲ》一故《ナリ》」（『浄真全』一・五二八）と述べるが、続けて、

然《ルニ》覈《ニ》二求《ムルニ》其本《ノヲ》一、阿弥陀如来為《ヲス》二増上縁《ト》一。（『浄真全』一・五二八）

とし、五念門の成立根拠として阿弥陀仏を増上縁とすることが示される。そして、

凡《ソ》是生《ズルト》二彼《ノ》浄土《ニ》一、及《ビ》彼菩薩人天《ノ》所起《ノ》諸行《トハ》、皆縁《ルガ》二阿弥陀如来《ノ》本願力《ニ》一故《ナリ》。（『浄真全』一・五二八）

と、浄土に往生するということも、その浄土に往生した菩薩・人・天の起こす行も、全て阿弥陀仏の本願力にもとづくと述べる。その根拠として、

何《ヲ》以《テ》言《フトナレバ》レ之《ヲ》、若非《シズハ》二仏力《ニ》一、四十八願便《チ》是徒設《ナラム》。今的《カニ》取《リテ》二三願《ヲ》一、用《テ》証《セム》二義《ノ》意《ヲ》一。（『浄真全』一・五二八）

と、もし阿弥陀仏の本願力にもとづかないのであれば、『無量寿経』にある四十八願が、ただ徒に設けられたものになってしまうという。そこで曇鸞は、第十八願・第十一願・第二十二願を引用し論証するのである。

願《ニ》言《ク》、設《ヒ》我得《ムニ》レ仏《ヲ》、十方衆生《ノ》、至《シテ》レ心《ヲ》信楽《シテ》欲《シテ》レ生《ゼムト》二我国《ニ》一、乃《チ》至《ルマデセム》二十念《ニ》一。若《シ》不《ハ》レ得レ生《ズルコトヲ》者、不《ラ》レ取二正覚《ヲ》一。唯除《クト》二五逆《ト》誹謗正法《ヲ》一。（『浄真全』一・五二八）

と第十八願を引用し、続けて、

縁《ルガ》二仏願力《ニ》一故《ニ》十念《ノ》念仏《ヲモテ》便《チ》得二往生《ヲ》一。得《ルガ》二往生《ヲ》一故《ニ》、即《チ》勉《ル》二三界輪転之事《ヲ》一。無《キガ》二輪転一故《ニ》、所以《ニ》得《ル》レ速《ヤカナルコトヲ》一証《ノ》也。（『浄真全』一・五二八）

と述べる。「得《ル》レ速《ヤカナルコトヲ》一証《ノ》」とあることから、第十八願の引用の目的が「速《ニ》得《ル》三成二就《スルコトヲ》阿耨多羅三藐三菩提《ヲ》一」ことの証明であることは明らかである。だが、それだけではない。「生《ズル》二彼《ノ》浄土《ニ》一」のは、すでに見たように上品生だけではなく、下々品まで含まれるのである。これまで確認した八番問答や、入第一義諦の末の問答中の「十念」の主語は下々品だといえる。しかし三願的証中の「十念」の主語は、十方衆生となっているといえる。だとすれば、下々品のみならず上品生（＝未証浄心の菩薩）の往生の根拠として十念が示されたことになるだろう。なお、ここ

でも十念の具体的内容については論じられていない。

三、『往生論註』の「十念」

以上の用例をまとめると、『往生論註』において「十念」とは「心（の状態）」を表していると考えることができる。さらに、基本的には憶念や称名によって「十念」が成立すると示されているといえよう。

下々品は、自ら作ってきた悪業により苦しめられている。そのような状況で、下々品が自ら阿弥陀仏に正しく向かう「心（の状態）」（＝十念）を発し、称名（もしくは憶念）するということが、はたして可能であろうか。それが困難だからこそ、とにかく行為の上で「方便荘厳真実清浄無量功徳ノ名号」を称えさせ、阿弥陀仏を思う「心（の状態）」にさせようとしているのではないだろうか。この方向性は、非常に向生的・救済教的表現(17)であると思われる。またそれは、臨終という極限の状態だからこそ成立するとも考えられる。

ただし、二例ほど、この例から外れるものがある。第六問答の末の「但以テ三十念念ジタテマツルヲ二阿弥陀仏ヲ一便チ出ヅ三三界ヲ二」（『浄真全』一・四八四）と、三願的証の「縁ルガ二仏願力ニ一故ニ十念ノ念仏ヲモテ便チ得二往生ヲ一」（『浄真全』一・五二八）である。これらの例では十念→念（阿弥陀）仏という順になっており、憶念や称名に先立つ十念が存在することになる。

この点について少し検討してみたい。別の機会に論じたが、『往生論註』は『浄土論』の註釈であるが、文章構造の上から考えて註釈から外れる箇所がある。①巻上冒頭『十住毘婆沙論』取意の文、②巻上末八番問答、③巻下末の文であり、共通して「信」が説かれている。①には「信仏ノ因縁」（『浄真全』一・四四九頁）、②では第一問答に「信《ズル》レ仏《ヲ》因縁」（『浄真全』一・四八二頁）、③では「信《ヲ》為二能《ス》入《ト》一」（『浄真全』一・五二九頁）とあり、全てに「信」が共通している。

この「信」について考えてみると、曇鸞は『浄土論』「願生偈」に五念門を配当するが、「世尊我一心」の一句は五念門に配当していない。「世尊」の釈において

「世尊《ト》」者（中略）此《ニ》言《フ》意《ハ》帰《シタテマツルナリ》二釈迦如来《ニ》一。（『真聖全』一・四五二頁）

と、釈尊に対する世親の帰依の心が表白されており、この「世尊」は諸仏にも通じるという。ならば阿弥陀仏に対しての帰依も含まれることになるのだから、礼拝門の中に含めてもよさそうなものである。しかし、続く「我一心」の釈において、「我一心」は世親の自督の詞としている。この自督とは、「念《ジテ》二無碍光如来《ヲ》一願《ズ》レ生《ゼムト》二安楽《ニ》一。心心相続《シテ》無《シトナリ》二他想間雑《スルコト》一」（『浄真全』一・四五二頁、傍線部筆者強調）という心の状態を表しているが、巻下讃嘆門釈でも、

又有《リ》二三種《ノ》不相応一。（中略）三者《ニ》信心不二相続《セ》一余念間《ツルガ》故《ナリ》。（中略）与レ此相違《セルヲ》名《ク》二「如実《ニ》修行《シ》相応《スト》」一。是故《ニ》論《ノ》主建二言《ス》「我一心《ト》」一。（『浄真全』一・四九〇頁、傍線部筆者強調）

と示される。巻上の「心心相続《シテ》無《シトナリ》二他想《ノ》間雑《スルコト》一」は、巻下の「信心不二相続《セ》一余念間《ツ》」と対応している。両者は反対のことを言っているのだから、「信心相続《シ》無《シ》二余念間《ツルコト》一」とすれば、我一心の釈と共通する内容となる。ここで三種の不相応と異なり、「如実《ニ》修行《シ》相応《ス》」ることを「我一心」、つまり「信」と理解したことが知られる。さらに『往生論註』巻下末の、

経《ノ》始《ニ》称《スルハ》二如是《ト》一、彰《ス》三信《ヲ》為《スコトヲ》二能入《ト》一。（『浄真全』一・五二九頁）

というのは、仏道を歩むにあたり、前提となる「信」を示している。つまり曇鸞は世親の信をあらわす一句を偈頌の五念門配当から除き、五念門全体を成立させるための前提となる「信」を強調したと理解できる。また、この「信」と「心」が同義として用いられていることも知られる。

以上のように、『浄土論』の註釈外となる三箇所の文を確認したが、そこで共通するのが「信」であった。つまり曇鸞は上品生である世親にも、下々品の凡夫にも共通する「信」を想定しているといえるだろう。

また、八番問答中第六問答で在縁釈において、

首楞厳経言《ニク》、譬《ヘバ》如《シ》下有《リ》レ薬、名《ケテ》曰《フ》二滅除《ト》一。若《シ》闘戦《ノ》時用《ヰテ》以《テ》塗《ルニ》レ鼓《ニ》、聞《ケバ》二鼓《ノ》声《ヲ》者箭出《デ》毒除《コルガ》上。菩薩摩訶薩亦復如《シ》レ是《クノ》。住《シテ》二首楞厳三昧《ニ》一聞《ケバ》二其《ノ》名《ヲ》一者、三毒之箭自然《ニ》抜《ケ》出《ツト》。

（『浄真全』一・四八五）

と、滅除薬の譬喩を引用する。これは下々品の称える名号のはたらきを示すものであるが、同じ譬喩が讃嘆門の註釈にも用いられている。(18) これは下々品の十念が成立する根拠となる名号も、讃嘆門で称えられる名号も同一であることを意味している。つまり機根の違いはあるが、五念門や十念を成立させる「信」や、その対象となる仏の名号は共通するものだという のが曇鸞の理解であるといえる。上品生と下々品の関係については別に論じたので詳述しないが、自ら五念門を行じることのできる上品生と、その上品生の回向門によって導かれる下々品という関係があるといえる。

これまでの内容を整理してみたい。『往生論註』は、『観経』にもとづいて下々品の往生を示す。八番問答中第一問答で『観経』を引用している。『観経』原文では、下々品の臨終において「具足十念称南無無量寿仏」と、「十念→称名」の次第示されているが、第六問答では「称無量寿仏（中略）具足十念」と、「称名→十念」の次第が示さ

れる。このように、どちらの次第も示されている。この十念とは「心無他相十念相続」だと示されるが、「信心相続無他想間雑」と類似した表現で示されるのが、世親の信を示す「我一心」である。この「我一心」は五念門に先立つものであるから、「信→五念門」という次第が見て取れる。

十念と信は「心（の状態）」をあらわすものであり、称名や五念門は行為である。『往生論註』では、五念門を行ずるのは上品生であると示されている。そして願生偈偈頌への五念門配当から、「心（の状態）→行為」の次第が説かれている。八番問答の三在釈で示される内容は下々品の臨終という限定的な内容に即して示されている。そこでは善知識の種々の方便安慰によって念仏を称えしめられ（行為）、十念（心（の状態））が成立するという、「行為→心（の状態）」の次第が示されているが、その次第を絶対的なものとしては位置づけていないと思われる。同じく第六問答では「十念念阿弥陀仏」と、「十念→念仏」の次第が示されている。下々品の臨終という限定的な状態をはなれているから、「心（の状態）」が先立ち、その表象として念仏を称えるという次第が示されていると考えられる。この次第は上品生と共通している。三願的証の十念の説示では、主語が一切衆生となっていることから、下々品から上品生まで「心（の状態）→行為」という次第を一般化して、「十念念仏」と示していると考えられるのではないか。

曇鸞は、『往生論註』巻上冒頭の『十住毘婆沙論』取意の文において、

易行道者《ト》、謂《ク》但以《テ》二信仏《ノ》因縁《ヲ》一願《ズレバ》レ生《ゼムト》二浄土《ニ》一、乗《ジテ》二仏願力《ニ》一、便《チ》得三往二生《スルコトヲ》彼《ノ》清浄土《ニ》一、仏力住持《シテ》、即《チ》入《ル》二大乗正定之聚《ニ》一。正定《ハ》即《チ》是阿毘跋致《ナリ》。譬《ヘバ》如《シ》二水路《ニ》乗《スレバ》レ船則《チ》楽《シキガ》一」此《ノ》『無量寿経優波提舎』《ハ》蓋《シ》上衍之極致、不退之風航《ナル》者也。

（『浄真全』一・四四九頁）

と、五濁の世無仏の時の歩むべき易行道を示しているが、それは「信仏因縁」によるものであった。この「信仏因縁」による仏道は、菩薩のみならず八番問答にあるように下々品のものにも開かれている。八番問答において仏・菩薩やその法を否定する謗法罪を最大の罪としたのも、「信仏因縁」による仏道の方向とは真逆だからだと理解できる。

小結

『往生論註』は『浄土論』を註釈しながらも、『観経』にもとづく下々品の十念による往生を主張した。それでは、曇鸞は自分自身を下々品と位置付けていたのだろうか。『往生論註』のうえには、その記述を見出し得ない。少なくとも、自身は菩薩の回向を受ける側であり、自らを五念門を行ずる菩薩とは見ていなかった、と考えるべきであろう。これは後の浄土教の展開において、善導が、

深信《クズ》二自身《ハ》現《ニ》是罪悪生死《ノ》凡夫、曠劫《ヨリ》已来常《タニ》没常《シニ》流転《シテ》、無《シト》レ有《ルコト》二出離之縁一。（『浄真全』一・七六二頁）

というような自己内省や、親鸞が、

「凡夫」はすなわちわれらなり。（『浄真全』二・六七六頁、傍点筆者）

と述べるように、自己の上に凡夫性を見ていくような点からすれば、やや不徹底な感は否めない。

しかし、穢土における機類の別は現実のものと認識しながら、すべてのものが往生可能な方法とは、「信仏因縁」によるほかないということを示したということができる。

名号などの説明に非仏教的表現を用いるような、我々からすれば首をかしげるほどの大胆さをもった曇鸞流の「〈無量寿経〉優婆提舎」が、『往生論註』であるということができるだろう。

註

（1）『往生論註』では天親とあるが、拙論では世親と表記する。なお引用する際は原文にしたがう。
（2）信楽峻麿「曇鸞教学における十念の意義」（『龍谷大学論集』三七一号）一〇七頁
（3）中平了悟「『往生論註』の十念について」（『印仏研』五一‐一）八七頁
（4）中平了悟「前掲論文」（『印仏研』五一‐一）八七頁
（5）拙稿「曇鸞の『浄土論』註釈の意図」（『真宗学』一三三号、平成二八年）
（6）『浄真全』一・四八二頁
（7）『浄真全』一・九七頁
（8）この「業道経」が具体的に何の経典を指しているのかは不明。「業について説かれた経」と理解するべきか。呉の支謙訳『惟日雑難経』に「如《シ》二秤《ノ》随《ヒテ》レ重《キニ》得《ル》レ之《ヲ》」（大正一七・六〇五頁上）、安世高訳『道地経』に「譬《ヘバ》如《ク》二秤《ノ》一上一下《スルガ》一、如《ク》レ是《ノ》捨《テ》レ死《ヲ》受《ク》二生《ノ》種《ヲ》一」（大正一五・二三三頁中）などとある。また『安楽集』巻上には「大乗経云《ニク》」（『浄真全』一・六〇〇頁）として、『往生論註』と同じ文が引かれている。
（9）『真宗叢書』　別巻　是山和上集（臨川書店、一九七八年）一二〇頁
（10）〈無量寿経〉の「十念」について、大田利生氏は「十念の念は原語でcittaという文字が使われ、こころを意味するが、さらに、サンスクリット本の文脈から判断すると、浄土に生まれたいというこころを起こすことであると理解される。」（大田利生「浄土教の十念思想」（『真宗学』九一・九二合併号、一九九五年）と述べている。岡氏の説は、この大田氏の説に依ったものである。
（11）岡亮二「中国三祖の十念思想（一）―曇鸞の十念思想―」（『真宗学』九四号、一九九六年）
（12）『観経』下々品の十念について、藤田宏達氏は、

下生の文に出る「十念」という語が、おそらく『無量寿経』の下輩段に説かれる「乃至十念」を受けたものであることによっても窺われる。（藤田宏達『浄土三部経の研究』（岩波書店、二〇〇七年）四五三頁）

や、

前掲の下品下生の文によると、南無阿弥陀仏と称える称名は、念仏のいとまがなく、念仏ができないときにするものと説かれているから、その限り念仏と称名ははっきり区別されている。しかし、その次に出る「十念」や「念念」を文字どおり念仏の「念」と同じ意味にとれば、文脈の上では、「声をして絶えざらしめ」「南無阿弥陀仏と称す」「仏名を称するがゆえに」という文と連係しているから、念仏と称名は何らかの結びつきを示唆しており、その意味では念仏と称名の区別は一応のものであると言ったほうがよい。同じ下品段でも、右の上生の文では称名のみを説き念仏との関係は明らかではないし、また中生の文には称名と念仏いずれにも言及していないことを勘案すると、この下生の文面には不分明さが残るが、ともかく念仏と称名は直ちに同じであるとは読みとれないのである。（『同書』四五三～四五四頁）

と指摘している。

（13）『大漢和辞典』第九巻（大修館書店、一九八六）二五頁

（14）『浄土論註　仏典講座二三』二二六頁

（15）上品生とは、上品上生・上品中生・上品下生の三品を総称している。なぜひとまとめにし、区別をしていないかという点については、別の機会で論じた（拙稿「曇鸞の『浄土論』註釈の意図」参照）。

（16）相馬一意氏が指摘しているが、『浄土論』の原文は「菩薩如《ハク》レ是《クノ》修《ス》二五（念）門《ノ》行《ヲ》一。自利利他《シテ》速《ニ》得《ンガタメノ》三成二就《スルコトヲ》阿耨多羅三藐三菩提《ヲ》一故《ニ》」と訓読した方がよいように思う。菩薩が五念門を修行するのは、自利利他して阿耨多羅三藐三菩提を成就することを目的とするということが明確化するためである（『曇鸞『往生論註』の講究』（永田文昌堂、二〇一三年）四八一～四八八頁参照）。

（17）矢田了章氏は、衆生の行業をあらわすものを向仏的教法（表現）、阿弥陀仏による衆生救済をあらわすものを向生的教法（表現）といっている（「中国浄土教における教法表現」（『真宗学』一一九・一二〇合併号）参照）。

（18）讃嘆門釈では、

滅除薬《ヲ》塗《ル》レ鼓《ニ》之喩《ヘ》、復是一事《ナリ》。此《ノ》喩《ハ》已《ニ》彰《ス》二於前《ニ》一故《ニ》不二重《テ》引《カ》一。

とあり、すでに〔八番問答で〕引用したから、重複して引用はしないと述べている。

曇鸞・道綽における仏身仏土の思想構造（上）
――二種法身説・広略相入の論理の相違――

田中無量

序論

親鸞（一一七三〜一二六二）は、主著『顕浄土真実教行証文類』の「正信偈」や『高僧和讃』において、七人の高僧を讃えている。これらの高僧を「真宗七祖」と呼び、親鸞浄土教の形成に重要な役割を担う存在として、古来研究されてきた。いうまでもなく浄土教とは、阿弥陀仏（仏身）の浄土（仏土）に往生することを説くものであるから、浄土教者にとって仏身仏土論は、重要な課題の一つといえる。そこで本稿では、真宗七祖のうち、第三祖曇鸞（四七六〜五四二）と第四祖道綽（五六二〜六四五）の仏身仏土の思想構造について論考したい。この曇鸞と道綽に注目する理由は、曇鸞の主著『無量寿経優婆提舎願生偈註』（以下、『論註』と称す。）や道綽撰『安楽集』には、親鸞においても語られる二身説・三身説が述べられているからである。

曇鸞は、曇鸞伝として最古となる道宣（五九六〜六六七）の『続高僧伝』（巻六・義解篇中の曇鸞伝）によると、

「四論仏性」を窮研したとされる。[1]この「四論仏性」とは、羅什（三四四〜四一三、一説に三五〇〜四〇九）訳出の龍樹（一五〇〜二五〇頃）『中論』・『十二門論』・『大智度論』、ならびに提婆（一七〇〜二七〇頃）『百論』の「四論」と曇無讖所訳の『涅槃経』を指すことから、曇鸞は北朝時代の中観の仏教者（北地四論の学匠）の立場にある浄土教者である。そして道綽は、この曇鸞の浄土思想を継承しつつ「聖浄二門」を説き、善導（六一三〜六八一）へと伝えた祖師とされる。『続高僧伝』（巻二十習禅篇中の道綽伝）によれば、道綽は浄土帰入の以前には涅槃学を修め、慧瓚（五三六〜六〇七）のもとで空理を研鑽していたが、曇鸞の浄土教に出あい自らも浄土願生者となった。そしてその浄土教を受け継ぎ曇鸞が建てた玄中寺に常に在住し、そこには曇鸞の碑もあったという。[2]

右の僧伝が物語るように、道綽は曇鸞浄土教から強い影響を受け、その著作からも思想的関連性をみることができる。しかし評価については、曇鸞と道綽とでは大きく異なる。曇鸞の『論註』は、整理された一貫性のある論理が展開されているとみなされる一方で、道綽の『安楽集』は、煩瑣で文の意味が入り混じり非常に分かりにくいなどと評される。[3]また仏身論についてみれば、曇鸞は二身説のみに限り論を進めていくが、道綽は二身説だけでなく、三身説にも対応しなければならなかった。このことは、曇鸞の在世時代と大きく異なるところである。龍樹を第一祖とする親鸞浄土教の系譜、いわゆる「真宗七祖」からいえば、道綽は歴史上はじめて三身三土説への対応を迫られた人物であるともいえよう。なぜなら曇鸞と道綽の間には、浄影寺慧遠（五二三〜五九二）、天台智顗（五三八〜五九七）、三論吉蔵（五四九〜六二三）らが出生し、彼らは中国仏教界における唯識教学の浸透とも関連して三身三土義を示し、弥陀主格応身応土説（慧遠は一面では報土とするが、義としては応土である）を展開していくからである。[4]道綽は彼ら聖道諸師に論駁する形で三身三土義を展開し弥陀主格報身報土説を示し、自らの末法史観に立脚した時機相応の修道法を確立していく。このような道綽を取り巻く環境や背景から自身の教学が形成されたことは明らかであるが、そもそも道綽自身がいかなる思想構造を根底としてその論理を展開したのかは明らかとはい い難い。ゆえに『安楽集』自体を「わかりにくく、文意不明」とする理解に繋がっていくことになるのだろう。またこのような評価は、道綽の師とされる慧瓚の教学がよく分かっていないことにも起因することだろう。しかも曇鸞の時代とは異なり、唯識思想や末法思想など様々な仏教思想が展開される時代であり、道綽がそれら全てに対応を迫られ煩瑣な議論にならざるをえなかったとも考えられる。むしろ今日『安楽集』が非常にわかりにくいと評される理由は、道綽教学を考える場合にその視座となるものがなく、どのような思想構造をもって論を展開しているかが不明であるからとも考えられよう。そしてそれは本稿に論じる仏身仏土についても同様であろう。そこで筆者は、歴史的な背景からやはり曇鸞の思想構造を基底として、道綽の仏身仏土論があるのではないかと推察するのである。(5)

以上を踏まえ本論考は、「曇鸞・道綽における仏身仏土の思想構造」と題し、まず曇鸞の仏身仏土の思想構造を、曇鸞の思想背景となる北朝仏教の指導的役割を担った僧肇(三八四、一説に三七四～四一四)の般若思想から明らかにしていく。そして曇鸞と道綽にみる二諦説の相違に着目することで、両者の仏身仏土の思想構造を論考したい。また「二種法身説・広略相入の論理の相違」と副題を付し、曇鸞と道綽の間で「二種法身説・広略相入の論理」が相違するものであることを指摘したいと思う。

一　曇鸞の思想構造の背景

北朝の曇鸞は、僧肇の般若思想の影響を受けながら、世親（天親、四〇〇～四八〇頃）の『無量寿経優婆提舎願生偈』（以下、『論』と称す。）を註釈し、『論註』を著している。筆者は『論註』の思想構造について北朝仏教を背景に研究してきたが[6]、その結果、筆者の『論註』理解は従来とは異なる視点を持つので、最初にそのことを述べておきたい。従来、曇鸞研究は、龍樹の二諦説を原理的な側面によって明らかにした「約理の二諦」の立場に基づいて解釈している。この「約理の二諦」とは、俗なる領域（世俗諦）と聖なる領域（第一義諦）を明確に区別する二諦説である。従来の『論註』研究にみられる思想構造は、

(a)真諦・般若・第一義諦・法性法身・略　→　法（法性）
(b)俗諦・方便・妙境界相・方便法身・広　→　名（名号）

の二種に配当して理解できるとするものである。例えば「名即法」の名号論は、「方便」（名）と「般若」（法）の関係や[7]、「法性法身」（法）と「方便法身」（名）の二種法身説の関係に対応して理解できるとされた[8]。まさしくこの曇鸞解釈の立場は、

約理の二諦　　曇鸞の思想（従来の研究による）
(a)真諦・般若　→　般若・真諦・第一義諦・法性法身・略　→　法（法性）
(b)俗諦・方便　→　方便・俗諦・妙境界相・方便法身・広　→　名（名号）

とする立場であるといえよう。しかし曇鸞が『論註』の思想的基盤に置いたものは、僧肇の般若思想であると考えられよう。これは、龍樹造羅什訳青目釈『中論』（以下、羅什訳『中論』とする）にみることができる約教の二諦説、つまり教説・言説についていう二諦を継承するものである。龍樹は、羅什訳『中論』「観四諦品・第二十四」の「第八偈」に、

諸仏は二諦に依りて、衆生の為に法を説く。一には世俗諦を以てし、二には第一義諦なり。
（『大正蔵』三〇・三二下。原漢文〈以下同〉）

と述べる。ここで龍樹は、諸仏が二諦に基づいて衆生のために法を説くこと、そしてその二諦とは、「世俗諦」と「第一義諦」であることを明かしている。そして「第九偈」・「第十偈」に、

若し人、二諦を分別するを知ることを能はずんば、則ち深仏法に於いて真実義を知らず。
（第九偈。同前・三二下）

若し俗諦に依らざれば、第一義を得ず。第一義を得ざれば、則ち涅槃を得ず。
（第十偈。同前・三三上）

と説示する。ここにいう二諦（二種類の真理）とは、世間慣行としての真理（世俗諦）と最高真実としての真理（第一義諦）である。羅什訳『中論』の二諦説は、「諸仏が二諦によって、衆生の為に法を説く」とあることから、「約教の二諦」（言教・教説の二諦）であると考えられる。教説において二種の真理（二諦）を立て、その言説（教説の二諦）を超える真実を示している。(9) そして曇鸞教学の思想的基盤となる僧肇の般若思想は、この「約教の二諦」を継承するものといえよう。すなわち、僧肇は言説として示される全てを「方便」とし、その「方便」において「真諦」（非有）と「俗諦」（非無）の二諦を表わし、それらを相即と示しつつ、両者を双否する非有非無によ

って、言説を超克した「真実」（第一真諦・無相真諦[10]）を明かしている。さらに、その「真実」と「方便の二諦」は、寂（真実）と用（二諦）であり、「寂用」は体一・相即の関係にあるとする。[11] 曇鸞の『論註』においても、僧肇の「非有非無」の論理と類似する論理が語られており、[12] 曇鸞は僧肇思想を継承していくと考えられる。

この曇鸞における僧肇思想の受容が明確になるのは、『論註』の「智慧」と「第一義諦」の解釈にあろう。まず曇鸞は、「第一義諦」の解釈において「諦」＝「境」（対象・相）と示すことで、「第一義諦」自体を「境界」として明かしていく。さらに「名義摂対」と題し、『論』所説の「智慧」を単に「般若」のみに解釈していくのではなく、「智」と「慧」にあえて分釈し、「「般若」といふは、如に達する慧の名なり。「方便」といふは、権に通ずる智の称なり。」（『浄土真宗聖典七祖篇（註釈版）』〔以下、『註釈版七祖』と称す〕一四七頁。原漢文、以下同）と語ることで、「智」を「方便」に「慧」を「般若」に配当して再解釈する。つまり曇鸞は、世親『論』所説の「智慧」や「第一義諦」を、「智」を「方便」、「諦」を「境」（境界）と解釈することで、「智慧」と「第一義諦」の概念を、「方便」（相・対象）の内に摂めて再解釈している。この再解釈により曇鸞は、世親における「智慧」（般若・第一義諦）と「方便」（世俗諦）の二種の概念関係から、「般若」（慧）・「智慧」（第一義諦）・「方便」（智）の三種の構造を創出していく。この構造は、北地四論の曇鸞が研鑽したと考えられる北朝仏教の僧肇に、すでにみられるものである。つまり、僧肇から曇鸞への思想構造の展開を整理すれば、

	僧肇の思想構造（約教の二諦）		曇鸞の思想構造（筆者の立場）
(a)	「第一真諦」（無相真諦）	↓	「般若（慧）」（実相・無相）
(b)①	「名教真諦」（言教真諦）	↓	「智（方便）慧（般若）」（第一義諦・無相即相）

(b)②「名教俗諦」（言教俗諦）　↓　「方便（智）」（諦・有相）

となる。この思想構造が、曇鸞の仏身仏土論を構築していくのであろう。ここで約理と約教の二諦を、(a)「真実」（言説・観念の超克となる名教外）と(b)「方便」（言説・観念の内となる名教内）の領域に分けて図示すれば次のとおりである。

図1　約理と約教の二諦

《(a)真実》（言説・観念の超克〈名教外〉）　　《(b)方便》（言説・観念の内〈名教内〉）

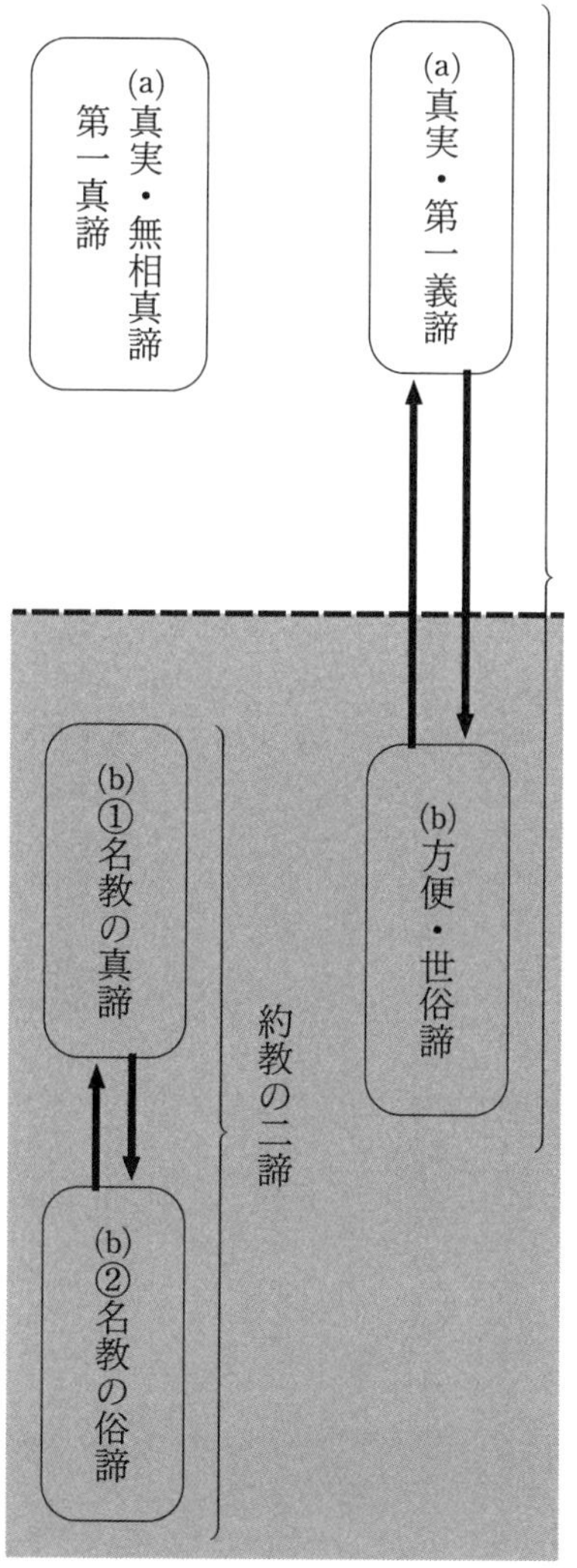

これに基づき以下の論考においても、各概念を(a)「真実」・(b)「方便」だけでなく、(b)①「名教の真諦」・(b)②

「名教の俗諦」の四種のグループに配当して論じることにする。

二　曇鸞における二種法身説・広略相入の論理

曇鸞は、『論註』「巻下・解義分・浄入願心章」に、

略して一法句に入ることを説くがゆゑなり。上の国土の荘厳十七句と、如来の荘厳八句と、菩薩の荘厳四句とを広となす。一法句に入るを略となす。なんがゆゑぞ広略相入を示現するとなれば、諸仏・菩薩に二種の法身まします。一には法性法身、二には方便法身なり。法性法身によりて方便法身を生ず。方便法身によりて法性法身を出す。この二の法身は異にして分つべからず。一にして同ずべからず。このゆゑに広略相入して、統ぶるに法の名をもつてす。菩薩もし広略相入を知らざれば、すなはち自利利他することあたはざればなり。

（『註釈版七祖』一三九頁。傍線は引用者による）

と語り、『論』所説の「入一法句」を解釈するなかで、弥陀浄土における諸仏・菩薩の仏身仏土論を示していく。まず「仏身」について、「法性法身」と「方便法身」の二種の法身を明かし、由生由出の関係にあることを述べる。そしてこれを根拠に、「仏土」については「一法句」「略」と「三厳二十九種荘厳」「広」の相入関係を説示し、ここに、いわゆる二種法身説・広略相入の論理を明かしていく。注目すべき点は、傍線部にあるように、曇鸞が、「このゆゑに広略相入して、統ぶるに法の名をもつてす。」とあることから、「略・一法句」（法の名）は「二種法身」（広略）を統べるものである。したがって先行研究[13]では、「法性法身＝略・一法句」、「方便法身＝広・二十九種

荘厳」と二種に分類しつつ、さらに「略・一法句」は「二種法身」を内包すると理解するが、両説を統合すれば「法性法身＝略・一法句＝二種法身」となり、不自然な解釈とも考えられよう。

そこで、「略・一法句」の内容を、曇鸞がどのように解釈しているのかを論じてみたい。曇鸞の「一法句」の解釈は、二箇所に見出せる。一つは「第一義諦」の解釈、もう一つは「真実智慧・無為法身」の解釈である。これらは以下の二つの文より「一法句」と同義であると理解できる。まず「第一義諦」について、

入第一義諦とは、かの無量寿仏国土の荘厳は第一義諦妙境界相なり。十六句および一句次第して説けり、知るべし。「第一義諦」とは仏（阿弥陀仏）の因縁法なり。この「諦」はこれ境の義なり。このゆゑに荘厳等の十六句を称して「妙境界相」となす。この義、入一法句の文に至りてまさにさらに解釈すべし。

（『論註』巻下・解義分・観察体相章、同前・一二三頁）

と述べ、「諦」が「境」（対象）の義であるとすることで、「第一義諦」（「一法句」）自体が名教内にあることを明かし、約教の二諦を説示していく。ゆえに曇鸞の「智慧」（智＝方便・慧＝般若）と「第一義諦」（諦＝境）の解釈から、曇鸞の思想は(a)「真諦・無相」、(b)①「名教真諦・無相即相」、(b)②「名教俗諦・有相」の三種の構造によって把握すべきであると考えられる。また、曇鸞は僧肇の文言を引用し、「法身は像なくして殊形並び応じ」（同前・一三八頁）と語り、法身は(a)「無相」（無像）そのものではなく(b)①「無相即相」（無像而殊形並応）であると示していく。更に曇鸞は「真実智慧・無為法身」について、

一法句といふはいはく、清浄句なり。清浄句といふはいはく、真実智慧無為法身なるがゆゑなり。この三句は展転して相入す。なんの義によりてか、これを名づけて法となす。清浄をもつてのゆゑなり。なんの義により

てか、名づけて清浄となす。真実智慧無為法身なるをもつてのゆゑなり。「真実智慧」とは、実相の智慧なり。(中略)法身は無相なり。無相のゆゑによく相ならざるはなし。このゆゑに相好荘厳はすなはち法身なり。無知のゆゑによく知らざるはなし。このゆゑに一切種智はすなはち真実の智慧なり。真実をもつて智慧に目くることは、智慧は作にあらず、非作にあらざることを明かすなり。無為をもつて法身を標すことは、法身は色にあらず、非色にあらざることを明かすなり。(中略)是にあらず、非にあらず、百非の喩へざるところなり。このゆゑに清浄句といふ。「清浄句」とは、真実智慧無為法身をいふなり。

(同前・一四〇頁)

と述べ、「一法句」「清浄句」「真実智慧無為法身」の三句が展転して相入することを語り、同義であることを明かす。そして『論』当面の「真実智慧無為法身」の語を、「真実智慧」と「無為法身」に分離したうえで、「真実・智慧・無為・法身」の四語に分けて解釈し、それぞれを、(a)「無相・真実・無為」のグループと(b)①「無相即相・智慧・法身」のグループに配当している。詳細は別稿に譲り[14]、ここではいくつか指摘しておきたい。まず「真実智慧」の解釈では(b)②「一切種智」を(b)①「真実智慧」と『論』所説の通り示すのに対し、「無為法身」の解釈では「相好荘厳」(広)を「無為法身」(法性法身)ではなく、単に「法身」であると明かしている。「法性」(「真実」)はあくまで(a)「無相」であって(b)「有相」を包摂するものではないから、(b)①「法身」(智慧・無相即相)に(b)②「相好荘厳」(「一切種智」)が内包することを示すと考えられる。さらに「智慧」は「智慧は作にあらず、非作にあらざることを明かすなり。」とし、「法身」は「法身は色にあらず、非色にあらざることを明かすなり。」と述べ、「智慧・法身」が(b)①「無相即相」のグループであると明かす。そして最後に「百非の喩へざるところなり」等と示し、「非即非非」の論理を説示して、言説を超克する(a)「真実」を明かしていく。ゆえに曇鸞は、「法性」は(a)

「無相」、「智慧・法身」は(b)①「無相即相」であるとしている。よって「真実智慧・無為法身」（略）は(b)①「無相即相」を内容とするから、「略」＝(b)①「法身」（無相即相・二種法身）であって、「略」＝(a)「法性」（無相）ではないことになる。従来の研究では、(a)「般若・第一義諦・法性法身・略」、(b)「方便・妙境界相・方便法身・広」と二種に分類するが、この場合、曇鸞が「諦」を境界（対象）と示し、(b)「方便」に配当していくことを了解することができない。またいま述べた『論』当面の「真実智慧無為法身」に対する曇鸞の特徴的な解釈の理由を明らかにすることもできない。さらには、最初に示した「略」が「二種法身」を内包する解釈の意図を説明することもできないのである。曇鸞の思想構造は、やはり僧肇の思想構造をもって理解していくべきであり、(a)「無相」、(b)①「無相即相」、(b)②「有相」の三種であると考えられる。

以上を踏まえ、曇鸞における弥陀浄土の諸仏・菩薩の二種法身説と広略相入の関係を三点に分けて示したい。第一に「法性法身」＝「略」(b)①無相即相）ではなく、「法身」＝「略」(b)①無相即相）と考えられる。第二に(b)①「法身」（智慧）の内において、(a)「法性」（無相・慧・実相）と(b)②「方便」（有相・智・為物）の二側面の由生由出（相即）の関係が語られ、(b)①「法身」の「無相即相」（智慧）が示されている。第三に「法性」＝(a)「般若」（慧）、「略・一法句・法身」＝(b)①「智慧」、「広・二十九種荘厳」＝(b)②「方便」（智）に配当し、三種の概念関係で説かれている。これが、僧肇思想を背景として理解できる曇鸞の二種法身説・広略相入の論理である。

要するに曇鸞の仏身仏土論には、(a)「無相」・(b)「有相」の二種のみでなく、(b)①「無相即相」（二諦相即）の三種の概念関係がある。それに対して(a)「無相」と(b)「有相」の二種のみによる二種法身・広略の関係理解は、「法性法身＝略＝二種法身」という不自然な解釈に陥る可能性があるが、(b)①「略＝法身」（相即無相）と理解することでその問題を解消することができる。ゆえに曇鸞は、整合性をもって仏身仏土論における二種法身と広略の関係を釈示しているといえる。そして曇鸞の場合、「法性法身」・「方便法身」の語は、「法身」（略）の法性的側面と方便的側面をいうものであると考えられるから、「法性の法身」、「方便の法身」と分離して訓むべきであろう。以上、曇鸞の弥陀浄土における「諸仏菩薩」の仏身仏土論の構造を図示すれば、以下の通りである。

図2　曇鸞の弥陀浄土における「諸仏菩薩」の仏身仏土論の構造

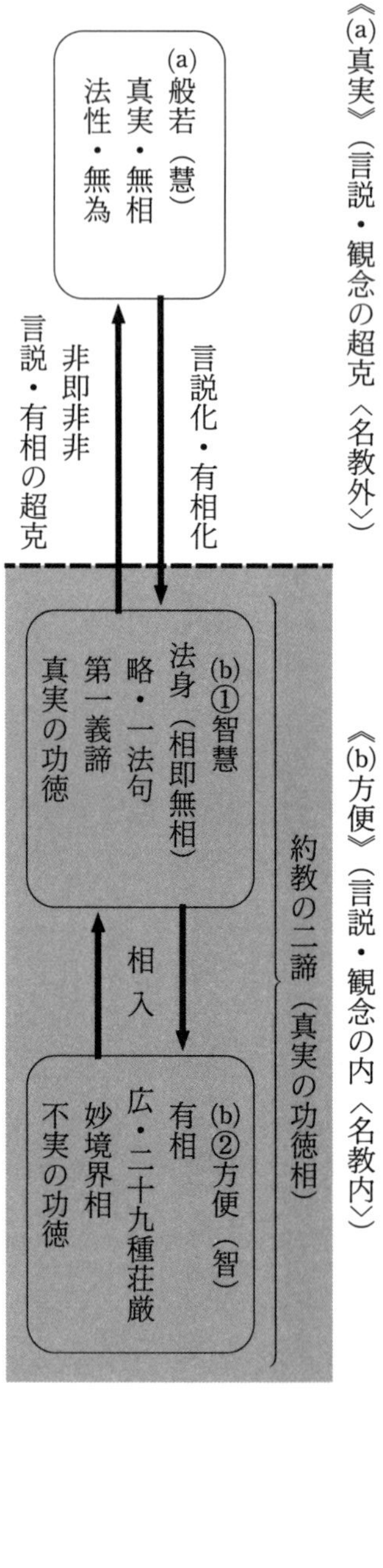

三　曇鸞から道綽への二諦説の展開

道綽の『安楽集』の思想的特徴は、①時機相応の浄土教、末法思想に基づく「約時被機」、②聖浄二門の判、③

念観合論、④准通立別、⑤三身三土の義・凡聖通往をあげることができる。この道綽の仏身仏土論の思想構造を明らかにする前に、まずは曇鸞から道綽への二諦説の展開を考えてみたい。

曇鸞は『論註』「巻上・総説分・真実功徳釈」において、

「真実功徳相」とは、二種の功徳あり。一には有漏の心より生じて法性に順ぜず。いはゆる凡夫人天の諸善、人天の果報、もしは因もしは果、みなこれ顛倒、みなこれ虚偽なり。このゆゑに不実の功徳と名づく。二には菩薩の智慧清浄の業より起りて仏事を荘厳す。法性によりて清浄の相に入る。この法顛倒せず、虚偽ならず。名づけて真実功徳となす。いかんが顛倒せざる。法性によりて二諦に順ずるがゆゑなり。いかんが虚偽ならざる。衆生を摂して畢竟浄に入らしむるがゆゑなり。 (同前・五六頁)

と述べ、「真実功徳相」を解釈するなかで「二諦」についても語る。ここで曇鸞は「真実功徳相」について「二種の功徳」を明かし、「不実功徳」と「真実功徳」の二種を示している。従来の解釈では「不実功徳」が「真実功徳相」に含まれていることに明確に答えていない部分があろう。[15] 筆者は思想構造を三種に配当することにより、次のように理解すれば、この問題を解消できると考える。

(a)　「真実・法性」　→　「般若」(慧・実相・無相)

(b)①「真実の功徳」　→　「智慧」(第一義諦・無相即相)

(b)②「不実の功徳」　→　「方便」(智・妙境界相・有相)

二諦 (a)「真実」の(b)「功徳相」)

この構造からも曇鸞が示す二諦とは、約教の二諦であると考えられる。そしてこの構造に基づき仏身仏土論を展開したのである(前頁図2参照)。

それでは、道綽は二諦をいかに理解しているだろうか。道綽在世時、浄影寺慧遠や天台智顗などは、約理の二諦を、三論吉蔵は約教の二諦を明かしている。(16) したがって道綽は、約教・約理のどちらの二諦も選取することができる。道綽は曇鸞の文をよく引用しているのだが、曇鸞思想が約教の二諦に基づくと考えられる根拠となる、「名義摂対」の「智」＝「方便」・「慧」＝「般若」の解釈や、「第一義諦」の「諦」＝「境」と明かす箇所を引用していない。また曇鸞は「二諦」の語について一度しか語っていないが、道綽は『安楽集』に「二諦」を多く語っており、そのうち曇鸞『論註』（取意）の引用個所もある。この箇所で道綽は、曇鸞自身には説示されていない「二諦」について付加して語っている。ここに曇鸞との思想的相違がみられるのでその箇所を以下に挙げておきたい。

Ⅰ「不行即行」

曇鸞『論註』

真如はこれ諸法の正体なり。如を体して行ずれば、すなはちこれ不行なり。不行にして行ずるを如実修行と名づく。

（同前・一三六頁）

道綽『安楽集』

龍樹菩薩の釈にいはく、「このなかに四句を離れざるを縛となし、四句を離るるを解となす」と。いま菩提を体るに、ただよくかくのごとく修行すれば、すなはちこれ不行にして行なり。不行にして行なれば、二諦の大道理に違せず。

（同前・二〇五頁）

Ⅱ「生無生」

曇鸞『論註』

上に、生は無生なりと知るといふは、まさにこれ上品生のものなるべし。（同前・一二五頁）

道綽『安楽集』

ただよく生・無生を知りて二諦に違せざるものは、多く上輩の生に落在すべし。

（同前・二〇〇頁。傍線は引用者による）

右に示したように曇鸞は、「不行即行」や「生無生」を「二諦」と結びつけて解釈していないが、道綽は直接結び付けて説示する。このことは道綽が曇鸞とは異なり、「約理の二諦」を念頭に置いて、「不行」「無生」を「第一義諦」に、「行」「生」を「世俗諦」に配当していくからであると考えられよう。また、「法身の菩提といふは、いはゆる真如実相第一義空なり。自性清浄にして、体穢染なし。理、天真に出でて修成を仮らざるを名づけて法身となす。」（同前・二〇三頁）とも示し、ここでも「第一義諦」を「実相・空・理」と結びつけている。しかも道綽は、「有無の二諦」（第八大門、同前・二七八頁）とも述べ、さらには「一切諸仏の説法はかならず二縁を具す。一には法性の実理による。二にはすべからくその二諦に順ずべし。かれは、大乗は無念なり、ただ法性によると計して、しかも縁求を謗り無みす。すなはちこれ二諦に順ぜず。かくのごとき見は、滅空の所収に堕す。」（第二大門、同前・二〇八頁）とも明かし、法性の実理（第一義諦）のみに執着し、二諦（約理）を否定する在り方を「滅空の所収に堕す」と批判している。したがってこれらに見いだされる道綽の思想は、曇鸞の約教の二諦と異なり、約理の二諦に基づくものであるといえよう。道綽の二諦説と弥陀身土の関係については後に詳述するが、曇鸞と異なり、「二諦」を根拠に阿弥陀仏の報身報土を明かしていく道綽において、[17]「二諦」はどこまでも真理でなければならないと考えられよう。その背景には浄影寺慧遠や天台智顗の約理二諦の影響を指摘できるのである。ゆえに曇鸞と道綽では二諦の理解に約教と約理という相違があり、それぞれの二諦の立場から仏身仏土の思想を構築していくことになろう。しかし道綽の仏身仏土の思想構造は、単に「約理」の二諦の構造のみではない。結論を先取りすれば、道綽は「仏身仏土」について説示していくなかで約理の二諦に立ちながらも、曇鸞の仏身仏土の思想構造となる三種の概念関係を継承し再構築していくことになる。

この道綽の「仏身仏土」の思想構造を明かしていく前に、その形成背景を改めて確認したい。道綽は、曇鸞と異なり三身三土義を説示する。これは中国仏教界において唯識教学の中で展開した三身説が台頭したことによるとされる。例えば浄影寺慧遠、天台智顗、三論吉蔵は、三身三土義を説示し阿弥陀仏とその浄土を応身応土であるとしている。(18) これに対し曇鸞二身説の流れを受けた道綽は、曇鸞に語られた二身説、すなわち二種法身説・広略相入の論理を踏まえながら、三身三土義を説示し弥陀主格報身報土説を明かしていくことになろう。

四　道綽における二種法身説・広略相入の論理

前項を踏まえ道綽の仏身仏土を論考するなかで、道綽にいうところの二種法身説・広略相入の論理を明かしたい。そこで道綽の立場となる約時被機について確認しておきたい。道綽は『安楽集』「巻上・第一大門・教興所由」において、

今先づ第一の大門のうちにつきて、文義衆しといへども、略して九門を作りて料簡し、しかる後に文に造らん。第一に教興の所由を明かして、時に約し機に被らしめて勧めて浄土に帰せしむ。（同前・一八一頁）

第一大門のなか、教興の所由を明かして、時に約し機に被らしめて勧めて浄土に帰せしむとは、若し教、時機に赴けば、修しやすく悟りやすし。若し機と教と時と乖けば、修しがたく入りがたし。（中略）『大集月蔵経』（意）にのたまはく、「仏滅度の後の第一の五百年には、わがもろもろの弟子、慧を学ぶこと堅固なることを得ん。（中略）いまの時の衆生を計るに、すなはち仏世を去りたまひて後の第四の五百年に当れり。まさしくこれ懺悔し福を修し、仏の名号を称すべき時なり。（同前・一八二〜一八四頁）

と述べている。すなわち時に約して機に被らせて浄土に帰することを勧め、また時節と機根とが合致すれば修行も悟りも可能であるが、機根と教えと時節が符合しなければ修行は困難となり悟りに至るのも難しいことを明かしている。かかる約時被機・勧帰浄土の立場から示される道綽の仏身仏土の構造は、非常に複雑で難解であろう。(19) そこでまずは道綽の仏身仏土の規定を論じてみたい。

道綽は『安楽集』「巻上・第一大門・三身三土義」において、

第七に略して三身三土の義を明かすとは、問ひていはく、いま現在の阿弥陀仏はこれいづれの身ぞ、極楽の国はこれいづれの土ぞ。答へていはく、現在の弥陀はこれ報仏、極楽宝荘厳国はこれ報土なり。しかるに古旧あひ伝へて、みな阿弥陀仏はこれ化身、土もまたこれ化土なりといへり。これを大失となす。もししからば、穢土もまた化身の所居、浄土もまた化身の所居ならば、いぶかし、如来の報身はさらにいづれの土によるや。いま『大乗同性経』によりて報化・浄穢を弁定せば、『経』（同・意）にのたまはく、「浄土のなかに仏となりたまへるはことごとくこれ報身なり、穢土のなかに仏となりたまへるはことごとくこれ化身なり」と。かの『経』（大乗同性経・意）にのたまはく、「阿弥陀如来・蓮華開敷星王如来・竜主如来・宝徳如来等のもろもろの如来、清浄の仏刹にして現に道を得たまへるもの、まさに道を得たまふべきもの、かくのごとき一切はみなこれ報身の仏なり。何者か如来の化身。（中略）兜率より下り、乃至一切の正法・一切の像法・一切の末法を住持す。かくのごとき化事みなこれ化身の仏なり。何者か如来の法身。如来の真法身とは、色なく形なく、現なく着なく、見るべからず、言説なく、住処なく、生なく滅なし。これを真法身の義と名づく」と。

（同前一九一～一九二頁）

と説示する。ここで道綽は、現在弥陀が「報仏報土」である根拠として阿弥陀仏が化身化土ならば穢土・浄土ともに仏は化身となることを述べ、「報」と「化」を「浄」と「穢」に弁定し、[20]浄土の仏を報身とし穢土の仏を化身とする。そして『大乗同性経』を用いて、諸々の如来が清浄の仏刹（仏国土）において現に仏となる、あるいはなろうとするものは全て「報身」であり、その如来の真の法身は、「無言説」「無色無形」「不生不滅」であるとも示し、ここに「法身」（真法身）が名教を超えた(a)「真実」であることを明かしている。よって(a)「真法身」の住処なき(a)「無相」より相を示現した「浄土」(b)①報土・無相即相）において仏となるものを(b)①「報身」とし、穢濁世（有相）のなかに仏となるものを、(b)②「化身」（穢土・化土）と配当していく。その上で、

問ひていはく、如来の報身は常住なり。いかんぞ『観音授記経』（意）に、「阿弥陀仏入涅槃の後、観世音菩薩次いで仏処を補す」とのたまふや。答へていはく、これはこれ報身、隠没の相を示現す。滅度にはあらず。かの『経』（同・意）にのたまはく、「阿弥陀仏入涅槃の後、また深厚善根の衆生ありて、還りて見ること故のごとし」と。すなはちその証なり。また『宝性論』（意）にいはく、「報身に五種の相まします。説法とおよび可見と、諸業の休息せざると、および休息隠没と、不実体を示現するとなり」と。すなはちその証なり。

（同前・一九二〜一九三頁）

と述べる。ここで道綽は、報身は常住であるが『経』に阿弥陀仏が入滅するとあるのはどう理解するのかとの問いに対し、阿弥陀仏は(b)①「報身」（無相即相）であり不滅（常住）であるが、隠没の相があるので機に対して異なることを説く。また報身には五種の相があり、(b)②「有相」（不実の体）を示現するものであることも明かす。そして、

問ひていはく、『鼓音経』（意）にのたまはく、「阿弥陀仏に父母あり」と。あきらかに知りぬ、これ報仏・報土にあらずや。答へていはく、なんぢはただ名を聞きて経の旨を究め尋ねずしてこの疑を致す。これを毫毛に錯りてこれを千里に失すといふべし。しかれども阿弥陀仏また三身を具へたまへり。極楽に出現したまふはすなはちこれ報身なり。いま父母ありといふは、これ穢土のなかに示現したまへる化身の父母なり。また釈迦如来、浄土のなかにしてその報仏を成じ、この方に応来して父母ありと示してその化仏を成じたまふがごとし。阿弥陀仏もまたかくのごとし。（中略）みなよく尋ね究めずして、名に迷ひて執を生ぜしむることを致す。

（同前・一九三〜一九四頁）

と示す。ここで道綽は、名称に迷い執着を生ずる見方を否定し、経の主旨を理解していないと批判するだけでなく、「阿弥陀仏」は法報応の三身を具足するものであり、極楽浄土では報身、父母ありという穢土示現の相では化身となると示し、阿弥陀仏の報身報土を説示していく。さらにその文に続いて、

問ひていはく、もし報身に隠没休息の相ましまさば、また浄土に成壊の事あるべきや。答へていはく、かくのごとき難は、古よりいまに将りて義また通じがたし。しかりといへども、いまあへて経を引きて証となさん。

義また知るべし。たとへば仏身は常住なれども、衆生涅槃ありと見るがごとし。浄土もまたしかなり。体は成壊にあらざれども、衆生の所見に随ひて成あり壊あり。『華厳経』にのたまふがごとし。「なほ導師に種々無量の色を見るがごとく、衆生の心行に随ひて、仏刹を見ることもまたしかなり」と。このゆゑに『浄土論』にいはく、「一質成ぜざるがゆゑに、浄穢虧盈あり。異質成ぜざるがゆゑに、原を捜ればすなはち冥一なり。無質成ぜざるがゆゑに、縁起すればすなはち万形なり」と。ゆゑに知りぬ、もし法性の浄土によらばすなはち清濁を論ぜず、もし報化の大悲によらばすなはち浄穢なきにあらず。また汎く仏土を明かして機感の不同に対するに、その三種の差別あり。一には真より報を垂るるを名づけて報土となす。なほ日光の四天下を照らすがごとし。法身は日のごとく、報化は光のごとし。二には無而忽有なる、これを名づけて化となす。（中略）三には穢を隠し浄を顕す。『維摩経』（意）のごとし。（中略）いまこの無量寿国は、すなはちこれ真より報を垂るる国なり。なにをもつてか知ることを得る。『観音授記経』（意）によるにのたまはく、「未来に観音成仏して阿弥陀仏の処に替りたまふ」と。ゆゑに知りぬ、これ報なり。（同前・一九四〜一九六頁）

と語る。ここで道綽は、「仏身・浄土は常住であるが、衆生は涅槃ありと見る」、「体は非成壊だが、衆生の所見に従い成壊ありとなる」、「本源としては一つ（冥一）であるが、縁により様々な形（万形）となる」、「衆生の心行に随う」等の説示により、阿弥陀仏の〝真実〟の仏身仏土とそれ対する衆生（機）の見方の相違を明かし、ここに、阿弥陀仏が衆生の「機感の不同」に応じて三身三土であることを示していく。これは阿弥陀仏が報身報土であると[21]しつつも、道綽自身が約時被機・時機相応の浄土教の立場に立つからであろう。ゆえにあくまで法性の浄土は清濁を論ずるものではなく、(a)「真実」そのものであるけれども大悲によって報・化が示されるとき、報の大悲は浄であり、化の大悲は穢の相をとる。したがって法身は日（本源）であり、報・化は光（大悲）であり、無量寿国は真より報を垂れる報土である。ここでも「報」と「化」を「浄」と「穢」に弁定し、法報応の三身の中、法報二身は浄土に限り、応身は穢土に限っていく。[22] ゆえに道綽においては、あくまでも(a)「法身」（真法身）と(b)①「報身」が浄土に、(b)②「応化身」は穢土となるから、浄土における「諸仏菩薩」の二種法身説・広略相入の論理は、曇鸞と相違し、(a)「無相」と(b)①「無相即相」において語られねばならないものとなろう。以上より、道綽における阿弥陀仏の仏身仏土の構造を図示すれば、以下の通りである。

図3　道綽における「阿弥陀仏」の仏身仏土の構造

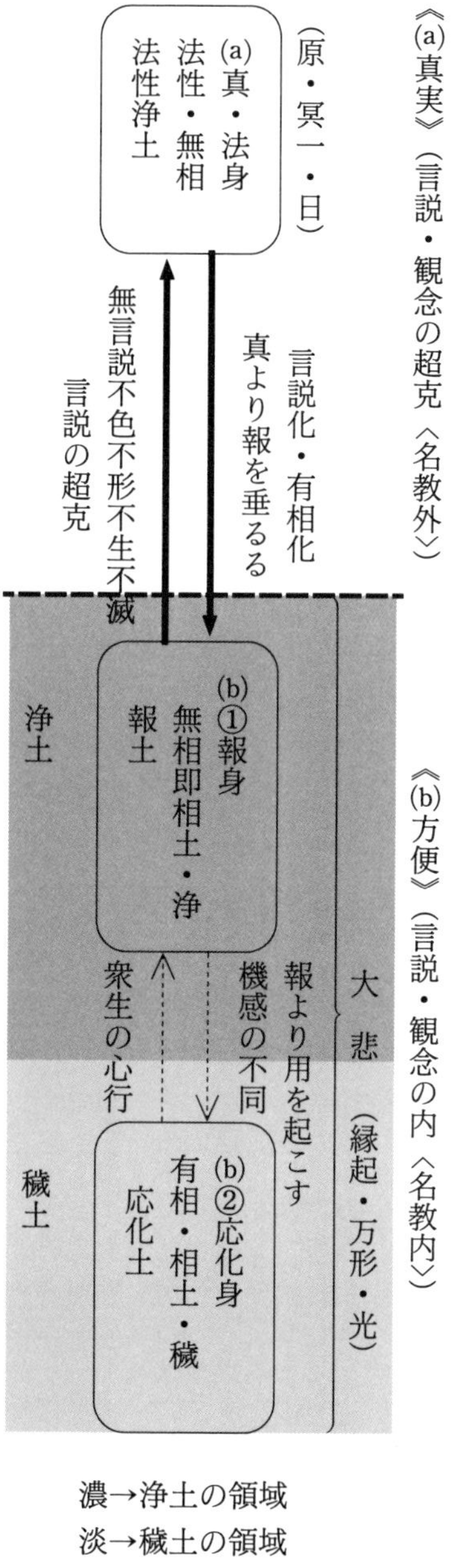

道綽は右に論じた阿弥陀仏の三身三土の構造に加え、さらに凡聖通往・相善往生を明かしていく。まず『安楽

集』「巻上・第一大門・凡聖通往」に、

第八に弥陀の浄国は位上下を該ね、凡聖通じて往くことを明かすとは、いまこの無量寿国はこれその報の浄土なり。仏願によるがゆゑにすなはち上下を該通して、凡夫の善をしてならびに往生を得しむることを致す。上を該ぬるによるがゆゑに、天親・龍樹および上地の菩薩またみな生ず。このゆゑに『大経』(下・意)にのたまはく、「弥勒菩薩、仏に問ひたてまつる。〈いまだ知らず、この界にいくばくの不退の菩薩ありてか、かの国に生ずることを得る〉と。(中略)問ひていはく、弥陀の浄国すでに位上下を該ね、凡聖を問ふことなくみな通じて往くといはば、いまだ知らず、ただ無相を修して生ずることを得や、はた凡夫の有相もまた生ずることを得や。答へていはく、凡夫は智浅くして多く相によりて求むるに、決して往生を得。しかるに相善は力微なるをもつて、ただ相土に生じてただ報化の仏を観る。(中略)ゆゑに知りぬ、浄土は相土に該通せり、往生することと謬らず。もし無相離念を体となすと知りて、しかも縁のなかに往くことを求むるものは、多くは上輩の生なるべし。

(同前・一九六〜一九九頁)

と語り、阿弥陀仏の浄国は修行の正しくできる者とできていない者(位の上下)を該ね、凡夫と聖者ともに通じて往生することができる「凡聖通往」の義を示す。そして無量寿国は「報土」(報の浄土)であり、仏願により凡夫の相善による往生も、天親・龍樹・上地の菩薩の無相による往生もできると述べていく。そして凡夫の有相による相善往生を説示し、相土に生じて「報」・「化」の仏を観ると明かしている。この「凡聖通往」にいう「報化」の解釈について古来より議論があるが、(23) 筆者は「報」と「化」であると考える。なぜなら先に指摘した「報化・浄穢の弁定」「報化の大悲によらばすなはち浄穢なきにあらず」にみられる「報=浄」、「化=穢」の文との整合性は勿論のこと、道綽は約時被機の立場から、智が浅く多くの相によって往生を求める凡夫は、その相善が「力微」であるから「相土」に生じてもなお「相土」を「報」(浄土)と捉える場合もあれば、「化」(穢土)と捉える場合もあることを明かしていると理解できるからである。つまり凡夫・衆生は、「相土」を「報」にも「化」にも捉える可能性があり、「無相即相土」(報土)と正しく理解する上地の菩薩等とは異なるのである。そして浄土は相土に該通するものであり、往生することを謬ることはない。相も観念も超えた、(a)「無相離念」が浄土の本質であることを知って、しかも縁(二諦・無相即相)のなかに往生することを求めるものは、上輩生となるのである。

道綽は右のように凡聖通往の論理と三身三土説を関連させつつ、さらに右に続く文で、曇鸞所説の二種法身説・広略相入の論理を導入し、

このゆゑに天親菩薩の『論』(論註・下意)にいはく、「もしよく二十九種の荘厳清浄を観ずれば、すなはち略して一法句に入る。一法句とはいはく、清浄句なり。清浄句とはすなはちこれ智慧無為法身なるがゆゑなり。なんがゆゑぞすべからく広略相入すべきとならば、ただ諸仏・菩薩に二種の法身まします。一には法性法身、二には方便法身なり。法性法身によるがゆゑに方便法身を生ず。方便法身によるがゆゑに法性法身を顕出す。この二種の法身は異にして分つべからず。一にして同ずべからず。このゆゑに広略相入す。菩薩もし広略相入を知らざれば、すなはち自利利他することあたはざるなり。無為法身とはすなはち法性身なり。法性寂滅なるがゆゑに、すなはち法身は無相なり。法身無相なるがゆゑに、すなはちよく相ならざるはなし。このゆゑに相好荘厳すなはちこれ法身なり。法身は無知なるがゆゑに、すなはちよく知らざるはなし。このゆゑに一切種智はすなはちこれ真実の智慧なり。縁につきて総別二句を観ずることを知るといへども、実相にあらざるはなし。

実相を知るをもつてのゆゑに、すなはち三界の衆生の虚妄の相を知る。三界の衆生の虚妄を知るをもつてのゆゑに、すなはち真実の慈悲を起す。真実の慈悲を知るをもつてのゆゑに、すなはち真実の帰依を起す」と。いまの行者緇素を問ふことなく、ただよく生・無生を知りて二諦に違せざるものは、多く上輩の生に落在すべし。

（同前・一九九〜二〇〇頁。傍線は引用者による）

と述べる。ここで道綽は曇鸞の文言を多く引用し、二種法身説・広略相入の論理についても援用している。従来の研究にあるように、[24] 一見すると同様の論理にも考えられるが、これまでの論考から必ずしもそうではないことは明白であろう。つまりすでに論じたように傍線部の「二諦」は、曇鸞と異なり約理の二諦を意味している。また道綽は、「真法身」（法性法身）を(a)「無相」に、「報身」（方便法身）を(b)①「無相即相」に配当し、この法報を浄土とし、化を穢土とする。したがって浄土における諸仏・菩薩の二種法身説・広略相入の論理は、道綽にあっては、(a)「無相」と(b)①「無相即相」に配当すべきものであろう。これを踏まえ、道綽と曇鸞の文言の相違に着目して、さらに明らかにしたい。

まず道綽は曇鸞と異なり、「もしよく二十九種の荘厳清浄（広）を観ずれば、すなはち略して一法句に入る」と語ることで、「広」と「略」の二種関係を説示する。また『論註』所説の「このゆゑに広略相入して、統ぶるに法の名をもつてす」の部分が欠落している。よって、「仏土」において「二種法身」を収める「一法句」「略」であることは述べられていない。さらに曇鸞が、言説・方便を超克する(a)「真実」を明かすために用いた「非即非非」の論理（百非の喩へざるところなり）も引用していない。したがって道綽は曇鸞とは異なり、「法性法身」＝「略」、「方便法身」＝「広」と対応させて説示し、概念関係を(a)「無相」と(b)①「無相即相」の二種のみに配当している。

従来、曇鸞の二種法身と広略の関係は、(a)「般若・法性法身・略」・(b)「方便・方便法身・広」と二種に分類して理解するが、筆者は曇鸞の「智慧」や「第一義諦」の解釈、広略を統ぶる「一法句」であることから、「略」＝「法身」(二種法身)と解釈すべきであることはすでに論じたとおりである。それに加え、従来の研究において曇鸞の解釈と考えられている「法性法身＝略」、「方便法身＝広」という理解は、曇鸞の「第一義諦」釈を引用せず、広略を収める「一法句」ともせず、さらには、「智」と「慧」の分釈を引用しない、道綽独自の二種法身説・広略相入の論理であると考えられる。この曇鸞と道綽の相違は、曇鸞が浄土における諸仏菩薩を主格とする仏身仏土論を展開するのに対し、道綽は阿弥陀仏を主格とする仏身仏土論を展開し、真理に基づく報身報土を明かすことから生まれたのであろう。ゆえに道綽は、「真理」についていう、約理の二諦を用いて弥陀主格の報身報土を説示し、二種法身説・広略相入の論理をも語っていくといえよう。

そして道綽は、右にいう二種法身説・広略相入の論理をも根拠にして、浄土とは「相土」に該通するものであり、凡聖ともに「相土」に該通する「浄土」に通往することを明かしている。上輩生の場合、体の無相離念を知り、縁(相・世俗諦)のなかに往くものとし、ここに「無相即相土」の往生を明かすことで、生・無生を知って「二諦」(約理)に異ならない行者(上輩生)の往生を説く。その一方で機感の不同により凡夫・衆生においては、力微なる相善による相土往生であるため、「報(と)化の仏を観る」とあるように、化身・化仏(有相)とみる可能性もあるから、「報土」と正しくみるためには、修道が必要となっていく。ここに修道法の必要性が生まれ、悟りに至るための行道が重要な意義を持つことになる。これに対し上輩生にとっては、常に、弥陀浄土は無相即相土の報身報土であるが、「滅空の所収に堕す」ことがないように、(a)「無相」ではなく、必ず「二諦」(二縁)に順じて(b)①

「無相（第一義諦）即相（世俗諦）」の「相土」に生じなければ証果は得られない。ここにも修道法が必要になってくる。したがって、浄土は相土に該通し、凡聖ともに往生することを誤謬しないのである。以上、ｉ曇鸞の二種法身説・広略相入の論理とⅱ道綽の仏身仏土論と凡聖通往の論理を図示すれば、以下の通りである。

図4

《(a)真実》（言説・観念の超克〈名教外〉）　　《(b)方便》（言説・観念の内〈名教内〉）

ｉ　曇鸞の「諸仏菩薩」の二種法身説・広略相入の論理

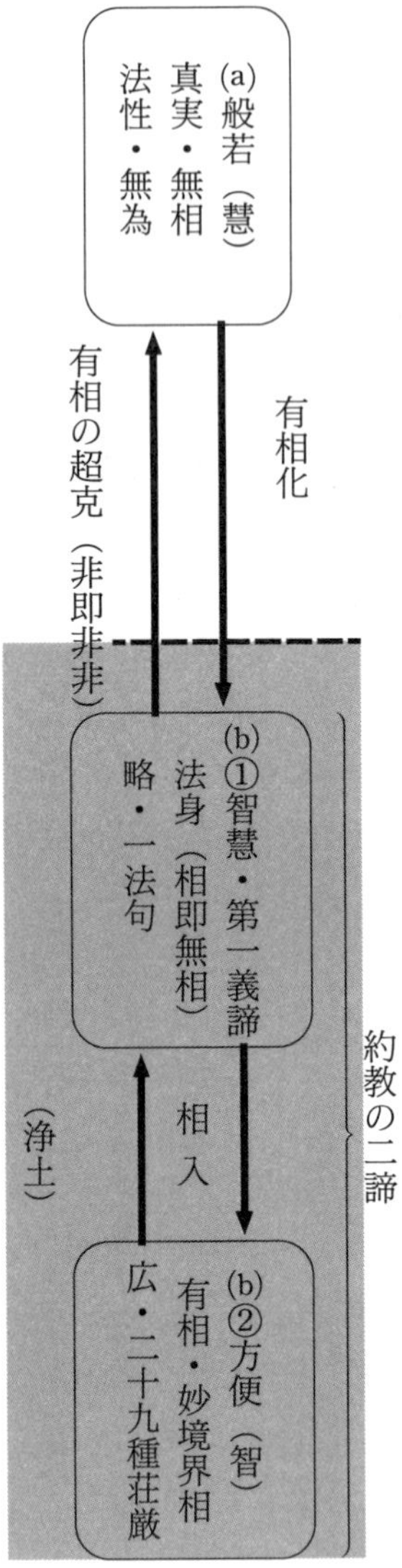

ii　道綽の「阿弥陀仏」の仏身仏土論と凡聖通往の構造

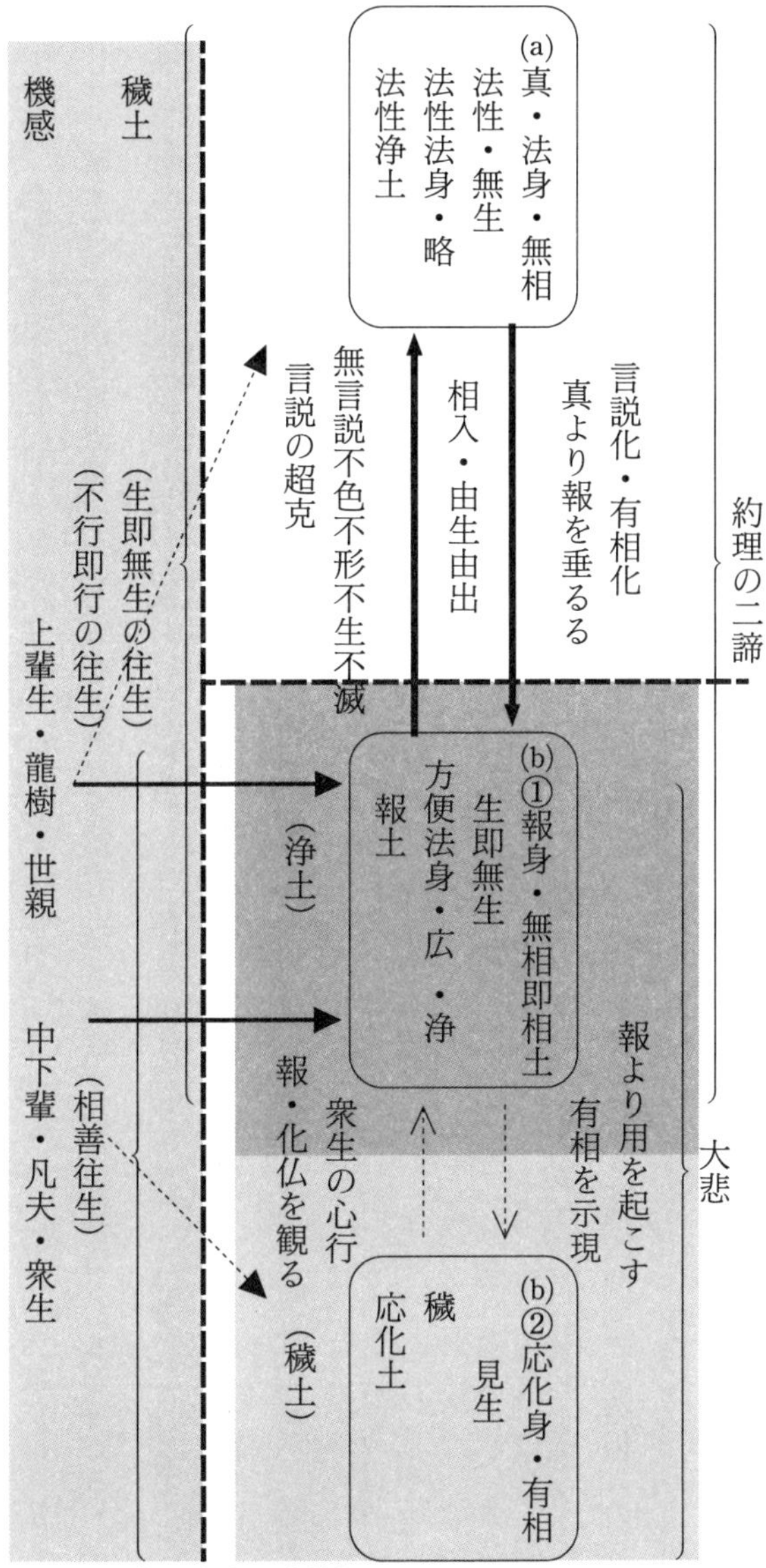

濃―浄土の領域
淡―穢土の領域
→修道により進趣すべき方向
⇢修道により否定されるべき方向

結　論

曇鸞と道綽における仏身仏土の思想構造について、まずは二種法身説・広略相入の論理の相違を指摘しておきたい。従来、曇鸞と道綽の仏身仏土論はともに、(a)「般若・法性法身・略」・(b)「方便・方便法身・広」と二種に分類して理解する。しかし筆者は、このような理解は曇鸞の了解ではなく、道綽独自であると考える。

まず曇鸞は、約教の二諦の立場にたち、「法性法身」=「略」(b)①無相即相)ではなく、「法身」=「略」(b)①無相即相)と考えられる。そして「略・法身」(b)①無相即相)の内に、二種法身、つまり「法性の法身」と「方便の法身」の由生由出・不一不異(相即)の関係が示されている。「法性」=(a)「般若」(慧)、「略・一法句・法身」=(b)①「智慧」、「広・二十九種荘厳」=(b)②「方便」(智)の三種に配当している。これが曇鸞における浄土の諸仏・菩薩の二種法身・広略相入の論理である。

それに対し道綽は、曇鸞の「第一義諦」解釈を引用せず、広略を収める「一法句」ともせず、さらに「智」と「慧」の分釈を引用していない。ゆえに道綽は曇鸞とは異なり、約理の二諦の立場に立ち、「法性法身=略」「方便法身=広」の二種法身説・広略相入の論理を示している。したがって従来の二種法身説・広略相入の論理の理解は、曇鸞ではなく、道綽の論理であると指摘できる。これを踏まえ、改めてその相違を指摘するならば、曇鸞は(a)「法性」・(b)①「法身・略」・(b)②「方便・広」の三種の概念に配当して語るのに対し、道綽は(a)「法性法身・略」と(b)①「方便法身・広」の二種に配当して理解している。この相違は、(b)②「有相」(曇鸞にいう「広」、道綽にいう

「化」）の概念に対し、曇鸞は浄土に包摂していくが、道綽は約時被機の立場から穢土とみることによるといえよう。すなわち道綽は、曇鸞と異なり約理の二諦の立場に立ちながらも、あくまで(b)①「報＝浄」、(b)②「化＝穢」であると示すことで、曇鸞の仏身仏土の思想構造となる三種の概念関係を継承し、再構築していく。そして曇鸞とは異なり、道綽が約理の二諦を選取した理由は、聖道諸師に対して弥陀主格の報身報土説を示すために、真理としての二諦から仏身仏土を論じる必要があったと考えられよう。

また道綽は約時被機の立場から機感の不同を述べ、上輩生の無相即相土の往生と、凡夫の力微なる相善による相土往生とを明かし、凡聖通往の論理を語っていく。弥陀身土を主格として論ずれば、常に報身報土といえるが、往生者の機根の相違によっては異なることになる。つまり、上輩生とは異なり、凡夫においては相土に生じてもなお、「報」とも「化」ともみる可能性があり一定しない。まさしく、道綽は約時被機の立場から凡聖通往を明かし、なおかつ、弥陀主格報身報土説を示していくのである。

右のごとく、曇鸞と道綽における仏身仏土思想の相違は、曇鸞が浄土における諸仏菩薩の論理を語るのに対し、道綽は約時被機の立場から弥陀主格の論理を説示することにある。道綽はこの立場に立つことで、往生者が穢土から弥陀浄土に往生し証果を得るまでの修道論を確立しようとするのであろう。そして道綽は菩提心論・修道論についても、仏身仏土論に関連付けていくという、曇鸞と相違する了解を示していく。さらに親鸞思想との関係もみえてくるだろう。かかる論考は、「曇鸞・道綽における仏身仏土の思想構造（下）―弥陀浄土説から弥陀主格説へ―」(25)に譲ることにする。

註

（1）『続高僧伝』の曇鸞伝に「内外経籍。具陶文理。而於四論仏性。彌所窮研」（『大正蔵』五〇・四七〇上）とある。
（2）牧田諦亮「道綽」（『浄土仏教の思想　第四巻　曇鸞・道綽』講談社、一九九五年、二四九～二五三頁）
（3）道綽の死後それほど間がない善導と同時代の人、迦才によっても批判される（前掲書二七八頁）。
（4）山本仏骨『道綽教學の研究』永田文昌堂、一九五九年、三二九～三三六頁。神子上恵龍『彌陀身土思想の展開』永田文昌堂、一九六八年、八六～一〇二、三一四～三二七頁。長谷川岳史氏は、慧遠・智顗・吉蔵が、末法の世を理解したうえで、現在仏の阿弥陀仏に、末法の世、穢土という最下位の世界に関わる応身仏（化身仏）としての意義を見出していることを指摘している（「『安楽集』の三身説に関する一考察」『真宗研究』四八、二〇〇四年）。
（5）曇鸞と道綽の仏身仏土論の関係については、渡邊了生氏の『安楽集』に関する以下の一連の論文が挙げられる。「『浄土論註』広略相入の論理と道綽の相土・無相土論」（『真宗研究会紀要』二四、一九九二年）、「『安楽集』所説の「三身三土義」と「相土・無相土」論との関係考」（『宗学院論集』六八、一九九六年）、「『安楽集』における「三身三土義」解釈の再考」（『仏教思想文化史論叢　渡辺隆生教授還暦記念論文集』一九九七年）等。
（6）拙著『北朝仏教における『往生論註』の思想構造の研究』（学位論文、二〇一四年、「龍谷大学学術機関リポジトリ」http://repo.lib.ryukoku.ac.jp/jspui/handle/10519/5666）。また拙稿「『往生論註』所説の平等法身と未証浄心の二菩薩の関係—曇鸞の「名義摂対」の論理からの考察」（『眞宗研究』五八、二〇一四年）等。
（7）藤堂恭俊『無量寿経論註の研究』（仏教文化研究所、一九五八年）一七九頁。
（8）渡邊了生「『浄土論註』における二種法身説の教理史的研究」（『真宗学』八一、一九九〇年）
（9）安井廣済『中観思想の研究』（法藏館、一九六一年、一七九～一八〇頁）、瓜生津隆真『ナーガールジュナ研究』（春秋社、一九八五年、一一六頁）等。
（10）僧肇は、『肇論』「不真空論」に「然則真諦独静於名教之外。摩訶衍論云、諸法亦非有相、亦非無相、中論云。諸法不有不無者、第一真諦也。」（『大正蔵』四五・一五二。傍線は引用者による。）と示し、名教（言説・方便）を超克した非有非無の真理を、「真諦」とも「第一真諦」とも示す。
（11）僧肇は、『肇論』「般若無知論」に、「用即寂。寂即用。用寂體一。」（大正四五・一五四下）と示している。

(12) 曇鸞は「一法句」について、僧肇思想の影響とみられる「非即非非」の論理を示し、ここに「一法句」の本質が、僧肇の〝第一真諦〟(非有非無)と同概念であることを明かしている。

(13) 藤堂恭俊『無量寿経論註の研究』(仏教文化研究所、一九五三年)、山口益著『世親の浄土論』(法藏館、一九六三年)等。

(14) 前掲学位論文の第二章第三節「『往生論註』の二種法身・広略相入の関係再考」を参照のこと。拙稿「『往生論註』の「二種法身」と「広略」の関係再考」(『武蔵野大学仏教文化研究所紀要』二九、二〇一三年)。

(15) 深励は、「何故依者以如来即真実功徳相」について、「この文解しがたし。よほど考えねば解せぬ所なり。まづ初に「如来即真実功徳相」といふことを解すべし。これが合点のゆかぬことなり。」と述べている(『註論講苑』巻三、『浄土論註講義』法藏館、一九七三年、一五八頁)。前掲学位論文の第三章第一節第六項「『往生論註』の「相応」の用例―「優婆提舎」の意味―」を参照のこと。

(16) 浄影寺慧遠や天台智顗は、約理的な二諦を説いていると指摘されている(平井俊榮『中国般若思想史―吉蔵と三論学派―』一九七六年、春秋社、五六二頁)。また、浄影寺慧遠の二諦説は、仏性・如来蔵思想における約理の二諦であること、相即の論理ではないことなどが指摘されている(岡本一平「浄影寺慧遠の二諦説」『駒澤短期大学仏教科仏教論集』一〇、二〇〇四年)。

(17) 杉山裕俊氏は、二諦説によって大乗仏教における浄土教の正当性を証明しようとする姿勢は曇鸞にも見られなかった、道綽独自のものであると指摘している(「『安楽集』と二諦説について」『佛教論集』五八、二〇一四年)。それに対し筆者は、曇鸞と道綽ではそもそも「二諦」の理解が異なるものであったと考える。つまり、北朝の曇鸞において「二諦」は約教であり、真理を明かすものではなかったけれども、道綽においては、「二諦」を約理として理解することができ、簡択したのだろう。道綽においては、真理を明かすものとして重要な概念であったのである。

(18) 前註(4)参照。

(19) 文意については、山本仏骨前掲書、渡邊隆生『安楽集要述』(永田文昌堂、二〇〇二年)等を参照している。

(20) 渡邊了生氏は、「報」と「化」の弁定について詳細に論じている(「『安楽集』における「三身三土義」解釈の再考」前掲論文)。

(21) 曽和義宏氏は、道綽は「機感の不同」により、上輩生と相土往生である中下輩との相違があるとしており、仏土解釈においては、「感応思想」の影響があることを論じている。その上で、道綽は報土＝浄土・化土＝穢土と固定していることから上輩と中下輩の区別を設定しつつも、上下該通の報土であるので、上輩生も中下輩の往生も相違なく、結果的には平等な往生であることを主張するものであることを指摘している（「道綽『安楽集』における仏土論」『東アジア仏教研究』一二、二〇一四年）。

(22) 山本仏骨、前掲書、三四一頁。

(23) 『安楽集』「凡聖通往」にいう「報化」解釈については、①報中化（僧叡『安楽集義疏』、慧然『安楽集勧信義』、山本仏骨、前掲書、三五〇頁など）②報即化（神子上恵龍、前掲書、一〇五・三五九頁、吉川昭丸「安楽集における報化について」『真宗学』三九、一九六八年）、③報と化（渡邊了生前掲論文）の三説が挙げられる。近年でも議論がなされている（野村淳爾「道綽の仏身論に関する一考察―「報化」解釈の再検討―」『宗学院論集』八六、二〇一四年）が、筆者は、『安楽集』に「報化・浄穢を弁定」「報化の大悲によらばすなわち浄穢なきにあらず」とある以上、報＝浄、化＝穢であり、一貫して「報（浄）と化（穢）」の弁定を語っていることを根拠としたい。すなわち、仮にこの「報化」を、「報と化」に分けることなく、「報中化」や「報即化」と解釈すれば、同一の書物内に異なる理解が生まれてしまい、不自然である。しかも『安楽集』には、「報中化」や「報即化」を直接、明記するものは見受けられない。したがって、「報」（浄）と「化」（穢）説を採用する。

(24) 近年では、杉山裕俊氏が、曇鸞の二種法身説（法性法身・方便法身）と道綽の二諦説を関連付けて理解している（「『安楽集』と二諦説について」前掲論文）。

(25) 『武蔵野大学仏教文化研究所紀要』三三、二〇一七年。

中国浄土教の拡大
——道綽を中心として——

福井順忍

序言

道綽（五六二-六四五）は浄土宗・浄土真宗の祖師として位置づけられているため古くから研究されてきた。しかし法然（一一三三-一二一二）や親鸞（一一七三-一二六二）の思想の淵源を探ることが念頭にあったためか教義中心の研究であり、その活動や歴史的考察は等閑視されるか、扱われても教学研究の補助としての位置づけに留まる傾向にある。(1)一方で後世日本にまで伝わった思想が、当時どのような状況にあったのか正確に把握することは、単なる宗派の学問としてだけではなく、一般社会になじみ深い思想の大本を探るという点で、文化的にも意義があると言えるだろう。

以上のような問題関心のもと、本論では道綽の活動を通して中国浄土教の状況の一端を明らかにする。道綽を取り上げるのは、その事蹟を伝える伝記史料が比較的多く残っていることと、道綽の師匠筋にあたる曇鸞（四七六-

五四二）については藤善真澄氏の優れた研究があり、これと比較することで特徴が見いだせると考えられることの二つの理由からである。手順としては、まず北魏から唐代初期における阿弥陀仏信仰と道綽の評価を概観する。それを踏まえた上で藤善氏の研究を確認し、最後に道綽の検討を行っていきたい。

一、北魏から唐初における阿弥陀仏信仰と道綽の思想的評価

最初に当時の阿弥陀仏信仰と、道綽の思想的評価を確認しておこう。道綽は「大業五年従り已来、即ち講説を捨て浄土行を修す。」（「従大業五年已来、即捨講説、修浄土行。」迦才『浄土論』道綽伝）とあるように、隋代後期から浄土教に帰入し活動している。ここではその前後を含めた、北魏から唐初にかけての状況を先行研究からおさえておきたい。

当時の一般社会における阿弥陀仏に対する信仰を確認する上で、近年注目されているのが造像銘である。北魏以降中国では石刻あるいは金銅仏を造ることが盛んに行われる。その際、造像年月日・発願者の名や身分・造立の由来・尊像の名称・願文等が台座や仏身の一部に記録されることもあるため、当時の仏教信仰を窺い知る貴重な史料の一つとなっている。造像銘の研究は水野清一氏・長広敏雄氏を中心とした調査の成果が、両氏『雲崗石窟』(2)及び『竜門石窟の研究』(3)として報告され、特に龍門石窟が注目されるようになる。

調査の成果を元に研究に先鞭をつけたのは塚本善隆氏で、龍門石窟の造像銘を時代ごとに整理した。その結果、①五世紀から八世紀にかけて、信仰の対象は釈迦仏→弥勒仏→観世音菩薩・無量寿仏（＝阿弥陀仏）と変化するこ

と、②隋から唐にかけて阿弥陀仏の尊名が「無量寿仏」から「阿弥陀仏」へと変化しており、これは阿弥陀仏への理解の深まりと実践行の広まりを表していること等を明らかにした。[(4)] 塚本氏の研究は、龍門石窟という一地域での研究成果であったが、当時の一般社会における仏教認識を提示する画期的なものであった。その後、藤堂恭俊氏、[(5)] 佐藤智水氏、[(6)] 久野美樹氏、[(7)] 倉本尚徳氏[(8)]等により龍門以外の石刻の研究も進み、塚本氏の見解は龍門石窟に限定されないことが明らかにされている。[(9)]

また石刻史料だけでなく文献史料からも、隋代における阿弥陀仏信仰の存在が確認できる。隋の文献皇后（?–六〇二）の臨終の状況について、『隋書』巻六九、列伝三四、王劭伝には、

> 仁寿中、文献皇后崩、劭復上言曰、「仏説、人応レ生二天上及上品上生無量寿国一之時、天仏放二大光明一、以二香花妓楽一来迎レ之。如来以二明星出時一入二涅槃一。伏惟大行皇后、聖徳仁慈、福善禎符、備二諸秘記一、皆云二是妙善菩薩一。臣謹案、八月二十二日、仁寿宮内再雨二金銀之花一。二十三日、大宝殿後夜有二神光一。二十四日卯時、永安宮北有二自然種種音楽、震二満虚空一。至二夜五更中一、奄然如レ寐、便即升遐。与二経文所レ説、事皆符験。…（中略）…后升遐後二日、苑内夜有二鍾声一三百余処、此則生天之応顕然也。」上覧而且悲且喜。

と記述されている。王劭（生没年不詳）なる人物が無量寿国の往生を説く経典の内容と、皇后の臨終の状況が一致しており必ず往生したと述べ、時の皇帝隋の文帝が悲しみつつも喜んだとある。ここには「上品上生」の語が見え、『観経』の影響を受けている。隋は建国者の文帝が熱心な崇仏者であったこともあり、仏教が隆盛したが、その中

で阿弥陀仏信仰は宮廷内にも広まっていたことを示している。

このように造像銘史料や文献史料には、道綽の活動期間前後の阿弥陀仏信仰の状況が記録されている。諸史料から窺えることは、中国において阿弥陀仏信仰は最初から盛んだったわけではなく、南北朝末期から徐々に一般社会に広がっていったということである。

では仏教界において、このような阿弥陀仏を信仰する浄土思想、さらには道綽の思想はどのように評価されていたのだろうか。まず曇鸞と道綽の活動期の間の時期にあたる北斉について、内田准心氏が次のような見解を示している。北斉では地論学派の慧光（四七六―五三七）が僧官の要職である国僧都・国統となる等重きを置かれていた。当時の諸師の教相判釈を紹介する、智顗（五三八―五九七）の『妙法蓮華経玄義』巻第十には慧光やその弟子も取り挙げられており、

学士光統、所㆑弁四宗判㆑教。一因縁宗。指㆓毘曇六因四縁㆒。二仮名宗。指㆓成論三仮㆒。三誑相宗。指㆓大品三論㆒。四常宗。指㆓涅槃華厳等、常住仏性本有湛然㆒也。（『大正新脩大蔵経』、以下『大正蔵』三三、八〇一頁、中）

と、仏教を因縁宗（阿毘曇）、仮名宗（成実論）、誑相宗（大品般若経、三論）、常宗（涅槃経、華厳経、十地経、維摩経、勝鬘経）に分類していたことが述べられている。ここには曇鸞の説いたような浄土思想は挙げられず、仏教界で未だ中心的な思想として位置づけられていなかったことがわかる。[10] 伝記史料には地論学派の僧侶達の中にも浄土往生を願った者が存在したと記されているが、少なくとも阿弥陀仏一仏を信仰するような考え方は当時の主流

ではなかったのである。

では道綽の時代はどうか。殿内恒氏は仏教界における道綽の立場を示すものとして、『続高僧伝』の智満伝と曇選伝を提示する。智満伝には、

貞観二年四月、初因二動散一、微覚レ不悆。遂淹二灰管一、本性無レ擾、門人同集、日遺二誡勧一。有二沙門道綽者一。夙有二弘誓一、友而敬奉。因喩レ満曰、法有二生滅一、道在二機縁一。観相易レ入二其門一、渉レ空頗限二其位一。願随レ所レ説、進レ道有レ期。満乃盱衡而告曰、積年誠業、冀此弘持。縁虚無相。可二縁引レ実、有二何所レ引。豈以二一期要法一累劫埋乎。幸早相辞。勿レ塵二妄識一。綽乃退焉。

（『続高僧伝』巻一九、習禅篇四、釈智満伝『大正蔵』五〇、五八三頁、中下）

とある。智満（五二三－六二八）と道綽は同じ慧瓚（五三八－六〇七）の元で学んだ旧知の間柄である。ここでは智満の臨終の際に道綽がやってきて、観念による浄土往生を勧める。しかし智満はこれを妄識にとらわれていると非難し、拒絶している。また曇選伝には、

武徳八年、遘レ疾淹積、問レ疾者充二牣房宇一。乃尸臥引レ衣、申レ脚曰、吾命将レ尽何処生乎。名行僧道綽曰、阿闍黎、西方楽土名為二安養一。可レ願レ生レ彼。選曰、咄、為レ身求レ楽。吾非二爾儔一。綽曰、若爾可二無生一耶。答曰、須二見レ我者一而為生乎。乃潜レ息久レ之、不レ覚已逝。時年九十有五。

（『続高僧伝』巻二四、護法篇下、釈曇選伝『大正蔵』五〇、六四一頁、下）

と同じく臨終の時に道綽が訪れていることが記録されている。ここでも道綽は西方浄土への願生を勧めるが、曇選（五三一‐六二五）には我が身の楽を求めるものだとして退けられている。両者は共に并州を中心に活動していた僧侶であり、道綽の浄土思想は并州仏教界で主流たり得る思想ではなかった、と結論づける。[11] このように、曇鸞・道綽の周りの僧侶からの評価を見ると、彼らの思想は同時代の仏教界において積極的に評価されるものではなく、むしろ傍流とも言える立場にあったと考えざるを得ないのである。

以上、北魏末から唐初にかけての阿弥陀仏信仰と曇鸞・道綽思想の様子を確認した。道綽が活動した時代は隋代後期からであるが、それに先行する南北朝末期から、広い地域で阿弥陀仏への理解が深まり、信仰が拡大し始めた。一方で阿弥陀仏信仰が普及しきっていない曇鸞の時代はまだしも、広まりつつある道綽の時代においても彼らの思想は仏教界で傍流と言える立ち位置にある。阿弥陀仏信仰自体は認知されはじめていたとはいえ、道綽らの思想は未だ普及の途上であったことをおさえておかなければならないのである。

二、従来の活動研究と藤善真澄氏の研究方法

時代背景をふまえたところで、活動の検討に移りたい。従来の史実や活動に関する研究は、道綽の事蹟や教学の背景を探ることが中心であった。[12] そのため直接史料を用いた考察が主になり、末法思想と関わる北周武帝の廃仏と

の時代関係の考察や、浄土教帰入以前の『涅槃経』の学習等が取り扱われてきた。しかしこのような研究態度は必然的に研究範囲を限定することになり、道綽の活動実態に十分言及しきれていない憾みがある。

そこで今回注目するのが藤善真澄氏の研究方法とその成果である。藤善氏の研究対象は曇鸞であるが、曇鸞について直接記載されている史料の他に、地理書等の周辺史料を用いて、曇鸞に師事する集団の実態を明らかにした。まず以下の『続高僧伝』に、

> 晩復移㆓住汾州北山石壁玄中寺㆒。時往㆓介山之陰㆒、聚㆑徒蒸㆑業。今号㆓鸞公巌㆒是也。…（中略）…以㆓魏興和四年㆒、因㆑疾卒㆑于㆓平遥山寺㆒。春秋六十有七。…（中略）…以㆑事上聞、勅乃葬㆑于㆓汾西泰陵文谷㆒。
>
> （巻六、義解篇二、釈曇鸞伝『大正蔵』五〇、四七〇頁、下）

とある記述から、曇鸞が浄土教帰入後活動した地域を、玄中寺[13]のある石壁山、介山、平遥山（平陶）、大陵（泰陵）と特定する。次にそれぞれの地域の特徴を『水経注』や『山西通志』、『元和郡県志』を用いて考察する。内容を列挙すると次の通りである。

・玄中寺のある石壁山、介山等山岳地帯で活動しており、曇鸞教団は農民層というより牧畜民を中心として構成されていた

・「泰陵」は当時の地名には無く「大陵」の音通と考えられるが、大陵は鉄の一大産地であり、この地の人々は鉱山労働や製鉄に携わっている

・平遥山は行政区域が変わっているため現在の「平遥」ではなく、元「平陶」と呼ばれた場所の山を指しており、
この地域も玄中寺周辺とほぼ生活・自然環境であった

これらのことから、曇鸞に師事する集団の構成員は牧畜民や林業従事者、鉱山労働者等、農民とは異なる階層に多く求められる、[14]という結論を導き出す。実際『山西通志』の水利条を見ると、同じ山西にある太原や文水では農業用の水路が二十以上存在しているのに対し、曇鸞の活動地域である交城（大陵から行政区域名が変わり交城になっている）では、当時使われていた水路は二つに留まる。現在、管見の限り藤善氏の説の是非を問うような研究はなされていないようであるが、この説は妥当であると言えよう。

藤善氏の研究は、従来使われていなかった周辺史料を用い、曇鸞に師事する集団の構成員を考察したわけであるが、事績や活動に関する研究の新たな可能性を示したものと言える。そしてこの研究方法は曇鸞以外にも適用できると考えられる。殊に道綽に関しては、伝記史料に弟子との関わりが多く見られるので非常に有用である。従って以下では藤善氏の研究方法を参考にして、道綽の活動した地域を『続高僧伝』や迦才『浄土論』から特定し、それぞれの地域について地理志等の周辺史料も用いながら考察していきたい。

三、玄中寺信者集団と道綽

まず曇鸞と道綽の関係についてであるが、

釈曇鸞…（中略）…以二魏興和四年一、因レ疾卒二于平遥山寺一。春秋六十有七。

（『続高僧伝』巻六、義解篇二、釈曇鸞伝、『大正蔵』五〇、四七〇頁、下）

と記録されているように、曇鸞は興和四年（五四二）[15]に死去している。一方で道綽が浄土教に帰入したのは、

沙門道綽法師…（中略）…従二大業五年一已来、即捨二講説一、修二浄土行一。

（迦才『浄土論』巻下、比丘僧得往生者、道綽伝『大正蔵』四七、九八頁、中）

と大業五年（六〇九）で、六七年の年月が経っている。曇鸞と道綽が直接会っていないことは確実だが、[16]実に二世代あるいは三世代離れていたことになる（左記の年表参照）。実際に迦才『浄土論』には、

沙門道綽法師者、亦是并洲晋陽人也。乃是前高徳大鸞法師、三世已下懸二孫弟子一。

（『大正蔵』四七、九八頁、中）

とあり、「孫弟子」と書かれている。曇鸞の面授の弟子ではないことを意味すると同時に、裏を返せば曇鸞の遺弟に教えを受けているということである。つまり玄中寺には『続高僧伝』等伝記類に記録されるほど有名でないにしても、道綽に曇鸞の思想を伝えた曇鸞の遺弟集団とも呼ぶべき人々が存在していたのである。

【表】道綽関係年表[17]

年	年齢	出来事
興和四年（五四二）		曇鸞、平遥山寺にて六七歳で死去。
河清元年（五六二）		北斉の并州[18]に出生。
武平六年（五七五）	一四	出家。
承光元年（五七七）	一六	北周武帝により、北斉滅亡。武帝は占領後、北斉領内でも廃仏断行。
		慧瓚に師事し空理を学ぶ。
大業五年（六〇九）	四八	曇鸞の事蹟を慕い、浄土の教えに帰入。玄中寺を拠点とし、浄土の行を修め専ら阿弥陀仏を念ずる。
貞観一九年（六四五）	八四	玄中寺にて死去。

しかも道綽は、

承二昔鸞師浄土諸業一、便甄二簡権実一、捜二酌経論一、会二之通衢一、布二以成化一。…（中略）…恒在二汶水石壁谷玄中寺一。…（中略）…又覩二西方霊相一、繁縟難レ陳、由レ此盛徳日増、栄誉遠及。道俗子女赴者弥レ山。

（『続高僧伝』巻二〇、習禅篇五、釈道綽伝『大正蔵』五〇、五九四頁、下）

と浄土教帰入後玄中寺を拠点とし、またその徳を慕い来寺する者で石壁山が溢れかえったと記録されている。前者は道綽が玄中寺の信者集団に加わったことを、後者は集団を指導する立場になるに至ったことを意味していると言えよう。

このように曇鸞の教えを伝えられたことに加え、玄中寺を活動拠点としている。道綽は曇鸞の流れをくむ玄中寺の信者集団の一員で、なおかつ指導者の地位にあり、藤善氏が明かにした山岳地帯を中心に居住する信者集団を継承していたと考えられるのである。

四、道綽の活動範囲とその地の人々

曇鸞の遺弟集団を引き継ぎつつも、道綽自身が独自に教化している地域も存在しており、迦才『浄土論』には以下のように述べられている。

> 貞観已来、為開悟㆓有縁㆒、時時敷㆓演無量寿観経一巻㆒。示㆓誨并土晋陽・太原・汶水三県道俗㆒、七歳已上、並解㆑念㆓弥陀仏㆒。上精進者、用㆓小豆㆒為㆑数、念㆓弥陀仏㆒、得㆓八十石㆒、或九十石。中精進者、念㆓五十石㆒。下精進者、念㆓二十石㆒。…（中略）…去貞観十九年、歳次乙巳、四月二十四日、悉与㆓道俗㆒取㆑別。三県内門徒就㆑別、前後不㆑断、難㆑可㆑記㆑数。至㆓二十七日㆒、於玄忠寺寿終。
>
> （迦才『浄土論』巻下、比丘僧得往生者、道綽伝『大正蔵』四七、九八頁、中）

晋陽・太原・文（汶）水の三県の人々に教化し、その地の人々が道俗問わず念仏していたことが記録されている。また道綽が臨終の際には、三県の信者が数え切れないほど別れに来寺したとあり、この地域での教化が浸透していたことを窺わせる。実際に『宋高僧伝』によると、

> 釈僧衒、并州人也。本学該通解行相副。年九十六、遇下道綽禅師上、著二安楽集一、講中観経上、始迴心念仏。恐寿将レ終、日夜礼レ仏一千拝、念二弥陀仏一、八百万遍。（巻二四、読誦篇、釈僧衒伝、『大正蔵』五〇、八六三頁、中）

とあり、僧衒という道綽の弟子が存在するが、これは迦才『浄土論』の、

> 僧衒法師者、并洲汶水人也。少而出家、勤心聴学、講二涅槃摂論十地地持四部経論一、普皆精熟。春秋九十六、去貞観十六年亡。五六年間、専念二阿弥陀仏一。…（中略）…逢三綽法師講二無量寿観経一、聞已方始迴心。
> （巻下、比丘僧得往生者、僧衒伝『大正蔵』四七、九八頁、上）

とある僧衒と同一人物と考えられ、文水出身者である。その他にも、

> 婦女裴婆者、并州晋陽人也。去貞観已来、逢下師教中用二小豆一為上数、念二弥陀仏一得二十三石小豆一。
> （同巻下、優婆夷得往生者、婦女裴婆伝『大正蔵』四七、九八頁、上）

と晋陽出身の人物が確認できる。先の道綽伝の記述を裏付ける、道綽門下の中に教化した三県出身の弟子の存在が示されているのである。

このように道綽は新たに晋陽・太原・文水の三県で教化しており、その地域から信者を得ている。ではこれらの地域はどのような地域であったのか。

まず注目すべきは太原であろう。太原は古くからの都市であるが、とりわけ唐代においては特別な都市である。『旧唐書』には次のように記されている。

（大業）十三年、為㆓太原留守㆒、郡丞王威・武牙郎将高君雅為㆑副。羣賊蜂起、江都阻絶、太宗与㆓晋陽令劉文静㆒首謀、勧㆑挙㆓義兵㆒。

（巻一、本紀一、高祖本紀）

唐王朝の創始者高祖李淵が太原の長官であった時に、兵を挙げる決意をしたことが示されている。このように太原は唐王朝発祥の地ともいえ、

北京太原府、隋為㆓太原郡㆒。

（同巻三九、志一九、地理二）

至徳二年…（中略）…十二月、置㆓鳳翔府㆒、号為㆓西京㆒、与成都・京兆・河南・太原為㆓五京㆒。

（同巻三九、志一九、地理二）

とあるように、「北京」と呼ばれ、五京の一つに数えられる特別重要都市だったのである。

次に三県の産業を考えてみると、晋陽について『元和郡県志』に左のような記述がある。

晋陽県…（中略）…晋沢在㆓県西南六里㆒。隋開皇六年、引㆓晋水㆒漑㆓稲田㆒。周廻四十一里。

（巻一六、太原府条）

ここから、晋陽県内の晋沢という地域では晋水から水を引いて、稲田耕作を行っていたことが窺える。また文水については『新唐書』に、

文水…（中略）…西北二十里、有㆓柵城渠㆒、貞観三年、民相率引㆓文谷水㆒、漑㆓田数百頃㆒。…（中略）…東北五十里有㆓甘泉渠㆒、二十五里有㆓蕩沙渠㆒、二十里有㆓霊長渠㆒、有㆓千畝渠㆒、倶引㆓文谷水㆒、伝㆓漑田数千頃㆒。皆開元二年令戴謙所㆑鑿。

（巻三九、志二九、地理志三、河東道太原府太原郡条）

とあり、貞観三年（六二九）には数百頃の田に文谷水を引き、耕作がされていたことが記されている。さらに、時代は下るが開元二年（七一四）に三つの渠が用水路が引かれ数千頃に注ぐとある。その他にも『太平寰宇記』には、

文水県城甚寛大、約三十里。百姓於㆓城中㆒種㆓水田㆒。

（巻四〇、并州条）

と城内で水田耕作が行われていたことが記録されている。『太平寰宇記』は宋代の史料ではあるが、先の『新唐書』の史料と併せて考えると、何百年の年月を経ても主要な耕作地として認識されている土地だったと言えるだろう。

太原についても、

（元初）三年春正月甲戌、修㆓理太原旧溝渠㆒、漑㆓灌官私田㆒。（『後漢書』本紀五、安帝紀、元初三年条）

とあるように後漢の時から水路が掘られ、古代から農作地としての機能も果たしていた地域であることが窺える。このように、道綽の活動地域には明らかな耕作の記録があり、この地域は農民階層の人々が居住していたと結論づけることができるのである。

以上道綽の活動範囲とその地域について考察した。道綽は曇鸞の時には見られなかった地域でも活動しているが、大都市である太原にも足を伸ばしている。またその地域に住むのは主に農民階層の人々であった。曇鸞以来の集団とは異なる階層の人々にも教化しており、地域的にも階層的にも玄中寺の信者集団の規模を拡大させていたのである。

結　語

本論の内容をまとめると以下の通りである。

①道綽の活動した時代は、阿弥陀仏信仰や浄土教が浸透し、理解が深まりつつあった時代である。ただし道綽の思想は当時の主流の思想とは言いがたく、普及の途上であった。

②藤善氏は『論註』や曇鸞についての記載が残る伝記史料等の直接史料のみならず、周辺史料を用いる方法により、曇鸞に師事する集団の構成員が牧畜民や林業従事者、鉱山労働者のような人々であったことを明らかにした。本論ではこの研究方法を道綽に用いて研究を試みている。

③道綽は曇鸞以来の山岳地帯等を中心に居住する、玄中寺の信者集団を引き継いでいた。

④道綽が教化した、太原・晋陽・文水は農耕の記録がある地域である。また太原は当時有数の大都市である。浄土教が広まりつつある中、曇鸞も道綽も、布教活動に積極的だったことは、史料から窺える。ただ、その活動した地域を詳しく考察すると、その性格に差異があることが明らかになる。道綽は曇鸞より引き継がれてきた玄中寺の信者集団を継承しつつも、農民階層の人々の居住する地域にも教化して信者を得ている。地域的にも階層的にも玄中寺の信者集団を拡大させているのである。

註

（1）　例えば山本佛骨氏の『道綽教学の研究』（永田文昌堂、一九五九年）は道綽の事蹟にも言及するものの、あくまで「序論」で語られるにすぎず、「本論」は主に『安楽集』の内容の考察である。伝記史料と『安楽集』を積極的に結びつけた研究は管見の限り殿内恒氏の「諸伝記等にみる道綽禅師」（『行信学報』八、一九九五年）を数える程度である。

（2）　京都大学人文科学研究所雲岡刊行会、一九五一-一九七五年。

（3）　座右宝刊行会、一九四〇年。

（4）塚本善隆「竜門石窟に現れたる北魏仏教」（水野清一・長広敏雄『龍門石窟の研究』座右宝刊行会、一九四一年、後塚本善隆『塚本善隆著作集』二、大東出版社、一九七四年、再録）参照。

（5）藤堂恭俊「北魏時代に於ける浄土教の受容とその形成―主として造像銘との関連に於て―」（『仏教文化研究』一、一九五一年）参照。

（6）佐藤智水「北朝造像銘考」（『史学雑誌』八六-一〇、一九七七年）参照。

（7）久野美樹「造像背景としての生天、託生西方願望―中国南北朝期を中心として―」（『仏教芸術』一八七、一九八九年）参照。

（8）倉本尚徳「北朝・隋代の無量寿・阿弥陀像銘―特に『観無量寿経』との関係について―」（『仏教史研究』五一-二、二〇一〇年）参照。

（9）この中で久野氏は、「無量寿仏」から「阿弥陀仏」へと尊名が変化したことに、曇鸞の活動に依る所が大きいとした。しかし新たな史料の発見もあり、倉本氏により否定的な意見が出されている。

（10）前掲内田准心「『往生論註』における願生の意義」（『龍谷大学大学院文学研究科紀要』三五、二〇一三年）参照。

（11）殿内恒「諸伝記等にみる道綽禅師」参照。

（12）小笠原宣秀「道綽禅師伝に於ける二三の問題」（『宗学院論輯』三一、一九四〇年）、高雄義堅「道綽禅師とその時代」（『宗学院論輯』三一、一九四〇年）、野上俊静『中国浄土三祖伝』（文栄堂、一九七〇年）、牧田諦亮・直海玄哲・宮井里佳「道綽―その歴史像と浄土思想―」（『浄土仏教の思想四　曇鸞・道綽』講談社、一九九五年）、八力広超「道綽伝の諸問題」（『印度哲学仏教学』二四、二〇〇九年）、金子寛哉「石壁寺鉄弥勒像頌碑について」（『宗教研究』六〇-四、一九八七年）等が挙げられる。

（13）玄中寺は「玄忠寺」「石壁寺」「永寧寺」とも称されるが、本論では「玄中寺」と表記する。

（14）藤善真澄「曇鸞教団」（論註研究会編『曇鸞の世界―往生論註の基礎的研究』永田文昌堂、一九九六年）参照。

（15）曇鸞の没年に関しては、上記の説以外に、山東から出土した「敬造太子像銘」を根拠に北斉の天保五年（五五四）までは存命していたという説もあるが（多屋弘「曇鸞大師伝之研究」『大谷学報』二一-二、一九四〇年、参照）、地理的に像銘に見える「曇鸞」は同姓同名の別人であるという反論もあり（藤善真澄「曇鸞大師生卒年新考

—道宣律師の遊方を手がかりに—」『教学研究所紀要』一、一九九一年参照）、この説はとらない。

(16) 道綽は河清元年（五六二）の生まれである。『続高僧伝』に「綽今年八十有四」（『大正蔵』五〇、五九四頁、上）とあり、『続高僧伝』の選述年が貞観一九年（六四五）であるため。

(17) 年表は『続高僧伝』と迦才『浄土論』の記事を基にしている。

(18) 『続高僧伝』では并州汶水、迦才『浄土論』では并州晋陽を出身地としている。

『往生拾因』における中国浄土教の受容

山崎真純

一、はじめに

日本浄土教の大成者である法然（一一三三〜一二一二）は『選択本願念仏集』において、「偏依《ル》二善導一師《ニ》一」（『浄真全』第一巻—一三二四頁）と表明し、自らの教学を善導（六一三〜六八一）ただ一人に依るとしている。だが、『黒谷上人漢語灯録』所収の「無量寿経釈」には、

次《ニ》依《リテ》二感師智栄等《ニ》一、補二助《セ》善導之義一者、是《ニ》有《リ》レ七。一《ニハ》智栄、二《ニハ》信仲、三《ニハ》感師、四《ニハ》天竺《ノ》覚親、五《ニハ》日本《ノ》源信、六《ニハ》禅林、七《ニハ》越州《ナリ》。

（『昭法全』八六頁・波線は執筆者記入（以下略））

と、善導の教えを傍証する者として七名を挙げている。その七名の中、本論は永観（一〇三三〜一一一一）について論じるものである。永観は南都三論宗の浄土教者であるとされるが、続いて「無量寿経釈」では、

六《ニ》禅林《ト》者、即《チ》当寺《ノ》権律師永観也。即《チ》依《リテ》二善導道綽《ノ》意《ニ》一、作《リテ》二往生十因《ヲ》一、永《ク》廃《シテ》二諸行《ヲ》一、於《イテ》二念仏一門《ニ》一、開《ス》二十因《ヲ》一。豈《ニ》非《ス》二但念仏《ノ》行《ニ》一哉。

（『昭法全』八七頁）

と述べ、道綽（五六二～六四五）・善導の意を承けて『往生拾因』なる書物を作成して念仏を勧めたとされる。[1]『往生拾因』とは、康和五年（一一〇三）、永観が七十一歳の時の作と伝えられる。その内容は、念仏の一行を開いて十因となし、その一々に「一心称二念《セハ》阿弥陀仏《ヲ》一〇〇〇〇故必得二往生《ヲ》一」と述べ、『往生拾因』の全体にわたって一心称念の念仏を修すべきことを勧めている。従来特に注目されてきたのは、「第十因　随順本願《ノ》故《ニ》」において善導の『観経疏』「散善義」にある、

就《キテ》二此《ノ》正《ノ》中《ニ》一復有《リ》二二種一。一者一心専《ラ》念《シテ》二弥陀《ノ》名号《ヲ》一、行住坐臥不レ問《ハ》二時節《ノ》久近《ヲ》一。念念不《ル》レ捨《テ》者是《ヲ》名《ツク》二正定之業《ト》一。順《スルカ》二彼《ノ》仏《ノ》願《ニ》一故《ナリ》。若依《ル》二礼誦等《ニ》一、即《チ》名《ケテ》為《ス》二助業《ト》一。除《キテ》二此《ノ》正助二行《ヲ》一已外自余《ノ》諸善《ハ》悉《ク》名《ツク》二雑行《ト》一。

（『浄真全』第一巻―七六七頁）

の文を取意した形で引用しているためである。この文は、法然が四十三歳にして立教開宗の際、重要な役割をはたした文である。[2]その文を『往生拾因』の中で引用していることから、永観は法然が日本浄土教を大成するまでの前段階的な存在として位置づけられてきた。[3]しかし『往生拾因』の序文には、

夫《レ》出離之正道其《ノ》行非《ス》レ一《ニ》。西方之要路末代《ニ》有《リ》レ縁。…（中略）…誠《ニ》出離之行、誰《カ》不《ラン》レ励《マ》レ之哉。幸《ニ》今値《ヒ》二弥陀《ノ》願《ニ》一、如《ク》二渡《ルニ》得《タルカ》レ船《ヲ》、如《シ》二民《ノ》得《タルカ》レ王《ヲ》。巨石置《ケハ》レ舟《ニ》過《リ》二大海《ヲ》於万里《ニ》一、蚊虻附《ケハ》レ鳳《ニ》翔《ル》二蒼天《ヲ》於九空《ニ》一。況《ン》乎行者、至《セハ》レ誠《ヲ》相二応《スルヲヤ》本願《ニ》一。然《レトモ》日月如《ク》レ走《ルカ》冥途在《リ》レ近《キニ》。若競《ヒテ》二余日《ヲ》一不《ラン》レ勤《メ》者、遇《フ》二浄土《ノ》教《ニ》一又何《レノ》時《ソ》。早抛《チテ》二万事《ヲ》一速《カニ》求《メ》二一心《ヲ》一、依《リテ》二道綽之遺誡《ニ》一火急称名《シ》、順《シテ》二懐感之旧儀《ニ》一励《ニ》声念仏《ス》。有《ル》時《ハ》五体《ヲ》投《シテ》レ地《ニ》称念《シ》、有《ル》時《ハ》合掌《ヲ》当《テ》レ額専念《シ》、凡《ソ》厥《レ》一切時処《ニ》一心《ニ》称念《セヨ》。依《リテ》二於小縁《ニ》一不《レ》レ退《セ》二大事《ヲ》一。難《キニ》レ値《ヒ》一《タヒ》遇《ヘリ》。豈《ニ》惜《シマンヤ》二身命《ヲ》一。

（『大正蔵』巻八四―九一 a 六～ b 六）

と述べて、出離の道の中で末代の衆生に最も適しているのは念仏の一行であるから、道綽・懐感（八世紀）の教え

によって一心に称念せよと勧めている。つまり『往生拾因』の思想を理解するためには善導だけではなく、道綽・懐感からの受容も考慮すべきである。また、後述するように永観の十念思想は曇鸞（四七六～五四二）の『往生論註』の十念思想を継承している。よって、『往生拾因』の思想を見るにあたり、いわゆる中国浄土教者の影響は看過してはならない。本論では、『往生拾因』において中国浄土教者の書物の引文や伝記における各事跡から、どのように受容したのかを考察したい。

二、永観における中国浄土教者の引用（別表参照）

まず『往生論註』の引用は「第二因　衆在消滅《ノ》故《ニ》」・第十因でみられる。第二因では一念の功徳に生善や滅罪を語りうることは、仏の無量の功徳によるとして、『観無量寿経』[4]、吉蔵（五四九～六二三）の『観経義疏』[5]等を引証している。またここでは『往生論註』上巻の八番問答の第六の答えを引用している[6]。わずか十念によって三界を出るとするならば、業力に繋がれるといういわれはどうなのかという問いについて、三つの点から否定する。

在心―真如にそむいた誤った考えから生ずる

在縁―自らの妄想の心により、煩悩虚妄の果報である衆生を相手として起こす

在決定―罪を造るのは平生であるから、また後があると考え、色々な間雑の心を起こす

この中、第二因では「在決定」の文を引用しない。その理由は、「此《ノ》十念者依㆓止《シテ》無後心・無間心《ニ》㆒生《ス》。是《ヲ》名《ク》㆓決

定《ト》」（『浄真全』第一巻—四八五頁）という『観無量寿経』下下品の文[7]に基づき、十念は臨終行であるから、もはや後がないと考え、専念の心を起こすことを否定しようとしたからではないだろうか。つまり永観にとって、十念の基本的概念はあくまでも平生の時に行うものであり、臨終ではないといえる[8]。

また第十因では、『無量寿経』の十八願[9]を引用した後、十念とは何かについて『往生論註』を引用する。具体的には『往生論註』八番問答の第七・第八の問答であるが、『往生拾因』ではそのまま受け継いでおり、永観の十念思想に直接的な影響があるといえる[10]。その内容は、どれ程の時を名づけて一念とするのかという問いに対し、今は時間の長さをいうのではなく、ただ阿弥陀仏を憶念して、その全体の相、または一部分の相をその観ずる所縁に随って、心に他の想いを雑えず相続するのを十念とする。ただ名号を称えることもまたこの通りであるとする。十念を称名の相続ととらえ、その結果として観仏することは、後述するように、「第八因　三昧発得《ノ》故《ニ》」にも引用される善導の『観念法門』の内容に通ずるものである。

次に道綽の『安楽集』からの引文であるが、注目すべきは、第二因・第十因に引用される文である。第二因に引用される当文は、『往生論註』下巻の讃嘆門釈の意訳である。なぜ『往生論註』から引用せずに『安楽集』から引用したのであろうか。当箇所の概説を示せば、以下のようになる。

『往生論註』—名はものがらを示す言葉である。阿弥陀仏の名号は人の願いを満足させるはたらきがあるから、称名すれば往生することができる。

『安楽集』—仏の名を称すれば、諸の障りを除くことができる。しかし、全てがそういうわけではなく名とものがらが異なる場合もある。

つまり『往生論註』では、名号の用きを重視したのに対し、『安楽集』では称名すれば必ず諸の障りが除かれることを重視している。『往生拾因』では名号の特殊性よりも、称名という行に注目したのではないだろうか。その証として、『安楽集』の引文の間に「今云《ク》」と、永観自らの言葉が見られる。

有《リテ》二聖人一念仏《ヲ》為《スト》レ宗。傍人夢《ニテ》自《リ》二聖口一金色《ノ》仏放《チテ》レ光《ヲ》出入《ス》。覚《メテ》聞《ユ》三猶唱《フ》二仏号《ヲ》一。各即《スル》レ法《ニ》者斯言《ノ》誠《ナル》哉。

（『大正蔵』巻八四—九四c十七）

永観自身もどこかで伝聞したことであろうが、ある聖人が念仏することを宗としていた。その聖人の側にいた人は、就寝している聖人の口から金色の仏が光を放っているのを見、なお、覚めても念仏しているのを聞いたとする。これによって間違いなく、念仏すればその用きを得ることができる証としている。

そして第十因の結びの近くでは、観念の出来ないものは、声々相続して十念称名せよ、それに堪えざるものは、往生の想いをなせと説き『安楽集』の文を引いた後に、「故《ニ》知《リヌ》、臨終《ニ》永《ク》息《メテ》二衆事《ヲ》一、唯一心《ニ》作《ス》二往生之想《ヲ》一。」（『大正蔵』巻八四—一〇二a五~六）と述べ、この想いの中に臨終の来迎を語っている。『安楽集』当文では「不《レトモ》レ能《ハ》レ作《スコト》レ念《ヲ》」とされているが、『往生拾因』では「不《レトモ》レ能《ハ》二観念《スルコト》一」とされている。これは臨終に観ずることもできない、念仏することもできない場合、浄土への想いを作すだけでもいいとされる。

次に善導の書物からの引文であるが、『法事讃』・『般舟讃』からの引用はなく、『観経疏』・『観念法門』・『往生礼讃』からの引用となる。その中で注目すべきは、「第一因　広大善根故《ノニ》」・第八因の引文である。第一因の文では窺基（六三二〜六八二）の『西方要決』に基づく四修の理解の後、『般舟三昧経』を引いて、[12]念仏相続すれば阿弥陀仏の浄土に往生できることを引証する。そして凡夫は野馬のごとくであるのに、なぜ念仏相続することができるのかと問いを設ける。その後、『往生礼讃』を引用して衆生は障りが重く、観ずる対象は細やかであるのに、心は粗く想いが乱れ飛んで、観察の行が成就し難い。そういうわけで釈尊はこれを憐れみ下さって、ただ専ら名号を称えることを勧められた。これは正しく称名の行が容易いから、これを相続して往生することができるとする。しかしその引用には、取意がみられる。特にその中でも、「相続《シテ》即生《チス》」という所を「相続《シ》自《ラ》念《シテ》昼夜不レ休《マ》。」と具体的にどれぐらい念仏相続すればいいのかを示す。

さらに第八因の文では『観念法門』からの引用としているが、「定心三昧」という語を省略している。これは称名と定心に相違をみるからであると考える。永観は同じく第八因において、定心を『倶舎論』等によって「等持定」として、心を一境に専注せしめると規定している。[13]その手段として、

凡夫《ノ》行者、誰従《カリ》二初心一有《ラム》二得定者《ノ》一。従《リ》二散位一入《ル》二定位《ニ》一。是《レ》三乗行人《ノ》、入聖之方便也。施《スコトハ》二彼《ノ》黒烏《ニ》一、為《ニ》レ得《ムカ》二白鵄《ヲ》一、唱《フコトハ》二此《ノ》散称《ヲ》一、為《ナリ》レ発《サムカ》二専念《ヲ》一。而《ルニ》今不《ルハ》レ肯《セ》二散称《ヲ》一、蓋《シ》是《レ》無《キ》レ志之甚《シキ》也。（『大正蔵』巻八四—九八a三〜七）

と凡夫は初心より、定心を発することは困難であるので、散位より定位に入るのであり、「散心の称名」によって「定心の専念」を発するのであるとしている。これによって、「散心の称名」によって定心三昧を発得するのであるから、称名と定心は併記せず定心三昧を省略したと考える。これは第十因に引用される『観経疏』「散善義」の文にある「一心専念」にも通ずる。加えて「第七因　三業相応《ノ》故《ニ》」に、

為《ニ》レ成《サムカ》二専念《ヲ》一今勧《ム》二三業相応《ノ》口業《ヲ》一。設《ヒ》雖《モ》二一念《ナリト》一専念若《シ》発《セハ》、引業即《チ》成《シテ》必得《ス》二往生《ヲ》一。設《シ》雖《モ》二万遍《ト》一専念不《ハ》レ発《セ》、引業

未熟《ニシテ》不レ得二往生一《ヲ》。何況《ニムヤ》三業相応《ノ》口業《ハ》、倶《ニ》感二《スルヲ》浄土引満《ノ》二果一《ヲ》乎。

（『大正蔵』巻九七b六～十）

と、三業相応の称名行の相続によって「専念の一心」を発し往生を得るとする。

次に懐感の『釈浄土群疑論』からは一箇所のみ、第八因に引用される。如来の巧方便として、『業報差別経』より高声念仏によって生ずる十種の功徳を説く(14)。更に聞く者も滅罪すると加える。ここで懐感の文を引いた後、

今諸《ノ》修学《ノ》者、励声《ニ》念仏《スヘシ》。三昧易《シ》レ成《シ》、小声称仏《ハ》遂《ニ》多《シ》二馳散一。

（『大正蔵』巻八四―九八a十七～十八）

と凡夫にとって高声の念仏は三昧への巧方便であると述べられている。しかも永観自ら、

予、為《ニ》レ知《ラムカ》二先賢《ヲ》一、独《リ》在《リテ》二閑室《ニ》一、向《ヒテ》レ西《ニ》閉目《シ》、合掌《ヲ》当《テ》レ額《ニ》、励声《ニ》念仏《シテ》即《チ》得《タリ》二一心《ヲ》一。敢《ヘテ》以《テ》不レ乱《レ》。誠《ニ》聖言不レ堕《チ》レ地《ニ》。行者可《シ》二仰信《ス》一。

（『大正蔵』巻八四―九八a二〇～二三）

と、先賢の意を知る為に閑室にて西に向かひ、励声念仏によって一心を得たことが述べられている。つまり懐感の教説に基づいて念仏し、同様に一心を得たことは永観にとって懐感がどれほど重要であったかが窺える。

このように『往生拾因』の中、特に行に関する中国浄土教者の書物の引用を概観したが、いずれにしても平生時には称名の相続を勧めるものであり、その引用意図は『往生拾因』の本意に沿うものであった。次に引用されるそれぞれの事跡の上で、『往生拾因』の意図を確認する。

三、中国浄土教者の事跡からみる永観の受容態度

『往生拾因』における中国浄土教者の事跡の出典としては、「往生伝類」もしくは迦才（七世紀）の『浄土論』(15)・

少康（?〜八〇五）と文諗（生没年不詳）共撰の『往生西方浄土瑞応刪伝』の上から確認することができる。(16) まず、曇鸞伝については以下の通りである。

『浄土論』曇鸞伝

日初《メテ》出《ツル》時、大衆斉《シクシテ》レ声《ヲ》念《ス》二弥陀仏《ヲ》一。便即《チ》寿終《ル》。

（『大正蔵』巻四七―九七c二四〜二五）

『往生西方浄土瑞応刪伝』曇鸞伝

以《テ》二日初《メテ》出《ツル》時《ヲ》一、斉《シクシテ》レ声《ヲ》念仏《ス》。即便《チ》寿終《ル》。

（『大正蔵』巻五一―一〇四b六）

曇鸞は臨終時に、弟子三百余人を集めて、自ら香爐を執って西に向かい、門徒を教誡し、西方を崇めることを勧めた。日が出る時を待って、それから声を斉しくして念仏すると亡くなったとする。但し、どのような念仏であったのか具体的な方法は記されていない。

次に、道綽について『往生拾因』の第一因では以下のように記している。

如《キハ》二綽禅師《ノ》一、七日《ノ》念仏得《タマヘリ》二百万遍《ヲ》一也。若《シ》七日夜、勇猛精進《ニ》《スレハ》、至《リテ》二終焉之暮《ニ》一被《ル》二弥陀之加《ヲ》一。豈為《ニ》《ニ》二永劫安楽《ノ》一、不《ラン》レ励《マ》二七日《ノ》苦行《ヲ》一乎。

（『大正蔵』巻八四―九四a二〜五）

道綽は、七日念仏して百万遍称えた。もし七日集中して精進すれば、最後の日の暮れに阿弥陀仏の加被力を得る。どうして阿弥陀仏の浄土のために、七日間の苦行に励まないことがあろうかとする。この出拠としては、『浄土論』「第三　定往生因」にある文と思われる。

綽禅師検《シテ》得《ノヲ》二此経《ヲ》一。若《シ》能《ク》七日専心《シテ》念仏《スレハ》、即《チ》得《ル》二百万遍《ヲ》一也。由《ルカ》二此義《ノ》一故《ニ》、経中《ニ》多《ク》道《フ》二七日念仏《ト》一也。

（『大正蔵』巻四七―八九b二三〜二五）

如《キハ》二綽禅師《ノ》一、検《シテ》得二経文《ヲ》一。但能《ク》念二仏《ス》一心不乱《ニ》一。得《レ》二百万遍已去《ヲ》一者、定《メテ》得二往生《ヲ》一。又綽禅師、依《リテ》二小阿弥陀経《ノ》七日念仏《ニ》一、検《シテ》得《ル》二百萬遍《ヲ》一也。

（『大正蔵』巻四七―一〇二ｃ五～七）

この前文には念仏に二種ありとして、心念と口念を挙げる。(17) その中、口念とは称名念仏のことであり、百万遍称名念仏すれば、極楽世界に往生できるとする。その中、道綽は七日間、専心に念仏して百万遍に到達した。正しく経（『阿弥陀経』・『鼓音声王経』等）によって、七日念仏したとする。また道綽は、様々な人に念仏することを勧めている。道宣（五九六～六六七）の『続高僧伝』道綽伝には、

并《ニ》勧《ム》三人《ニ》念《スルヲ》二弥陀仏名《ヲ》一。或《ハ》用《イテ》二麻豆等物《ヲ》一而為《ス》二数量《ト》一。毎《ニ》二一称名《ノ》一便度《ス》二一粒《ヲ》一。如《ク》レ是《ノ》率《シ》レ之乃積《ム》二数百万斛《ヲ》一者、並《ニ》以《テ》レ事邀結《ス》。令《メ》レ摂《メ》二慮《リ》静縁《ニ》一、道俗響《ス》二其綏導《ニ》一。望《ムレハ》レ風而成習矣《ス》。又年常自《リ》レ業穿《チテ》二諸木欒子《ヲ》一以為《テ》二数法《ト》一。遺《シ》二諸四衆《ニ》一教《ヘシム》二其称念《ヲ》一。

（『大正蔵』巻五〇―五九四ａ十～十五）

とあり、人々に阿弥陀仏の名を念じるよう勧めた。その際には麻や豆などを数量として、一度仏名を称えるごとに一粒と数えることにした。このようにして、ついには数百万斛を積み重ねた者がいた。皆念仏をもって集まり、心と外縁を統一し安定させた。道俗の者はそのよい導きをうけ、自らの習慣とした。また木欒の種子を穿って数珠を作り、それを四衆に送って、彼等に称念させようとしたとする。また『浄土論』道綽伝には、

七歳已上、並《ニ》解《リテ》念《ス》二弥陀仏《ヲ》一。上精進《ノ》者、用《イテ》二小豆《ヲ》一為《ス》レ数《ト》。念《シテ》二弥陀仏《ヲ》一、得二八十石、或《ハ》九十石《ヲ》一。中精進《ノ》者、念《ス》二五十石《ヲ》一。下精進《ノ》者、念《ス》二二十石《ヲ》一。

（『大正蔵』巻四七―九八ｂ十四～十七）

と七歳以上の者には念仏を伝え、上精進の者には小豆で念仏を数えること八十石、もしくは九十石、中精進の者には五十石、下精進の者には二十石を目標とさせた。(18) これらの伝記から、道綽は自他ともに称名念仏を日夜相続する

行者であったことが窺える。

次に善導について、『往生拾因』第八因では以下のように記している。

和尚《ハ》既《ニ》是《レ》三昧発得之人也。豈有《ニ》レ謬《ランリ》乎。

（『大正蔵』巻八四―九七c三～四）

先述の『観念法門』の文を引いた後、善導は三昧発得の人である。どうして誤ることがあろうかとして、間違いなく称名念仏によって三昧発得ができることを説く。この出拠としては、『往生西方浄土瑞応刪伝』道綽伝にある以下の文だと思われる。

道綽恐《ラクハ》不二往生《セ》一。願《ハクハ》師入《リテ》レ定《ニ》為《メヨト》二仏《ニ》得否《ヲ》一。善導入《リテ》レ定《ニ》、見《テ》二仏《ノ》百余尺《ナルヲ》一曰《ク》。

（『大正蔵』巻五一―一〇五b十一～十三）

師である道綽が弟子の善導に「私はおそらく往生しないでしょう。願はくは善導よ、禅定に入って浄土に往生できるかどうかを見て下さい」と言い、善導は禅定に入って、百余尺の仏を見たとする。また勿論、善導自身も念仏の行者であったことは『続高僧伝』善導伝の以下の文から窺える。

近《コロ》有《リ》二山僧《ニシテ》善導《ナル》者一。周二遊《シ》寰寓《ヲ》一、求二訪《ス》道津《ヲ》一。行《キテ》至《リ》二西河《ニ》一、遇《ヒテ》二道綽部《ノ》惟《ニ》一、行《ス》二念仏《シ》弥陀浄業《ヲ》一。

（『大正蔵』巻五〇―六八四a十二～十三）

山僧の善導というものがいる。方々を巡って道を求めて、西河に辿りついた。道綽の部衆に遇い、ただ念仏し弥陀の浄業を修行したとする。『往生西方浄土瑞応刪伝』にも道綽と遇って、念仏の殊勝性に気づく場面があるが、(19)両伝記ではそれにとどまる。つまり、善導を三昧発得の人としてとらえているものの、念仏勧往の記載がなく、伝記上から積極的には取り上げにくかったのではないだろうか。

次に懐感について、『往生西方浄土瑞応刪伝』では以下のように記している。

問《ヒテ》二善導和尚《ニ》一曰《ク》。念仏之事如何《ナル》門《ヤト》。答《ヘテ》曰《ク》。君能専《ラ》念仏《スレハ》、当《ニ》二自《ラ》有《ル》一レ証。又問《フ》。頗《ル》見《ルヤ》レ仏《ヲ》否《ヤト》。師曰《ク》。仏語何《ソ》可《ケム》レ疑《フ》哉。遂《ニ》三七日入《ルニ》二道場《ニ》一、未《タ》レ有《ラ》二其《ノ》応一。自《ラ》恨《ムカ》二罪深《キコトヲ》一故《ニ》、絶《チ》レ食《ヲ》畢《ラムトス》レ命。師止《メテ》而不レ許《サ》。三年専《ニシテ》レ志《ヲ》、遂《ニ》得《テ》レ見《タテマツルコトヲ》二仏《ノ》金色《ノ》玉毫《ヲ》一。証二得《ス》三昧《ヲ》一。

（『大正蔵』巻五一―一〇六a九～十三）

懐感は善導に「念仏はどのような門なのか」と尋ねた。すると善導は「よく念仏すれば、自ずと証はあるだろう」と答えた。また懐感は「念仏によって、何度も仏を見ることができるのか」と尋ねた。善導は「仏語をどうして疑うのか」と言った。ついに二十一日間、道場に入るが、まだその応現はなかった。自ら罪が深いことを恨み、食を絶ちて命を終えようとした。しかし善導は止めて、それを許さなかった。三年間、志を専一にすると[20]、ついに金色の玉毫の仏を見、三昧を発得したとする。人への勧めとしてではないものの、念仏を相続していた記事が見て取れる。

これら各事跡から推察するに、念仏の相続によって一心を得、その一心において観仏する（三昧発得）ことができると示す永観[21]にとって、この具体的な事例が必要であったと考える。但し三昧発得でいえば、善導自身も行っているが、その具体性は伝記から見ることはできない。弟子の言によって三罪を悔いた道綽・罪深い懐感[22]であっても、念仏すれば三昧発得し、必ず浄土に往生することを示そうとしたのではないだろうか。それは『往生拾因』の結びにある文からも窺える。

夫《レ》以《レハ》衆生無始《ヨリ》輪二廻《シテ》諸趣《ニ》一、諸仏更《ニ》出《テ》済度《シタマフコト》無量《ナレトモ》、恨《ムラクハ》漏《レ》二諸仏之利益《ニ》一、猶為《ナリ》二生死《ノ》凡夫一。適値《フ》二釈尊之遺法《ニ》一、盍《ソ》励《マム》二出離之聖行《ヲ》一。一生空《シク》暮《シナハ》、再会何《レノ》日《ソヤ》。…（中略）…幸《ヒニ》依《リテ》二念仏之一宗《ニ》一聊集《カメ》二往生之十因《ヲ》一、出《テ》二輪廻之郷《ヲ》一至《ラムコト》二不退之土《ニ》一、若《シ》非《スハ》二此《ノ》行《ニ》一復尋《ネム》二何《レノ》道《ニカ》一。無《ク》三一因《トシテ》不《コト》レ具《セ》二十因之行《ヲ》一、無《シ》三一念《トシテ》不《コト》レ成《セ》二九品之因《ヲ》一。可《シ》レ謂《フ》、

行高ク㆓千葉ニ㆒、理光シト㆓萬代ニ㆒。斯レ実ニ往生之妙術、出離之要道也。（『大正蔵』巻八四―一〇二a十二〜b三）

その内容を見るに、無始よりこのかた生死に流転している凡夫であること強調するとともに、罪悪生死の凡夫が阿弥陀仏の本願力をたのみ、念仏することによって罪悪が消滅して、浄土に往生することができると主張する。かつまた罪悪深重の凡夫が浄土に往生するには阿弥陀仏の本願に随順して念仏するより他に、出理の道がないことを主張している。

つまり念仏が凡夫にとって浄土に往生する唯一の道であるとして、その念仏行を人々に強く勧めた道綽、伝記にその具体性が記されている懐感を重視したのではないだろうか。

四、まとめ

以上、『往生拾因』における中国浄土教の受容を、まずは曇鸞・道綽・善導・懐感の書物の引用形態から確認した。その中でも本論は特に念仏行に着目して、『往生拾因』の引用意図を考察した。その結果、いずれにしても平生時には称名の相続を勧めるものであり、その引用意図は『往生拾因』の本意に沿うものであった。

次に非常に短文ではあるが、各浄土教者の事跡からその源流を確認した。それによれば、『浄土論』・『往生西方浄土瑞応删伝』に基づくものであったことが確認できた。その上で、念仏相続の具体性並びに、罪悪生死の者が三昧発得して浄土へ往生できることが明確に記されている道綽・懐感であったからこそ、重要視したという結論に至った。

本論では特に取り扱わなかったが、他の永観の書物、『往生講式』や『阿弥陀経要記』等、また永観と同時代の人物とされる珍海における中国浄土教の受用態度等、様々な問題が残されるが、それらは今後の課題としたい。

註

（1）他にも『要義問答』に、

此朝ニモ恵心永観ナト云、自宗他宗、偏ニ念仏ノ一門ヲ勧メ給ヘリ。専雑二修ノ義、始メテ申ニ及ハス。浄土宗ノ文多ク候、誠ニ御覧候ヘシ。（『昭法全』六一九頁）

とあり、永観の主張に同意している。但し、『逆修説法』には、

然《ニ》永観律師《ノ》十因《ニスル》釈二阿弥陀《ノ》三字《ヲ》一之処《ニ》、引《キテ》二此文《ヲ》一釈三成《セラレタルハ》　別号《ノ》功徳《ノ》大善《ナル》様《ヲ》一者、僻事也。（『昭法全』二七〇頁）

とあることから、全面的に永観の主張に同意したわけではない。

（2）『法然上人行状絵図』第六巻

善導和尚ノ観経ノ疏ノ、一心専念弥陀名号行住坐臥不問時節久近念念不捨者是名正定之業順彼仏願故。トイフ文ヲ見得テノチ、我等カコトクノ、無智ノ身ハ偏ニコノ文ヲアフキ、専コノコトハリヲタノミテ、念々不捨ノ称名ヲ修シテ、決定往生ノ業因ニ備ヘシ、タヾ善導ノ遺教ヲ信スルノミニアラス、又アツク弥陀ノ弘願ニ順セリ。順彼仏願故ノ文、フカク魂ニノミ、心ニトトメタルナリ。

（恵谷隆戒編『勅修御伝：法然上人行状絵図』（平楽寺書店・一九四三年）二九頁）

（3）井上光貞稿「法然と永観」（『歴史学研究報告：歴史と文化』第一号所収・一九五二年・後、『日本名僧論集』第六巻（吉川弘文館・一九八二年）等に再収）、香月乗光稿「永観の浄土教―特に法然の浄土教との関連について―」（『仏教大学学報』第三〇号所収・一九五五年・後、『法然浄土教の思想と歴史』（山喜房仏書林・一九七四年）に再収）、普賢晃寿稿「永観の念仏思想―特に源信・法然との関連において―」（『真宗学』第三三・三四合併号所収・一九六六年・後、『日本浄土教思想史研究』（永田文昌堂・一九七二年）に再収）、大谷旭雄稿「永観と法然」

（『仏教論叢』第十一号所収・一九六六年・後、『法然浄土教とその周縁』乾（山喜房仏書林・二〇〇七年）に再収）

（4）但聞《クスラ》二仏名・二菩薩名《ヲ》一、除《ク》二無量劫生死之罪《ヲ》一。何《ニ》況《ヤ》憶念《スルヲヤ》。
或有《ハリテ》二衆生一、毀三犯《セム》五戒・八戒及具足戒《ヲ》一。如《キノ》レ是《ノ》愚人、偸《ミ》二僧祇物《ヲ》一、盗《ミ》二現前僧物《ヲ》一、不浄説法《シ》、乃至作《リ》二五逆・十悪《ヲ》一、
臨《ミテ》二命終時《ノニ》一遇《ヒ》二善知識《ニ》一称《スルカ》二仏名《ヲ》一故《ニ》、於《イテ》二念念中《ニ》一除《キ》二八十億劫生死之罪《ヲ》一、命終之後、即《チ》得《タリ》二往生《ヲ》一。略抄
（『浄真全』第一巻—九八頁）

（5）「略抄」とある通り、そのままの引用ではなく、下品中生・下品下生の文を合わせたと考えられる。
問《フ》。念仏三昧何《ハレノ》因《ヤ》。得《ム》レ滅《スルコトヲ》二如《キノ》レ此《ノ》多罪《ヲ》一耶。解《シテ》云《ク》。仏有《ニリ》二無量功徳《ノ》一。念《スルカ》二仏無量功徳《ノ》一故《ニ》、得《ル》レ滅《スルコトヲ》二無量罪《ヲ》一
也。
（『大正蔵』巻八四—九四a七～十三）

（6）引用の最後に、「已上略抄十疑・安楽集同《シ》レ之《ニ》」としていることから、『浄土十疑論』・『安楽集』からの引用とも考えられるが、引文の冒頭に「曇鸞浄土論注云《ニク》」とあり、『浄土論註』の文を取意した形で引用したのであろう。
（『大正蔵』巻三七—二四二c十九～二一）

（7）如《キノ》レ此《クノ》愚人臨《ミテ》二命終時《ノニ》一、遇《ハム》下善知識種種安慰《シテ》為《ニ》説《キ》二妙法《ヲ》一、教《ヘテ》令《ムルニ》中念仏《セ》上。此人苦逼《ニメラレテ》不《アラ》レ遑《スルニ》二念仏《ヲ》一。善友告《ケテ》言《ク》、汝
若不《シハ》レ能《ハ》レ念《スルコト》者、応《シ》レ称《ス》二無量寿仏《ト》一。如《クノ》レ是《シテ》至《ヲ》レ心、令《メテ》二声《ヲシテ》不《ラ》レ絶《ヘ》、具《シテ》三足十念《ヲ》一称《スレハ》二南無阿弥陀仏《ト》一、称《スルカ》二仏名《ヲ》一故《ニ》、
於《イテ》二念念中《ノニ》一除《ク》二八十億劫生死之罪《ヲ》一。
（『浄真全』第一巻—九七頁）

（8）しかし、第十因では臨終の十念を重く見て『大智度論』（意）の文を引き、
是故臨終十念謂《ノハリ》在《ニ》二決定《ニ》一。行者至《リテ》二命終日《ノニ》一、要須《ス》二用心《ヲ》一。頃年所《スル》レ期今正是時《ナリ》。迎接在《リ》レ近《キニ》。信心不《ラ》レ懈。威儀具
足《シテ》仏像前坐《シ》、散《シテ》二名花《ヲ》一焼《キ》二名香《ヲ》一、合掌当《テ》レ額《ニ》、至心信楽《シテ》具《シ》三足十念《ヲ》一。
（『大正蔵』巻八四—一〇一b二四～二八）
と臨終の十念が往生を決定するから特に意を用いなければならないという心得を説き示している。この念仏における二面性については、舎奈田智宏稿「永観の往生思想における念仏行—一心を中心に—」（『仏教文化学会紀要』第十七号所収・二〇〇九年）等に詳しい。

（9）十方衆生《ノ》、至《シ》レ心《ヲ》信楽《シテ》、欲《シテ》レ生《セムト》二我国《ニ》一、乃《チ》至《ルマテセム》二十念《ニ》一。若不《シハ》レ生者《セ》、不《ラ》レ取《ラ》二正覚《ヲ》一。
（『浄真全』第一巻—二五頁）

（10）同様の主張は、坪井俊映氏の論文にも窺える（坪井俊映稿「南都浄土教・高野山浄土教の念仏思想」（『浄土教文

化論』所収・山喜房仏書林・一九九一年）一四五頁。

(11) 是《ノ》故《ニ》寤寐《ニ》称念《シテ》片時《モ》不レ懈《ラ》無間修也。六時《ニ》礼敬《シテ》四儀《ニ》不レ背《カ》恭敬修也。念仏《ヲ》為《シ》レ宗《ト》不レ雑《ヘ》二余業《ヲ》一無余修也。終《ニ》無《ク》二退転一畢命《ヲ》為《ス》レ期《ト》長時修也。念仏《ノ》一行既《ニ》具《ス》二四修《ヲ》一。往生之業、何事《カ》如《カス》レ之《ニ》。

（『大正蔵』巻八四―九二c二五～二八）

(12) 時《ニ》有《リ》二跋陀和菩薩一。於《イテ》二此国土《ニ》一聞《キテ》レ有《スコトヲ》二阿弥陀仏一、数数係念《ス》。因《ルカ》二是念《ニ》一故《ニ》見《テ》二阿弥陀仏《ヲ》一、即従《リテ》啓問《ス》。当《ニ》行《シテ》二何法《ヲ》一得《ルヤ》レ生《スルコトヲ》二彼国《ニ》一。爾《ノ》時、阿弥陀仏語《リテ》二是菩薩《ニ》一言《ハク》。欲《セハ》レ来二生《セムト》我《カ》国《ニ》一者、常《ニ》念《シ》二我《カ》名《ヲ》一、数数専念《シテ》莫《レ》レ有《ルコト》二休息一。如《キハ》レ是《クノ》得レ来二生《スルコトヲ》我《カ》国土《ニ》一。

（『大正蔵』巻八四―九二c二八～九三a四）

(13) 若《シ》依《ラハ》二唯識《ニ》一、等持定者《トハ》令《メテ》二心《ヲシテ》専注《セ》一、不レ散《セ》為《ルヲ》レ性《ト》、心専注《ノ》言《ハ》非《ス》二唯一境《ニ》一。不レ爾《ラハ》、見道応《ニ》レ無《カル》二等持一。設《ヒ》住《ストモ》二一境《ニ》一、若《シ》非《スハ》二専注《ニ》一、不レ名《ツケ》二等持《ト》一。又遮《ルコトハ》二五識《ヲ》一、能入《クリ》二等引《ニ》一不レ遮《ラ》二等持《ヲ》一。謂《ハク》等持《ハ》通《ス》二定散《ニ》一、但専《ラ》二注《スル》境《ニ》一義《ナリ》。等引《ハ》唯定心《ナリ》。作意専注《スル》故。

（『大正蔵』巻八四―九七b二一～二六）

(14) （一）能く睡眠を遣る、（二）天魔驚怖す、（三）声、十方に遍し、（四）三途苦を息む、（五）外の声入らず、（六）心をして散せざらしむ、（七）勇猛精進なり、（八）諸仏歓喜したまう、（九）三昧現前す、（十）定で往生す

（『大正蔵』巻八四―九八a九～十二）

(15) 日本における『浄土論』の流伝については、森川昭賢稿「我が国に於ける迦才『浄土論』の流伝」（『仏教史学』第三巻第三号所収・一九五三年）に詳しい。

(16) 大谷旭雄氏は論文の中で、『往生拾因』と『往生西方浄土瑞応刪伝』の関わりについて言及している（大谷旭雄稿「永観における善導観の確立―『瑞応伝』の流伝を中心に―」（『善導教学の成立とその展開』所収・山喜房仏書林・一九八一年・後、『法然浄土教とその周縁』乾（山喜房仏書林・二〇〇七年）に再収）。

(17) 念仏者復有《リ》二二種一。一《ハ》是心念、二《ハ》是口念《ナリ》。…（中略）…二口念者、若《シ》心《ニハ》無《クハ》レ力、須《ク》二将《テ》口《ヨリ》来《リテ》扶《ク》一。将《ニ》二口《ヨリ》引《カムト》一レ心《ヲ》、令不《セ》二散乱《セシメ》一。如《ク》二経説《ノ》一、若《シ》人念《スレハ》二阿弥陀仏《ヲ》一、得《テ》二百万遍已去《ヲ》一。決定《シテ》得レ生《スルコトヲ》二極楽世界《ニ》一。

（『大正蔵』巻四七―八九b十六～二三）

(18) 『続高僧伝』・『浄土論』にある道綽伝と一部同様の記事が『往生西方浄土瑞応刪伝』道綽伝にもみられる。

七歳《ヨリ》並《ニ》解《ス》二念仏《ヲ》一。自《ラ》穿《チテ》二樓珠《ヲ》一、勧《メテ》レ人《ニ》念仏《セシム》。

（『大正蔵』巻五一―一〇五b十～十一）

(19) 遂《ニ》至《リテ》二綽禅師《ノ》所《ニ》一問《フテ》曰《ク》。念仏実《ニ》得《ルヤ》二往生《ヲ》一否《ヤト》。師曰《ク》。各《シテ》弁《テ》二一《ツノ》蓮花《ヲ》一、行《シテ》二道七日一、不レ萎《ヘ》者即《チ》得《ヲ》二往生一。

(20) 賛寧（九一九～一〇〇一）の『宋高僧伝』懐感伝では、

遂《ニ》令《メ》二精虔《ニシテ》三年念仏《セ》一、後《ニ》忽《チ》感《ス》二霊瑞《ヲ》一。見《タテマツルコト》二金色《ノ》玉毫《ヲ》一、便《チ》証《ス》二念仏三昧《ヲ》一。

（『大正蔵』巻五〇—七三八c二〇～二一）

と明確に念仏を三年間、相続して行ったことが記されている。

(21) 励《ニ》声念仏《セハ》即《チ》得二一心《ヲ》一。敢《ヘテ》以《テ》不レ乱《レ》。誠《ニ》聖言不レ堕《チ》レ地《ニ》。行者可《シ》二仰信《ス》一。縦《ヒ》雖《モ》二末代《ト》一蓋《ンソ》見《ル》レ仏《ヲ》哉。声作《ス》二仏事《ヲ》一、斯《ノ》言誠《ナル》哉。

（『大正蔵』巻八四—九八a二一～二四）

(22) 一者安二居《シテ》経像《ヲ》於浅処《ニ》一、自《ラ》居《ルヘシ》二安穏《ノ》房中《ニ》一。二者作《スニ》二功徳《ヲ》一使《フ》二出家《ノ》人《ヲ》一。対《シテ》二十方《ノ》僧《ニ》一懺悔《スヘシ》。三者因《テ》二修建《ニ》一傷二損《ス》含生《ヲ》一。対《シテ》二衆生《ニ》一懺悔《スヘシ》。

（『大正蔵』巻五一—一〇五b十六～十八）

『往生拾因』における中国浄土教者の書物引用表

（『往生拾因』の引用文と原文が大きく異なる箇所は波線を付け加えた）

『往生拾因』	第二因　衆罪消滅故 今当《ニ》二以《テ》レ義《ヲ》挍《ス》一。軽重之義《ハ》在《リ》レ心《ニ》、在《リ》レ縁《ニ》、云何《カ》在《ル》レ心《ニ》。彼《ノ》造罪《ノ》時、自《ラ》依二止《シテ》虚妄顛倒《ノ》見《ニ》一生《ス》。此《ノ》十念者依《リテ》二善知識《ノ》方便安慰《ニ》一聞《キテ》二実法《ヲ》一生《ス》。一《ハ》実《ナリ》一《ハ》虚《ナリ》。豈《ニ》得《ムヤ》二相比《フルコトヲ》一。譬《ヘハ》如《シ》二千歳《ノ》闇室《ニ》光若《シ》暫《ク》至《ラハ》即便《チ》明朗《ナルカ》一。闇豈《ニ》得《ム》レ言《フコトヲ》二
曇鸞『往生論註』	今当《ニ》二以《テ》レ義《ヲ》挍量《ス》一。軽重之義《ハ》在《リ》レ心《ニ》、在《リ》レ縁《ニ》、在《リテ》二決定《ニ》一、不レ在《ラ》二時節《ノ》久近多少《ニハ》一也。云何《カ》在《ル》レ心《ニ》。彼《ノ》造罪《ノ》人《ハ》自《ラ》依二止《シテ》虚妄顛倒《ノ》見《ニ》一生《ス》。此《ノ》十念者依《リテ》二善知識《ノ》方便安慰《ニ》一聞《キテ》二実相《ノ》法《ヲ》一生《ス》。一《ハ》実《ナリ》一《ハ》虚《ナリ》。豈《ニ》得《ムヤ》二相比《フルコトヲ》一。譬《ヘハ》如《シ》二千歳《ノ》闇

在《ルコト》レ室《ニ》千歳《ニシテ》而不《ト》上レ去《ラ》耶。云何《カ》在《ル》レ縁《ニ》。彼《ノ》造罪《ノ》時、自《ラ》縁《リテ》二妄想煩悩虚妄《ノ》果報《ノ》衆生《ニ》一生《ス》。此《ノ》十念者、縁《リテ》二阿弥陀如来《ノ》真実清浄無量《ノ》功徳《ノ》名号《ニ》一生《ス》。譬《ヘハ》如《シ》下有《リテ》レ人、彼《ノ》毒《ノ》箭、所レ中《ル》截《リ》レ筋《ヲ》破《ルニ》レ骨《ヲ》、聞《ケハ》二滅除薬《ノ》鼓《ヲ》一、即《チ》箭出《テ》毒除《ノルカ》上。豈《ニ》可《ケム》レ得レ言《フコトヲ》下彼《ノ》箭深《ク》毒厲《シクシテ》、聞《クトモ》二鼓《ノ》音声《ヲ》一不《ト》レ能《ハ》二抜《キ》レ箭《ヲ》去《ルコト》上レ毒《ヲ》耶。

已上略抄十疑・安楽集同《シ》レ之《ニ》

（『大正蔵』巻八四―九四b二四〜c五）

第十因　随順本願故

問《ヒテ》曰《ク》、幾《クノ》時《ヲカ》名《ツケテ》為《ス》二一念《ト》一。答《ヘテ》曰《ク》、百一《ノ》生滅《ヲ》名《ツク》二一刹那《ト》一。六十《ノ》刹那《ヲ》名《ツケテ》為《ス》二一念《ト》一。此《ノ》中《ニ》云《フ》レ念者不レ取《ラ》二此《ノ》時節《ヲ》一也。但言《フ》三憶二‐念《スルヲ》阿弥陀仏《ヲ》一。若《シハ》総相若《シハ》別相、随《ヒテ》二所観《ノ》縁《ニ》一、心《ニ》無《クシテ》二他相一十念相続《スルヲ》名《ツケテ》為《ス》二十念《ト》一。但称《スルモ》二名

室《ニ》光若《シ》暫《ク》至《ラハ》即《チ》便明朗《ナルカ》一。闇豈《ニ》得《ム》レ言《フコトヲ》二在《ルコト》レ室《ニ》千歳《ニシテ》而不《ト》上レ去《ラ》耶。是《ヲ》名《ク》レ在《リト》レ心《ニ》。云何《カ》在《ル》レ縁《ニ》。彼《ノ》造罪人《ハ》自《ラ》依二‐止《シ》妄想心《ニ》一、依《リテ》二煩悩虚妄《ノ》果報《ノ》衆生《ニ》一生《ス》。此《ノ》十念者依二‐止《シテ》無上《ノ》信心《ニ》一、依《リテ》二阿弥陀如来《ノ》方便荘厳真実清浄無量《ノ》功徳《ノ》名号《ニ》一生《ス》。譬《ヘハ》如《シ》下有《リテ》レ人被《リテ》二毒《ノ》箭《ヲ》一、所レ中《ル》截《リ》レ筋《ヲ》破《ルニ》レ骨《ヲ》、聞《ケハ》二滅除薬《ノ》鼓《ヲ》一、即《チ》箭出《テ》毒除《コルカ》上。『首楞厳経《ニ》』言《ク》、譬《ヘハ》如《シ》下有《リ》レ薬、名《ケテ》曰《フ》二滅除《ト》一、若《シ》闘戦《ノ》時用《イテ》以《テ》塗《ルニ》レ鼓《ニ》、聞《ケハ》二鼓声《ノヲ》一者箭出《テ》毒除《コルカ》上。菩薩摩訶薩亦復如《シ》レ是《クノ》。住《シテ》二首楞厳三昧《ニ》一聞《ケハ》二其《ノ》名《ヲ》一者、三毒之箭自然《ニ》抜《ケ》出《ツト》。豈《ニ》可《ケム》レ得レ言《フコトヲ》下彼《ノ》箭深《ク》毒厲《シクシテ》、聞《クトモ》二鼓《ノ》音声《ヲ》一不《ト》レ能《ハ》二抜《キ》レ箭《ヲ》去《ルコト》上レ毒《ヲ》耶。

（『浄真全』第一巻―四八四〜四八五頁）

問《ヒテ》曰《ク》、幾《クノ》時《ヲカ》名《ツケテ》為《ス》二一念《ト》一。答《ヘテ》曰《ク》、百一《ノ》生滅《ヲ》名《ツク》二一刹那《ト》一。六十《ノ》刹那《ヲ》名《ツケテ》為《ス》二一念《ト》一。此《ノ》中《ニ》云《フ》レ念者不レ取《ラ》二此《ノ》時節《ヲ》一也。但言《フ》三憶二‐念《スルヲ》阿弥陀仏《ヲ》一。若《シハ》総相若《シハ》別相、随《ヒテ》二所観《ノ》縁《ニ》一、心《ニ》無《クシテ》二他想一十念相続《スルヲ》名《ツケテ》為《ス》二十念《ト》一。但称《スルモ》二名

号《ヲ》一亦復如《シ》レ是《クノ》。問《フテ》曰《ク》、心若《シ》他縁《セハ》、摂《シテ》レ之《ヲ》令《メテ》レ還《ラ》可《シ》レ知《リヌ》二念之多少《ヲ》一。但知《ルトモ》二多少《ヲ》一復非《ス》二無間《ニハ》一。若《シ》凝《シテ》レ心《ヲ》注《セハ》レ想《ヲ》、復依《リテカ》レ何《ニ》可《キ》レ得レ記二念《スルコトヲ》之多少《ヲ》一。答《ヘテ》曰《ク》、『経』《ニ》言《ヘル》二十念《ト》一者、明《カス》二業事成弁《ヲ》一耳。今云《ク》。由《ルカ》二願力《ニ》一故《ニ》、十念業成《ス》。不《ハ》レ爾《ラ》二本願《ニ》一、応《ニ》無《シ》二勝用一。不《ル》二必《スシモ》須《イ》レ知《ルコトヲ》二頭数《ヲ》一也。如《シ》レ言《フカ》二蟪蛄不《ハ》レ識《ラ》二春秋《ヲ》一。伊《ノ》虫豈《ニ》知《ラム》二朱陽之節《ヲ》一乎。知《ル》者言《フ》レ之《ヲ》耳。十念業成《ト》者、是亦神通《スル》者言《フ》レ之《ヲ》耳。但積《ミ》レ念《ヲ》相続《シテ》不《レハ》レ縁《セ》二他事《ヲ》一便《チ》罷《ミヌ》。復何《ソ》仮《ラム》レ須《イルコトヲ》レ知《ルヲ》二念之頭数《ヲ》一也。若《シ》必《ス》須《ク》レ知《ル》亦有《リ》二方便一。必《ス》須《ク》二口授《ス》一。不《レ》レ得レ題《スルコトヲ》二之《ヲ》筆点《ニ》一。

（『大正蔵』巻八四—一〇〇c七〜一一）

号《ヲ》一亦復如《シ》レ是《クノ》。問《フテ》曰《ク》、心若《シ》他縁《セハ》、摂《シテ》レ之《ヲ》令《メテ》レ還《ラ》可《シ》レ知《リヌ》二念之多小《ヲ》一。但知《ルトモ》二多少《ヲ》一復非《ス》二無間《ニハ》一。若《シ》凝《シテ》レ心《ヲ》注《セハ》レ想《ヲ》、復依《リテカ》レ何《ニ》可《キ》レ得レ記二念《スルコトヲ》之多少《ヲ》一。答《ヘテ》曰《ク》、『経』《ニ》言《ヘル》二十念《ト》一者、明《カス》二業事成弁《ヲ》一耳。不《ル》二必《スシモ》須《イ》レ知《ルコトヲ》二頭数《ヲ》一也。如《シ》レ言《フカ》二蟪蛄不《ハ》レ識《ラ》二春秋《ヲ》一。伊《ノ》虫豈《ニ》知《ラム》二朱陽之節《ヲ》一乎。知《ル》者言《フ》レ之《ヲ》耳。十念業成《ト》者、是亦通《スル》レ神《ニ》者言《フ》レ之《ヲ》耳。但積《ミ》レ念《ヲ》相続《シテ》不《レハ》レ縁《セ》二他事《ヲ》一便《チ》罷《ミヌ》。復何《ソ》仮《ラム》レ須《イルコトヲ》レ知《ルヲ》二念之頭数《ヲ》一也。若《シ》必《ス》須《ク》レ知《ル》亦有《リ》二方便一。必《ス》須《ク》二口授《ス》一。不《レ》レ得レ題《スルコトヲ》二之《ヲ》筆点《ニ》一。

（『浄真全』第一巻—四八五〜四八六頁）

『往生拾因』

第二因　衆罪消滅故

問《ヒテ》曰《ク》、若《シ》人能称《シテ》二仏《ノ》名号《ヲ》一能《ク》除《カ》二諸《ノ》障《ヲ》一者、以《テ》レ指《ヲ》指《ス》レ月《ヲ》。此《ノ》指破《ス》レ闇《ヲ》。答《ヘテ》曰《ク》、諸法万差《ナリ》。不レ可《カラ》二一概《ニ》一。名《ノ》即《スル》レ法《ニ》者、諸仏・菩薩《ノ》名号、禁呪《ノ》音辞、修多羅《ノ》章句等《ノ》是也。

道綽『安楽集』①

問《ヒテ》曰《ク》、若《シ》人但能《ク》称《シテ》二仏《ノ》名号《ヲ》一能《ク》除《カ》二諸《ノ》障《ヲ》一者、若《シ》爾《ラハ》譬《ヘハ》如《シ》二有《リテ》レ人以《テ》レ指《ヲ》指《スカ》レ月《ヲ》。此《ノ》指応《キ》二能《ク》破《ス》レ闇《ヲ》也。答《ヘテ》曰《ク》、諸法万差《ナリ》。不レ可《カラ》二一概《ニ》一。何《トナレ》者自《ラ》有《リ》二名《ノ》即《スル》レ法《ニ》、自《ラ》有《リ》二名《ノ》今云《ク》。有《リテ》二聖人一念仏《ヲ》為《ス》レ宗《ト》。傍人夢《ニテ》自《リ》二聖口一金色《ノ》仏放《チテ》レ光《ヲ》出入《ス》。覚《メテ》聞《ユ》三猶唱《フヲ》二仏号《ヲ》一。各即《スル》レ法《ニ》者斯《ノ》言誠《ナル》哉。如《シ》下禁呪《ノ》辞《ニ》曰《ハムニ》二「日出東方乍赤乍黄《ナリト》」一、仮令酉亥《ニ》行《スルモ》レ禁《ヲ》、患《ヘル》者亦愈《ユルカ》上。又如《シ》下有《リテ》レ人被《ラムニ》二狗《ノ》所齧《ヲ》一、灸《リテ》二虎《ノ》骨《ヲ》一熨《セハ》レ之《ヲ》、患《ヘル》者即《チ》愈《ニ》、或《イハ》時《ニ》無《ケレハ》レ骨、好《ク》攋《ケテ》レ掌《ヲ》磨《リ》レ之《ヲ》、口《ノ》中《ニ》喚《ヒテ》言《ハムニ》二「虎来虎来《ト》」一、患《ヘル》者亦愈《ユルカ》上。或《イハ》復有《リテ》レ人患《ハムニ》二脚転筋《ヲ》一、灸《リテ》二木瓜《ノ》枝《ヲ》一熨《セハ》レ之《ヲ》、患《ヘル》者即《チ》愈《ユ》。或《イハ》無《ケレハ》二木瓜一、灸《リテ》レ手《ヲ》磨《キテ》レ之《ヲ》、口《ニ》喚《ヘハ》二「木瓜木瓜《ト》」一、患《ヘル》者亦愈《ユ》。吾《カ》身《ニ》得《タリ》二其《ノ》効《ヲ》一也。名《ノ》異《スル》レ法《ニ》者、如《キ》二指《ヲモテ》 指《スカ》レ月《ヲ》是也。

（『大正蔵』巻八四―九四c十三～二四）

異《スル》レ法《ニ》。有《リト》二名《ノ》即《スル》レ法《ニ》者、如《キ》二諸仏・菩薩《ノ》名号、禁呪《ノ》音辞、修多羅《ノ》章句等《ノ》一是也。如《シ》下禁呪《ノ》辞《ニ》曰《ハムニ》二「日出東方乍赤乍黄《ナリト》」一、仮令酉亥《ニ》行《スルモ》レ禁《ヲ》、患《ヘル》者亦愈《ユルカ》上。又如《シ》下有《リテ》レ人被《ラムニ》二狗《ノ》所齧《ヲ》一、灸《リテ》二虎《ノ》骨《ヲ》一熨《セハ》レ之《ヲ》、患《ヘル》者即《チ》愈《ニ》、或《イハ》時《ニ》無《ケレハ》レ骨、好《ク》攋《ケテ》レ掌《ヲ》磨《リ》レ之《ヲ》、口《ノ》中《ニ》喚《ヒテ》言《ハムニ》二「虎来虎来《ト》」一、患《ヘル》者亦愈《ユルカ》上。或《イハ》復有《リテ》レ人患《ハムニ》二脚転筋《ヲ》一、灸《リテ》二木瓜《ノ》枝《ヲ》一熨《セハ》レ之《ヲ》、患《ヘル》者即《チ》愈《ユ》。或《イハ》無《ケレハ》二木瓜一、灸《リテ》レ手《ヲ》摩《リテ》レ之《ヲ》、口《ニ》喚《ヘハ》二「木瓜木瓜《ト》」一、患《ヘル》者亦愈《ユ》。吾《カ》身《ニ》得《タリ》二其《ノ》効《ヲ》一也。何《ヲ》以《テノ》故《ニ》。以《テノ》二名《ノ》即《スルヲ》レ法《ニ》故《ナリ》。有《リト》二名《ノ》異《スル》レ法《ニ》者、如《キ》二以《テ》レ指《ヲ》指《スカ》レ月《ヲ》是也。

（『浄真全』第一巻―六〇五～六〇六頁）

第三因　宿縁深厚故

『随願往生経《ニ》』云《ク》。十方仏国皆悉《ク》厳浄《ナリ》。随《ヒテ》レ願《ニ》並《ニ》得二往生《ヲ》一。雖《モ》レ然《リト》不レ如《カ》二西方《ノ》無量寿国《ニハ》一。但阿弥陀仏与二観音・大勢至一先《ニ》発心《シタマヒシ》時、従《リ》二此《ノ》界一去《リタマヘリ》。於《テ》二此《ノ》衆生《ニ》一偏《ニ》有《リ》二因縁一。（『大正蔵』巻八四―九五a十二～十五）

如《シ》二『随願往生経《ニ》』云《フカ》一。十方仏国皆悉《ク》厳浄《ナリ》。随《ヒテ》レ願《ニ》並《ニ》得二往生《ヲ》一。雖《モ》レ然《リト》悉《ク》不レ如《カ》二西方《ノ》無量寿国《ニハ》一。何《ノ》意《ヲモテカ》如《クナル》レ此《ノ》。但阿弥陀仏与二観音・大勢至一先《ニ》発心《シタマヒシ》時、従《リ》二此《ノ》界一去《リタマヘリ》。於《テ》二此《ノ》衆生《ニ》一偏《ニ》是有《リ》レ縁。

（『浄真全』第一巻―六三二頁）

宿縁深厚故

天地初《メテ》開《クル》之時、未《ダ》レ有《ラ》二日月・星辰一。縦《ヒ》有《レトモ》二天人来下《スルコト》一、但用《イテ》二項光《ノ》一照用《ス》。爾時人民多《ク》生《ス》二苦悩《ヲ》一。於《イテ》レ是《ニ》阿弥陀仏遣《ス》二二菩薩《ヲ》一。一《ハ》名《ツケ》二宝応声《ト》一、二《ハ》名《ツク》二宝吉祥《ト》一。即《チ》伏犠・女媧是《ナリ》。此《ノ》菩薩共《ニ》相籌議《シテ》向《ヒテ》二第七天上《ニ》一、取《リテ》二其《ノ》七宝《ヲ》一来《リテ》三至《シテ》此《ノ》界《ニ》一、造《リ》二日月・星辰二十八宿《ヲ》一、以《テ》照《シテ》二天下《ヲ》一定《ム》二其《ノ》四時春秋冬夏《ヲ》一。時《ニ》二菩薩共《ニ》相謂《ヒテ》言《ク》、所《ニ》三以日月・星辰二十八宿《ノ》西《ニ》行《ク》一者一切諸天人民尽《ク》共《ニ》稽《シ》三首《シタテマツレトナリ》阿弥陀仏《ヲ》一。是《ヲ》以《テ》日月・星辰皆悉《ク》傾《ケテ》レ心《ヲ》向《フ》レ彼《ニ》。故《ニ》西《ニ》流《ル》也。（『大正蔵』巻八四―九五b十六～二五）

第五因　聖衆護持故

引《キテ》二『請観音経《ヲ》』一云《ク》。時《ニ》毘舎離国人民遭《ヘリ》二五種《ノ》悪病《ニ》一。一《ニハ》者眼赤《キコト》如《シ》レ血《ノ》。二《ニハ》者両耳《ヨリ》出《ス》レ膿《ヲ》。三《ニハ》者鼻中《ヨリ》流《ス》レ血《ヲ》。四《ニハ》者舌噤《ミテ》無《シ》レ声。五《ニハ》者所《ノ》レ食之物化《シテ》為《ル》二麁渋《ト》一。六識閉塞《セルコト》猶《シ》如《シ》二酔人《ノ》一。有《リ》二五野叉一。面《ノ》黒《キコト》如《クシテ》レ墨《ノ》而有《リ》二五眼一、苟牙上《ニ》出《テテ》吸《フ》二人《ノ》精気《ヲ》一。良医耆婆尽《スモ》二其《ノ》道術《ヲ》一、所《ナリ》レ不《ル》レ能《ハ》レ

天地初《メテ》開《クル》之時、未《ダ》レ有《ラ》二日月・星辰一。縦《ヒ》有《レトモ》二天人来下《スルコト》一、但用《イテ》二項光《ノ》一照用《ス》。爾時人民多《ク》生《ス》二苦悩《ヲ》一。於《イテ》レ是《ニ》阿弥陀仏遣《ス》二二菩薩《ヲ》一。一《ハ》名《ツケ》二宝応声《ト》一、二《ハ》名《ツク》二宝吉祥《ト》一。即《チ》伏犠・女媧是《ナリ》。此《ノ》二菩薩共《ニ》相籌議《シテ》向《ヒテ》二第七梵天上《ニ》一、取《リテ》二其《ノ》七宝《ヲ》一来《リテ》三至《シテ》此《ノ》界《ニ》一、造《リ》二日月・星辰二十八宿《ヲ》一、以《テ》照《シテ》二天下《ヲ》一定《ム》二其《ノ》四時春秋冬夏《ヲ》一。時《ニ》二菩薩共《ニ》相謂《ヒテ》言《ク》、所《ニ》三以日月・星辰二十八宿《ノ》西《ニ》行《ク》一者一切諸天人民尽《ク》共《ニ》稽《シ》三首《シタテマツレトナリ》阿弥陀仏《ヲ》一。是《ヲ》以《テ》日月・星辰皆悉《ク》傾《ケテ》レ心《ヲ》向《フ》レ彼《ニ》。故《ニ》西《ニ》流《ル》也。（『浄真全』第一巻―六三二～六三三頁）

時《ニ》毘舎離国人民遭《ヘリ》二五種《ノ》悪病《ニ》一。一《ニハ》者眼赤《キコト》如《シ》レ血《ノ》。二《ニハ》者両耳《ヨリ》出《ス》レ膿《ヲ》。三《ニハ》者鼻中《ヨリ》流《ス》レ血《ヲ》。四《ニハ》者舌噤《ミテ》無《シ》レ声。五《ニハ》者所《ノ》レ食之物化《シテ》為《ル》二麁渋《ト》一。六識閉塞《セルコト》猶《シ》如《シ》二酔人《ノ》一。有《リ》二五野叉一。或名《ツク》二訖拏迦羅《ト》一。面《ノ》黒《キコト》如《クシテ》レ墨《ノ》而有《リ》二五眼一、狗牙上《ニ》出《テテ》吸《フ》二人《ノ》精気《ヲ》一。良医耆婆尽《スモ》二其《ノ》道術《ヲ》一、所《ナリ》レ不《ル》レ能《ハ》レ救《フコト》。

救《フコト》。時《ニ》有《リ》二月蓋長者一。為《リテ》レ首《ト》部三領《シ》病人《ヲ》一、皆来《リテ》帰《シテ》レ仏叩《キテ》レ頭《ヲ》求《ム》レ哀《ミヲ》。爾《ノ》時世尊起《コシテ》二大慈悲《ヲ》一、告《ケテ》二病人《ニ》一曰《ク》、西方《ニ》有《ス》二阿弥陀仏・観世音・大勢至菩薩一。汝今応《ニ》当下五体《ヲ》投《シテ》レ地《ニ》焼香散花《シ》、令《メ》二心《ヲシテ》不《ラ》レ散《セ》、経中十念《ノ》頃《ヲ》上。於《テ》レ是《ニ》大衆、如《ク》レ教《ノ》求《ム》レ哀《ヲ》。爾《ノ》時彼《ノ》仏放《チテ》二大光明《ヲ》一、観音・大勢《ト》一時《ニ》倶《ニ》到《リテ》説《キタマフニ》二大神呪《ヲ》一、一切《ノ》病苦皆悉《ク》消除《シテ》、平復《スルコト》如《シ》レ故《ノ》。

（『大正蔵』巻八四―九六a十六～二八）

第六因　極楽化主故

十方《ノ》浄土雖《モ》レ同《ナリト》可《シ》レ願《フ》。西方《ノ》極楽浄土《ノ》初門《ナリ》。何《ヲ》以《テカ》得《ル》レ知《ルコトヲ》。依《ルニ》二『華厳経』《ニ》一云《ク》、娑婆《ノ》一劫《ハ》極楽世界《ノ》為《ス》二一昼夜《ト》一。極楽《ノ》一劫《ハ》袈裟幢世界《ノ》為《ス》二一昼夜《ト》一。如《ク》レ是優劣相望《ムルニ》、乃《チ》有《リト》二十阿僧祇一。又娑婆穢土《ノ》終処《ナリ》。何《ヲ》以《テカ》得《ル》レ知《ルコトヲ》。

（『大正蔵』巻八四―九六b十八～十九）

時《ニ》有《リ》二月蓋長者一。為《リテ》レ首《ト》部三領《シ》病人《ヲ》一、皆来《リテ》帰《シテ》レ仏叩《キテ》レ頭《ヲ》求《ム》レ哀《ミヲ》。爾《ノ》時世尊起《コシテ》二無量悲愍《ヲ》一、告《ケテ》二病人《ニ》一曰《ク》、西方《ニ》有《ス》二阿弥陀仏・観世音・大勢至菩薩一。汝等一心《ニ》合掌《シテ》求《メヨト》レ見《タテマツラムト》。於《テ》レ是《ニ》大衆皆従《ヒテ》二仏《ノ》勧《メニ》一、合掌《シテ》求《ム》レ哀《ミヲ》。爾《ノ》時彼《ノ》仏放《チテ》二大光明《ヲ》一、観音・大勢《ト》一時《ニ》倶《ニ》到《リテ》説《キタマフニ》二大神呪《ヲ》一、一切《ノ》病苦皆悉《ク》消除《シテ》、平復《スルコト》如《シ》レ故《ノ》。然《ルニ》二仏《ノ》神力応《シ》二亦斉等《ナル》一。但釈迦如来不《シテ》レ申《ヘタマハ》二己能《カヲ》一、故《ラニ》顕《シテ》二彼《ノ》長《ヲ》一、欲《ス》レ使《メムト》二一切衆生《ヲシテ》莫《カラ》レ不《ルハ》二斉《シク》帰《セ》一。是《ノ》故《ニ》釈迦処処《ニ》歎《シテ》帰《セシメタマヘリ》。

（『浄真全』第一巻―六三六～六三七頁・『請観音経』からの引文という形態ではない）

十方《ノ》浄土雖《モ》二皆是浄《ニシテ》而深浅難《シト》レ知《リ》、弥陀《ノ》浄国乃《チ》是浄土之初門《ナリ》。何《ヲ》以《テカ》得《ル》レ知《ルコトヲ》。依《ルニ》二『華厳経』《ニ》一云《ク》、娑婆世界《ノ》一劫《ハ》当《ル》二極楽世界《ノ》一日一夜《ニ》一。極楽世界《ノ》一劫《ハ》当《ル》二袈裟幢世界《ノ》一日一夜《ニ》一。如《ク》レ是優劣相望《ムルニ》、乃《チ》有《リト》二十阿僧祇一。故《ニ》知《リヌ》為《スナリ》二浄土《ノ》初門《ト》一。是《ノ》故《ニ》諸仏偏《ニ》勧《メタマフ》也。余方《ノ》仏国《ハ》都《テ》不《ハ》二如《ク》レ

	此《クノ》丁寧《ナラ》一。是《ノ》故《ニ》有信之徒《ハ》多《ク》願《ス》二往生《ヲ》一也。三《ニハ》弥陀《ノ》浄国《ハ》既《ニ》是浄土《ノ》初門《ナリ》。娑婆世界《ハ》即《チ》穢土《ノ》末処《ナリ》。何《ヲ》以《テカ》得《ル》レ知《ルコトヲ》。 （『浄真全』第一巻—五九七頁）
第十因　随順本願故 若《シ》人臨終《ノ》時《ニ》不《レトモ》レ能《ハ》二観念《スルコト》一、但知《リテ》二彼《ノ》方《ニ》有《スト》レ仏作《セハ》二往生《ノ》意《ヲ》一、亦得《ト》二往生《ヲ》一。 （『大正蔵』巻八四—一〇二a三〜五）	若《シ》人臨終之時《ニ》不《レトモ》レ能《ハ》レ作《スコト》レ念《ヲ》、但知《リテ》二彼《ノ》方《ニ》有《スト》レ仏作《セハ》二往生《ノ》意《ヲ》一、亦得《ト》二往生《ヲ》一。 （『浄真全』第一巻—六二七頁）

『往生拾因』	善導著作②
広大善根故 若《シ》貪瞋等《ノ》煩悩来間《リヘハ》　随犯随懺《シテ》、不二隔《テ》レ念《ヲ》隔《テ》レ時《ヲ》隔《テ》一レ日《ヲ》。 常《ニ》使《ムルヲ》二清浄《ナラ》一亦名《ツク》二無間修《ト》一。 （『大正蔵』巻八四—九三a八〜九）	『往生礼讃』 貪瞋・煩悩来間《リヘハ》　随犯随懺《シテ》、不レ令《メ》二隔《テ》レ念《ヲ》隔《テ》レ時《ヲ》隔《テ》一レ日《ヲ》。 常《ニ》使《ムルヲ》二清浄《ナラ》一亦名《ツク》二無間修《ト》一。 （『浄真全』第一巻—九一四頁）
広大善根故 又為《ニ》二散乱《ノ》人観法難《キカ》レ成《シ》、大聖悲憐《シテ》勧《メタマフ》二称名《ノ》行《ヲ》一。称名易《キカ》故《ニ》、相続《シ》自《ラ》念《シテ》昼夜不レ休《マ》。	『往生礼讃』 由《リテ》二衆生障《リ》重《クシテ》、境《ハ》細《ニ》心《ハ》麤《ナルニ》一、識颺《カリ》神飛《ヒテ》、観難《シ》二成就《シ》一也。是《ヲ》以《テ》大聖悲憐《シテ》、直《タ》勧《メテ》専《ラ》称《セシム》二名字《ヲ》一。正《シク》由《ルカ》二称名《ハ》易《キニ》一故《ニ》、

（『大正蔵』巻八四—九三a一〇〜十一）	相続《シテ》即《チ》生《ス》。（『浄真全』第一巻—九一四頁）
第五因　聖衆護持故 如《シ》二『十往生経』《ニ》説《クカ》一。仏告《ケタマハク》二山海慧菩薩及以《ヒ》阿難《ニ》一。若《シ》有《リテ》レ人如《シ》下専《ラ》念《スレハ》二西方《ノ》阿弥陀仏《ヲ》一願《フ》二往生《ヲ》一者《ノ》上。我従《リ》レ今已去常《ニ》使《ム》三二十五菩薩《ヲシテ》影二護《セ》行者《ヲ》一。常《ニ》使《ム》二是《ノ》人《ヲシテ》無病・無悩《セ》一。不レ令《メ》三悪鬼・悪神《ヲシテ》悩二乱《セ》行者《ヲ》一。日夜常《ニ》得二安穏《ヲ》一。 （『大正蔵』巻八四—九六a八〜十二）	『観念法門』 如《シ》二『十往生経』《ニ》説《キタマフカ》一。仏告《ケタマハク》二山海慧菩薩及以《ヒ》阿難《ニ》一。若《シ》有《リテ》レ人専《ラ》念《シテ》二西方《ノ》阿弥陀仏《ヲ》一願《スレ》二往生《ヲ》一者、我従《リ》レ今已去常《ニ》使《メテ》三二十五菩薩《ヲシテ》影二護《セ》行者《ヲ》一。不レ令《メ》三悪鬼・悪神《ヲシテ》悩二乱《セ》行者《ヲ》一。日夜《ニ》常《ニ》得《シムト》二安穏《ナルコトヲ》一。 （『浄真全』第一巻—八八三頁）
第八因　三昧発得故 若《シ》得《レハ》二口称三昧《ヲ》一者、心眼即《チ》開《キ》、見《ル》二彼《ノ》浄土《ノ》一切《ノ》荘厳《ヲ》一。 （『大正蔵』巻八四—九七c二〜三）	『観念法門』 若《シ》得《レハ》二定心三昧及《ヒ》口称三昧《ヲ》一者、心眼即《チ》開《ケテ》、見《ル》二彼《ノ》浄土《ノ》一切《ノ》荘厳《ヲ》一。 （『浄真全』第一巻—八八七頁）
第十因　随順本願故 行《ニ》有《リ》二二種一。一《ニ》一心《ニ》専《ラ》念《シテ》二弥陀《ノ》名号《ヲ》一、是《ヲ》名《ツク》二正定業《ト》一。順《スルカ》二彼《ノ》仏《ノ》本願《ニ》一故《ニ》。若《シ》依《ルヲ》二礼誦等《ニ》一、即《チ》名《ツク》二助業《ト》一。除《キテ》二此《ノ》二行《ヲ》一自余《ノ》諸善悉《ク》名《ツク》二雑行《ト》一。 （『大正蔵』巻八四—一〇〇c二五〜二八）	『観経疏』「散善義」 就《キテ》二此《ノ》正中《ニ》一復有《リ》二二種一。一《ニ》者一心《ニ》専《ラ》念《シテ》二弥陀《ノ》名号《ヲ》一、行住坐臥《ニ》不レ問《ハ》二時節《ノ》久近《ヲ》一。念念《ニ》不《ル》レ捨《テ》者《ヲ》是《ヲ》名《ツク》二正定之業《ト》一。順《スルカ》二彼《ノ》仏《ノ》願《ニ》一故《ナリ》。若《シ》依《ルヲ》二礼誦等《ニ》一、即《チ》名《ケテ》為《ス》二助業《ト》一。除《キテ》二此《ノ》正助二行《ヲ》一已外《ノ》自余《ノ》諸善《ハ》悉《ク》名《ツク》二雑行《ト》一。

（『浄真全』第一巻―七六七頁）

『往生拾因』

第八因　三昧発得故
学《セハ》㆓念仏定《ヲ》㆒、令《メヨ》㆓声《ヲシテ》不《ラ》㆑絶《ヘ》。遂得《ニテ》㆓三昧《ヲ》㆒見《ル》㆓仏・聖衆《ヲ》㆒。故《ニ》『大集日蔵分経《ニ》』言《ハク》、大念《ハ》見㆓大仏《ヲ》㆒、小念《ハル》見㆓小仏《ヲ》㆒。大念者《ト》大声称仏也。小念者《ト》小声称仏也。斯即《チ》聖教《ナリ》。有《ラン》㆓何《ノ》惑《ヒ》㆒哉。現見《ルニ》即《チ》今諸《ノ》修学者、励声《ニ》念仏《セハ》三昧易《シ》㆑成《シ》。小声称仏《ハ》遂《ニ》多《シ》㆓馳散㆒。此《レ》乃《チ》学者《ノ》所知《ナリ》。非《ス》㆓外人之暁《スニ》㆒矣。子若《シ》不《ハ》㆑信《セ》、請《フ》、試《ミニ》学《セヨ》。為《シ》無《ケレハ》㆑得《ルコト》不㆑修《セ》。何《ソ》疑惑《スルヤ》矣。
（『大正蔵』巻八四―九八a十三～十七）

懐感『釈浄土群疑論』③

学《セハ》㆓念仏定《ヲ》㆒、亦復如《シ》㆑是《クノ》。令《メヨ》㆓声《ヲシテ》不《ラ》㆑絶《ヘ》。遂得《ニテ》㆓三昧《ヲ》㆒見《ル》㆓仏・聖衆《ヲ》㆒。皎然《トシテ》常在《ニリ》㆓目前《ニ》㆒。故《ニ》『大集日蔵分経《ニ》』言《ハク》、大念《ハ》見㆓大仏《ヲ》㆒、小念《ハル》見㆓小仏《ヲ》㆒。大念者《ト》大声称仏也。小念者《ト》小声称仏也。斯即《チ》聖教《ナリ》。有《ラン》㆓何《ノ》惑《ヒ》㆒哉。現見《ルニ》即《チ》今諸《ノ》修学者、唯須《ク》㆓励声《ニ》念仏《セハ》、三昧易《ク》㆑成《シ》。小声称仏《ハ》遂《ニ》多《シ》㆓馳散㆒。此《レ》乃《チ》学者《ノ》所知《ナリ》。非《ス》㆓外人之暁《スニ》㆒矣。子若《シ》不《ハ》㆑信《セ》、請《フ》、試《ミニ》学《セヨ》。為《シ》無《ケレハ》㆑得《ルコト》不㆑修《セ》。但生《スルヤ》㆓疑惑《ヲ》㆒矣。
（『大正蔵』巻四七―七六b二九～c四）

註

① 他にも『安楽集』からの引用とはしていないが、「凡夫行者《ノ》心《ノハ》如《シ》㆓野馬《ノ》㆒」（『大正蔵』巻八四―九八b六～七）と「凡夫《ノ》心《ハ》如《ク》㆓野馬《ノ》㆒」（『浄真全』第一巻―六〇三頁）等、類似性が見られる文もある。

② 他にも大谷旭雄氏は「若想《シハ》㆓多境《ヲ》㆒、定即《チ》難《シ》㆑得～縦尽《ヒクストモ》㆓千年《ヲ》㆒法眼難《シ》㆑得」（『大正蔵』巻八四―九八b七～十）と

『観経疏』「定善義」の「初《メテ》想《ハムニハ》不《レ》レ得三乱二想《スルコトヲ》多境一《ヲ》～法眼未《タ》二会開《テケ》一」（『浄真全』第一巻―七四一頁）の関連性を指摘している（大谷旭雄稿「「善導浄土教と『往生拾因』―その直接・間接の受容と展開―」（『善導大師研究』所収・山喜房仏書林一九八〇年後、『法然浄土教とその周縁』乾（山喜房仏書林・二〇〇七年）に再収）。

③ 他にも、『釈浄土群疑論』からの引用ではないが、同じく『菩薩処胎経』からの引文がある（『大正蔵』巻八四―九六c二四～九七a四）。また『釈浄土群疑論』にある十五家についても言及している（『大正蔵』巻八四―一〇一b二～六）。

法然と明恵の菩提心理解について

細川　了

序　論

法然没後、建暦二年（一二一二年）九月に刊行された『選択本願念仏集』（以下『選択集』）を目にした明恵は、同年一一月に『於一向専修宗選択集中摧邪輪』（以下『摧邪輪』）三巻、翌年六月に『摧邪輪荘厳記』一巻を著して、法然の専修念仏思想を批判している。

この『摧邪輪』の研究は盛んになされており、その研究内容については次の四点にまとめることができる。①批判の総体的な構造の解明、(1)②明恵の菩提心観や念仏観などの理解、(2)③法然と明恵の相違点、(3)④仏教史学から専修念仏弾圧の一つとしての位置づけ、(4)以上これら四点から『摧邪輪』の検討がなされており、各々の成果が報告されている。しかし、石田充之氏が「かような『摧邪輪』の仏教原理論的な批判が、どれだけ正当であり、当っているか、どれだけ『選択集』の主張を深く理解しているか、それは法然の『選択集』等を中心とするその所説に直接顧みて検討してみなければならぬことである」(5)と指摘されるように、法然に対する批判の正当性については未だ充分な検討がなされていない。

『摧邪輪』における法然批判の妥当性の検討について、『摧邪輪』の二大過失のうち、第二過失の「以聖道門譬群賊過失」については、森新之介氏の研究がある。森氏は「源空は聖道門を群賊に譬えたとする高弁の理解は当否が検証されることなく、そのまま通説になってしまったように見える」(6)と指摘し、『選択集』以外の文献から法然の別解別行観を明らかにすることで、明恵の批判が誤謬であったことを指摘している。しかし、第一過失の菩提心に関する批判については、明恵は法然の思想全体を踏まえていない、という指摘に留まっている。

浅井成海氏は、法然は菩提心を全く否定したわけではないが、語燈録全体からみれば浄土の菩提心に言及する箇所は少なく、「『選択集』の菩提心観の主張に中心があった云えよう」(7)と述べている。そして、明恵の批判は『選択集』の菩提心廃捨に焦点が絞られており、『逆修説法』やその他の「語録」に散見する「浄土の菩提心」等を見聞せずに立論していると指摘する。(8)また、井上善幸氏は「明恵の論難は『選択集』に向けられたものであり、法然教学全体における菩提心の位置づけを踏まえたものではない」(9)と述べており、明恵は『選択集』以外の文献に触れていなかったことが指摘されている。

このような指摘がなされる根底には、『摧邪輪』の批判対象が『選択集』に限定されたものであるのか、法然の思想そのものであるのかという点が明確にされていない問題があると考えられる。例えば安藤文雄氏は「明恵高弁による『選択集』批判を検討することで、法然の仏教観の一端を明瞭にしたいということである。明恵は『摧邪輪』において、法然の主張の無根拠性を様々な経論釈によって、徹底的に指弾する」(10)と述べている。また、前川健一氏は「『選択集』批判の書である『摧邪輪』に於いても本覚や真如の概念は用いられており、『起信論』に基づく表現も散見される。（中略）しかし、明恵の法然批判に於いて「本覚思想」それ自体が第一義的に問題となっているとは見えない。[11]」と述べている。

このように、『摧邪輪』が『選択集』批判であるのか、法然批判であるのかという点が曖昧なままに論じられている。明恵の批判が『選択集』に限定したものであるならば、批判が妥当であると言えるであろうが、法然教学の全体を踏まえたものではないという指摘がなされる以上、法然の思想全体を批判対象にしていると想定できる。しかし、先行研究においては批判対象が『選択集』のみであるのかどうかについて、未だ明確にされていない。

そこで、明恵の批判対象が『選択集』であるか法然であるかを明確にすることを出発点として『摧邪輪』の内容の検討を行う。そして、『摧邪輪』には菩提心論が往生と成仏の両面で展開されていることから、往生の正因と成仏の正因に分けて考察を行う。また、法然における往生と成仏に関する菩提心理解を考察し、明恵の法然理解とその批判が正確であるか否かについて明らかにする。

一、『摧邪輪』の批判対象

『摧邪輪』は、正しくは『於一向専修宗選択集中摧邪輪』であり、『選択集』における誤った教説を破するために書かれたものと言える。これは一見、明恵は法然の教説全てを批判しているというよりも、あくまでも『選択集』という書物を批判対象としていると考えられる。また、明恵は『選択集』の著者について

但有人云、此書更非㆓上人製作㆒、是門弟所選也云云。須㆘対㆓請人㆒問㆗作者名字㆖也。有人云、上人雖㆑有㆓深智㆒、

不レ善二文章一。仍無二自製之書記一云云。設上人自雖レ不レ執レ筆、若印二可之一者、更不レ免二其過一。若上人不二印可一者、何故迄二滅後一鏤二于板印一、以為二亀鏡一乎。若又雖レ非二上人幷門弟所選一、彼一門有三受二学此書一、尚不レ免二其過一也。若上人都無レ知者、唯破二此邪書一也。更不レ可レ簡二別其作者一也。

（鎌田茂雄・田中久夫校註『日本思想大系一五　鎌倉旧仏教』[12]（以下、『旧仏教』と略す）三一八頁上）

と述べている。この文から、明恵の批判対象は法然ではなく、あくまで『選択集』であり、その著者については問題にしていないように考えられる。

しかし、『摧邪輪』では批判対象を『選択集』に限定せず、その著者を意識していると考えられる部分がある。『摧邪輪』では批判対象を指す場合、いくつかの指示語が使用されている。明恵は、『摧邪輪』の最初の序論にあたるところで、『選択集』について述べる際、「彼集」「此集」という表現を使用している。また、『摧邪輪』の本論では、最初は「彼集」という言葉が使用されている。[13]しかし、「第一以菩提心不為往生極楽行過者、集曰」から始まる反論の途中から、「彼集」という表現ではなく「汝集」や「汝」という表現が用いられるようになる。「汝」という表現の初出は、

今為下令三汝知二菩提心行相一決択無礙上故、先略示二綱要一而已。

（『旧仏教』三二二頁下）

とあるように、菩提心の定義を示す中で用いられている。そして、これ以降の文中では、批判対象を示す際、主に「汝」という指示語が使用されていることが確認できる。そこで、『摧邪輪』における「汝」や「此集」といった表現の使用回数を示したい。『摧邪輪』では論述形式として問答体が使用されており、明恵自身が問いを立ててそれに自ら答える形式が基本である。しかし、「汝」や「専修人」[14]の立場として問いを立て、それに答える箇所も存在

し、問者・答者共に明恵がつとめる箇所がある。そのため、『摧邪輪』の序論と、問答体において明恵が答者となっている箇所で出される指示語に限定して、その使用回数を提示したい。各表現の使用回数は次ぎの通りである。

	序論	第一過	第二過	第三過	第四過	第五過	第五之余	第二過失	合計
集[15]	1	1	1	0	0	0	0	1	4回
彼集[16]	2	8	0	0	0	0	1	0	11回
此集[17]	9	2	3	0	2	0	0	4	20回
汝集[18]	0	8	2	0	0	1	4	9	24回
汝[19]	0	23	46	2	27	30	39	54	221回

このように、『摧邪輪』の序論では「汝」は使用されていない。しかし、本論以降では「此集」「汝集」といった『選択集』を指す言葉が少なくなっているのに対し、「汝」の使用回数が増えている。また、全体を通しても、『選択集』を指す言葉に対して、「汝」の使用回数が遙かに上回っていることがわかる。

先の『摧邪輪』冒頭の記述では、『選択集』の著者についてはあまり問題にせず、『選択集』そのものを批判対象とする旨が述べられていた。『摧邪輪』の最初の段階において、「彼集」という表現が使用されていたのはそのためであろう。つまり、あくまでも『選択集』の内容のみを批判の対象としているのであり、その著者に対する意識は避けられていたと言える。しかし、問答体による論述の進行によって、「汝」という表現が使用されはじめ、ついには「彼集」「此集」という表現よりも「汝」という言葉が多く使用されていることは、『選択集』の教説に限定せず、『選択集』の著者自体の思想を問題にしていると言えよう。

また、『摧邪輪』では、『選択集』の説示に限定していない問答も見られる。明恵は

汝撥菩提心邪見者、三宝四諦皆撥レ之也。何者、謂菩提心者、自性空為レ性。如前二菩提心決成一レ之。然汝相二違菩提心一、立二別念仏心一。（『旧仏教』三三五頁上）

と述べ、「汝」が菩提心に相違する「念仏心」を立てていると指摘している。しかし『選択集』では、このような「念仏心」を立てるという説示は見られず、また『摧邪輪』においても、この「念仏心」に関する説明はなされていない。これは、明恵が『選択集』では見られない、菩提心とは異なる「念仏心」を「汝」が立てていると理解していると言えるだろう。つまり、これは明恵が『選択集』に限定せず、「汝」の思想そのものを問題としていると考えられる。この「汝」が誰にあたるかは明確に記されていないが、

上人作二此書一述二念仏義一、不信人稍尠、帰信人是多。（『旧仏教』三八七頁下）

とあることから、『選択集』が法然の著作であると明確に認識し、そのもとで反論を行っていることがわかる。

明恵は『摧邪輪』撰述の動機として、当時の人々による念仏の主張が法然の『選択集』に端を発するものとし、批判を行うこととなった。しかし、『選択集』が法然の著述であるか否かについては問題としないという説示が見られるが、「汝」等の用語の使用により、『選択集』の範疇を越えた法然理解も示されていると考えられる。このことから、明恵は『選択集』のみならず法然の思想そのものを問題としており、『摧邪輪』の批判対象は『選択集』

に限定されるものではないと言える。

二、『摧邪輪』における往生の正因について

明恵はまず、菩提心に関する議論の前提として、菩提心の定義から始める。『摧邪輪』では、

> 言二菩提一者、即是仏果一切智智、言レ心者、於二此一切智智一起二希求心一。指レ此云二菩提心一。一切仏法、皆依二此心一得二生起一。（『旧仏教』三二〇頁上）

と述べられており、菩提心とは、一切の智智を求める心、仏果を志向する心である。そして、全ての仏法はこの菩提心を始めとして生起するとしている。そして、

> 此希求心、随二初後位一有二浅深不同一。言二其不同一亦有二多種一。今且依二一説一、華厳表公出二四発心一。一縁発心、謂仰二縁菩提一而発レ心求名二縁発心一、未入位前也。（『旧仏教』三二〇頁上—下）

と述べ、菩提心は初後の位によって浅深が異なるとする。その浅深については様々な説があるとし、特に華厳の表員の四発心説を用いている。表員の『華厳経文義要決問答』では、慧遠の相発心・息相発・真発の三発心説、馬鳴の信成就発心・解行発心・証発心の三発心説、そして縁発心・解発心・行発心・体発心の四発心説を出している。また、縁発心は菩薩の階位における未入位のものであり、信成就発心・相発心にあたると考えられる。表員はこの相発心について

> 初相発心者、行者深見二生死之過涅槃勝利一、棄二捨生死一趣二向涅槃一随レ相厭求名二相発心一。

（『卍続蔵経』[20]（以下、『続蔵経』と略す）第十二巻、六七四頁上）

として、生死を厭離し涅槃を求めることが相発心だとしている。また、相発心の因縁について

聞ニ生死無常大苦涅槃至楽一、因レ聞生レ信。信ニ生死苦涅槃大楽一、因レ聞生レ慧。知ニ生死苦涅槃大楽一、由レ信レ慧故、便発ニ慈悲一。信ニ知生死是大苦一故、念生未レ出故、起ニ大悲一。信ニ知涅槃是至楽一故、念生未レ得故、起ニ大悲一由ニ慈悲一故、起ニ菩提心一。悲ニ念衆生一、於レ苦未レ出、欲レ為ニ済抜一、自我不レ出、無レ由ニ化他令レ出ニ生死一。是故発心願レ出ニ生死一。慈ニ念衆生一、未レ得ニ涅槃一、欲レ為ニ授興一、自我不レ得、無レ由ニ化他令レ得ニ涅槃一、是故発心願レ得ニ涅槃一。故由ニ慈悲一起ニ菩提心一。

（『続蔵経』第十二巻、六七四頁下―六七五上）

と説いており、自らが生死を出て涅槃に至ること、そして衆生を済度したくてもそれができないため、涅槃に至ることを願うことが相発心を起こす因縁であるとしている。このような表員の教説のもと、明恵は善導の菩提心が縁発心にあたる理由について次のように述べる。そこでは、

先判ニ上品上生人一云、正是仏去レ世後大乗極善上品凡夫云云。以下八品倍劣レ此。上品既不レ配ニ次位一。然云ニ道俗時衆等各発無上心等一、以ニ菩提心一為ニ往生正因一故。明知於四発心中取ニ縁発心一也。（『旧仏教』三二〇頁下）

とあり、善導が『観無量寿経』の九品を凡夫と釈し「各発無上心」とすることから、往生の正因である菩提心は縁発心であるとしている。この表員の縁発心は、「棄捨生死趣向涅槃」であり往生を目的とするものではない。しかし、このような往生を目的とした理解は永観や珍海に見ることができる。永観や珍海は浄土教の菩提心を厭離穢土欣求浄土の願生心であるとする。永観の『往生講式』では

哀哉。再帰ニ三途之故郷一重受ニ悪趣之苦果一。不レ如下早厭ニ一生之名利一偏期中菩提之妙果上。若得ニ自厭悲ニ他未レ厭、

今求二浄土一只為二衆生一。是為二菩提心初之初一。

（『大正新脩大蔵経』（以下、『大正蔵』と略す）第八四巻、八八一頁）

と生死を厭いて浄土を求めることが菩提心の「初之初」と述べられている。また、珍海の『決定往生集』では、

発心浅深無量。然於二此中一且明二最初一念発レ心一。謂十信前常没位中、遇二善知識一。得レ聞二大乗一。発二一念心一随順愛楽、適起二此心一名二発道心一。乃名二隣近善趣人一也發菩提心義章中十信前明想發心者是也即此世人厭二世無常一、欣二求浄土一、是発心也。故観經中韋提夫人現迹爲レ凡此人實大菩薩也遇二悪子縁一厭二捨娑婆濁悪不善一、唯求二西方下劣浄土一。但以二此心一爲二浄土因一。

（『大正蔵』第八四巻、一〇九頁）

として、永観と同様の厭欣の願生心が浄土の菩提心であるとする。また、この『決定往生集』では、浄土を求める者の菩提心が十信前の常没位のものであるとされる。明恵がこの永観や珍海の影響を受けていたとは必ずしも言えないが、浄土教における菩提心が十信前の位のものであるという思想の流れがあったことが窺える。

次に、明恵は菩提心の体について定義している。龍樹の『菩提心離相論』を引用して、菩提心の体が自性空であることを示している。すなわち

解曰此約二大乗一説二菩提心体一。与二法無我理一相応心、指レ此云二菩提心一。

（『旧仏教』三二一頁上）

として、菩提心とは法無我と相応する心であるとする。つまり、大乗仏教の根本理念である空を菩提心の体性と定義している。そして、

問。於二諸宗一不レ知レ之、於二聖道浄土二門菩提心一、所起行業既別。能起菩提心何無二差別一乎。答。雖二所起行不同一、約レ心同是希二求菩提涅槃一。其心体更無二差別一。

（『旧仏教』三二一頁下）

と示すように、諸教における行業には分位や浅深の不同などがあるが、それらを発す菩提心の体性には差別が無いとする。そして、この定義が帰結するところは、

是故浄土門人師善導道綽等、皆言下以二無上菩提心一為中正因上、全不レ出二別体性一。（『旧仏教』三二一頁下）

として、善導や道綽等の浄土門の人師も別に体性を出さず、菩提心を正因としているということである。つまり、菩提心の体性は空であるため、聖道門と浄土門において差別はなく、菩提心が必須のものとされている。

三、『摧邪輪』における成仏の正因について

従来の研究においては、明恵の浄土観を論ずるにあたり、浄土建立の正因である菩提心を往生浄土の正因と解釈される。しかし、『摧邪輪』では、浄土建立と阿弥陀仏の正覚、そして衆生の往生と成仏が同時並列で論じられている。そして、この阿弥陀仏の正覚が成仏の正因の説示と関連している。まず、明恵は浄土の正因について、

夫以二無漏浄識所レ変名二浄土一。浄識所変故、華池宝閣、有二清浄形質一。内外倶浄故名二浄土一也。以二有漏識所レ変為二穢土一。有漏識所変故、瓦礫荊棘、無二清浄光明一。内外倶穢故、名二穢土一。然浄識者、即是菩提心也。故一切浄土以二菩提心一為二正因一也。（中略）唯識智者、即菩提心也。非三唯為二浄土正因一、以二菩提心一変為二浄土体一。

（『旧仏教』三二四頁下）

と述べ、諸仏の仏土は全て菩提心を正因としている。それは阿弥陀仏の浄土についても同じであり、浄土とは無漏浄識の変じた所である。有漏識所変が穢土であり無漏識所変が浄土である。そして、この無漏浄識こそが菩提心に

ほかならないとする。このため、浄土は菩提心を正因とするのである。この浄土の正因を基に、明恵は往生の正因及び成仏の正因の両方を同時に論じていく。次に、

当知浄識乃至無漏心者、是菩提心也。是故初心行者、亦以二菩提心一為二正因一得二往生一。若離二此義一、一切皆穢土、更無二浄土一。何者謂菩提心、於一味真如随縁法中、摂二取浄分一為二依報一。若無二此心一、不三成二立浄土一。

(『旧仏教』三二五頁下)

として、無漏浄識である菩提心をもって浄土の正因とすることから、菩提心がなければ浄土は成立しないと述べている。そのため、菩提心が往生浄土の正因であるとしており、また同時に菩提心によって浄土が成立するとも述べている。つまり、浄土の正因として菩提心を論じる中、浄土往生と浄土建立が混合されていると言える。さらに、次の問答では、阿弥陀仏と衆生の関係について言及される。ここでは、

諸仏修道儀式、彼此無二差別一。行者若以二菩提心一不レ為二正因一、弥陀又同。若爾者、浄土不二成立一。就レ中汝集奥文云、上輩之中、雖レ説二菩提心等余行一、望二上本願一、意在三衆生専称二弥陀仏名一。而本願中更無二余行一云云。以知汝云三弥陀本願中無二菩提心一。若然者、弥陀如来何厳二浄仏国一乎。

(『旧仏教』三二五頁下)

として、『選択集』「三輩章」の阿弥陀仏の本願に菩提心を含む余行が無いという説示に対して、菩提心がなければ阿弥陀仏が浄土を建立することはできないと述べる。さらに、諸仏と衆生の修道に差別はなく、行者において菩提心を正因としないことは、阿弥陀仏においても同じであると述べている。この点について末木文美士氏は「高弁は弥陀も諸仏の一であり、救済者であるよりも我々の導き手として考えられている[21]」と指摘しており、明恵にとって阿弥陀仏は諸仏の一であり、衆生の延長線上の存在であるとして、諸仏と衆生を同次元の存在として理解されてい

る。そして、

問曰、我云三弥陀本願中無二菩提心一者、所化衆生往生浄土業中、言下以二菩提心一不上為二正因一也。非レ謂下於弥陀如来因位、自無中菩提心上。何致二此嘖一乎。答。一切諸仏勧二発菩提心一者、我依二菩提心一成二正覚一故、衆生亦無二菩提心一者、不レ可二成仏一也。若云三弥陀利生本願中無二菩提心一者、自因位亦不レ可レ有二菩提心一。汝盛成二立此義一也。

（『旧仏教』三二五頁下―三二六頁上）

として、本願の中に菩提心がないことは、衆生の往生に菩提心を正因としないということであり、阿弥陀如来の因位における菩提心を否定しているわけではないが、どうして批判を行うのか、という問いを立てる。これは、明恵は、法然の菩提心廃捨が衆生の往生業に限定されたものであるという理解を示している。しかし、諸仏と衆生を同次元に捉える立場から、衆生に菩提心がなければ成仏することはできず、それはまた阿弥陀仏においても、本願の中に菩提心がなければ因位における菩提心の否定になっているとする。つまり、衆生の成仏不可ということから阿弥陀仏の因位における菩提心の否定という流れになっている。これは、浄土の正因について、阿弥陀仏の浄土建立と衆生の浄土往生、そして衆生の成仏が同時に論じられていることに起因していると言える。阿弥陀仏を諸仏の一つとして考え、かつ諸仏と衆生を並列的に捉える明恵にとって、浄土建立と浄土往生は、いわば同義的なものとして理解することができる。浄土とは無漏浄識である菩提心によって成立するものであり、同次元の存在である衆生と諸仏の両者ともに菩提心を正因として捉えるのである。そして、阿弥陀仏の浄土は無漏浄識の菩提心によって建立されるものであり、本願に菩提心が無いために浄土の正因として菩提心を否定することは、阿弥陀仏の因位における菩提心の否定になり、阿弥陀仏の正覚の否定になるとする。そして、それは衆生における成仏の否定でもあると言及されている。

また、『摧邪輪』では菩提心が往生の正因であることが盛んに論じられているが、菩提心はどこまでも仏果に至るための心であることが、明恵の理解の根底にある。菩提心について

言二菩提一者、即是仏果一切智智、言レ心者、於二此一切智智一起二希求心一。指レ此云二菩提心一。

（『旧仏教』三二〇頁上）

と定義され、菩提心とは仏果を求める心であるとする。つまり、菩提心において中心となるものは、あくまでも成仏であり、往生は仏果に至るための過程と理解される。また、『摧邪輪』では、

解日、発菩提心、是仏道正因、是体声也。専念弥陀、是往生別行、是業声也。

（『旧仏教』三三〇頁下）

として、菩提心が仏道の正因であることも述べられている。つまり、明恵にとって菩提心は往生の正因であることはもちろん、成仏の正因であることがその中心の理解となっている。そのため、明恵が菩提心を論じるにあたり、往生のみならず成仏まで言及するのは当然のことと言えよう。

　このような明恵の解釈は、法然の往生における菩提心廃捨の論理が、成仏においても否定されることになるというものである。しかし、明恵の法然理解において、成仏でも菩提心を廃捨しているかどうかという点については、未だ不明確な部分がある。この点に関して、『摧邪輪』では、

然者往生浄土、乃至仏果円満位、何有下持二念珠一称名為上レ先耶。然菩提心者、初後相続。一切功徳、離二菩提心一不レ成。猶下至二果位一、亦以レ之為上レ体。

（『旧仏教』三三三頁下）

という指摘がなされている。菩提心は果位に至るまでの体となすと論じている箇所であるが、ここで明恵は法然が

往生のみならず仏果に至る際にも菩提心ではなく称名を中心としたと述べている。これは『選択集』「三輩章」において、念仏こそが長時不退の行であり、菩提心は初発心であると述べられている箇所への反論である。法然は菩提心を初発心に限定しているため、明恵は法然が往生後においても菩提心を廃捨していると理解する。

このように、『摧邪輪』では往生の正因を菩提心と見なすことを基盤とする主張であるが、そこには留まらない成仏の正因にまでも主張が拡大している。これは、明恵にとって菩提心は成仏を目的としたものであり、菩提心を成仏の正因としてとらえているためである。そして、法然の菩提心廃捨が往生のみならず、成仏の否定にまで繋がるため、法然の思想そのものが成仏に関しても菩提心を廃捨しているという批判を明恵が展開していると考えられる。

四、法然の菩提心観

法然の著作について、石井教道氏は、法然の思想展開の点から時代区分を行っている。[22] ①浅劣念仏期・要集浄土教時代『往生要集』の四種釈書、②本願念仏期・善導念仏時代『三部経大意』、③選択念仏期『三部経釈』『逆修説法』『選択集』、この三区分である。これらの撰述年代について、まず『往生要集』四種釈書に関して、服部正穏氏によれば、特に『往生要集詮要』が最も早い成立とされる。[23] 次に、『三部経釈』および『逆修説法』の成立順に関しては、岸一英氏によれば『三部経釈』→『逆修説法』の順で成立したとされる。[24] また、『逆修説法』の成立年代について、大谷旭雄氏は文治五年（一一八九年）から建久五年（一一九四年）の間であるとしている。[25] これらの先

行研究から、法然著作の成立順序について、

『往生要集詮要』→『三部経大意』→『三部経釈』→『逆修説法』→『選択集』

と考えられる。この成立順序を踏まえて、法然の菩提心観について検討を行う。

そもそも、法然が浄土往生を求める理由は、浄土において修行し仏果に至るためである。『往生大要鈔』には、

浄土門は、まづこの娑婆世界をいとひすてて、いそぎてかの極楽浄土にむまれて、かのくににして仏道を行ずる也。（石井教道編『昭和新修法然上人全集』（以下、『昭法全』と略す）四九頁）

と述べられており、成仏を目的とした行を修めるのは浄土に往生した後であり、往生は仏果を目的としていることが示されている。

『往生要集詮要』では、

又例《スルニ》念仏《ニ》、以事《ノ》菩提心《ヲ》、為往生《ノ》要《ト》。（『昭法全』九頁）

として、縁事の菩提心を往生の要とすることが述べられる。また、

依《テ》此要集《ノ》意《ニ》欲《スル》遂《ト》往生《ヲ》人《ハ》、先《ツ》発《シ》縁事《ノ》大菩提心、次《ニ》持菩薩《ノ》十重木叉、以深信至誠、常《ニ》称《シ》弥陀《ノ》名号《ヲ》、回向発願《スレバ》、決定得《テ》往生。此《レ》即此集《ノ》正意也。（『昭法全』九―一〇頁）

とあり、『往生要集』の意によって往生しようとする人は、縁事の菩提心を発すことが示されている。『往生要集』では「正修念仏」作願門において菩提心の義が説かれる。そこには、

初《ニ》行相《ト》者、總《ジテハ》謂《フ》之《ヲ》願作佛心《ノ》《ト》。亦《ハ》名《ク》上求菩提・下化衆生《ノ》心《ト》。別《シテハ》謂《フ》之《ヲ》四弘誓願《ト》。此有《リ》二種。一《ニハ》縁事《ノ》四弘誓願《ナリ》。是即《チ》衆生縁《ノ》慈《ナリ》。或《イハ》復法縁《ノ》慈也。二《ニハ》縁理《ノ》四弘、是無縁《ノ》慈悲也。

（『浄土真宗聖典全書』（以下、『聖典全書』と略す）第一巻、一〇七六―一〇七七頁）

として、縁事の菩提心を発して称名を行うことで往生できるという理解が示されている。この点から、法然の菩提心理解においては源信の影響を強く受けているると言えるだろう。

次に、『三部経大意』について考察する。『三部経大意』では菩提心について次のように述べられている。

菩提心等ハ諸宗各ノ得意云トモ、浄土宗ノ心ハ浄土ニ生レムト願ルヲ菩提心ト云ヘリ。（『昭法全』四五頁）

これは、諸宗に対して浄土宗に限定した菩提心であり、浄土に生まれると願う願生心が菩提心であるとしている。しかし、坪井俊映氏は願生心と菩提心とは直接にはその目的を異にするものであるため、「浄土に往生するということは、浄土に生まれてのち、清浄な汚れのない世界において、仏道修行を成就して悟りに入ろうとするのであるから、願生心は菩提心をおこす先駆の心と考えられる」[26]として、『三部経大意』の説示においても菩提心は往生後に発すものであり、その前段階としての願生心という位置づけを行い、菩提心と願生心は全く別のものと理解されることを指摘している。この、浄土宗の菩提心が願生心であるという説示は、他の文献には見られず、『三部経大意』特有の表現である。また、『三部経大意』には偽撰説[27]もあり、願生心を法然の菩提心であるとは、一概に言うことはできない。これは、次の『三部経釈』との関連において考えたい。

『三部経釈』のうち、『観無量寿経釈』では、

発菩提心《ト》者、発《ス》二四弘誓之大菩提心《ヲ》一也。付レ之《テ》亦有《タ》二諸宗《ノ》菩提心一。法相《ニハ》有二唯識発心一、三論《ニハ》有二無相発心一、華厳《ニハ》有二法界発心一、天台《ニハ》有二円融発心一、真言《ニハ》有二三密発心一。須《ク》二以《テ》考一歟。此等《レノ》発心各《ノ》可下回二向浄土《シテ》一為《ニ》中往生業上也。

（『昭法全』一一三頁）

と述べられている。ここでも源信の菩提心義の影響を受けていると考えられ、菩提心を四弘誓願と理解されている。また、この菩提心について諸宗によって各々の教説があることを述べ、それら菩提心を浄土に廻向することで、往生の業となると示している。これは菩提心による往生を認めているが、明恵の言うような諸行の体としての菩提心というよりは、往生業としての行業的な理解であると言えよう。『往生要集』釈書及び『観無量寿経釈』の教説では、菩提心による往生を認めていると言える。これに対して、『三部経大意』の説示は、『往生要集詮要』及び『観無量寿経釈』の説示と一線を画すものである。『三部経大意』の成立は『往生要集』釈書と『三部経釈』の間と考えられ、また、偽撰説も主張されていることから、『三部経大意』における願生心＝菩提心の説示を直ちに法然の菩提心理解であると考えることは難しいと言えよう。つまり、『三部経釈』までの段階における法然の菩提心理解は、源信の菩提心理解の影響を受けた、四弘誓願の縁事菩提心であると考えられる。

次に、『逆修説法』では、往生後の菩提心に関する教説が述べられている。第二七日では、

発菩提心者、諸宗意不同也。今浄土宗菩提心者、先往生浄土、欲度一切衆生、断一切煩悩、悟一切法門、証無上菩提之心也。（『昭法全』二四〇頁）

就菩提心、諸宗所立又不同也。天台有蔵通別円四教菩提心、真言有行願勝義三摩地之三種菩提心、三論法相華厳達磨各有菩提心。善導御意、先生浄土、満菩薩大悲願行之後、還入生死欲遍度衆生、此心名菩提心。（『昭法全』二四二頁）

とあるように、菩提心は諸宗によって異なることを示す中、浄土宗そして善導の菩提心を述べている。この浄土宗の菩提心は往生後において発すものであり、度断智証の四弘誓願であると示している。これは『往生要集』釈書お

よび『三部経釈』と同様の理解であり、菩提心が四弘誓願であることは、『逆修説法』においても変化していないと言える。また、善導の教説を受けた菩提心理解について、『観経四帖疏』「散善義」当該箇所は、『観経』の上品下生釈の「但発無上道心」について、

唯発《シテ》二一念《ヲ》一、厭《ヒ》レ苦《ヲ》、楽《フ》下生《ジ》二諸仏《ノ》境界《ニ》一速《ニ》満《シテ》二菩薩《ノ》大悲《ノ》願行《ヲ》一、還《リ》二入《リテ》生死《ニ》一、普《ク》度《セムト》中衆生《ヲ》上。故名《ク》二発菩提心《ト》一也。

（『聖典全書』第一巻、七七七頁）

と述べられているところである。『逆修説法』では「散善義」の「諸仏境界」とされるものを「浄土」と限定している。この「生諸仏境界」を「先往生浄土」と変えた意図は、まさしく「満菩薩大悲願行之後還入生死欲遍度衆生」のために浄土に往生することを明確化するためであろう。つまり、これは善導の還相の働きを中心とした菩提心理解というよりも、成仏するための往生を目的とするということである。そして、菩提心は往生後において発す心であると考えられる。

『選択集』は往生の行業として念仏一行を明かすことにその本旨があり、その論証過程において菩提心を含めた諸行との関係が述べられる。『選択集』では専ら、本願において念仏と対比されるものとして菩提心が論じられており、菩提心を否定する立場が示される。「本願章」では、

或《イハ》有《リ》下以《テ》二菩提心《ヲ》一為《ル》二往生行《ト》一之土上。（中略）即《チ》今選二捨《シテ》前《ノ》布‐施・持戒、乃‐至孝養父母等諸《ノ》行《ヲ》一、選二取専‐称《ス》仏号《ヲ》一。故云《フ》二選択《ト》一也。

（『聖典全書』第一巻、一二六九―一二七〇頁）

と述べ、菩提心は明恵の定義するような諸行の起因となるものではなく、諸行の一つとして考えられている。また、「三輩章」では、廃立・助正・傍正の三つを出してその解釈を述べ、

但《シ》此等《ノ》三義《ハ》殿一最難《シ》レ知《リ》。請《フ》、諸《ノ》学者、取一捨在《リ》レ心《ニ》。今若《シ》依《ラバ》二善導《ニ》一、以《テ》レ初《ヲ》為レ正《ト》耳。

（『聖典全書』第一巻、一二七九頁）

として、菩提心に念仏に対する助業的面があることを認めつつも、往生行としては菩提心を廃捨することに帰結している。

法然が菩提心を廃捨することについては、『念仏大意』において、

ワレラハ信心オロカナルカユヘニ、イマニ生死ニトマレルナルヘシ。過去の輪轉ヲモヘハ、未来モマタカクノコトシ。タトヒ二乗ノ心オハオコストイウトモ、菩提心オハオコシカタシ。（中略）念仏門ニオキテハ、行住座臥ネテモサメテモ持念スルニ、ソノタヨリトカナクシテ、ソノウツワモノヲキラハス、コトコトク往生ノ因トナル事ウタカヒナシ。

（『昭法全』四一三頁）

という説示が見られる。法然は自身を信心に疎く生死輪廻を逃れることの出来ない存在であるとし、菩提心を発すことは非常に難しいとしている。それに対して、念仏は菩提心がなくとも、往生の因となることが述べられている。

また、『十二問答』では、

只生レ付ノママニテ念仏ヲハ申也。智者ハ智者ニテ申テ生レ、愚者ハ愚者ニテ申テ生レ、道心有人モ申テ生レ、道心ナキモ申テ生レ、邪見ニ生レタル人モ申テ生ル。

（『昭法全』六三九頁）

と、道心の有る無しに関わらず、念仏すれば往生できると述べている。つまり、発菩提心が往生の条件にはならないということであり、念仏こそが唯一の往生の条件であるということである。それは菩提心を発す目的が異なっているためであろう。菩提心とは仏果を求める心であり、覚りを得るための根本である。しかし、浄土門では往生後

に行を修め、仏果に至るのであり、その往生を求める段階においては菩提心が必要とされないということである。また、法然は菩提心観について源信の影響を強く受けており、菩提心の内容を四弘誓願として捉えている。このことから熊田健二氏は「即ち法然は四弘誓願＝菩提心をに基づく前半生の聖道門的修善に対する絶望、三学非器の痛切な自覚において、いわば四弘誓願＝菩提心を否定的媒介として浄土念仏門に転じたのである(28)」と述べている。つまり、三学非器たる自己において四弘誓願たる菩提心を発すことが難しいため、必得往生の行として念仏を見出したのであり、これに対して菩提心の有無が往生の条件になることを否定せざるをえなかったと言えよう。

『往生要集詮要』や『観無量寿経釈』、『逆修説法』から、法然は源信の影響を受けて、菩提心を縁事の菩提心であるとし、菩提心を往生に必要なものと理解してたことがわかる。一方、『逆修説法』では『選択集』と同様に、此土において菩提心を廃捨しており、往生後に発すものとしている。これは、各著述の成立順序を踏まえると、菩提心を此土で発すものから、往生後に発すものという理解になっていったと考えられる。つまり、法然は、往生後の成仏に関して、菩提心の必要性を認めていたと言える。

結論

明恵は『摧邪輪』において、『選択集』批判を行いつつも、その内容は法然の思想全体を問題としていると考えられる。そして、特に菩提心を廃捨を問題としており、菩提心は往生を得るための行業の根本として絶対条件であることを主張している。また、成仏においても菩提心の必要性は当然のことであり、菩提心を廃捨することは往生のみならず成仏することも不可能となると主張する。それは、往生の正因として菩提心を論じるにあたり、派生的に成仏論にも言及しているというようなものではなく、法然が成仏に関しても菩提心を廃捨していると理解していることによる。一方、法然における菩提心は此土においては諸行の一つに含まれるものとし、往生の行業として念仏に対して廃捨されるものとしている。それは、菩提心の有無が往生の条件としてあげられるものではなく、菩提心なきものも皆往生することができると理解されたためである。そして、成仏を目的とする場合に限り、発菩提心を勧めている。それは往生後に行を修し、仏果を求めるためであり、菩提心は専ら往生後に発すものという理解を示している。

このように、法然は往生において菩提心が条件とならないとするが、明恵は菩提心を往生の正因として捉えている。一方、成仏を目的とした場合、法然と明恵は両者とも菩提心の必要性を主張している。つまり、明恵は、必ずしも法然の思想を正確に把握した上で批判を行っていたわけではない。そのため、『摧邪輪』の批判内容で、法然が成仏においても菩提心を否定しているというような、誤謬が生じていると言えよう。

註

(1) 吉田淳雄「明恵『摧邪輪』の法然批判再考」(『仏教論叢』第四九号、二〇〇五年)、米澤実江子「『摧邪輪』ならびに『荘厳記』における引用典籍について」(『印度学仏教学研究』第五四巻第一号、二〇〇五年)等

(2) 大南龍昇「『摧邪輪』における念仏と観仏」(『浄土宗学研究』第二四号、一九九七年)、袴谷憲昭「明恵『摧邪輪』の華厳思想」(『華厳学論集』大蔵出版株式会社、一九九七年)等

(3) 末木文美士「『摧邪輪』考―高弁の念仏批判―」(『理想』第六〇六号、一九八三年)、浅井成海「法然門下の菩提心観〈一〉―菩提心廃捨の批判とその展開―」(『真宗学』第五一号、一九七四年)等

（4）石田充之「法然仏教の波紋と鎌倉諸聖の態度」（『大原先生古稀記念　浄土教思想研究』永田文昌堂、一九六七年）、板東性純「『摧邪輪』の背景とその性格」（『大谷学報』第五三巻第四号、一九七四年）等
（5）石田充之「選択集に対する摧邪輪の批判精神」（『日本仏教学会年報』第二六号、一九六〇年）
（6）森新之介「法然房源空と明恵房高弁の別解別行観」（『印度学仏教学研究』第六二巻第一号、二〇一三年）
（7）浅井成海「法然門下の菩提心観（一）―菩提心廃捨への批判とその展開―」（『真宗学』第五一号、一九七四年）
（8）浅井成海『法然とその門弟の教義研究』（永田文昌堂、二〇〇四年）三五六頁
（9）井上善幸「親鸞の行信一念理解について（一）」（『真宗学』第一一五号、二〇〇七年）
（10）安藤文雄「『選択集』と『摧邪輪』―念仏観を中心として―」（『宗教研究』第六九巻第四号、一九九六年）
（11）前川健一「明恵と「本覚思想」」（『宗教研究』第七三巻第四号、二〇〇〇年）
（12）『旧仏教』所収の『摧邪輪』における脚注や校訂などについて、末木文美士氏によって評価がなされている（末木文美士「『摧邪輪』考―高弁の念仏批判―」（『理想』第六〇六号、一九八三年））。
（13）他の表現として、「此集」という表現が一箇所のみ使用されている（『旧仏教』三二二頁上）。
（14）「専修人」という言葉は『摧邪輪』の後半に見られ、「専修人問曰」（『旧仏教』三六五頁上、及び三七一頁上、）とあり、問答体における問者として出されている。問者以外の箇所においても「専修人」の言葉が出されているが、その場合に「汝」と同一人を指すか否かは不明である。しかし、問者における「専修人」は、『選択集』の著者を意味する「汝」と同一人を指すと考えられる。
（15）「選択集」を含む。
（16）「彼書」を含む。
（17）「此書」「此邪書」「此邪集」「此選択集」を含む。
（18）「汝之集」「汝所製集」「汝之邪集」を含む。
（19）法然を含む専修念仏を行う人々を指す「汝等」「汝之一門」は除く。
（20）以下、『卍続蔵経』及び『大正新脩大蔵経』からの引用箇所における返り点及び句頭点は、筆者による。
（21）末木文美士「『摧邪輪』考―高弁の念仏批判―」（『理想』第六〇六号、一九八三年）

(22) 『昭法全』四―八頁
(23) 『往生要集』釈書は、服部正穏氏が各研究者の主張を整理し、再度撰述年代について考察している。服部氏によれば、具体的な年代の特定はできないが、『要集詮要』（法然四三歳以前に成立）→『要集料簡』『要集略料簡』→『要集釈』の順で成立した。これらは一時期に成立したというよりも長い間に成立していったと考えられると結論づけている（服部正穏「法然の『往生要集』末疏成立年時について」『浄土教論集―戸松教授古稀記念』大東出版社、一九八七年）。しかし、この成立年代論争には未だ決着がついていないが、ここでは最も早い成立年代のものとして考察する。
(24) 岸一英氏は「『三部経釈』にみられる『選択集』との一致部分を考慮して得られる『三部経釈』の原形を想定したものは、『逆修説法』より古く位置づけてかまわないと思う。しかし、現在伝えられる『三部経釈』の姿は、決して『逆修説法』の講説前に置くことはできないと考えるのである。」と述べており、『三部経釈』の説示全てが『逆修説法』以前に成立したわけではないとの指摘もしている（「『逆修説法』と『三部経釈』」（『藤堂恭俊博士古稀記念　浄土宗典籍研究』同朋舎出版、一九八八年））。
(25) 大谷旭雄「逆修法会の成立史的研究―成立年次と成立時の形態考―」（『藤堂恭俊博士古稀記念　浄土宗典籍研究　藤堂恭俊博士古稀記念』同朋舎出版、一九八八年）
(26) 坪井俊映『法然浄土教の研究』（隆文館、一九八二年）三九八頁
(27) 坪井俊映「『浄土三部経大意』の撰述者に関する諸問題―特に五種類の写刊本を比較して―」（『仏教大学仏教文化研究所年報』第三号、一九八五年）
(28) 熊田健二「菩提心に関する一考察」（『Artes Liberales』第五七号、一九九五年）

聖覚研究の視座についての一考察
――平雅行氏の聖覚論を手がかりに――

西河　唯

はじめに

聖覚は、従来親鸞研究者や法然研究者から、それぞれの派祖に親近した人物と理解されてきた。『明義進行集』に、

上人ツネニノタマヒケルハ　吾ガ後ニ念仏往生ノ義スクニイハムスル人ハ聖覚ト隆寛トナリト云々
（大谷大学文学史研究会編『明義進行集　影印・翻刻』（法蔵館、二〇〇一）一五八頁）

と評されていることや、『法然上人行状絵図』巻一七に、

大和前司親盛入道、御往生の後は疑をたれの人にか決すべきと、上人にとひたてまつりけるに、聖覚法印わが心をしれりとの給へり。
（井川定慶編『法然上人伝全集』（法然上人伝全集刊行会、一九七八）八〇頁）

とあるように、聖覚が法然門流にとって、法然の教えに帰依した人物であると捉えられていたことに疑問を差し挟む余地はない。また、親鸞も、消息の中で門弟に対して聖覚が著わした『唯信鈔』の熟読を推奨している。例えば『親鸞聖人御消息集』広本第八通（略本第三通）には、

されぱとて、一念のほかに念仏をまふすまじきことにはさふらはず。そのやうは、『唯信鈔』にくはしくさふらふ。よくよく御覧さふらふべし。（中略）かならず、一念ばかりにて往生すといひて、多念をせんは往生すまじきとまふすことは、ゆめゆめあるまじきことなり。『唯信鈔』をよくよく御覧さふらふべし。（中略）よくよく『唯信鈔』を御覧さふらふべし。念仏往生の御ちかひなれば、一念・十念も往生はひがごとにあらずとおぼしめすべきなり。

（『浄真全』二、八三一～八三三頁）

と、一通の消息の中で、三度にわたって『唯信鈔』の熟読を勧めている。

ところが平雅行氏が提示した聖覚論によって、従来の研究者が思い描いていた聖覚像に修正が迫られることになる。(1)平氏の論考において取り扱われている問題の中でも、特に『唯信鈔』の内容に関する問題や、『唯信鈔』の熟読を門弟に推奨した親鸞の態度については、後に詳述するように、真宗研究者から相次いで批判的論考が寄せられている。

しかし、研究者によって批判の対象となる問題点は微妙に異なっており、必ずしも統一的な批判がなされているとはいえないように思える。筆者が感じている第一の問題は、各々の論者が、「聖覚像」と「親鸞の聖覚観」を別々に、あるいは同時に論じているため、批判内容が明瞭になっていないのではないかと考えられる点である。た

だし、この問題はそもそも検討の対象となる平氏の論考が、従来の聖覚像の見直しを迫った上で、さらに親鸞の『唯信鈔』推奨の問題に言及しているため、真宗学関係者が特に「親鸞の聖覚観」を中心にこの問題を論じることになるのも自明のことではある。

また、筆者が既に別稿でも言及している第二の問題として、(2) 各論者間において、「嘉禄の法難における聖覚の行動を、親鸞（あるいは専修念仏関係者）が把握していたのか否かという論点が共有されていない」という問題も存するのである。

そこで、本稿においては、平氏の聖覚論に対して寄せられた各批判的論考を確認し、各論者がどのような問題点に関心を寄せて批判を行っているのかを改めて確認してみたい。さらに、その作業を踏まえた上で、特に第一の問題として掲げた、「聖覚像」と「親鸞の聖覚観」という二つの研究視座を、幾分か明瞭にするために、筆者自身の聖覚研究に対する視座を示したい。

一　平雅行氏の聖覚論

それではまず、本稿において取り扱う問題の起点となる平氏の論考の要点について、あらかじめ確認しておきたい。平氏の『日本中世の社会と仏教』所収の「嘉禄の法難と安居院聖覚」という論考は、嘉禄の法難における聖覚の行動を軸に、従来の聖覚の人物像に対して見直しを迫る内容のものである。日蓮の弟子日向の編纂した『金綱集』巻五「浄土宗見聞　下」には、聖覚らが嘉禄の法難の際、朝廷に念仏宗の停廃を要請したという史料が収められている。[3] 平氏は綿密な検証作業を踏まえた上で、この記事が信憑性のあるものであると述べている。そして、顕密仏教界における聖覚の立場を確認し、嘉禄の法難当時に聖覚が天台教学を代表する碩学であったことを示している。

その上で、論点は『唯信鈔』へと及んでいく。平氏は、『唯信鈔』の内容が法然浄土教と近似しているという印象が否みがたいものであることを一応認めつつも、

一方では異端として弾圧された専修念仏の信奉者としての聖覚があり、もう一方では、専修弾圧を最も強硬に主張し続けた中世延暦寺の、屈指の学僧としての聖覚がいることになる。この埋めがたいイメージのズレを、私たちはどのようにすれば整合的に捉えることができるのだろうか。[4]

と述べ、『唯信鈔』の内容についても、必ずしも法然浄土教に倣った内容ではないと述べている。平氏の『唯信鈔』に対する疑義の中心は、聖覚が諸行往生を容認している点にあると考えられる。聖覚は『唯信鈔』において、仏道を聖道門と浄土門に分判し、さらに浄土門に諸行往生と念仏往生を分け、諸行往生について論じる際に、孝養父母や奉事師長などの諸行を挙げた後、

これみな往生をとげざるにあらず。一切の行はみなこれ浄土の行なるがゆへに。たゞこれはみづからの行をはげみて往生をねがふがゆへに、自力の往生となづく。行業もしおろそかならば、往生とげがたし。かの阿弥陀仏の本願にあらず。摂取の光明のてらさざるところなり。

（『浄真全』二、一〇八四頁）

と述べている。平氏は「少ない史料だけに判断はむずかしい[5]」と断った上で、この文において聖覚が諸行往生を容

認していることを示し、それは「念仏以外の諸行が非往生行であることを論証しようとした法然の『選択集』とは、思想的立場が決定的に異質[6]」であると断じている。また、『唯信鈔』の執筆動機について、『唯信鈔』が承久三（一二二一）年に成立している点に注目し、承久の乱後、顕密僧として挫折した聖覚が、処罰を恐れるただ中で、一時的に著したものであると述べている。そして、平氏は同論考のむすびにおいて、なぜ親鸞が自身の思想とは異質な『唯信鈔』を門弟に送付したのかという疑問を呈し、「私は晩年の親鸞は、次第に時代に対する見通しを失い思想家としての自己を瓦解させていったと考えている[7]」と述べている。

小結

以上、雑駁ではあるが、平氏の論考の要点を述べた。尚、同論考の要点整理は、既に河智義邦氏が試みている[8]。河智氏の要点整理（①～③）を参考にしつつ、本稿に関連する要点（④）を加えて示せば、以下の通りである[9]。

①『唯信鈔』の思想構造について

『唯信鈔』は諸行往生を容認しているため、『選択集』とは思想構造の異なる内容を有した書物であり、顕密仏教的浄土教への回帰である。

②嘉禄の法難時の聖覚の行動について

嘉禄の法難時、聖覚は顕密体制側にその身を置いており、弾圧を主導する立場にあり、『選択集』の版木焼却にも関わった。以上のような聖覚の天台僧としての立場は、多くの史料から見出すことが可能であり、聖覚は生涯を通じて専修念仏を自身の行動原理にしていない。

③親鸞の聖覚観について

非法然的思想、反専修念仏教団の行動をとる聖覚を晩年に至るまで敬慕し、自らの思想とは異質な『唯信鈔』を親鸞が関東の門弟に送り続けたのは、晩年の親鸞が時代に対する見通しを失っていく思想的蹉跌の兆しである。

④『唯信鈔』の執筆動機について

聖覚は承久の乱の首謀者である後鳥羽上皇と親密な関係にあり、『唯信鈔』は、乱後に処罰を恐れた聖覚が、一時的に念仏信仰に傾倒した時に記したものである。時代が落ち着きを取り戻した後は、再び『唯信鈔』の中の自己を手放していった。

次節に述べる平氏の論考に対する反論は、河智氏も含め、基本的に②に述べられている「嘉禄の法難時における聖覚の行動」については概ね受け入れつつも、①③④について反論を試みている。それでは次に平氏の論考に対する真宗研究者の批判的論考を確認していこう。

二　真宗研究者による平氏への反論

（一）①『唯信鈔』の思想構造について

まずは、『唯信鈔』の思想構造についての反論を確認する。先に述べたとおり、平氏は『唯信鈔』を「諸行往生

容認」の書と位置付けていたが、河智氏は、『唯信鈔』における諸行往生容認について、

> 私は、『唯信鈔』が諸行を認めている、この点にこそ、かえって親鸞が『唯信鈔』を「関東」にて依用した理由が窺えるのではないかと考えるのである。（中略）民族的信仰、呪術的念仏思想や顕密仏教的念仏思想が浸透している風土の中にあって、諸行をとりあえずは認めつつ、しかし称名念仏を勧める『唯信鈔』は格好の伝道書となったものに違いない。確かに『唯信鈔』では「諸行往生」の可能性を認めているといえる、しかし決してその往生を勧めていない。『唯信鈔』の論調、論理展開は最終的には念仏往生を勧めているとみるのが自然な見方であろう。[10]

と述べ、むしろ諸行往生の容認こそが、関東の地における布教伝道に際して重要な思想的意義であると評価している。その上で、諸行往生を認めてはいるものの、それを推奨しているわけではないという点を強調し、最終的には念仏往生に帰せしめるものであると述べている。この意見については、筆者も同意するところである。

（二）②嘉禄の法難時の聖覚の行動について

この問題は、平氏の論考の出発点であり、『金綱集』のみならず、多くの同時代史料を用いた綿密な考察がなされている。そのため、基本的にどの論者もこの点に言及し、かつ聖覚が専修念仏弾圧を主導し、『選択集』の版木焼却に関わったという点については、事実であると容認している。[11]その上で、若干の視点の差異も見受けられる。まず安冨信哉氏は、

> 法然の信奉者として、いかにも不可解な聖覚の行動は、かれの変節、近代の思想表現でいえば「転向」と受け

とめられないこともない。ただかれの比叡山におかれた公的立場を斟酌すれば、聖覚の信仰者としての「私」の領域が、天台僧としての「公」の領域に侵食されてしまったと考えることもできるであろう。[12]

と述べ、聖覚の行動はあくまで天台僧としての自身の立場に従ったに過ぎないとする。この問題については、田代俊孝氏も、

探題というのは天台を代表する重要な役職であり、当然ながら、その地位に就けば、個人よりも、天台という組織を守る立場に立って職分を果たさねばならない。本心は念仏擁護であっても、探題という職分と立場に立てば、専修念仏の禁止を言わねばならない状況にあったのではないか。[13]

と述べて、安冨氏と同様の理解を示している。一方、嘉禄の法難という事件そのものの性格に注目した論考も存在する。安藤光慈氏は、

平氏の主張に沿って『金綱集』の提示する内容をたどっていくと、嘉禄の法難とは、基本的には『選択本願念仏集』の版行をめぐっての専修念仏弾圧であったことが窺い知られる。（中略）つまり、聖覚法印のとった行動とは、『選択集』とその印板の焼却処分」に関わるところにその主要な部分があり、日蓮宗の立場よりすればそれを専修念仏の弾圧として一括りにして論じているのではないかと思われる。[14]

と述べ、嘉禄の法難とは、基本的に『選択集』の版行をめぐっての専修念仏弾圧であるとして、聖覚のとった行動は、『選択集』とその版木焼却処分」に主要な部分があり、『金綱集』ではそれを専修念仏の弾圧として一括りに論じているのではないかとしている。その上で、聖覚が『選択集』の版木焼却に関わった理由とは、『選択集』結勧の、

庶幾一経二高覧一之後、埋二于壁底一莫レ遣二窓前一。恐為レ不レ令三破法之人堕二於悪道一也。

（『浄真全』一、一三二九頁）

という識語に従ったのみではないか、と指摘している。(15)

（三）③親鸞の聖覚観について

既に述べているとおり、平氏の論考に対する各論者の意見の中でも、真宗研究者がもっとも注目していると思われるのがこの問題である。平氏の論考は、基本的には従来の聖覚像に対して見直しを図ることを目的にしていると思われる。さらに、『唯信鈔』が、親鸞の思想と異なる思想を有していると述べ、そのような書物を伝道指南書として門弟に繰り返し送付し続けた親鸞の態度について疑問を提示している。しかし、平氏の『唯信鈔』理解に問題があるという点については、先述の河智氏の論考に明らかであると思われる。また、この問題について平松令三氏は、親鸞の門弟に対する『唯信鈔』推奨の態度について、

親鸞は、五十八歳にして『唯信鈔』を知ってから最晩年まで、変わることなくこの書を高く評価し、書写して門弟に与えてきた。この姿勢は一貫している。その点、平氏が「晩年の親鸞は」と、親鸞が晩年になって初めて『唯信鈔』を門弟たちに推奨し、思想家として失格したかのように記しておられるのは、何よりも明かな事実誤認である。(16)

と述べ、『唯信鈔』の推奨が親鸞の晩年期に限るものではないことを指摘している。ただし、親鸞が嘉禄の法難時における聖覚の行動を認知していたか否かについては触れていない。この点について河智氏は、

『金綱集』にみえる記述、すなわち聖覚が弾圧側に回っていたとする記録については、平氏が綿密な考証を重ねられたように、事実であったと考えられる。しかし、はたして親鸞はこのことをそこまで把握していたのであろうか。嘉禄の法難時、親鸞は関東にいて、事の詳細をどれほどに知り得ていたのか疑問である。また帰洛後の親鸞が法然門下の指導者と交流があったかわからない。むしろ、目にしたのは嘉禄の法難後、京都に展開していた天台回帰、諸行容認の法然門下の浄土宗であった可能性は高い。かかる状況下で、嘉禄の法難時の聖覚の動向を正確に把握できたかどうか疑問である。そうしてみると、「弾圧に回った聖覚の『唯信鈔』を送った」ことを問題とするのは一面的な見方としか言えない。かりに嘉禄の法難と聖覚との関わりを承知していたとしても、『唯信鈔』に対する親鸞の思いは変化がなかったのかもしれない。(17)

と述べ、聖覚の行動を親鸞が正確に把握していたか否かという問題に触れ、両説に応じた見解を提出している。また、河智氏は親鸞晩年の作である『正像末和讃』の「悲嘆述懐讃」を挙げ、その内容が鋭く当時の仏教界全般を批判している点を指摘し、親鸞が晩年に時代に対する見通しを失っていたとする平説に反論する。(18)しかしながら、親鸞が帰洛後も『唯信鈔』を勧め続けたのは、思想的蹉跌ではなく関東の状況に対する情報不足というものがあったといえるのではないだろうか。親鸞にとって『唯信鈔』は、自身の教学形成上、「かけ橋」となったことは事実であろう。しかし、これを伝道指南書としたことに成果はあったが、「他力往生思想」の本質を伝えきるものではなかったことを熟知しつつ自身がいない「場」において勧め続けたことは「躓き」であったといえるかもしれない。(19)

と、親鸞が帰洛後に自身という教化者のいない場において『唯信鈔』を勧めたことについては、それを「躓き」といえるかもしれないとも述べている。

(四)④『唯信鈔』の執筆動機について

平氏は、『唯信鈔』の執筆動機を承久の乱という外的要因を主軸にして論じていた。この点について平松氏は、平氏の示す聖覚の『唯信鈔』執筆動機に対して、

平氏は、『唯信鈔』が奥書によって、承久の変の直後に著作されていることに着眼し、承久の変という政治的大事件との関係で説明しようとする。(中略)平氏は『唯信鈔』を「歴史の激変に翻弄された一人物の衝撃と不安の所産」だと言う。しかし『唯信鈔』を何度読み返してみても、その叙述の中に、「衝撃」や「不安」らしいものが全く感ぜられないように思うのはどうしたことだろう。[20]

と述べ、『唯信鈔』の執筆に承久の乱の影響はみられないとする。また安冨氏は、

ただ、『唯信鈔』の字面を追うかぎりでは、これが聖覚の自己弁護とか後鳥羽院への指教といった、個人的・政治的な事情から著された書だというようにはみえにくい。むしろ字句の表面から推すると、乱世を生き抜く知恵として念仏往生を一般在家の人々に勧める意図をもって執筆されたものにみえる。[21]

と述べ、平松氏と同じく承久の乱が執筆動機に関わるとする平説を否定している。

承久の乱が『唯信鈔』の執筆動機となり得たか否かという平氏の意見については、筆者も疑問を感じるところである。現在、聖覚による独立した一著としての著作物は、基本的に『唯信鈔』のみであると認識されている一方で、聖覚が膨大な唱導資料を編纂しているという点は見逃されてはならないであろう。『唯信鈔』が現存しているのは、

あくまで親鸞によって精力的な書写が行われたからである。よって、聖覚の著作態度を論じる際に『唯信鈔』のみに限って論じてしまうと、聖覚の著作態度を見誤ってしまう恐れがあるのではないかと考えられるのである。

聖覚が編纂に関わったと考えられる著作の一例を挙げれば、『言泉集』という唱導資料を指摘することができる。『言泉集』とは、法会のために内外の資料を分類し、要文を抄出した手引き書であり、聖覚の編纂であるだけではなく、聖覚自身の作も収録されているのである。[22]よって、聖覚の著作態度を検討する際には、常に安居院流の唱導家としての背景を勘案しなければならないと考えられるのである。

小結

以上、平氏の論考に対して寄せられた真宗研究者の論考の中から、前節にて提示した四つの要点に従って整理を試みた。これまで整理してきたように、平氏の論考に対する反論においては、各論者が各々の視座から、聖覚の人物像や、親鸞と『唯信鈔』の関係についての反論を展開しているのであるが、どの論者も『金綱集』の記事、すなわち嘉禄の法難において聖覚が弾圧側の立場にあったという点については容認した上で論述を展開している。筆者も『金綱集』の記事が信憑性のあるものであるとする点に対しては、各反論者と同様の立場である。しかし、疑問がないわけではない。というのも、『金綱集』の記事が疑い得ないものであるということ、すなわち、聖覚が天台僧であるという前提で、聖覚の『唯信鈔』を推奨した親鸞を論じる限りにおいて、「弾圧側」と「被弾圧側」という二項対立構造が生じてしまい、結局のところ平氏のいう「イメージのズレ」という視点がこの問題につきまとうことになるのである。また一方で、『唯信鈔』に対する真宗研究者の立場にも問題の一因が存しているように思われる。すなわち、『唯信鈔』は聖覚の著作の中で重要視されすぎているように思われるのである。このことは、親鸞が『唯信鈔』を門弟に勧め、『唯信鈔』に引用されている経釈要文を註釈した『唯信鈔文意』を作成しているため、ある意味では当然のことであると思われる。しかし、それはすなわち「親鸞の敬重した『唯信鈔』」という視座を意味するのであって、「聖覚の書いた『唯信鈔』」という視座とは一線を画していることにはならないだろうか。これに、親鸞が嘉禄の法難時における聖覚の行動を「知らなかった」か「知っていた」かという問題が加わり、反論の視座がいまひとつ明確になっていないように思われるのである。

筆者の疑問を解決するには、次のような視座からの検討が有効ではないかと考えられる。すなわち、『金綱集』の記事を意外なものとするのではなく、かつ聖覚の著作の中から『唯信鈔』のみを過大に評価しない、という視座である。この視座を確立するためには、聖覚の唱導家としての立場と、『唯信鈔』の文献的性格を勘案することが肝要であると思われる。以下、順に考察していこう。

三　聖覚研究の一視座

（一）唱導家としての聖覚

●唱導について

まず、日本における唱導の展開の背景となる南北朝時代の中国の唱導について確認しておく。慧皎の『高僧伝』

第十三、唱導篇には、唱導の性格が、

唱導者、蓋以宣二唱法理一、開二導衆心一也。

（『大正蔵』五〇、四一七頁下）

と示されている。唱導の基本的な概念は、仏法の教えを唱え、衆生を導くということである。唱導に必要とされる要素としては、同じく『高僧伝』第十三、唱導篇に、

夫唱導所レ貴、其事四焉。謂、声弁才博。非レ声則無二以警一レ衆。非レ弁則無二以適一レ時。非レ才則言無二可採一。非レ博則語無二依拠一。

（『大正蔵』五〇、四一七頁下）

とある通り、声・弁・才・博の四つであるとされる。声は衆目を集める音声の響き、弁は場に応じた当意即妙な弁説、才はことばの表現力を磨く才覚、博は依るべき典拠の博識を指している。さらに、

若能善二茲四事一而適以二人時一、如為二出家五衆一、則須下切語二無常一苦陳中懺悔上。若為二君王長者一、則須下兼引二俗典一綺綜成上レ辞。若為二悠悠凡庶一、則須下指二事造形一直談中聞見上。若為二山民野処一、則須下近二局言辞一陳中斥罪目上。凡此変態與レ事而興。可レ謂二知レ時知レ衆、又能善説一。

（『大正蔵』五〇、四一七頁下）

とあり、「出家五衆」、「君主長者」、「悠悠凡庶」、「山民野処」など、対告衆や場所について、唱導の内容に説き分けを勧めている。正当な説法だけでは聞き手が集中力を保つことが困難であるとして、理解しやすい因縁や譬喩を用いることもあるのである。(23) 以上のように、中国における唱導とは、唱導のために必要な四つの要素を満たし、か

つ対告衆や場所を限定しないものであったといえる。(24)

上記のような唱導の基本を踏まえた上で、日本における唱導の展開を確認していく。日本において唱導という言葉が一般化するのは院政期以降であり、虎関師錬の『元亨釈書』巻二九「音芸志」に、

唱導者演説也。昔満慈子鳴二于応真之間一焉。自二従吾法東伝一諸師皆切二於諭導一矣。而廬山遠公独擅二其美一。及二大法瓜裂一斯道亦分。故梁伝立為レ科矣。吾国向方之初尚若レ彼。又無二剖判一焉。故慶意受二先泣之誉一。縁賀有二後讃之議一。而未レ有二閥閲一矣。治承養和之間澄憲法師挾二給事之家学一。抛二智者之宗綱一。台芒射二儒林一而花鮮。性具出二舌端一而泉湧。一昇二高座一四衆清レ耳。晩年不レ慎二戒法一屢生二数子一。長嗣聖覚克二家業一課二唱演一。自レ此数世系嗣瓞瓞。覚生二隆承一。承生二憲実一。実生二憲基一。朝廷韙二其諭導一。緩二于閨房一。以レ故氏族益繁。寛元之間有二定円者一。園城之徒也。善二唱説一。又立二一家一猶如二憲苗種一。方今天下言二唱演一者皆效二二家一。夫諭二揚至理一啓二迪庶品一。鼓二千百之衆一布二聞思之道一。其利博如也。其徳偉如也。演説之益何術如レ焉。争奈何利路纔闢眞源即塞。数二它死期一寄二我活業一。諂譎交生変態百出。揺二身首一婉二音韻一。言貴二偶儷一理主二哀讃一。毎レ言二檀主一常加二仏徳一。欲レ感二人心一先或自泣。痛哉無上正真之道流為二詐偽俳優之伎一。願従二事于此一者三復二予言一焉。

（『日仏全』一〇一、四八八頁上〜下）

とある。唱導とは、古くは釈迦十大弟子の一人である説法第一の満慈子（富楼那尊者）に始まり、中国においては廬山の慧遠が注目された。そして日本においては、治承・養和の頃に、延暦寺の里坊であった京都安居院を拠点として、澄憲を中心とした唱導の一家が成立したことを伝えている。また、寛元年間に園城寺（三井寺）にも定円という説法の名手が出て、天下の唱導は、この二家に倣ったのである。ただし、室町期の唱導文献である『烏亡問答

鈔』に、「澄憲、聖覚、清範、永昭、院源、静照等、説法之名誉、奇代之巧弁也(25)」と、説法の名人として澄憲と聖覚以外の者の名も挙げている。この内、永昭は興福寺の僧であり、興福寺にも模範とされた唱導が存在していたことが推測され、当時有力であった延暦寺・園城寺（三井寺）・興福寺・東大寺にも、独自の唱導の雛形が存在していたことが想像される。(26)

このような日本における唱導とは、中国のそれと同様のものではなかったようである。唱導という語の概念については、研究者によってその定義に幅がある点に留意する必要がある。(27)中でも、唱導がどのような場で行われていたのかという点について小峯和明氏は、

> 法会で遂行される言説は唱導と呼ばれる。唱導とは、あくまで法会という明確なかたちをそなえた仏事の場で展開されるものだ。(28)

と述べ、唱導の展開される空間を「法会」に限定しており、広範な場所で展開されていたであろう中国南北朝時代における唱導とは、意味するところに変化が見られる。

また、当時の唱導家達がどのような立場に分類されていたのかについて井上光貞氏は、

> 次にまた澄憲にみられるごとき新しいタイプの説法が、単に澄憲、又はその子聖覚のみの専売ではなかったらしい例として、承元二年「吉水大懺法院条々起請事」をあげておきたい。この起請は、慈円が中心となり、大懺法院をおこして、ある程度時代に適合した天台法門をこゝに再興しようとした試みのあらわれであるが、その第四条「供僧器事」に「右、末代近用二僧徒一有二四種一、一者顕宗、二者密宗、三者験者、四者説経師也。顕者已成業、密者已灌頂也。験者属レ密、説法属レ顕(29)」と述べている。これは直接には同院供僧三十人について述

べたものであるが、顕密の二でたりず、顕を顕と説経師に分けたのは、密を密と験者にわけたこととあいまってきわめて注目すべきことと思う。当時はすでに説経師といわれるものが、ふつうの顕宗とは別に考えられていたのであろう。説経が顕宗の教義を説くことではなくて、一応それとは別のものと考えられていたことが、ここにうかがわれるのである。(30)

と述べ、説経師（唱導家）が顕宗とは別の、一つの分類として興隆してきたことを述べている。そのような状況の中において、安居院流の唱導とはどのように位置付けることができるのであろうか。

●安居院流の唱導

既に『元亨釈書』巻二九「音芸志」において、澄憲から展開する安居院流の唱導と共に、定円の三井寺派の唱導が興隆していたことを確認した。この定円の「三井寺派」とその流れがどのようであったか、また定円がいかなる人物であるかはあまり明らかではない。よって、現存する唱導に関する資料の質・量からしても、安居院流が盛大であり、説教・唱導の流派としては安居院流を主流と見なせるようである。(31)

安居院流の説教について櫛田良洪氏は、

確かに中世に唱導と名づくべき一の新興仏教が生まれ、天台でも、真言でもない一の型態を採っていた。その説く所は絶待三学思想、法華超入の思想、諸行往生思想にも依り乍ら、時には一向専修弥陀本願思想をも説いて、真俗一貫、信心為本の道理を説かんとしたものである。旧来の型式を打破し、造寺造塔の功徳を否定したのでなく、却ってこれを肯定して転正の因となし、諸行は更に深妙であると説いて専ら欣求浄土への往生を期待せしめんとした。即、唱導は観念理観の旧来の仏教にも讃し難く、称名念仏の新思想のみをも説くことなく、時と処と、機根を異にして世俗の文学、放言綺語を以て讃仏乗の転法輪の縁とせんことを目的としたものである。(32)

と、安居院流唱導の特色について述べているが、さらに関山和夫氏は、

それは澄憲の説教時代であって、聖覚が法然に帰依してからはもはやそのような過渡的なものではなく、完全に一向専修の念仏思想を広める説教が樹立され、やがて日本浄土教史上最も激しく行われることになる真宗説教の基盤が確立されたものと考える。(33)

と述べている。関山氏は、『唯信鈔』に加えて、『四十八願釈』や『十六門記』、『大原談義聞書鈔』などをも聖覚の著作として挙げ、聖覚は天台の出身とはいえ、法然門下の浄土教徒で、浄土教説法の基を開いたと述べている。『唯信鈔』以外の著作に対する著者の認識については慎重であるべきであり、聖覚が「法然に帰依した」と言い切るには疑問が残るが、両氏の述べるように、少なくとも当時において、安居院流唱導が隆盛であったことは間違いない。(34)

●安居院流唱導の多様性

①公家社会との関係

それでは、安居院流の唱導はどのような場面において展開されていたのであろうか。既に述べている通り、その

基本的な空間は法会であり、その聴衆も公家を中心とした貴族であったと考えられる。櫛田氏が、

殊に世俗の人達との交渉は著しく常に公卿衆の招によって其門に出入し、或は公家方の諸寺八講に参加して、後白河法皇を始め女院、高倉院、上西門院、八條院等の追善及逆修を営み奉れる事実は周知で、社会的には公家が依然大半を占め武家階級の人を見る事は稀であった。[35]

と述べている通りである。また、安居院流の法会唱導に関する資料としては、『言泉集』、『澄憲作文集』、『拾珠抄』、『転法輪鈔』、『讃仏乗鈔』等を挙げることができるが、残された資料は主として澄憲の作を聖覚や後の安居院流の手によって編纂・増補したものである。その内容も、公家社会において催された法会の願文・表白が殆どである。以下に、聖覚が導師を勤めた法会について記した史料について、特徴的なものを挙げておく。

『承久三年四年日次記』五月二十八日条

五月二十八日辛亥、清水寺住侶等、奉三造立供二養勝軍地蔵、勝敵毘沙門一。以二聖覚法印一為二導師一、被レ遣二主典代俊職一、願文草、大蔵卿為長卿。清書、前宮内権少輔行能。

（『大日本史料』四―一六、五五頁）

『吾妻鏡』安貞元年七月二十五日条

民部大夫入道行然、為二二位家御追善一。令レ草二創梵字一。今日遂二供養一畢。導師聖覚僧都。自二京都一令二招請一。夜前下着給。凡表白餝レ花。啓白貫レ玉之間。聴聞尊卑。随喜渇仰。非レ所レ及二言語一乎。竹御所為二御結縁一御出。相州。武州渡御。

（『国史大系』三三、五八〜五九頁）

『承久三年四年日次記』には、承久の乱に際して聖覚が行った後鳥羽院の戦勝祈願についての記事があり、『吾妻鏡』によれば、乱後に鎌倉に下向し、北條政子の追善のための寺院落慶法要の導師を勤めたとある。これは、小峯氏が、

法会唱導は一種の職能や芸としてあり、とりわけ安居院は権門の中枢にかかわっていたから、院家・皇家・摂関家などの公家や武家の法会を全面的に担っていたのであって、むしろ特定の権門のみに依拠しないゼロ記号的な位置にあったとみるべきであろう。すくなくとも院と幕府とのはざまにひき裂かれるごときありようは考えにくいのではないか。(36)

と述べている通り、聖覚は常に時の権力者と親近しており、時代状況にも柔軟に対応していたのである。

②民衆社会との関係

安居院流の唱導の対象は、上記に述べてきたような公家社会に属する人々のみであったわけではない。説話文学の中には、澄憲や聖覚が登場する話を見出すことができる。(37)その中でも、特に聖覚を採り上げたものを以下に示す。

『沙石集』巻六（八） 説経師下風讃タル事

六角堂ノ焼失ノ時、彼勧進ノ為ニ、日々ニ説法アリケリ。聖覚ノ説法セラレケル日、殊ニ聴衆ヲホカリケル中ニ、若キ女房、礼盤ノ近ク居テ、眠リケルガ、堂ノ中モ響ホドニ、下風ヲシタリケルガ、香モ事ノ外ニ匂テ、

興サメタル所ニ、導師是ヲ聞テ、「簫・笛・琴・箜篌・琵琶・鐃・銅鈸、其音モタヘナリト云ドモ、香気ヲ具セズ。多摩羅跋香・多伽羅香、其香カウバシト云ヘドモ、音声ヲソナヘズ。今ノ御下風ニヲキテハ、声モアリ。匂モアリ。聞ベシ、馥ベシ」ト申サレケレバ、余リニ讃ラレテ、衣引ノケテ、「同クハ橘ノ氏ト申アゲサセ給ヘ」トゾ云ケル。讃悪キ事ヲモ被讃ケルニヤ。実ノ弁説ニコソ。

（『沙石集』日本古典文学大系　八五（岩波書店、一九六六）二六七～二六八頁）

この説話は、六角堂焼失の折、再建勧進のための説法があり、聖覚の説法のある日は殊のほか聴衆が多かった。その中の若い女房が放屁したことに対し、当意即妙の対応で切り返したという話である。六角堂再建勧進がいつの時点か未詳であるが、聖覚の説法の巧みさが窺える。

『古今著聞集』巻一六・興言利口（五四三）　聖覚法印の力者法師築地つきを罵る事

持名院に、なつめだうといふ堂あり。淡路の入道長蓮が堂なり。築地のくづれたりけるをつかせけるに、つくものども、おのがどち物語りすとて、聖覚法印の説教の事などを語りけり。その折りしも、聖覚輿にかかれて、その前を通りけるに、これらが物語りに「聖覚の」と云ふを、供なる力者法師聞きとがめて、「おやまきの聖覚や。ははまきの聖覚や」など、ねめつつ見かへりにくみけり。築地つきをのるにてはあれども、当座には主をのるとぞ聞えける。「かかる不祥こそありしか」と、かの法印、人に語りてわらひけり。

（『古今著聞集』日本古典文学大系　八四（岩波書店、一九六六）四二七頁）

この説話は、築地を修理していた職人達が聖覚の説教について話しているところに丁度聖覚の乗った輿が通りかかり、「聖覚の」と呼び捨てたことを従者が聞きとがめ、口調を真似て彼らをにらんだところ、それはまるで従者が自分を悪く言っているようであったと聖覚が人に語ったという話である。ここで重要なのは、聖覚の説法を職人のような人々までが聞いていたということであり、安居院唱導が民衆社会にも入り込んでいたことを意味する。

以上のような安居院流の唱導の多様性について、安東大隆氏は、

仏教に関する教養を持ち、漢籍も充分に読みこなせる人（貴族）には、それに応じた唱導をする。そのような仏教的な素養を、持ち合わせていない人には、それにふさわしい唱導をする。唱導というものは、そういう多様性をもった営みである。(38)

と述べている。残された安居院流唱導資料の多くが表白・願文など、施主との関わりを重要視するものが大半である一方で、説話集の中に見られる聖覚像には、貴族社会の中で優美な唱導をなした高僧としての姿より、広く庶民の讃仰を得ていた姿を窺うことができるのである。

(二)『唯信鈔』の文献的性格

以上のような、唱導家としての聖覚像を踏まえ、『唯信鈔』がどのような書物であるかという点について考えてみたい。松野純孝氏が「唯信抄は一面、源空の思想のエキスを抜き出したものと言えるのである(39)」と述べているように、『唯信鈔』は基本的には『選択集』の略述書的性格を有していると考えられる。しかし、既に知られているように、『唯信鈔』の中には聖覚の唱導家としての性格をよく表した譬喩表現が数多く登場する。例えば、浄土の建立について述べる時に、

たとへばやなぎのえだにさくらのはなをさかせ、ふたみのうらにきよみがせきをならべたらむがごとし。

（『浄真全』二、一〇八五頁）

と表現したり、随縁の雑善について述べる時に、

たとへばみやづかへをせむに、主君にちかづき、これをたのみてひとすぢに忠節をつくすべきに、まさしき主君にしたしみながら、かねてまたうとくとおき人にこゝろざしをつくして、この人、主君にあひてよきさまにいはむことをもとめむがごとし。

（『浄真全』二、一〇八九頁）

と表現している通りである。この『唯信鈔』という書物の文献的性格については、平松氏が、

そこで考えられるのは、聖覚が父澄憲と並んで唱導の名人と賞讃されたことである。当時「濁世の富楼那」と評されたといい、いろんな法会の座に招かれて法談を行ったことが鎌倉時代の史料に見えている。そうした法談のための用意として書いてみたのがこの書ではなかったであろうか。比喩の多用といい、問答体の記述といい、正に一般民衆を相手とした法談の語り口である。後世お説教のタネ本として流行する「談義本」に較べれば、語り口はやや硬調だけれども、狙い方は共通しており、その点から「談義本の祖」と位置付けることができるのではあるまいか。(40)

と述べ、安藤氏が、

宗祖が入手した『唯信鈔』原本とは、聖覚法印が唱導に用いた原稿ではなかったかと思う。（中略）『唯信鈔』の内容を見ると、教学的には簡便な説明がなされているにも関わらず、論・釈の書としては巧みな比喩が用い

られているということである。（中略）譬喩の用い方は、文章を見る者というより聴衆を想定してのものであるように思われる。これらの譬えに限らず、『唯信鈔』の全般にわたっているのである。これはその中に引用する経釈の引用の仕方も同様で、「…といへる、このこゝろか」といった言い回しも、あるいは唱導的なものなのではないだろうか。[41]

と述べており、「談義本の祖」、「唱導の原稿」という評価は、妥当であるといえる。筆者も以前、この問題について少し論じたことがある。[42] 拙稿においては、『唯信鈔』が親鸞の書写した原本しか現存していない点に注目し、その原本の文献的性格と成立背景についての私見を述べた。要点のみを述べれば、次の通りである。

・従来の指摘の通り、『唯信鈔』にみられる譬喩・対句といった表現方法は、唱導の基本を体現したものである。

・説草と呼ばれる唱導のテキストと『唯信鈔』の間には、構成の類似点が多い。

・『唯信鈔』に引用される経論は、安居院流の唱導資料の中にも見出すことができる。

・聖覚の真撰とされている著作の多くは、唱導資料としての性格を有している。

以上の点から、『唯信鈔』に対する理解については、従来主流であった教学的アプローチのみでは、その文献的性格を十分に明らかにし得ないのではないかと述べた。『唯信鈔』の原本とは、説教の場において実際に用いられた台本である説草ではないかと思われるのである。

小結

聖覚は天台の碩学であり、また法然に親近した浄土教理解者であると同時に、安居院流の唱導家であった。澄憲が開き、聖覚が大成させた安居院流の唱導は、公家社会において名声をほしいままにしていたが、同時にその唱導は民衆にも開かれたものであった。よって、聖覚の人物像を捉える際には、唱導家という立場を付随的なものとして捉えるのではなく、通底するものとして捉えるべきではないだろうか。

さらに、『唯信鈔』を「法然に傾倒した」という視座ではなく、唱導家としての視座から捉えた場合、その文献的性格が唱導資料としての色彩を帯びていることが確認できた。この点も従来から指摘されてきたことではあるにせよ、その内容が基本的には『選択集』に説かれる教義を下敷きとしたものであることから、法然、あるいは親鸞の思想との連続性の有無が検討対象となることが多かった。しかし、一度そのような研究視座を離れ、『唯信鈔』という文献を捉えた時に見えてくる、『唯信鈔』の唱導資料としての性格も、やはり付随的なものではなく、通底しているものと理解すべきではないだろうか。以上のように、聖覚の著作態度の基本的な背景が、唱導家としての立場に根ざしている点を強調すべきではないかと考えられるのである。

おわりに

本稿ではまず、平氏の聖覚論と、それを端緒として相次いで公にされた、真宗研究者による批判的論考を整理概観した。各論者による平氏への反論の要点は、およそ四点に分類することが可能であった。すなわち、①『唯信鈔』の思想構造、②嘉禄の法難時の聖覚の行動、③親鸞の聖覚観、④『唯信鈔』の執筆動機である。これらの要点に基づき、平氏に対しての反論には、「聖覚像」に対する意見と、「親鸞の聖覚観」に対する意見が混在しているため、批判の論点が今ひとつ明瞭になっていないのではないかという疑問を提示した。

さらに、上記の疑問に対して、二項対立的な視座を超えた、よりフラットな聖覚の姿を捉えるための視座として、唱導家としての聖覚像を常に意識する必要があるのではないかという私見を提示した。聖覚が『選択集』の肝要を抽出した『唯信鈔』を著した事実と、嘉禄の法難時において弾圧の主導的役割を果たした事実は、それぞれの視座に立った場合、確かに矛盾する二面性が生じていると捉えることができよう。しかし、当時唱導家という存在が、宗派の枠や道俗貴賎を超えて認知されていたことが確認できた。それ故に、専修念仏教団側から、或いは顕密仏教界側からといった二項対立構造の中においても、唱導家としての背景を聖覚像に通底するものと捉え、常にその活動範囲の著しい広範さや、唱導の内容の多様性などを考慮する必要があるのである。聖覚像の上に生じた「イメージのズレ」とは、あくまで対立的視点の上に成立しているものであり、唱導家としての聖覚像を背景にした場合、その人物像の上に矛盾は存しえないのではないだろうか。尚、親鸞が嘉禄の法難時の聖覚の行動を正確に知り得たのか否かという点については、十分に検討することができなかった。反省点として提示するとともに、今後の課題としたい。

註

（1）平雅行『日本中世の社会と仏教』第九章「嘉禄の法難と安居院聖覚」（塙書房、一九九二）。初出は「安居院聖覚と嘉禄の法難」（中世寺院史研究会編『中世寺院史の研究（上）』法蔵館、一九八八）。後に「嘉禄の法難と聖覚・親鸞」として、平雅行『親鸞とその時代』（法蔵館、二〇〇一）に収録。また、内容を聖覚論のみに絞り、「聖覚―エリート学僧の挫折―」として、平雅行編『中世の人物　京・鎌倉の時代編　第三巻　公武権力の変容と仏教界』

（清文堂、二〇一四）に収録。四論考の論旨に大きな変更はないため、本稿では内容がもっとも充実している『日本中世と社会の仏教』所収の論文を中心に扱う。また、本節では論考全体に言及しているため、いくつかの重要な点を除いて、一々の頁を挙げることは避けた。

（2）拙稿「専修念仏教団における聖覚の地位―法然・親鸞門下を中心として―」（『真宗研究』六〇、二〇一六）二～四頁。

（3）『日蓮宗学全書』一三、二一四～二二〇頁。

（4）平雅行『日本中世の社会と仏教』（塙書房、一九九二）三六五頁。

（5）前掲註（4）平著、三六七頁。

（6）同前、三六七頁。

（7）同前、三七七頁。

（8）河智義邦「聖覚の行実の評価をめぐって―法然・親鸞との連続・非連続性―」（『真宗研究』五〇、二〇〇六）一七〇頁。

（9）尚、聖覚の『唯信鈔』の執筆動機に承久の乱が関わっているという平氏の所論については、河智氏も自身の論考の註において言及している（前掲註（8）河智論文、一八五頁）。

（10）前掲註（8）河智論文、一七九～一八〇頁。

（11）尚、近年歴史学や思想史学の立場から、嘉禄の法難を含めた鎌倉期の念仏弾圧事件を再検討する研究動向が見受けられる。本稿では真宗研究者による平氏への反論を中心に取り扱っているため、ここでは主要なものを挙げるだけにとどめておく。坪井剛「法然没後の専修念仏教団と「嘉禄の法難」事件」（『史林』九五―四、二〇一二）、森新之介「拙著『摂関院政期思想史研究』翼増三章―再び平雅行「破綻論」などに答う―」（『論叢　アジアの文化と思想』二三、二〇一四）、同「『選択本願念仏集』建暦版の開版流布と絶版亡佚―印刷史と思想史を横断して―」（『浄土学』五二、二〇一五）、中井真孝「専修念仏者禁制について」（『歴史学部論集』五、二〇一五）、中井真孝「嘉禄の念仏者追放について」（『鷹陵史学』四一、二〇一五）等。

（12）安冨信哉『『唯信鈔』講義』（大法輪閣、二〇〇七）二三八頁。

(13)田代俊孝『唯信鈔文意講義』(法蔵館、二〇一二)一八～一九頁。
(14)安藤光慈『唯信鈔文意講読』(永田文昌堂、二〇一一)七頁。
(15)同前、九～一〇頁
(16)平松令三『親鸞の生涯と思想』(吉川弘文館、二〇〇五)二〇〇～二〇一頁。
(17)前掲註(8)河智論文、一八二～一八三頁。
(18)同前、一八三～一八四頁。
(19)同前、一八四頁。
(20)前掲註(16)平松著、一九四～一九六頁。
(21)安冨信哉「信の系譜―聖覚と隆寛を中心に―」(『大谷大学研究年報』五八、二〇〇六)二一頁。
(22)小峯和明『中世法会文芸論』(笠間書院、二〇〇九)二〇二～二〇三頁。
(23)同前、一一五頁。
(24)蓑輪顕量『日本仏教の教理形成―法会における唱導と論義の研究―』(大蔵出版、二〇〇九)二五～二七頁。
(25)『中世唱導資料集』真福寺善本叢刊　四、第一期(臨川書店、二〇〇〇)四四七頁。
(26)前掲註(24)蓑輪著、一一頁。
(27)唱導の定義の研究史については、渡辺麻里子「唱導と説法―安居院小考―」(『説話文学研究』五〇、二〇一五)参照。
(28)小峯和明「仏教文学のテキスト学―唱導・注釈・聞書―」(『ハンドブック　日本仏教研究』日本の仏教⑤、法蔵館、一九九六)六一頁。
(29)『大正蔵』(図像)一二、九頁。
(30)井上光貞『新訂　日本浄土教成立史の研究』(山川出版社、一九七五)二八七頁。
(31)関山和夫『説教の歴史的研究』(法蔵館、一九七三)五七頁。
(32)櫛田良洪「唱導と釈門秘鑰」(『印度学仏教学研究』一―一、一九五二)一八八頁。
(33)前掲註(31)関山著、五六～五七頁。

（34）安居院流聖導についての整理は、深川宣暢「唱導家・聖覚と親鸞」（『真宗学』一〇九・一一〇、二〇〇四）を参考にした。
（35）櫛田良洪「金沢文庫蔵　安居院流の唱導書について」（『日本仏教文学』四、一九四二）七三頁。
（36）前掲註（22）小峯著、二二二頁。
（37）後小路薫「説話文学に現われた安居院流―澄憲と聖覚を中心に―」（『天台学報』二〇、一九七八）一三五～一三八頁。
（38）安東大隆「安居院流唱導の範囲―その対機の多様性について―」『別府大学紀要』二八、一九八七）一三頁。
（39）松野純孝『増補　親鸞』（真宗大谷派宗務所出版部、二〇一〇）二五七頁。
（40）前掲註（16）平松著、二一一頁。
（41）前掲註（14）安藤著、二五三頁。
（42）拙稿「『唯信鈔』の原本について―説草としての成立背景―」（『印度学仏教学研究』六三―一、二〇一四）。

浄土教における中有思想の意義

榎屋達也

一、はじめに

元来、仏教は輪廻からの解脱を最終的な目的とする宗教である。輪廻の存在を認めていることから考えても、中有思想は、輪廻転生を繰り返している衆生が、次の生を受ける際にどのように五蘊が伝えられていくかを説明する重要な思想である。したがって、迷界の六道輪廻においても、中有の存在は輪廻の継続を解決する大切な問題なのである。

中有とは、梵語（antarābhava）の漢訳で、中陰・中蘊とも訳し、真諦・玄奘共に用いている。[1] 中有の「有」とは、有情（衆生）のことで、生死の迷いの世界に流転（転生）する過程の在り方を四種（四有）に分け、前世の死の瞬間（死有）から次の世に生を受ける瞬間（生有）までの間の中間の時期における生存状態を表す。『モニエル梵英辞典』[2] によると、中有は「the soul in its middle existence between death and regeneration」と英訳され、日本語に訳すと「死と再生との間の中間的存在としての魂」となる。

中有思想は葬儀後の七日毎の法要、いわゆる四十九日（満中陰）として一般に知られているが、現代社会においては正しく執り行われていない現状がある。例えば、

①初七日を兼ねた逮夜勤め（繰り上げ法要）と満中陰（仕上げ勤め）の二回だけを行う。

②初七日を済ませば以後の中陰、年忌勤めは一切行わない。

③中陰期間が三ヶ月に亘ると良くないため、満中陰を四十九日までに済ませる。(3)

④単に満中陰を五七日に行う。

などである。①と②に関しては、諸般の事情（経済的な問題など）や仏教に対する根本的な無理解などが主な原因である。③と④に関しては、中陰期間が三ヶ月に亘るというだけで、地獄において受ける苦しみが長くなるため、苦しみを受ける期間の長期を避けるために言われるが、これは日数の「四十九」と「始終苦が身に付く（身付き＝三ヶ月）」の語呂合わせによるもので、中陰期間は二ヶ月でも三ヶ月でも同じ四十九日間であるため、迷信も甚だしいものである。(4)

このような中有思想であるが、仏教でも特に浄土教においてどのように位置付けられるのであろうか。浄土真宗の宗祖親鸞は、『大経』本願成就文の「即得往生住不退転」を解釈して、まず『唯信鈔文意』においては、

「即得往生」は、信心をうればすなわち往生すといふ。すなわち往生すといふは不退転に住するをいふ。不退転に住すといふはすなわち正定聚のくらゐにさだまるとのたまふ御のりなり。これを即得往生とはまふすなり。「即」はすなわちといふ。すなわちといふは、ときをへず、日をへだてぬをいふなり。

（『聖典全書』二、六九〇—六九一頁）

と述べ、本願成就文の「即得往生」とは、「正定聚」の位に定まることであると解釈し、さらに『一念多念文意』においても同様に、

真実信心をうれば、すなわち無碍光仏の御こゝろのうちに摂取してすてたまはざるなり。摂はおさめたまふ、取はむかへとるとまふすなり。おさめとりたまふとき、すなわち、とき・日おもへだてず、正定聚のくらゐにつきさだまるを往生をうとはのたまへるなり。

（『聖典全書』二、六六三頁）

と述べ、真実信心を獲得した者は、阿弥陀仏によって摂め取られ、現生において往生すべき身に定まる（現生正定聚）という理解を示している。また、浄土真宗本願寺派の『葬儀規範』解説書によると、

本願を信じ念仏するものは、阿弥陀仏に摂め取られて、既に往生することのできる身に定まっていますので、現生の命を終えると、直ちに阿弥陀仏の浄土に往生して仏となるのですから、このような中有の意味で法要を行うことはありません。(5)

と解説し、浄土真宗の立場から言えば、念仏の教えに縁のある者においては、命終われば速やかに浄土に往生し、大般涅槃の悟りを開いて仏となる。したがって、中陰の期間があろうとなかろうと、地獄に落ちて六道を輪廻することはないので、本来このような概念を持つ必要はない。しかしながら、このような概念は非常に根強く存在し、ごく一般的に支持されていることもまた事実である。

そこで本稿では、①どのような背景の中で中有思想が成立したのか、②中有思想はどのような展開を見せて現在の概念となったのか、③浄土教において中有思想をどのように考えるべきなのか、という三点に問題関心を置き、中有思想の起源及びその展開を概観しながら、浄土教における中陰仏事の意義について言及したい。

二、中有思想の起源

中有という概念は、釈迦の一代教説には認められず、部派仏教において生じてきたものである。『異部宗輪論』によると、仏滅後百年頃、教団は保守的な上座部と進歩的な大衆部に分裂し、上座部は本上座部・説一切有部・犢子部・法上部・賢冑部・正量部・密林山住部・化地部・法蔵部・飲光部・経量部などに、大衆部は一説部・説出世部・鶏胤部・多聞部・説仮部・制多山部・西山住部・北山住部に分派し、その中の大衆部・一説部・説出世部・鶏胤部・化地部は中有の存在を否定している。また、ブッダゴーサ（仏音）の『論事註』において、東山住部と正量部の邪執として中有を論難していることから、南方上座部もまた中有の存在を認めない立場にあったと思われる。逆に中有を認める部派は、必ずしも多くなかったようであるが、その中でも有力な部派は説一切有部と正量部である。説一切有部の論とされる『大毘婆沙論』巻六九には、

為止他宗顕正理故。謂或有執、三界受生皆無中有如分別論者。或復有説、欲色界生定有中有如応理論者。（『大正蔵』二七、三五六頁下）

とあるように、分別論者は三界に生を受ける場合は中有がないと説き、応理論者は欲色二界に生ずる場合は必ず中有があると説いている。ここで言う分別論者とは、前述の『異部宗輪論』に見られる大衆部・一説部・説出世部・鶏胤部・化地部を指すと思われるが、実際のところ上座部系・大衆部系とも判断しかねる。また、有部以外の部派に所属する諸論書の中で、法蔵部所属と言われる(6)『舎利弗阿毘曇論』は中有を否定しているとされるが、同論書中

には「中陰」「中有」という用語さえ見られず、中有否定にとってはどれも状況証拠的なものばかりであるため、同論書は中有を否定している可能性が高いとだけ付け加えておく。(7)

中有に関しては、『大毘婆沙論』以外にも『倶舎論』に説かれている。それによると、本有においてなした善悪の業の結果として、三界六道の善悪の境地に生ずる者は、死の直後生ずべき境地に自己の生存を求める中有の存在となり、やがてまさに生ずべき各境地の生有、本有となる。そして、中有の身が至って生を受けるべき場所が一度決定すると、どのような力によっても決して変更することはできないとしている。また、中有の期間に関しても、今日では四十九日が一般的となっているが、その他にも七日、三年、無期限などの諸説がある。これらの説も『倶舎論』巻九に挙げる異説であり、

大徳説言此無定限。生縁未合中有恒存。（中略）尊者世友言此極多七日。若生縁未合、便数死数生。有余師言極七七日。毘婆沙説此住少時。以中有中楽求生有故非久住、速往結生。（『大正蔵』二九、四六頁中—下）

とあるように、①一定の期限がない、②七日を限度とし生ずる縁のない時は死生を繰り返す、③死生を繰り返しても四十九日を限度として結生する、④少時に結生する、という四説に基づくものと思われる。

そもそも『倶舎論』は、部派仏教の中で最も優勢であった説一切有部の教理を説く『発智論』と、その註釈書である『大毘婆沙論』の内容をまとめたもので、説一切有部の立場を肯定する書である。前述のように、部派仏教の中でも説一切有部と対立し、その思想を批判する立場をとった大衆部・一説部・説出世部・鶏胤部・化地部などは、いずれも中有の存在を認めない立場をとっている。このように部派仏教では、中有を認める部派と認めない部派とに大別される。認めない立場である大衆部などは、釈迦の教説を踏襲するものであるが、認める立場である説一切

有部は、釈迦の教説とは異なるものの、釈迦が説かなかった死後の問題を積極的に論じたところに一定の評価がなされるべきである。(8)

中有を論ずる後世の論書には、教証として様々な経典が用いられているが、「中有」の語を直接用い、それを説いたものは原始経典の中には見られない。ただし、中には『雑阿含経』巻二五(『大正蔵』二、一七八頁上)のように、「中陰」の訳語が用いられている場合もあるが、これに関しては原文におけるこの語の存在を疑う見解(9)もあり、決定的な結論には至っていない。したがって、中有の概念は部派仏教時代の早い時期に考案され、重要な位置を占めるようになったとするのが妥当であろう。少なくとも阿含経典によって判断される原始仏教では、中有の概念が未発達であったことは間違いない。

部派仏教の諸文献の中で、「中有」の語そのものが初めて確実な形で現れるのは、有部系の最初期の論書とされる『集異門足論』及び『法蘊足論』においてである。特に『集異門足論』は、有部六足論の三層の中で最古層に属する文献と言われ、有部的色彩が希薄な阿毘達磨文献とも言われる。(10)ここでは、「中有」が完全に独立した語として用いられているため、中有概念の発生はこれら有部諸論書の成立以前、部派分裂後まもなくのことであったと思われる。

中有概念の成立に関しては、今日まで様々な議論がなされてきたが、管見の限りでは以下の二説が有力である。

まず伴戸昇空氏は、

「中有」なる概念は、契経中に説かれているところの「中般涅槃者」の「中」という語の意を通ずる必要から生じたものであり、「中有」という術語の「中」という語は、「中般涅槃」の「中」に由来するものであると考

えられるのである。(11)

と述べ、五不還果（中般・生般・有行般・無行般・上流般）の第一「中般涅槃」に、中有概念成立理由の最も始源的な痕跡が認められるとしている。また小川宏氏も、

中有説の本来的淵源は、修行論の上での五種不還の中に説かれる中般涅槃に存するのである。この中般涅槃説に印度古来のガンダルバ神話が結び付いて、仏教思想の上で独自の発展を遂げたものである。(12)

と述べ、中般涅槃説にインド古来の神格であるガンダルヴァ神話が結び付いて、独自の発展を遂げたものとしている。これに対して池田練太郎氏は、

仏教が輪廻を認める以上、業とその果報を受ける何らかの生命主体を考えざるを得ないという、必然的な課題解決のために考案されたものであると見る方が、中有を設定した根本的な意義に近いと思われる。(13)

と述べ、池田氏は『集異門足論』巻七（『大正蔵』二六、三九六頁中）の「地獄中有」という語に注目し、業とその果報を受ける「生命主体」を設定するために中有の概念が生まれたとしている。

第一の中般涅槃を起源とする説は、『集異門足論』の中に「中般涅槃」「地獄中有」という用語が平行して存在している事実から、中有の概念には、涅槃の獲得（中般涅槃者）という点だけではなく、輪廻の存在（地獄を含む五趣）が考慮されていたと考えるのが妥当である。また、第二の輪廻思想に起源を求める説は、有部の初期二論書中に見られる中有が「主体的性格」を帯びず、中間の「場所的要素」が強いという点から、(14)池田氏の「業とその果報を受ける何らかの生命主体」という見解には賛同できない。

それでは、中有概念の起源は一体どこに見出せるのだろうか。これに関して注目されるのは、『法蘊足論』に説

かれる「健達縛（gandharva）」という語である。「gandharva」とは、インド古代神話に登場する神格で、神々の飲料ソーマの守護神、香を食し音楽を司る神、結婚初夜の交接の場に入り込んで女性を横取りする存在として伝承されている。特に『法蘊足論』では受胎の三条件の一つとして「健達縛」という語が用いられ、さらに「健達縛最後心意識、増長堅住、未断未遍知、未滅未変吐。此識無間、入母胎蔵」（『大正蔵』二六、五〇七頁下）と説き、輪廻の主体としての役割を示す表現が見受けられる。このような輪廻の主体的性格を帯びた「健達縛」が、独立した個性として五蘊を有し、次の生存にまで繋げていく契機を与える存在であるという、中有の機能的な条件を満たすものとして取り込まれたものと思われる。また、神田一世氏は、部派仏教以前の段階で中有に代わる存在として「識（vijñāna, viññāṇa）」を想定した上で、

識は認識機能の役割を果たすだけでなく、プリミティヴな霊魂のようなものとして理解されていたと考えられる。(15)

と述べ、識が中有理論と結び付いている代表として、識（阿頼耶識）が中有を介して結生することが説かれている『瑜伽師地論』を挙げる。そして、識が輪廻主体のような役割を持っていたとする根拠に、原始経典中の「vijñāna（viññāṇa）」に相当する語が、漢訳では「神識」「識神」と訳されている点を指摘する。このように漢訳者が「識」を「神」と結び付けたことは、中有が輪廻の主体的性格を帯びた「健達縛」と結び付いた事実との対応を暗示すると言えよう。(16)

以上の先行研究を踏まえると、中有思想は次のような図で示される過程を経て成立したものと考えられる。

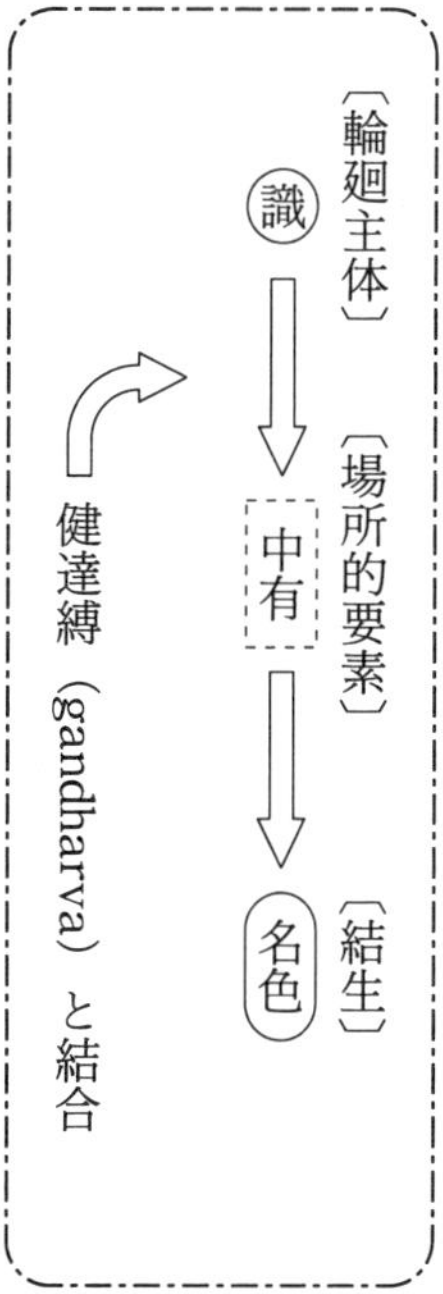

三、中有思想の展開

中国仏教においては、鳩摩羅什によって翻訳された『成実論』が仏教教理の代表的な綱要書として盛んに研究された。本書は部派仏教の論書で、主として経量部の立場を採用している[17]とされ、説一切有部に対しては批判的である。したがって、中有の問題に関しても明確に「無中有」を主張している。すなわち、『成実論』巻三の「有中陰品」及び「無中陰品」において、中有の有無に関する論拠を一々提示し、最後に自説を付加して中有の存在を否定する。ここでは、特に「有中有」に関する部分を概観するに止めておく。

論者言、有人説有中陰或有説無。問曰、何因縁故説有、何因縁故言無。答曰、有中陰者、①仏阿輸羅耶那経中説、若父母会時、衆住随何処来、依止其中、是故知有中陰。又和蹉経説、若衆生捨此陰已、未受心生身、於是中間我説愛為因縁、是名中陰。②又七善人中有中有滅者。又経中説、雑起業雑受身雑生世間、当知有中陰。③

又経中説四有、本有・死有・中有・生有。又説七有、五道有業有中有。又説、閻王呵責中陰罪人令顛倒堕、又仏因中陰知衆生宿命、謂此衆生生此処、彼衆生生彼処。又経中説、以天眼見諸衆生死時生時。又説、衆生為陰所縛故、従此世間至彼世間。又世人亦信有中陰言、④若人死時有微四大従此陰去、又若有中陰則有後世、若無中陰者、捨此身已未受後身中間応断。以是故知有中陰。（『大正蔵』三二、二五六頁中）

下線①は『阿輸羅耶那経』を引用し、三事和合（受胎の三条件）を挙げている。『大毘婆沙論』をはじめとする有部論書には、三事和合すなわち「gandharva」の経証に多くの経典を引用している。また下線②の「七善人の中に中有滅者有り」とは、五不還果中の「中般涅槃者」を指すものである。次の下線③は『七有経』を指すと思われるが、これは『長阿含十報法経』[18]に該当し、『倶舎論』にも引用されている。ただし、四有を説く経典は有部論書に一切見られない経証である。下線④の「微なる四大」とは、数論派の微細身[19]のようなものを指すと思われるが、これは説一切有部の「中有身極微細」（『大正蔵』二七、三六二頁上）とすることを受けたものであろう。

この『成実論』に見られる中有有無の両説の論拠とその主張は、単に『成実論』独自の問題というよりは、インドにおいて議論された中有有無の問題を『成実論』において総集したような性格を持つものである。したがって、本論書が鳩摩羅什によって訳出された後は、中国における中有有無の問題は『成実論』的な見方が一般的であったのではないかと思われる。しかし、真諦や玄奘によって『倶舎論』が翻訳されると、中国仏教界では『成実論』に代わって『倶舎論』が盛んに研究されるようになった。そして『大毘婆沙論』や『倶舎論』において説かれる中有思想と、中国在来の宗教である儒教や道教の思想とが結び付き、中有の概念が新たな展開を見せることになった。それが「追善供養」と呼ばれる葬送儀礼の一種なのである。

追善供養の浸透に強く影響したのは、十王信仰と呼ばれる思想である。十王信仰はインド古来の思想ではなく、中国において当時の道教と融合していく過程で、偽経の『閻羅王授記四衆逆修生七往生浄土経』（以下、『閻羅王授記経』と略す）が作られ、諸宗融合化に向かった晩唐の時期に成立した。また、道教経典の中にも『元始天尊説酆都滅罪経』『地府十王抜度儀』『太上救苦天尊説消愆滅罪経』などの十王を説く経典が存在する。十王とは道教や仏教において、地獄で死者の審判を行う十尊の裁判官的な尊格であり、全ての衆生は死後に中有の存在となり、初七日から七七日（四十九日）及び百ヶ日、一周忌、三回忌には、十王の裁きを順次受けるという思想である。[20]

このような思想を形成させた『閻羅王授記経』は、その題下に「成都府大聖慈寺沙門蔵川述」という撰号を記し、内容も道教の影響を強く受けている。本経典が説くのは、生七斎と七七斎という二つの仏教儀礼の功徳である。生七斎とは、生者が自己の死後の冥福を祈願して行う儀礼であり、「逆修」「預修」とも呼ばれる。本来の「十王経」は、生七斎を主とした経典であったと思われる。一方、七七斎は死者へ向けた追善供養として、遺族が執り行う儀礼である。この二つの儀礼を合揉した「十王経」の主体は、次第に七七斎の方へと力点を移していった。[21]また、回向による功徳の振り分けは、全体を七等分して生者が六分、死者には一分が割り振られるが、この配分は『閻羅王授記経』以外に『灌頂経』や『地蔵菩薩本願経』にも説かれている。

このように追善供養は中国に端を発し、有部論書中には追善供養に関する記述は一切見られない。しかも追善供養がある程度行われるようになってから、その意義付けのために作られたと思われる経典がある。例えば、『灌頂経』巻一一には、

若人臨終未終之日、当為焼香然灯続明。於塔寺中表刹之上、懸命過幡転読尊経竟三七日。所以然者命終之人、

在中陰中身如小児。罪福未定応為修福、願亡者神使生十方無量刹土。承此功徳必得往生。

（『大正蔵』二一、五二九頁下）

とあり、命終の人は中有の存在として罪福が定まっていないので、この人のために命過幡を懸け、尊経を転読すべきことを勧めている。また『地蔵菩薩本願経』巻下には、

是諸衆生所造悪業、計其感果必堕悪趣。縁是眷属為臨終人修此聖因、如是衆罪悉皆消滅。若能更為身死之後七七日内広造衆善、能使是諸衆生永離悪趣。

（『大正蔵』一三、七八四頁上）

とあり、眷属（遺族）が命終の人のために功徳を積めば、生前の全ての罪が消滅し悪趣を離れられるとしている。

さらに『梵網経』巻下にも、

父母兄弟和上阿闍梨亡滅之日、及三七日乃至七七日、亦応読誦講説大乗経律。斉会求福行来治生。

（『大正蔵』二四、一〇〇八頁中）

とあり、父母兄弟・和上阿闍梨の命終後、三七日から七七日までの一定期間、大乗経律を読誦講説すべきことを勧めている。これら経典が説くのは、命終の後に斉会して追善修福すれば、新亡の人は苦を免れて往生できるということである。このような中陰期間における追善供養を説いた経典は、全て中国撰述の偽経[22]であると考えられる。したがって、新亡者に対する追善としての中有思想は、おそらく五世紀前後より盛んになった中国における信仰であると思われる。少なくとも、インドには中有の概念はあっても、追善供養として行われた証拠は見られない[23]。

それでは、中国の諸師は中有思想をどのように受け止めていたのだろうか。管見の限りでは、最も早くこの問題を取り上げたのは浄影寺慧遠である。慧遠は『大乗義章』巻八本において、

一定其有無、経論不同。毘曇法中定有中陰、成実法中一向定無。有無偏定故成諍論。故涅槃云、我諸弟子不解我意。唱言、如来宣説中陰、一向定有一向定無。大乗所説有無不定。上善重悪趣報速疾則無中陰、如五逆等。余業則有。異於偏定故無諍論。（『大正蔵』四四、六一八頁下）

と述べ、仏教各宗において中有の有無に関する所説は不同であるが、大乗の所説は有無不定であるとする。すなわち、上善と重悪の者は落ち着く場所が決まっているから中有はなく、その他の中間にいる者は落ち着く場所が決まっていないから中有はある。しかし大乗の有無不定の立場からすると、中有有無の諍論は不要である。

このように中国における中有説は、有無相互の主張、有無不定の主張が存在し、どちらかと言えば「無中有」とする見解が一般的であった。しかし、追善供養を説く経典が出現したことによって、徐々に「有中有」とする見解が優勢になっていったと思われる。その証拠として、慧遠以降の文献において中有の存在を認めるものがいくつか見出される。例えば、華厳宗第二祖である智儼の『孔目章』巻四「寿命品内明往生義」において、「往生験生法」に十門を挙げる中の第八門に、

八験中陰身、亦得往生。若親児女、随在一時、知彼父母所有行相。不依前件所験相者、応為別作三七日法。称名行道懺悔滅罪、至心徹到、験得父母中陰往生。（『大正蔵』四五、五七七頁中）

とあるように、智儼は「中陰」の存在を認めた上で、三七日間の称名・行道・懺悔によって滅罪し、至心徹到すれば、その功徳によって「中陰」の境涯にある父母は浄土に往生することができるとしている。また、道世の『諸経要集』巻一二には「四生部」として、述意縁・会名縁・相摂縁・五生縁・中陰縁・受胎縁の六縁を挙げ、この中第五の「中陰縁」において『新婆沙論』『婆沙論』『世尊経』などを引用し、中有の行相や食香などを問答形式で詳説

している。さらに同書巻一九には『灌頂経』を引用して、

又若人命終之日、当為焼香然灯続明。於塔寺中表刹之上、懸命過幡、転読尊経竟三七日。所以然者、命終之人在中陰中、身如小児罪福未定。応為修福願亡者生神使生十方無量刹土。承此功徳必得往生。

（『大正蔵』五四、一八三頁中）

とあり、命終後の「中陰」の境涯にいる小児のような姿の罪福未定の人は、三七日間の読経などの「追善供養」の功徳によって、浄土に往生することができるとしている。この文は同著『法苑珠林』巻六二（『大正蔵』五三、七五四頁下）にも引用されている。

以上のように、智儼や道世の著述によって、その当時すでに中有の存在を認め、さらに「追善供養による往生」という考え方のあったことが知られる。特に注意しなくてはならないのは、浄土往生の場合にも「中有」の存在が想定されているという点である。すなわち、従来の議論では六道輪廻の問題の中で言及されてきた中有が、ここに至って「浄土往生」という境界にまで持ち込まれてきたのである。

四、浄土教と中有思想

古来、中有思想は三界六道、輪廻の迷界における問題として広く議論されてきた。しかし、中国に仏教が伝来し中有思想が広まるにつれて、その思想は「追善供養」を含む概念に変容し、さらに「浄土往生における中有」の議論にまで発展していった。この問題に関しては、浄土教の祖師の著述において何も論じられていないが、初めて浄

土教の立場からこの問題を取り上げたのが懐感である。懐感は善導の弟子とされるが、村地哲明氏は「善導の弟子ではなく年齢的には懐感は後輩であるが、共に唐代の長安の浄土教界においてライバル的な存在であった」[24]としている。その真偽はともかく、懐感は主著『釈浄土群疑論』巻二において、

問曰、於此三界穢土受生、但有色形皆受中陰。死此生彼往来伝識、具有四有、所謂中有生有本有死有。未知従此生於浄土亦有中有不。（『大正蔵』四七、四〇頁下）

と述べ、三界中の穢土において生を受けた者は、色や形を持った物質的な存在で、死の瞬間から次の生を受けるまでの間の暫定的な身体（中有）を受けるが、それではこの娑婆世界で死を迎え、浄土に往生する者にも中有はあるのかと問い、懐感は以下のような二つの説を提示している。

釈曰、此有二釈。一言無有中有。以此命終坐蓮華中、故知則是生陰摂也。以入蓮華之中似同処胎也。今釈、此義未必則然。（『大正蔵』四七、四〇頁下）

第一の釈は「無中有」とする説で、この世で命終して直ちに蓮華の中に座ることができるのは、正しく母胎に宿り五蘊を成立させる生有に等しいと解釈する。しかし懐感は、直後に「此義未必則然」として第一の説を否定している。これは懐感の論述方法によく見られるもので、自己の主張を述べる前に否定すべき問題を取り上げ、その矛盾を指摘することによって自己の主張の正当性を証明する方法である[25]。したがって、第一の説は懐感の主張ではないことを理解しなければならない。

且如穢土受生之法、必須至彼生処方受生陰。如欲界死生於色界、須従欲死受色中有之身、至彼色界方受生陰、無有於欲界受色界生有身。今生浄土義亦如此、不可於穢土死則於穢土受浄土生有身也。要須至彼浄土之中宝池

之上、方成中生有身也。又無色界無色、可無中陰伝識受生。浄土有色処所既別。如何不許、有於中陰伝識至彼受生陰耶。

（『大正蔵』四七、四〇頁下―四一頁上）

第二の釈は第一の説を否定し、三界中の「受生の法」に準じて考えてもそれは成立しないとする。ここで言う「受生の法」とは、三界中の欲界で死んで色界に受生する場合、欲界において直ちに色界の生有を受けることはできないので、欲界で死んだ後に一度色界の中有を受け、その後に色界に至って色界の生有を受けるとする理論である。これに準じて考えれば、浄土に往生する場合も、穢土において直ちに浄土の生有を受けることはできないので、その間に浄土の中有を受けなければならない。そして、その後に浄土の宝池の上に至って浄土の生有を受けるべきである。また、三界の中でも「無色界」には色がないので、中有の「伝識受生」も存在しないが、浄土には色があるので中有の伝識も存在し、浄土に至ってから浄土の生有を受けることが可能である。

以上のように、懐感は中有の存在を積極的に主張しているが、浄土教一般の理解において中有は認められるべき思想なのであろうか。例えば、八宗の祖である龍樹は、中有説を立てることに否定的であったとされ[26]、また『浄土宗大辞典』には「椎尾弁匡は浄土思想の立場からは四九日の中陰説は認められないと主張したことは有名[27]」と記されている。さらに、浄土宗の第三祖良忠は『往生礼讃私記』巻上において、

今言穢土受生自業引生故、往来伝識歴中有也。往生浄土臨終一念促無窮生死、最後刹那託宝蓮台時成紫金身、不改其形可至浄土。何有中生二有間隔。故観経説中上品云、行者見已心大歓喜、自見己身坐蓮華台長跪合掌為仏作礼。未挙頭頃即得往生。

（『浄全』四、三七八頁上）

と述べ、穢土における受生は生前の業が次生へ引いていくため、その中間で識を伝える暫定的な中有も必要となる

が、浄土に往生する時は臨終の一念に果てのない輪廻を飛び越えて、直ちに蓮華の台に託して金色の身体のまま浄土に至るのであるから、中有と生有の間隔はないとする。そして、その経証として『観経』中品上生に説かれる文を引用し、即得往生の宗義より中有説を否定している。

このような良忠の主張は、浄土教家としてはオーソドックスで伝統的な理解であると思われるが、この主張はすでに『釈浄土群疑論』において、第一の説として否定されたものと全く同じ説である。その証拠に、懐感は中有と生有の区別に関して、

問曰、若有中陰則応生彼至宝池中、方入花中坐後乃花開。如何於此則入花中、与彼生陰有何殊別。答、豈以中陰入彼花中、即令同彼生陰摂也。生彼浄土福徳力勝。雖是中陰乗花往生、不同穢土中陰無花。雖中生陰同在花中、然勝劣別明晦有殊。以分中生二陰差別。亦以趣生至生義有差別、分中生陰異。不約有花無花分中生別也。

（『大正蔵』四七、四一頁上）

と述べ、浄土に往生する者は「弾指の頃」に至ることができるので、浄土の中有と生有はどのように区別すべきなのかと問い、浄土の中有は蓮華の中に入るということによって、そのまま生有の中に収めることはできないとする。そして浄土の中有と生有の区別は、生に向かって行くのと生に到着するのとの意味に相違があり、外観上の違いはないように見えても、そこには確実に相違があるとしている。このように、懐感は「弾指の頃」に往生することを否定していないため、「即得往生」の「即」の瞬間に中有の存在を認めていたということになる。

以上のように、懐感が浄土往生に中有の存在を強く主張した理由は、第二の問答の末尾に「雖無経文然取有義為勝、不爾去身説是何耶」とあるように、その有無を論ずれば有の義が勝れるとしながら、それには経証もなく絶対

的に固執するわけではないが、もし中有の存在を認めなかったならば、現実に往生していく人々のことをどのように説明できるのか、と述べる点に表れている。一方で別の理由としては、玄奘によって『倶舎論』や『瑜伽師地論』などの倶舎唯識関係の論書が翻訳され、法相宗が確立されたことにある。特に法相宗の慈恩大師基は、浄土教に対して様々な疑問を投げかけており、この問題も法相唯識から浄土教に対して投げかけられた疑問であったと考えられる。(28)

それでは、浄土教の伝統教学において中有思想が矛盾しないとするとして、それに基づいて執り行われる中陰仏事に関しては、どのように考えるべきなのであろうか。以下、本稿では試みとして、法然と親鸞のケースを取り上げてみたい。

まず法然の場合を考えてみると、①後白河法皇の御菩提のために念仏礼讃を修したこと、(29)②安楽房遵西の父師秀が自身の死後における冥福を予め修する逆修を思い立ち、法然に初七日より六七日までの導師と説法を請うたこと、(30)③妙覚寺浄心房の臨終に際して四十九日の仏事に請われて唱導したということから、(31)法然は強いて中陰仏事を否定したとは考えられない。また、法然臨終の際に中陰仏事を修すべきか否かについて、門弟達の間で議論されたことが『法然上人行状絵図』(以下、『四十八巻伝』と称す)に伝えられている。本伝記に関しては、法然の没後約百年近く経ってから、知恩院の別当であり同時に比叡山功徳院の僧であった舜昌などが、後伏見上皇の命を受けて作ったものである。浄土宗の各宗派ではこれを『勅修御伝』(32)と呼び、長い間絶対的なものとして見られてきたが、本伝記では法然をあまりにも聖人化しており、伝記史料としては不確かな記事も多い。しかし古くは高橋正隆氏、(33)近年では平雅行氏(34)によって、本伝記の記事が信用できるものであるという指摘もあり、法然の入滅より百年以上後の成

立であるからと言って、記事の信憑性が低いとは言い切れないようである。その『四十八巻伝』巻三九には、

上人臨終のとき遺言のむねあり。孝養のために精舎建立のいとなみを、なすことなかれ。心ざしあらば、をのをの群集せず、念仏して恩を報ずべし。もし群集あれば闘諍の因縁なりとの給へり。しかれども法蓮房、世間の風儀に順じて、念仏のほかの、七日七日の仏事を修すべきよし申されければ、諸人これにしたがふ。

（井川定慶編『法然上人伝全集』二四九頁）

とあり、法然の臨終に際して、孝養のために寺院建立の営みはすべきでなく、その志があっても各々集まらずに、念仏して報恩すべきであると示されている。この法然の遺言に対して、門弟の法蓮房信空は世間の風儀に準じて中陰仏事を行いたい旨と、他の門弟達もその意見を了承したと伝えている。法然がこの信空の申し出に対して、どのような返答をしたのか伝えられていないが、法然はあえて中陰仏事を拒否するようなことはなかったと思われる。

このことは、『西方指南抄』巻中末に所収される「起請没後二箇条事」の「葬家追善事」において、

兼又追善之次第、亦深有存旨。図仏・写経等善、浴室・檀施等行、一向不可修之。若有追善報恩之志人、唯一向可修念仏之行。平生之時、既付自行化他、唯局念仏之一行。歿没之後、豈為報恩追修、寧雑自余之衆善哉。但於念仏行尚可有用心。或眼閉之後、一昼夜自即時始之、標誠至心、各可念仏。中陰之間、不断念仏、動生懈惓、各還闕勇進之行。凡没後之次第、皆用真実心可棄虚仮行。有志之倫勿乖遺言而已。

（『真聖全』四、一五六頁）

とあるように、法然は遺言として以下の二点に留意すべきことを述べている。第一に、籠居の志があっても、一箇所に集会・群居することなく、別住して念仏を申すべきこと。第二に、追善報恩の志があっても、図仏・写経・檀

施などの余行は交えずに、専ら念仏一行を修すべきであるとしている。このように法然は、基本的には中陰仏事を認めているものの、その内容は専ら念仏一行に限定し、中陰仏事の意義に関しては「追善報恩」や「報恩追修」と述べているが、自身の往生決定を図り衆生を念仏の教えに導く「自行化他」であると明言している。

次に親鸞の場合を考えてみると、中陰仏事に対して言及したものは認められないが、現生正定聚の理解からすると、必要のないものであることは明らかである。ただし、親鸞の生涯において法然の年忌に対して、何らかの意義を持たせたことがあったと思われる節もある。一つは、元仁元年（一二二四）法然十三回忌であるが、この年は親鸞にとって末法に入り六八三年と算出するメルクマールとなった年である。[35]もう一つは、建長元年（一二四九）法然三十七回忌であるが、親鸞はその前年に『浄土和讃』と『高僧和讃』との二帖を著しており、この二帖和讃の製作意図は、法然の三十七回忌を記念したものとされている。[36]また、正嘉三年（一二五九）法然四十七回忌には、法然の主著『選択集』を延書きとして書写している。

ところで、親鸞の臨終や葬儀の様相に関しては、『親鸞伝絵』巻下・第六段「洛陽遷化」段や専修寺本『教行信証』[37]に簡単な記述で伝えられている。また『改邪鈔』には、「某［親鸞］閉眼せば、賀茂河にいれてうほにあたふべし」（『聖典全書』四、三一八頁）と記されているが、この言葉は「親鸞や先徳の報恩謝徳の集会の際に、往生浄土の信心に関しては何も沙汰せず、死後の葬礼をもって一大事とすること」に対して、本願寺第三世の覚如が「この肉身をかろんじて仏法の信心を本とすべきよしをあらはしましますと」と批判するために引いた言葉である。しかし実際には、『親鸞伝絵』巻下・第六段「洛陽遷化」段に、

聖人弘長二歳［壬戌］仲冬下旬の候より、いさゝか不例の気まします。自爾以来、口に世事をまじへず、たゞ

仏恩のふかきことをのぶ。声に余言をあらはさず、もはら称名たゆることなし。しかうして同第八日午時、頭北面西右脇に臥給て、つゐに念仏の息たえましましをはりぬ。于時頽齢九旬に満たまふ。禅坊は長安馮翊の辺〔押小路南、万里小路東〕なれば、はるかに河東の路を歴て、洛陽東山の西麓、鳥部野の南辺、延仁寺に葬したてまつる。遺骨を拾て、同山麓、鳥部野の北、大谷にこれをおさめたてまつりをはりぬ。

（『聖典全書』四、一〇三―一〇四頁）

とあるように、親鸞が弘長二年（一二六二）十一月二十八日に九十歳で亡くなると、翌二十九日に弟尋有や末娘覚信尼、益方入道、下野国高田の顕智、遠江国池田の専信などの門弟達によって、東山の西麓、鳥部野の南、延仁寺において火葬された。そして、翌三十日に遺骨を拾って鳥部野の北、大谷に墳墓を築いて遺骨を納めたと記されている。

このように、親鸞の臨終や葬儀の様相に関する記事は見られるものの、葬儀後の中陰仏事に関してはどの文献にも触れられておらず、そもそも執り行われたのかどうかも明らかではない。そこで注目されるのは、親鸞の妻である恵信尼の手紙『恵信尼消息』の記事である。例えば『恵信尼消息』第三通には、

されば御りんずはいかにもわたらせ給へ、うたがひ思まいらせぬうへ、おなじ事ながら、ますかたも御りむずにあいまいらせて候ける、おやこのちぎりと申ながら、ふかくこそおぼえ候へば、うれしく候、うれしく候。

（『聖典全書』二、一〇三三頁）

とあるように、恵信尼が「御りんずはいかにもわたらせ給へ、うたがひ思まいらせぬうへ」と述べていることから、覚信尼が親鸞の臨終に際して「疑い」を持ったことが知られる。覚信尼が抱いた「疑い」とは、父は「本当に往生

できたのか」という疑問である。この疑問に対して恵信尼が「往生疑いなし」と断言したことは有名であるが、同消息第八通（『聖典全書』二、一〇三九頁）に見られるように、恵信尼は「五輪塔」を建立したとされる。このことは一見すると、先に法然が「精舎建立の営みをなすことなかれ」と遺言したことと矛盾するのではないだろうか。

以上のことから、故人の臨終に際して一般的に考えられるのは、①「本当に往生できたのか」という往生に対する疑問が起こること、②「往生は間違いない」と確信していても精舎建立などの営みをする、ということである。したがって中陰仏事は、①の往生に対する疑問を解消しつつ、②の矛盾を「人間の根本的な心情」として受け入れ、それに応えるものとして位置付けられるのではないだろうか。

五、おわりに

中有思想は、インドの部派仏教の説一切有部によって形成された、輪廻転生の論理的説明を担う重要な思想である。それが中国に伝わると、中国在来の儒教や道教の思想と結び付き、追善供養を内容とする中陰仏事として一般的に認知されるようになった。そういう意味では、現在、日本で執り行われている中陰仏事は、仏教本来の思想に基づいたものであるとは言えない。

浄土真宗では、現生において信心獲得したその時に往生することが決定し、臨終と同時に往生して弥陀と同体の悟りを開くとされるため、そこに中有という存在はなく、追善供養も必要とならない。そのような中でも中陰仏事を勤めるのは、浄土真宗における「中陰法要」とは、故人も後に遺されたものも、阿弥陀仏に等しく摂め取られていることに対して、「報恩感謝」の思いをめぐらし、人生の拠り所を阿弥陀仏の浄土に見据えて歩ませていただくという法縁を開くためのものであるということです。[38]

とあるように、故人も後に遺された人々も、阿弥陀仏に等しく摂め取られていることに対する「報恩感謝」の思いをめぐらせる場となり、また、人生の拠り所を阿弥陀仏の浄土に見据えて歩ませていただくという「法縁」に出遇う場となるからである。

しかし、教義の上ではこのように理解できるかも知れないが、全ての人が平等に念仏の教えに出遇えるわけではない。もし仮に、全ての人が念仏の教えに出遇えたとして、どれだけの人がその教えを信じることができるだろうか。おそらくそういう人は少数で、多くの人は疑いを持ってしまうのではないか。このような人間の心情に鑑みた場合、中陰仏事の意義として以下のようなことが考えられる。

①大切な人との死別による悲しみを癒し、その死を縁として仏縁を深めるため。
②念仏の教えに出遇えなかった人（未信者を含む）に対する追善供養のため。
③故人を偲び、追善供養を期する人間の根本的な心情に応えるため。

何より最も大切なことは、一概に教義に反するものとして否定せず、これを教義の上でどのように解釈するかということである。また同時に、その解釈に基づいて中陰仏事が正しく執り行われる必要がある。中陰仏事をはじめとする宗教儀礼は、一般門徒との大切な接点であり、教化の場として大いに活用すべきである。

仏教における「葬送儀礼」とは、近親者の死を通して、遺された者が故人を偲び、改めて生前の厚志に感謝の意を表す場であり、また、普段の生活の中で振り返ることのできなかった無常の道理を知らされる場でもある。そして何よりも重要なことは、今まで念仏の教えに縁のなかった人々に、仏法を聴聞する機会を与える場となることである。葬式不要論が公然と語られ、さらに「葬式仏教」などと揶揄される今日、仏教徒である我々はこのような意義をしっかりと受け止めて、厳粛に葬送儀礼を勤修しなければならない。

註

（1）「中有」と「中陰」の用語に関しては、川村昭光「中有の研究（その一）」（『曹洞宗研究員研究生研究紀要』一三号、一九八一年）において整理されている。川村氏によると、旧訳（真諦訳）では「中陰」「中有」の両訳語が見られ、新訳（玄奘訳）では「中有」に統一されたとしている。

（2）『モニエル梵英辞典』（大雅堂、一九四三年）四四頁。

（3）この俗習は、明治以降の文献などによく見受けられるが、男性の忌明けは四十九日忌とするが女性の忌明けは三十五日忌とすることや、本家の忌明けは四十九日忌とするが分家の忌明けは三十五日忌とするといった階級制度より派生したもので、非常に人権的問題を孕んだ俗習と言える（岡田重精『斎忌の世界―その機構と変容―』（国書刊行会、一九八八年）三八一―四〇四頁参照）。

（4）金信昌樹「真宗における中陰」（『教学院紀要』一九号、二〇一一年）二―三頁参照。

（5）本願寺仏教音楽・儀礼研究所編『浄土真宗本願寺派葬儀規範』解説―浄土真宗の葬送儀礼―」（本願寺出版社、二〇一〇年）六一―六二頁。

（6）水野弘元「舎利弗阿毘曇論について」（『印度学仏教学論集』平楽寺書店、一九六六年）一〇九―一三四頁参照。

（7）神田一世「中有の考察―輪廻主体の観点から―」（『仏教史学研究』四〇・一号、一九九七年）三三頁参照。

（8）『大般涅槃経』巻一八（『大正蔵』一二、四七三頁中）には、釈迦の滅後、仏弟子の間に起こるべき十四異論の一として中有の有無という問題を挙げているが、釈迦の説法と認められるべき文献の中には中有を論じた部分は見出されない。

（9）『雑阿含経』に見られる「中陰」の語は、梵文原典に「gandharva」とあったのを、漢訳者が有部の教学を踏まえて翻訳したものと思われる（伴戸昇空「中有」（『印度学仏教学研究』二七・二号、一九七九年）一八三頁参照）。

（10）木村泰賢『阿毘達磨論の研究』（大法輪閣、一九六八年）四四―六〇頁参照。

（11）伴戸昇空氏前掲論文、一八二頁。

（12）小川宏「中有の考察」（『智山学報』三九号、一九九〇年）九五頁。

（13）池田練太郎「中有の機能について」（『印度学仏教学研究』三九・二号、一九九一年）一三一頁。

（14）伊藤正見「命根と中有―輪廻転生の主体として―」（『東海仏教』四七号、二〇〇二年）四六頁参照。

（15）神田一世氏前掲論文、一八頁。

（16）「神」は「心」という意味で用いられる場合もある。例えば、竺法護は「神識」という語を用いるが、これには「心」を指す場合と、十二支縁起の「識」を指す場合とがある。

（17）従来、『成実論』は経量部の所属とされてきたが、このことは譬喩師と経量部の思想を同一視したことによる誤解であり、正確には経量部の所属ではないと思われる（所理恵「『成実論』と譬喩者・経量部」（『印度学仏教学研究』三九・一号、一九九〇年）一一―一三頁参照）。

（18）『長阿含十報法経』巻上（『大正蔵』一、二三六頁中）に説かれる七有は、二世紀から三世紀の間頃に付加されたものと思われる（伴戸昇空氏前掲論文、一八三頁参照）。

（19）数論派では、父母所生身（麁身）の外に「微細身」を立て、後者を輪廻の主体とする。微細身は生死を繰り返す間にも不滅であり、永続性を有している。父母所生身の根底に存在して、生存中には所生身である麁身を支え、死後は微細身として次生の時まで継続し、さらに生死を維持していく。

（20）牧田諦亮・福井文雅編『講座敦煌（七）敦煌と中国仏教』（大東出版社、一九八四年）所収「閻羅王授記経」解説、二二三―二三九頁参照。

（21）小川貫弌『仏教文化史研究』（永田文昌堂、一九七三年）一〇四―一〇五頁参照。

（22）望月信亨『仏教経典成立史論』（法藏館、一九四六年）三五五頁参照。

(23) 香川孝雄「中陰と浄土宗」(『仏教論叢』二二号、一九七八年)六七頁参照。
(24) 村地哲明「善導と懐感との師弟説についての疑問」(『真宗研究』三四号、一九九〇年)一六八頁参照。
(25) 村上真瑞「『釈浄土群疑論』に説かれる中有思想の研究」(『仏教論叢』四五号、二〇〇一年)一二八頁参照。
(26) 梶山雄一「中観派の十二支縁起解釈」(『仏教思想史』三号、一九八〇年)一一四―一一八頁参照。
(27) 『浄土宗大辞典』巻三(浄土宗大辞典刊行会、一九八〇年)一八頁。
(28) 村上真瑞「『釈浄土群疑論』に説かれる中有思想の研究」(『仏教学浄土学研究』永田文昌堂、二〇〇一年)五八六頁参照。
(29) 『四十八巻伝』巻一〇(井川定慶編『法然上人伝全集』四四頁)。
(30) 『四十八巻伝』巻四八(井川定慶編『法然上人伝全集』三一七頁)。
(31) 『四十八巻伝』巻三〇(井川定慶編『法然上人伝全集』一九四―一九五頁)。
(32) 忍澂『勅修吉水円光大師御伝縁起』(享保二年成立)によって、『勅修御伝』という呼び方が一般化したとされるが、果たして本当に「勅修」の事実があったのかどうかは明らかでない。
(33) 高橋正隆「『法然上人行状絵図』成立の事情について―とくに捏造説批判―」(『大谷学報』三八・二号、一九五八年)五一頁参照。
(34) 平雅行「建永の法難と九条兼実―法然伝の検討を通して―」(『中世文化と浄土真宗』思文閣出版、二〇一二年)一一三頁参照。
(35) 『聖典全書』二、二一三頁。
(36) 日野振作「『三帖和讃』の特徴とその問題点」(『印度学仏教学研究』三三・一号、一九八四年)二五頁参照。
(37) 専修寺本『教行信証』の第一冊・第三冊・第五冊の末尾には、親鸞の入滅に関する墨書がある。本文と全く異なる筆跡で、高田派第四世専空の書き入れと考えられるが、それによって高田派教団から顕智と専信が葬送に参加し、拾骨を行ったことが知られる。
(38) 前掲『葬儀規範』解説書、六二頁。

親鸞における法師自称の問題

川添泰信

はじめに

師と弟子の関係において「師の絵像を描く」ということは、特別の事態であったが、しかし「師の絵像を書写する」ということ自体については何も特別のことではなかったであろう。例えば親鸞も「化巻」において、親鸞の師、法然の絵像を書き写したことが、きわめて詳細に述べられている。それは法然七十三歳、親鸞三十三歳の元久二年（一二〇五）に、法然の主著である『選択集』を法然の恩恕によって書き写すことが許され、そして同年夏には、法然自らが『選択本願念仏集』の内題の字、さらには「南無阿弥陀仏　往生之業　念仏為本」と親鸞の名である「釈綽空」と書かれ、また同日には法然の真影を預かって、図画し、さらにはその法然の真影に法然直筆によって『往生礼讃』の文を書いてもらったことが感銘をもって記されている。(1)

ところで、親鸞自身においても今日数種類の絵像が残されている。(2)なかでも法師自称の視点から注意されるのは、「安城の御影」である。この「安城の御影」については、後述するように東・西本願寺に同一の絵像が蔵されている。とりわけ注目されるのは東本願寺に伝えられたものであり、その絵像の讃には「釈親鸞法師」の記述を見ることができる。一般的に親鸞の自称として考えられる表現は「愚禿釈親鸞」の言葉であり、それは親鸞が自分自身をどのように認識していたのかを示すものとしても理解されるものであろう。いわば、自己の呼称は自身をどのように認識していたのかを知る一つの方法として見ることができると考えられる。すなわちいかなる呼称で呼んでいたのかを見ることによって、その認識がどのようなものであったのかを知ることができるということである。このような意味で言えば「安城の御影」に記された「釈親鸞法師」の記述は注目すべきことではないかと思われる。本論では、この法師の表現を巡って、その意味および親鸞は自身をどのように見ていたのか、すなわち自己認識の問題に特化して考察を進めていきたい。

一、親鸞の自称について

はじめに親鸞の自称についてである。このことについてはきわめて一般的に周知されていることであり、あらためて述べるまでもないことであろう。あえて確認しておくと、親鸞が法然に出会い、真実の念仏に目覚める以前の自称は「僧綽空」(3)「綽空」(4)であるが、しかしながら法然によって念仏を教示され、本願に値遇した後の自称は「愚禿釈の親鸞」(5)「愚禿釈の鸞」(6)「愚禿釈親鸞」(7)「愚禿親鸞」(8)「愚禿」(9)「愚禿善信」(10)等の呼称によって自身を「愚」なるものとして呼んでいた。それはまさに浄土教の教理教展開の中で龍樹が難易二道を明かす中において、

もし易行道にして疾く阿惟越致地に至ることを得るありやといふは、これすなはち怯弱下劣の言なり

（『十住毘婆沙論』『七祖篇』註釈版五頁）

と示した怯弱下劣の人間であり、さらには、曇鸞が示す、

ただ信仏の因縁をもつて浄土に生ぜんと願ずれば、仏願力に乗じて、すなはちかの清浄の土に往生を得

（『往生論註』『七祖篇』註釈版四七頁）

と述べる他力の行者であり、さらには道綽が、

「わが末法の時のうちに、億々の衆生、行を起し道を修すれども、いまだ一人として得るものあらず」と。当今は末法にして、現にこれ五濁悪世なり

（『安楽集』『七祖篇』註釈版二四一頁）

と明かす末法の五濁悪世の人間である。それはまた善導が明示する、

自身は現にこれ罪悪生死の凡夫、曠劫よりこのかたつねに没しつねに流転して、出離の縁あることなし

（『観経疏』『七祖篇』註釈版四五七頁）

という罪悪深重の凡夫である。このような人間の理解は、さらに法然が

凡そ仏教多しと雖も戒定慧の三学に過ぎず。・・然るに我この身は戒行において一戒も持たず。禅定において一つもこれを得ず。智慧においては断惑証果の正智を得ず。・・ここに予がごときものすでに戒定慧三学の器にあらず

（『徹選択集』『浄土宗全書』第七巻九五頁）

と述べる、仏教の基本的教示である戒定慧の三学の器ものではない人間である。もちろん、各々において示される人間観の内容は異なっているとしても、浄土教の展開の中において人間の実相に対する理解の深まりを背景としていることはいまでもない。そして「愚禿」の背景としてはより直接的には、最澄の願文に見られる、

愚中極愚、狂中極狂、塵禿有情　底下最澄

（『伝教大師全集』第一巻二頁）

であり、さらには源信の『往生要集』に、

予がごとき頑魯のもの

（『往生要集』『七祖篇』註釈版七九七頁）

と示される人間理解であろう。そしてさらには親鸞の自称は「化巻」に、

しかればすでに僧にあらず俗にあらず。このゆゑに禿の字をもつて姓とす（「化身土巻」『註釈版』四七二頁）

と示されるように、当時の為政者への批判の意味をも内含しているが、配流以前における親鸞の自己認識は後に言われる「愚禿」の意識ではなく「禿」としての自己認識であったということができる。しかしながら配流以前における親鸞の自己意識は「愚禿」の認識では無かったとはいえ、後に主張される愚なる者としての親鸞の自己存在について、親鸞自身の意識としては、

故法然聖人は、「浄土宗の人は愚者になりて往生す」と候ひしことを、たしかにうけたまはり候ひし

（「親鸞聖人御消息」『註釈版』七七一頁）

と示されるように、師、法然から直接教示されたという認識であった。このような親鸞の「愚禿釈」の呼称は親鸞の自己認識であり、また自身の宗教的仏教的立場の表明でもあるということができる。

二、「安城の御影」の法師について

愚禿という自称について注視しなければならないのは、親鸞の絵像、すなわち「安城の御影」にかかわって提示

されるものである。そこでは、

西本願寺所蔵・・和朝釈親鸞正信偈曰

東本願寺所蔵・・和朝釈親鸞法師正信偈曰

と記されている。すなわち「釈親鸞」と「釈親鸞法師」と書かれているのである。この記述から、親鸞は自身のことを法師と自称するであろうか、もしくは「釈親鸞法師」の記述は親鸞の自筆なのか、ということが問題になった。その点について平松令三氏の詳細な論考に従い、さらにそこから生じてくる問題について考えていきたい。まずはじめに平松氏の「安城の御影」に関する見解を紹介すると以下のような述べられている。まずはじめに西本願寺本について、

黒衣墨袈裟をつけ、高麗縁上畳《こうらいべりあげだたみ》に敷皮をしいて斜め右向きに坐する像。前に火桶と草履と杖とが置かれている。図の上方には二段の色紙型を作り、世親『願生偈』から二文と『大無量寿経』から三文を、図の下方の色紙型には『正信偈』から二十句を、それぞれ墨書し、末尾に「愚禿親鸞八十三歳」と署名がある。その筆跡は聖人の真筆の基準とされるものである。この像はもと三河碧海郡安城に伝来したので、『安城御影《あんじょうのごえい》』と呼ばれる。覚如の長男存覚は自筆記録に『袖日記』(『真宗史料集成』第一巻八九七頁、筆者註)に、この御影についての記録を残している。それによると、この御影は安城の照空房が相伝していたが、文和三年(一三五四)九月に照空房が上洛してきたとき、この御影のことを話した。存覚はそれを見たいとたのみ、翌年八月に持ってきてもらって拝見し、くわしい記録を『袖日記』に書きとどめたのであった。それによると、まず「御表書」に

親鸞法師真影　建長七歳□月八日法眼朝円筆

と墨書されている、という。「表書」というのは、おそらく表具の上巻きに書いてあったのをいうのであろう。今は失われていて見るを得ないが、『袖日記』の性格上、この記事は信用できるから、これによっても聖人八十三歳のときの寿像であることが確認できる。(11)

と述べられている。この論述から以下のことが理解できる。

①『安城御影』には存覚の自筆記録がある。

②そもとは三河碧海郡安城に伝来し、照空房が相伝していた。

③現在は見ることが出来ないが、表書には「親鸞法師真影　建長七歳□月八日法眼朝円筆」とあった。

④建長七年（一二五五）、親鸞八十三歳の時の寿像である。

ところで、この「安城御影」には、先にも記したようにもう一本東本願寺に伝わっているものがあり、このことについては次のように述べられている。すなわち、

この御影については、顕誓の『反故裏書』に、三河願照寺より本願寺へ納められた御影（以下これを正本と呼ぶことにする）を記した文に続けて、

チカクハ又京都金宝寺ヨリ一幅進上、コレモ同シキ御影像、御裏書はコレナシ、上下ノ色紙ノ讃御筆ニテマシマス、然トモ正信偈ノ文前後相違ノ事アリ、ヲナジキ時、画師写タテマツリケルトカヤ

との記事があって、知られているものがある。・・・

その後、公表せられた写真などによって比較すると、図様は両者全く同様であって、識別が困難なほどである。西本願寺は損傷著しく、原容を留めない箇所があるが、それにくらべるとこちらは絵具の剝落などは相当

進んでいるものの、西本願寺ほどではない。寸法も縦一二八・五センチ、横四一・〇センチ（文化庁監修『新指定重要文化財』による）であって、ほとんど同寸といえる。賛銘の筆跡も『反故裏書』が「御筆ニテマシマス」というように聖人の筆跡として決しておかしくはなく、西本願寺本の筆跡と全く同一である。ただ字句において、次のような相違がある。

	（西本願寺所蔵正本）	（東本願寺所蔵本）
〔浄土論の文〕	婆薮般豆菩薩曰	婆薮般豆菩薩造曰
〔大経の文〕	昇道无窮極	昇道無窮極
〔正信偈文〕	和朝釈親鸞正信偈曰	和朝釈親鸞法師正信偈曰
	成登覚証大涅槃	成等覚証大涅槃
	常覆真実信心天	雲霧之下明无闇
	雲霧之下明无闇	常覆真実信心天

ここで重要なのは、下段の「釈親鸞法師」と「法師」の二字が加わっていることである。「常覆真実信心天」と「雲霧之下明无闇」とが入れかわっていることは、『反故裏書』にいう「正信偈ノ文前後相違」であるが、これは全くのウッカリミスであって、そうとがめだてするほどのことではあるまい。日下氏のように、「これによって却ってその真蹟感を深めるもの」といえないでもない。それに対して「法師」の有無は問題である。「法師」とは、文字通り解釈すると「法を説く師範」であり、聖人は『正像末法和讃』の中で、「僧ゾ法師ノイフ御名ハ、タウトキコト、キ、シカド」という和讃を作っておられるくらいであって、尊称といえる。した

がって、「親鸞ハ弟子一人モモタズソウロウ」といい、あるいは「名利ニ人師をコノムナリ」と反省せられた聖人が、自身にそのような尊称をつけて、「親鸞法師」と書かれるようなことはありえない。という論理が成立する。このことが、この賛銘の筆者は聖人ではありえない、とする重大な根拠であった。そしてひいては、この御影は聖人在世中に作られたものではなく、その後の模本だ、とされる所以となっている。しかし私は、この賛銘の筆跡はどうみても聖人でしかない、と思う。西本願寺本と比較対照してみたならば、その同一性は容易に納得できる。逆に、これを異筆としなければならないのなら、われわれは筆跡の判定というものを断念せざるをえないのではないだろうか。私は聖人が自分を「親鸞法師」と書くことはありえない、という論理よりも、筆跡が同一であるという事実のほうを重視したい。言うなれば、聖人も自らを「親鸞法師」と書くこともあった、というふうに考えるべきだと思う。「法師」は尊称の一種であり、たしかに『袖日記』には、聖人の直弟に「法師」の称号をつけるようにしたいとの記事（第五四項）も見える。しかし「聖人」とか「大徳」という尊称にくらべれば、はるかに尊崇度は低い。だいたい鎌倉時代に、「法師」という語にそれほど尊崇の気持ちがあったのかどうか怪しいのではないだろうか。「或宮ばらの女房、みそか法師をもちて、夜な〳〵局へいれけり」（『古今著聞集』巻第一六）というように、小馬鹿にしたような使用例も数多く見られて、一般に僧侶を意味する程度の名詞であった。「親鸞法師」という言葉を聖人が使うはずがない、というのは考えすぎではないだろうか。

以上のことから私は、この御影は、西本願寺本とほぼ同時期に作られ、聖人自ら賛銘を書き加えられたものと考えたい。(12)

である。いささか長い引用になったが、上記の平松氏の論文で論じられているポイントは以下のような点であろう。

①西本願寺と東本願寺の讃銘は『反故裏書』に記されているように同筆とみてよい。

②讃銘について、西本願寺本と東本願寺本では字句の相違がある。

③讃銘の相違はケアレスミスである。

④親鸞の自己認識から「親鸞法師」ということは考えがたい。

⑤そのため、東本願本は聖人在世中のものではなく、後の模本ではないかと考えられた。

⑥しかし、讃銘の筆跡は親鸞の真筆である。

⑦親鸞は「親鸞法師」と書くこともあった。

⑧法師は聖人・大徳に比べて尊崇度は低く、法師は一般に僧侶の語と同一の意味である。

⑨結果、西本願寺本と東本願寺本は同時期の制作であり、讃銘は親鸞の自筆であり、両本とも、建長七年（一二五五）、親鸞八十三歳の時の寿像である。

そこで本稿で問題にする「法師自称」の視点から問題となるのは、③④⑥⑦⑧⑨に関することである。しかしながら⑥⑧の真筆であるか否かの問題については専門外のことであり、当然のように門外漢はその真偽について言及することはできない。ただ筆跡の問題について、積極的肯定、消極的肯定、積極的否定、消極的否定にわけてみると、少なくとも積極的肯定、消極的肯定は主張されていても、積極的否定、消極的否定は主張されていないとみることができると思われる。(13)

したがって本論では「親鸞法師」は親鸞自筆であるという立場に立って以下に論を進めたい。また同時に、同時期に制作されたと見られる西本願寺本の「釈親鸞」、および東本願寺本の「釈親鸞法師」の記述相違の理由については、③のように、親鸞のうっかりミスであり、親鸞は「法師」と記述する意思はなかったということであれば、自称としての意味を論究する必然性は無くなるが、うっかりミスであったということが判断できない限り、「親鸞法師」と記述されたという事実に基づいて論を進めたい。そしてさらには西本願寺本と東本願寺本は同時期に製作されたにもかかわらず「釈親鸞」「釈親鸞法師」と記述が相違している理由についても考察されなければならない問題であると思われる。

三、法師の用語例

親鸞自身が「釈親鸞法師」と記述されたという事実から出発するが、東本願寺本に関して平松氏の論点整理した⑦に「聖人も自らを「親鸞法師」と書くこともあった」といわれているが、ただこの「書くこともあった」という表現は、他にも「親鸞法師」と書かれているということを含んだ意味のように理解できる。すなわち他に親鸞が「親鸞法師」と自身を表現したものがあれば、確かに「書くこともあった」ということが言えるが、東本願寺の絵像の記述以外に見られないということであれば、「書いた」としかいえないのではないかと思われる。であるならば、親鸞は一度だけ「親鸞法師」と表現したという事実をふまえて、その上で親鸞が法師と書いたその意味、真意をみることこそより重要な問題である、と考えられるのではないであろうか。

そこで次に問題になるのは、⑧の鎌倉時代の時代表現として「聖人」「大徳」に比べて「法師」はそれほど尊崇度の高いものではなかったのではないか、という点であるが、では親鸞においても同一のように尊崇度の低い理解であったのか。以下、親鸞における「聖人」「大徳」の理解について見ていき、その後、「法師」と同様に尊崇度の低いとされる「僧」の語の親鸞の使用例について見ていきたい。まず「聖人」の使用例については、法然以外と法然を指す例がある。

①法然以外を指す使用例

・あきらかに知んぬ、これ凡聖自力の行にあらず。ゆゑに不回向の行と名づくるなり。大小の聖人・重軽の悪人、みな同じく斉しく選択の大宝海に帰して念仏成仏すべし。（「行巻」『註釈版』一八六頁）

・ときに提婆達多、すなはち起ちて善見太子（阿闍世）の所に往至す。善見、見をはりてすなはち聖人（提婆達多）に問はく、〈なんがゆゑぞ顔容憔悴して憂の色あるや〉と。提婆達多いはく、〈われつねにかくのごとし。なんぢ知らずや〉と。（「信巻」『註釈版』二九二頁）

・清浄と名づくることを得るは、実の清浄にあらず。たとへば出家の聖人は、煩悩の賊を殺すをもつてのゆゑに名づけて比丘とす、凡夫の出家のものをまた比丘と名づくるがごとし。（「証巻」『註釈版』三二四頁）

・おほよそ大小聖人、一切善人、本願の嘉号をもつておのれが善根とするがゆゑに、信を生ずることあたはず、仏智を了らず。（「化身土巻」『註釈版』四一二頁）

・「迦才」は浄土宗の祖師なり、智者にておはせし人なり。かの聖人（迦才）の三巻の『浄土論』をつくりたまへるに、この曇鸞の御ことばあらはせりとなり。（『尊号真像銘文』『註釈版』六五四頁）

・智栄と申すは、震旦（中国）の聖人なり。
（『同』『註釈版』六五五頁）

・新羅国より上宮太子をこひしたひまゐらせて、日羅と申す聖人きたりて、聖徳太子を礼したてまつりてまうさく、「敬礼救世観音大菩薩」と申す
（『同』『註釈版』六六〇頁）

・この文は、後善導法照禅師と申す聖人の御釈なり、この和尚をば法道和尚と、慈覚大師はのたまへり。また『伝』には廬山の弥陀和尚とも申す。浄業和尚とも申す。唐朝の光明寺の善導和尚の化身なり、このゆゑに後善導と申すなり。
（『唯信鈔文意』『註釈版』七〇四頁）

・この文は、慈愍三蔵と申す聖人の御釈なり。震旦（中国）には恵日三蔵と申すなり。
（『同』『註釈版』七〇八・九頁）

・往生はともかくも凡夫のはからひにてすべきことにても候はず。めでたき智者もはからふべきことにも候はず。大小の聖人だにも、ともかくもはからはで、ただ願力にまかせてこそおはしますことにて候へ。
（「親鸞聖人御消息」『註釈版』七四二・三頁）

②法然を指す使用例

・空聖人（源空）
（「化身土巻」『註釈版』三九六頁）

・本師聖人（源空）今年は七旬三の御歳なり。
（「同」『註釈版』四七三頁）

・「源空」は聖人の御名なり
（『尊号真像銘文』『註釈版』六六四頁）

・「然我大師聖人」といふは、聖覚和尚は聖人（源空）をわが大師聖人と仰ぎたのみたまふ御ことばなり。

・源空聖人は釈迦如来の御つかひ
・聖人は善導和尚の御身

（『同』『註釈版』六六九頁）

・「他力には義なきをもつて義とす」と、大師聖人（源空）は仰せごとありき。よくよくこの選択悲願をこころえたまふべし。

（『如来二種回向文』『註釈版』七二三頁）

・法然聖人の御弟子のなかにも、われはゆゆしき学生などとおもひあひたるひとびとも、この世には、みなやうやうに法文をいひかへて、身もまどひ、ひとをもまどはして、わづらひあうて候ふめり。

（「親鸞聖人御消息」『註釈版』七三八頁）

・法然聖人の御をしえを、よくよく御こころえたるひとびとにておはしますに候ひき。さればこそ往生もめでたくしておはしまし候へ。

（「同」『註釈版』七四三頁）

・この世の念仏の義はやうやうにかはりあうて候ふめれば、とかく申すにおよばず候へども、故聖人（法然）の御をしえをよくよくうけたまはりておはしますひとびとは、いまももとのやうにかはらせたまふこと候はず。

（「同」『註釈版』七四四頁）

・浄土宗の義、みなかはりておはしましあうて候ふひとびとも、聖人（法然）の御弟子にて候。

（「同右」『註釈版』七四五頁）

・如来の御ちかひなれば、「他力には義なきを義とす」と、聖人（法然）の仰せごとにてありき。

（「同」『註釈版』七四六頁）

・「諸仏の御をしえをそしることなし、余の善根を行ずる人をそしることなし。この念仏する人をにくみそしる人をも、にくみそしることあるべからず。あはれみをなし、かなしむこころをもつべし」とこそ、聖人（法然）は仰せごとありしか（「同」『註釈版』七四八頁）

・故法然聖人（「同」『註釈版』七七一頁）

・聖人（法然）の二十五日の御念仏（「同」『註釈版』八〇八頁）

等々のように親鸞において「聖人」の語は多くの使用例を見ることができるが、そこでは①の例に見られるように、釈迦に仇をなした提婆達多を聖人としているものもある。しかし全体としては聖人は大乗、小乗の仏道修行者や、出家の人、さらには中国の念仏の伝承者である法照、慈愍、迦才、智栄または、聖徳太子にかかわる新羅の日羅等に対して聖人と呼ばれている。しかし何と言っても基本的な親鸞の意味する「聖人」は、②に見られるように師であった法然に対して「聖人」[14]と呼称していることであり、それは親鸞にとって仏の化身とも尊崇されるべき法然に対して使われるものであった。ということは「聖人」の呼称は親鸞にとって最も尊崇すべきものであったということであろう。このような使用例から見ても、「聖人」は最も尊崇すべき対象に対して使用されたものであるということができる。

次に「大徳」の親鸞の使用例であるが、

・『平等覚経』（一）にのたまはく、「仏、阿難に告げたまはく、〈世間に優曇鉢樹あり、ただ実ありて華あることなし。天下に仏まします、いまし華の出づるがごとしならくのみ。世間に仏ましませどもはなはだ値ふことを得ること難し。いまわれ仏になりて天下に出でたり。なんぢ大徳ありて、聡明善心にして、あらかじめ仏意を知る。なんぢ忘れずして仏辺にありて仏に侍へたてまつるなり。なんぢいま問へるところ、よく聴き、あきらかに聴け〉」と。
（「教巻」『註釈版』一三七・八頁）

・ときに娑婆世界の主、大梵天王かくのごときの言をなさく、〈大徳婆伽婆、兜率陀天王、無量百千の兜率陀天子とともに北欝単越を護持し養育せしむ。
（「化身土巻」『註釈版』四三七頁）

・「提頭頼吒天王護持品」にのたまはく（大集経）、「仏ののたまはく、〈日天子・月天子、なんぢわが法において護持し養育せば、なんぢ長寿にしてもろもろの衰患なからしめん〉と。そのときにまた百億の提頭頼吒天王、百億の毘楼勒叉天王、百億の毘楼博叉天王、百億の毘沙門天王あり。かれら同時に、および眷属と座よりして起ちて、衣服を整理し、合掌し敬礼して、かくのごときの言をなさく、〈大徳婆伽婆、われらおのおのおのれが天下にして、ねんごろに仏法を護持し養育することをなさん。
（「同」『註釈版』四五〇・一頁）

・開士のいはく、〈慮景裕・戴詵・韋処玄等が解五千文、および梁の元帝、周弘政等が考義類を案ずるにいはく、太上に四つあり、いはく三皇および堯・舜これなり。いふこころは、上古にこの大徳の君あり、万民の上に臨めり。ゆゑに太上といふなり。
（「同」『註釈版』四五七頁）

等のような引用文を見ることができる。「大徳」の意味は、中国の古代の聖人・君子を意味しているもの、また仏の出現に際して聡明善心であって、仏意を知るものとして示されるもの、さらには大徳婆伽婆と名付けられる北欝単越を護持し養育するものとして示されるもの、または仏法を護持するものとしていわれている。しかしながらこれらはいずれも引用文のなかに見られるものであって、親鸞の自釈の使用例ではない。しかし少なくとも「大徳」の語について、尊崇の低い意味での使用を見ることはできないであろう。逆に言えば、親鸞における「大徳」の意味は、一般的な使用の意味において、敬い崇めるべきものとして用いられていたことが言えるのではないかと思われる。このように「大徳」も「聖人」も親鸞の用語の使用例としては尊崇すべきものとして理解されていたと思われる。

では次に鎌倉時代一般的には尊崇度が低かったとされる「僧」についてはどのような意味で使われていたのであろうか。以下、親鸞の使用例を見てみると、

・印度西天の論家、中夏（中国）・日域（日本）の高僧、大聖（釈尊）興世の正意を顕し、如来の本誓、機に応ぜることを明かす。

（「行巻」『註釈版』二〇四頁）

・道俗時衆ともに同心に、ただこの高僧の説を信ずべしと。

（「同」『註釈版』二〇七頁）

・しかれば穢悪・濁世の群生、末代の旨際を知らず、僧尼の威儀を毀る。今の時の道俗、おのれが分を思量せよ

（「化身土巻」『註釈版』四一七頁）

・しかればすでに僧にあらず俗にあらず。このゆゑに禿の字をもつて姓とす。

（「同」『註釈版』四七二頁）

・僧ぞ法師のその御名は　たふときこととききしかど　提婆五邪の法ににて　いやしきものになづけたり

（「正像末和讃」『註釈版』六一八頁）

・五濁邪悪のしるしには　僧ぞ法師といふ御名を　奴婢僕使になづけてぞ　いやしきものとさだめたる

（「同」『註釈版』六一九頁）

・末法悪世のかなしみは　南都北嶺の仏法者の　輿かく僧達力者法師　高位をもてなす名としたり

（「同」『註釈版』六一九頁）

・仏法あなづるしるしには　比丘・比丘尼を奴婢として　法師・僧徒のたふとさも　僕従ものの名としたり

・これは愚禿がかなしみなげきにして述懐としたり。この世の本寺本山のいみじき僧とまうすも法師とまうすもうきことなり。

（「同」『註釈版』六一九頁）

・この世の仏法のひとはみな　守屋がことばをもととして　ほとけとまうすをたのみにて　僧ぞ法師はいやしめり

（「同」『註釈版』六一九頁）

（「同」『註釈版』六二〇頁）

上記のように明かされる「僧」の意味は、本来僧とは仏、法、僧の三宝として仏教徒の帰依の対象としてあることはいうまでもない。よく知られる親鸞が示した「非僧非俗」の意味する「僧」とは、直接的には鎌倉時代における国家が規定した「僧」でもなく、また同時に仏教の悟りを求めない俗でもないということである。また、時代の変遷によって南都北嶺における「僧」の現実として、本来の「僧」の意味を失っているということに対し、「僧」とは本来そのようであってはならないという意味であり、さらには仏教の歴史的展開の中においていわれる、釈尊と対立した提婆五邪の法で規定されるものであり、本来はそうではないことを示しているものであろう。いわば「僧」が本来の意味ではない有り様に対する「かなしみなげき」であり、それは同時に親鸞の時代性に対する「かなしみなげき」であった、と思われる。したがって親鸞において「僧」とは、「高僧」と示される念仏の教えの伝承者を意味するものではないであろうか。それゆえ鎌倉時代の一般的な意味では低い意味であったかもしれない「僧」の意味は、少なくとも親鸞にとって尊崇の低い意味でいわれているものではなく、本来人々によって帰依され、敬うべき高僧として見られていたと思われる。

四、法師自称の意味

では親鸞の自称において用いられていた「法師」についてはどのように理解することができるのであろうか。それはすでに親鸞の「僧」の理解においても見られるように、「僧」と「法師」の語は「僧ぞ法師のその御名は」（「正像末和讃」『註釈版』六一八頁）「輿かく僧達力者法師」（「同」『註釈版』六一九頁）「法師・僧徒のたふとさも」（「同」『註釈版』六一九頁）「いみじき僧とまうすも　法師とまうすもうきことなり」（「同」『註釈版』六一九頁）「僧ぞ法師はいやしめり」（「同」『註釈版』六二〇頁）等と示されるように、対句として明かされるように同一の意味を示すものとして理解されていたということができるであろう。そうであれば「法師」の理解は、本来尊崇の意味を持つものとして理解されていたのではないかと考えられる。一方で、今ある「法師」といわれる僧侶の現状に対して親鸞が嘆き、悲しむ意味において用いられていることが考えられる。すなわちそれは親鸞の『正像末和讃』「悲歎述懐讃」等においてみられるが、そのまとめとして親鸞は、

以上十六首、これは愚禿がかなしみなげきにして述懐としたり。この世の本寺本山のいみじき僧ともうすも法師とまうすもうきことなり（「正像末和讃」『註釈版』六一九頁）

と示している。親鸞は、現実の本地本山の、大層にいわれる「僧」、また「法師」といわれる方々に対して、悲しみの思いをもって、嘆かわしい存在として見ている。それゆえ本来、親鸞の「法師」の理解としては「うきこと」ではなく、尊崇の意味として「法師」の語を用いていたということができるであろう。

では具体的に、親鸞はどのような人を「法師」と呼んでいるのであろうか。

・智昇法師の『集諸経礼懺儀』の下巻は善導和尚の『礼讃』なり　（「行巻」『註釈版』一六八頁）

・台教（天台）の祖師山陰　慶文法師　のいはく　（「行巻」『註釈版』一七七頁）

・山陰の慶文法師の『正信法門』にこれを弁ずること、はなはだ詳らかなり　（「同」『註釈版』一七八頁）

・慈雲法師　天竺寺の遵式　のいはく　（「同」『註釈版』一八一頁）

・このゆゑに、曇鸞法師の正意、西に帰するがゆゑに、『大経』に傍へて奉讃していはく　（「証巻」『註釈版』三一一頁）

・大悲弘く　弘の字、智昇法師の『懺儀』の文なり　あまねく化するは、まことに仏恩を報ずるに成ると　（「化身土巻」『註釈版』四一一頁）

・高麗の観法師のいはく（天台四教儀）　（「同」『註釈版』四七〇頁）

・神智法師釈していはく（天台四教儀集解）　（「同」『註釈版』四七〇頁）

・これによりて、真宗興隆の大祖源空法師ならびに門徒数輩　（「同」『註釈版』四七一頁）（傍線筆者）

と示されるように、中国、朝鮮の念仏の伝承者に対して「法師」と呼んでいる。すなはち、親鸞にとって「法師」とは法然を初めとして、念仏の理解者、伝承者の意味において呼称された呼び名であったということができると考えられる。

ではさらに親鸞が自ら「法師」を自称した意味はどのように考えられるのであろうか。このことについて東・西本願寺所蔵の親鸞の寿像には、記述の文言は異なっているが「正信偈」の依経段の「本願名号～五悪趣」が書かれている。この「正信偈」の文については、同一の文が『尊号真像銘文』にも引用されている。『尊号真像銘文』は略本と広本があるが、それは以下のようなものである。すなわち、

略本（建長本）建長七年（一二五五）親鸞八十三歳

「愚禿親鸞「正信偈」にいはく」

広本（正嘉本）正嘉二年（一二五八）親鸞八十六歳

「和朝愚禿釈親鸞「正信偈」文」

（『浄土真宗聖典全書』二　宗祖篇上、六四九頁）

となっている。ここで重要なのは略本は親鸞の寿像と同年に作成されたものであり、また広本は三年後に作成されたものである。そこに同じく「正信偈」の文が引用されている。そして寿像の作成、ならびに略本の作成の建長七年、親鸞八十三歳は、善鸞義絶の前年にあたり、親鸞にも関東の同行の念仏に対する動揺が聞こえていた年でもあったと推測できる。そこで親鸞が改めて想起したことは、自らの生死出べき道を決した法然の教示であったであろう。すなわち建長七年、親鸞八十三歳『親鸞聖人御消息』第六通に、

如来の御ちかひなれば、「他力には義なきを義とす」と、聖人（法然）の仰せごとにてありき

（「親鸞聖人御消息」『註釈版』七四六頁）

といわれるように、五十数年を得て円熟した親鸞独自の表現ではあるとしても、その根源は法然の念仏の教示であった。そしてさらに親鸞の思いは、最晩年においても変わることのない法然の教示であり、先にも挙げたように文応元年（一二六〇）、八十八歳の『親鸞聖人御消息』には、

故法然聖人は、「浄土宗の人は愚者になりて往生す」と候ひしことを、たしかにうけたまはり候ひし

（「同」『註釈版』七七一頁）

と示されるように、どこまでも法然の専修念仏の真意を伝えていかんとする姿勢であった。つまりこの法然の専修念仏の真意の開示が、寿像や銘文の「正信偈」引用という形で示されたと考えられるのではないであろうか。

まとめ

親鸞没後二十年余りで製作されたと見られる『歎異抄』には、[15]

弥陀の本願まことにおはしまさば、釈尊の説教虚言なるべからず。仏説まことにおはしまさば、善導の御釈虚言したまふべからず。善導の御釈まことならば、法然の仰せそらごとならんや。法然の仰せまことならば、親鸞が申すむね、またもつてむなしかるべからず候ふか。詮ずるところ、愚身の信心におきてはかくのごとし。このうへは、念仏をとりて信じたてまつらんとも、またすてんとも、面々の御はからひなりと云々

（『註釈版』八三三頁）

と示されている。それは、親鸞は自身の念仏の開示は法然の専修念仏の真意を間違いなく受け継いでいるという思いがあったということであろう。このようなことから、本論の問題であった親鸞は自らの寿像になぜ「釈親鸞法師」と記したのかということを考えると以下のようにまとめることができるのではないかと思われる。すなわち、

①親鸞は法然の仰せを生涯保持していた。
②親鸞には、法然の専修念仏の真意を開示する思いがあった。

③それゆえ、東本願寺所蔵の「釈親鸞法師」の表現は、法然の念仏の真意を伝える「法師」という意味を持つものであった。

④さらに言うなら、東本願寺の「釈親鸞法師」の表現は、法然の専修念仏の真意を親鸞自身が明かそうとする姿勢を示している。

⑤また、西本願寺の「釈親鸞」の表記は、それは浄土教の人間理解の伝承を受けた「愚」の意味を内包するものである。また直接的には法然の「愚者になりて往生す」の教えを示しているものであり、親鸞自らが自称していた「愚禿」と同一の意味であると考えられる。

⑥したがって、東・西本願寺の両方の表現は、法然から受けた念仏の真意を示しているものであって同一のことを明かしている。

⑦よって、「釈親鸞」と「釈親鸞法師」の自称は矛盾するものではない。

ということができる。

以上、論述の稚拙さのため、言わんとすることが判然としない点も多々あるかと思われるが、大いにご批判をいただけたら幸いである。

註

（1）「化巻」『註釈版』四七二頁

（2）『真宗重宝聚英』第四巻参照

（3）「七箇條起請文」『昭和新修法然上人全集』七九二頁

(4)「化巻」『註釈版』四七二頁

(5)「総序」『註釈版』一三二頁、「別序」『註釈版』二〇九頁

(6)「化身土巻」『註釈版』四一二頁・四七二頁

(7)「教巻」『註釈版』一三五頁、「行巻」『註釈版』一四一頁、「信巻」『註釈版』二〇九・二一一頁、「証巻」『註釈版』三〇七頁、「真仏土巻」『註釈版』三三七頁、「化身土巻」『註釈版』三七五頁、『浄土文類聚鈔』『註釈版』四七七頁、『入出二門偈』『註釈版』五五一頁、『尊号真像銘文』『註釈版』六七〇頁

(8)『愚禿鈔』『註釈版』五一五・五四二頁、『入出二門偈』『註釈版』五四五頁、『浄土和讃』『註釈版』五六五頁、『高僧和讃』『註釈版』五七八頁、『三経往生文類』『註釈版』六三九頁、『尊号真像銘文』『註釈版』六七三頁、『一念多念証文』『註釈版』六九五頁、『唯信鈔文意』『註釈版』七一八頁、『弥陀如来名号徳』『註釈版』七三二頁、『親鸞聖人御消息』『註釈版』七三七・七四九・七六九頁、

(9)『浄土文類聚鈔』『註釈版』四七七・四八四頁、『正像末和讃』『註釈版』六一七・六一九頁

(10)『正像末和讃』『註釈版』六〇〇・六一五頁

(11)『真宗重宝聚英』第四巻六頁

(12)『真宗重宝聚英』第四巻二二二～二二四頁

(13) 積極的肯定としては、平松令三氏の見解、ならびに、
①『浄土真宗聖典全書』二　宗祖篇　上、八九九頁
「親鸞聖人小部集I」「本尊影像讃文」
下段　真宗大谷派蔵（讃銘＝親鸞聖人真筆）
②津田徹英『日本の美術』一　No．四八八、二頁
世に「安城御影」と称される親鸞画像が二幅現存する。ひとつは存覚（一二九〇～一三七三）が熱覧に及んで詳細を『袖日記』に記した三河安城・照空房相伝の本願寺本である。いまひとつがこの東本願寺本である。画讃の筆跡は親鸞その人であり、親鸞認知の画像ということになる。画讃引用の『正信念仏偈』の文言の異同が顕誓の『反古裏書』における指摘と合致し、本画像は本願寺実如の継職期（一四八九～一五二五）に京都・金宝寺から

の献納であったことが判明する。したがって厳密には「安城御影」とは区別すべきであるが、絵絹の劣化のために相貌の把握が困難な本願寺本の現状を思えば、本画像が「安城御影」として伝来したことも理由のないことではなかったろう。金宝寺への伝来経緯については不詳であるが、建長七年（一二五五）制作の本願寺本「安城御影」をさほど隔てない時期の制作と考えられる。（至文堂、二〇〇七年）

③「法然上人八百回忌・親鸞聖人七百五十回忌　特別展『法然と親鸞　ゆかりの名宝』」東京国立博物館、NHK、NHKプロモーション、朝日新聞社主催　二〇一一年　作品解説二九六頁

親鸞聖人影像（安城御影）賛親鸞筆

世に「安城御影」と称される親鸞画像が二幅現存する。ひとつは存覚（一二九〇〜一三七三）が熱覧に及んで詳細を『袖日記』に記した三河安城の照空房相伝のもので、現在、京都・本願寺に所蔵されている。いまひとつがこの東本願寺に伝来した本画像である。高麗縁の上畳に墨染の衣を着て趺坐する様子を右斜め向きの構図で描き、以後の親鸞画像の規矩となる一方で、襟際に小袖とみられる朱の襟をあらわし、畳座には獣皮を敷くとともに、前には暖をとるための小型の火桶とわら草鞋、鹿杖を描く点は他に類をみない。ちなみに、西本願寺本「安城御影」と画賛に引用された「正信偈」の文言等に若干の異同があり、それが顕誓の『反古裏書』における指摘と合致することから、本画像は本願寺実如の継職期（一四八九〜一五二五）に京都・金宝寺からの献納された画像であったことが判明する。したがって厳密には「安城御影」とは区別すべきであるが、絵絹の劣化のために相貌の把握が困難な本願寺本の現状を思えば、同じ構図で描かれた本図が「安城御影」として伝来したことも理由の無いことではない。金宝寺への伝来経緯は不詳であるが、その制作は、建長七年（一二五五）に描かれた西本願寺本「安城御影」をさほど隔てない時期と考えられる。画賛は親鸞その人の筆跡であり、親鸞認知の画像ということになる。引用の「正信偈」の一句が西本願寺本ともども「獲信見敬得大慶」となることは、現在の真宗門徒が依用する「正信偈」当該句と微妙に異なっており、また、親鸞自筆の坂東本『教行信証』（No.二六）においても当該句を「獲信見敬大慶人」と改訂していることを思えば、この句に親鸞がいかに腐心し改訂を加え続けたかが窺えるであろう。（津田）

④「特別展　親鸞聖人像の原点　安城御影」安城市歴史博物館（平成二二年（二〇一一）九月一八日安城御影　一

幅　賛銘　親鸞筆）
等があげられる。また消極的肯定としては、
①『図録　親鸞聖人余芳』（「親鸞聖人七百五十回大恩忌法要記念」浄土真宗本願寺派・二〇一〇年）二二頁
本山に所蔵されている御影と全く同じ姿を描いた画像であることから、「安城御影」と称されている。この御影の上下には賛銘が書かれており、本山の「安城御影」の賛銘と比較すると、最下段の賛銘の「正信偈」のうち、「常覆真実信心天」と「雲霧下之明无闇」が入れ替わっており、また「如衆水入海一味」の「水」が脱落している点が異なっている。さらに、同じ賛銘の冒頭が「和朝釈親鸞法師正信偈曰」とされていることから、聖人が自身で「法師」と称されたことに対して、この賛銘を聖人の自筆とすることに疑問視する意見が出され、この賛銘を親鸞聖人の真筆かどうかについて議論がなされてきた。しかし筆跡の特徴は、聖人自筆と酷似している。
②「親鸞聖人七五〇回忌・真宗教団連合四〇周年記念　親鸞展」
安城御影一幅　東本願寺蔵　作品解説二一一頁
西本願寺本「安城御影」（作品番号七）と同形に描かれた親鸞の肖像画で、同じく「安城御影」と呼ばれる。小紋高麗縁の上畳の上に敷皮を敷いて座し、その前には火桶・草履・鹿杖などが描かれているのも西本願寺本と同様である。絵の上下に賛が書かれ、内容も西本願寺本とほぼ同じである。「親鸞法師」となっていること、「正信偈」文の一部分が入れ替わっていることなど、数カ所での相違が見られるが、筆跡は親鸞自筆とみられ、状態もよく、老齢の親鸞の相貌が見て取れ、八十三歳の寿像として貴重である。
蓮如の孫顕誓（一四九九～一五七〇）が記した『反古裏書（反古裏）』に「京都金宝寺より一幅進上されたが、これも安城御影である。裏書はなく、上下の色紙賛はまさしく親鸞の真筆であるが、正信偈の文に前後相違するところがある」と書かれた御影のことであろう。（大原実代子）（傍点筆者）
等があげられるであろう。

（14）拙稿「親鸞における祖師観形成の問題」『真宗学』八四号、三九頁以下参照
（15）『浄土真宗聖典全書』二　宗祖篇　上、一〇五〇頁

親鸞における教判論の再検討

――二双四重判と天台五時八教判との関連性――

四夷法顕

序

教判とは、教相判釈の略称で、釈尊一代において説かれた教義（教）を、その特色（相）にしたがって分類（判）し、仏教全体を統一的に解釈（釈）するというものである。[1]

釈尊一代の教法は、一般に「八万四千の法門」といわれるほど極めて広汎に及ぶ。それ故、数々の法門がその一代においていかなる位置を占め、いかなる価値を有するのかを見極めることは容易なことではない。そこで各宗の祖師たちは、一代仏教を分類し、体系づけることによって、自宗が依って立つ教法が釈尊一代においてその真意なることを明かす必要があった。したがって、各宗には必ずそれぞれが依って立つ教法を中心に体系づけられた教判があり、仏教内外に向けて真実とは一体いかなるものであるのかが示されるのである。

親鸞は印度・中国・日本にわたる仏教教判の歴史的展開に基づき、趣入・実修・因果等の教相法門を承けて、

「二双四重判」といわれる教判を立てている。二双四重判は、釈尊一代の法門を相対的に判釈したものであるが、この相対判の趣帰するところは、「行文類」一乗海釈において「唯是誓願一仏乗」と説示されるように、全仏教を阿弥陀仏の第十八願に統摂していく絶対教判を立てるところにある。(2) この主張の背景には、法然によって確立された選択本願の教えに対し、当時の聖道諸宗からの厳しい論難があったことを忘れてはならない。親鸞が「浄土真実」を掲げ、法然の浄土宗独立の真意を明らかにする中で用いたのが、自身が比叡山において二十年間修学した天台教学の論理であった。しかし、無批判に天台教学を依用するのではなく、その論理を法然の選択廃立義に立ちながら巧みに取捨選択し、『法華経』至上主義から『大無量寿経』(以下、『大経』と略称)至上主義へと昇華させているのである。

本稿では、親鸞の教判論に関して二双四重判と天台五時八教判(以下、五時八教判と略称)との関連性について論じていく。両者の関連について先行研究では、二双四重判の四教分別や頓漸二教といった教判的名目は、天台五時八教判の構造を応用したものとする指摘がある。(3) しかし、そのような見解は二双四重判の依拠について顧みられることなく、その妥当性についてはこれまで議論がされてこなかった。故に、それらの見解の妥当性を検討すると共に、親鸞の教判は天台教判から一体どの部分を受容し、そしてどのような形で展開させているのかを明らかにしていきたい。

一、二双四重判と天台五時八教判の構造

親鸞は、『大経』を中心として二双四重判といわれる教判によって全仏教を体系化していく。また、天台宗では釈尊一代の教法を五時を中心とし、化儀四教と化法四教とを複合的に組織し、『法華経』こそ釈尊出世本懐の教であると位置づけた五時八教判という教判がある。本項では、親鸞の二双四重判と五時八教判との関連性について論じていきたい。

まず検討に入る前に、五時八教判とその成立背景ついて一瞥しておくことにする。仏教各宗の成立にあたり、それぞれが各自の教判を有することは既に述べた通りであるが、その教判の研究が盛んに行われるようになったのは中国の南北朝時代からで、特に羅什以後はその傾向が著しかった。羅什自身は一音教説を唱えたといわれているが、本格的に教判が組織されるのはその門下においてであった。中でも慧観の頓漸五時判は、後代の教判論に大きな影響を与えることになる。慧観は釈尊一代の教説形式、すなわち化儀について頓漸二教に分ける。頓教は菩薩のために説かれた華厳の教えであり、漸教は初転法輪から入滅までの説法次第とみて、有相教・無相教・抑揚教・同帰教・常住教と五時に区別した。そして有相教は小乗見有得道の法、無相教は『般若経』、抑揚教は『維摩経』、同帰教は『法華経』、常住教は『涅槃経』に配当されるのである。これが有名な五時判であり、教判とは機根との深い関係性の中で体系化されていくことになる。(4)

智顗は『法華玄義』において、南地に三家、北地に七家、合わせて十種類の教判をあげ、これを南三北七として

分析を加えている。南地は『涅槃経』を中心に、北地は『華厳経』を中心に教判が立てられたとされている。まず南三とは、一つに化儀を頓漸二教として漸教を五時に分ける慧観の教判を基本とするもので、智蔵や法雲が用いたとされる。二つに虎丘山の岌師による化儀を頓教・漸教・不定教として漸教を三時教に分類したもので、三つに宗愛がとなえた化儀を頓教・漸教・不定教として漸教を四時教としたものである。

北七とは、漸教を五時に分けた五時教判、菩提流支の半満教、慧光の四宗教、自軌の五宗教、安凛の六宗教、有相・無相大乗教、一音教の七種である。『法華玄義』ではこれら諸教判の精密な研究を行い、採用するべきものは採用し、捨てるべきものは捨て、再構築されたのが五時八教判である。智顗は天台教判を新たに組織するに当たり、この教判原則の明確な限定を行った。それが五時・化儀・化法である。五時とは華厳・鹿苑・方等・般若・法華涅槃をいう。天台の五時判は従来の五時判とは異なり、釈尊一代においてその教説がいつ説かれたのかという時代的区分であり、そこでは内容的優劣は問われない。化儀とは頓教・漸教・秘密教・不定教の四教で、この化儀判も説法形式による分類であるから教説内容の浅深は不問である。化法は蔵教・通教・別教・円教の四教で、この化法判こそまさしく説法内容上の所論であり、時間的、形式的観点を交えずに釈尊一代の教説が分類されるのである。(5)このように、智顗は五時・化儀・化法の教判原則を明確に区別し、それらを有機的に関連付けることで、当時南地における『涅槃経』至上説、北地における『華厳経』至上説に対して、新たに『法華経』至上説を学問的に基礎づけたのであった。(6)

五時八教判について粗々ではあるが一瞥したところで、二双四重判と五時八教判との関連性を考察していく。前述したように、先行研究において二双四重判の四教分別の構造や頓漸二教といった教判的名目は、五時八教判を応

用したものとする見解がある。二双四重判の四教分別に関して日下大癡氏は、

吾祖二双四重の判教は、先づ頓漸二教を分ちて之れを超と出とに配合し、更に此超出の二教中に於て各々竪と横とを分ち、茲に二双四重の範疇を成立す、固より是れ吾祖の創意に属する。然るに其流動の径路として彼台宗の判教に辿り入らんか、則ち夙に此範疇の彼処に存在せしことを発見するに難くない。謂く彼の化法四教の組織に於いても亦、界内・界外の二教を分ち、之を空と中との二種の観行に配合し、此空中の二観内に於て更に各々巧と拙との二度を分ち、茲に二双四重を成立し、以て蔵通別円の四教浅深の差別を判じたるもの即ち是れである。(7)

と示している。すなわち、二双四重判において一代仏教を頓漸二教に分けて超と出に配し、そこから横超・横出・竪超・竪出の四教に分別する構造は、五時八教判における界外と界内とに分け、これらを巧と拙とに分け、そこから蔵教・通教・別教・円教の四教を分別した「二双四重」の構造との近似性を指摘するのである。また、頓漸二教の教判的名目について福原蓮月氏は、

此の二双四重の二双とは超と出とであって、これは天台において化儀の四教、すなわち頓・漸・秘密・不定の四教を分ける中の初の二(頓教と漸教)に当たるのであり、その思想を受けた区別の仕方である。そして頓教中に、聖道自力難行の竪超と、浄土他力易行の横超とを分かつ。これら頓教は、頓速に証悟の境に到達し得る勝れた教であるのに対し、漸教は漸時、時間をかけ、遂には証悟に至るという歴劫迂廻の劣った教であり、これに自力難行の漸教である竪出と、浄土他力易行中の漸教である横出とを分かつのである。この判教は、天台教学の判教の仕方を応用したものと云えるであろう。(8)

といい、二双四重判の「二双」にあたる超と出を、五時八教判でいう頓教と漸教に位置付け、この区別について天台の教判を応用したものであると指摘している。このように、二双四重判と五時八教判との関連性が指摘されてからすでに久しいのであるが、両氏の見解に対する妥当性はこれまで議論がされてこなかった。よって、日下氏と福原氏の見解に再検討を加えながら、親鸞における教判論の依拠について考察していく。

まず、日下氏の「親鸞の二双四重判は、五時八教判における二双四重の構造によったもの」という見解を検討していく。二双四重判と五時八教判の四教分別の構造について、問題となるのは化法四教である。化法四教とは、釈尊が化導する時の教法を蔵教、通教、別教、円教の四種に分類したもので、この四教は界内・界外、事教・理教にそれぞれ分類される。『天台四教儀』で蔵教と通教について、

蔵是界内小拙。不通於大故小。析色入空故拙。此教三人。雖当教内有上中下異。望通三人則一概鈍根。故須析破也。通教則界内大巧。大謂大乗初門故。巧謂体色入空故。（『大正蔵』四六・七七八）

蔵は是れ界内の小拙なり。大に通ぜざるが故に小なり。色を析して空に入る故に拙なり。此の教の三人は。当教の内、上・中・下異有りと雖も、通の三人に望むれば則ち一概に鈍根なり。故に須く析破すべし。通教は則ち界内の大巧なり。大は謂く大乗の初門なるが故なり。巧は謂く色を体して空に入るが故なり。

といわれている。界内・界外とは、仏の教化を受ける衆生には地獄・餓鬼・畜生・修羅・人・天の六道があり、この六道に声聞・縁覚・菩薩の三乗と仏を合わせて十界とされる。釈尊一代の教説の内容を分別した化法四教は、それぞれの教えが一体どの界において説かれたのかということが明かされ、教説内容の狭広によって界内か界外か、内容の浅深によって事教か理教に分けられる。ここでいわれる「界」とは迷いの世界である三界、すなわち欲界・

色界・無色界を意味する。つまり界内・界外とは、この三界の内か外かということである。界内は凡夫を含めた地獄から天までの世界で、そこには身体の大小、寿命の長短があり、業や煩悩によって生死を繰り返す世界である。これに対して界外とは、三界を超越した聖者の世界であり、ここに住する菩薩は迷いの生死を超えている。そして界内・界外の教説は、その浅深によってそれぞれ事教と理教に分けられる。「事理」の「事」とは一般にこの世界において現象するものをいい、「理」とは本体を指す。すなわち、事教とは因縁によって性起したあらゆる存在や現象を差別的・相対的にとらえる立場であり、理教とは、普遍的・絶対的な真理をとらえる立場である。(9)『天台四教儀』によれば、蔵教と通教は界内の教法で狭い教えであるからこれは拙と位置づけられている。対して別教と円教は界外の教であり、三界の域を越えた広い教えであるから巧とされる。これら界内・界外の二教に、それぞれ事教と理教を立てた教が蔵・通・別・円の四教なのである。これを図にすると次のようになる。

- 界内
  - 事教――蔵教
  - 理教――通教
- 界外
  - 事教――別教
  - 理教――円教

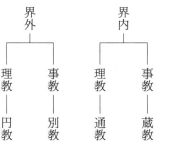

このように、界内・界外の教えを拙と巧として、それぞれから事教と理教を出し、蔵・通・別・円の四教が分配されるのである。

一方、親鸞の二双四重判は「信文類」菩提心釈、横超釈、「化身土文類」三経隠顕釈、『愚禿鈔』上巻に出されている。これらの中、二双四重全ての判目について言及されているのは横超釈と『愚禿鈔』上巻であるが、今は最も整理・体系化されている『愚禿鈔』上巻によることにする。[10] まず仏教を大乗と小乗に分け、大乗教に頓教と漸教があるといい、頓教に聖道の頓教と、浄土の頓教があるといわれている。これを図にすると次のようになる。

- 頓教
  - 竪超 —— 難行、聖道之実教、仏心・真言・法華・華厳等之教
  - 横超 —— 易行、浄土本願之教、『大無量寿経』
- 漸教
  - 竪出 —— 難行道、聖道権教、法相等、歴劫修行之教
  - 横出 —— 易行道、浄土要門、『無量寿仏観経』之意、定散・三福九品之教

この図と、先の五時八教判における四教分類を比較してみると、天台の蔵・通を界内教としてこれを拙とし、別・円を界外教として巧と位置づける構造と、親鸞の横出と竪出を漸教としてこれを権とし、横超と竪超を頓教と

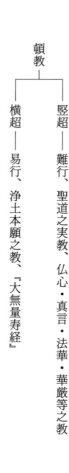

して実と位置づける構造は、日下氏が指摘しているように、ともに二双四重の構造になっている。それでは親鸞の横超・横出・竪超・竪出の四種の法門は、果たしていかなる背景に依って成立しているのであろうか。四教の名目について『六要鈔』では、横出・竪出は択瑛の文に依っているが、択瑛は二出分別のみで竪出に聖道の権実、横出に浄土の浅深をおさめている。この二出に善導の「横超断四流」の「横超」と択瑛の言を校合し、一乗家、定散弘願の分別の立場より二双四重としたとされている。横竪二超の名目であるが、法然の法語をまとめた『西方指南抄』下本に、

五説の中の仏説なり、四土の中には報土也、三身の中には二身なり、三宝の中には仏宝也、四乗の中には仏乗也。二教の中には頓教也、二蔵の中には菩薩蔵也、二行の中には正行也、二超の中には横超也。

（『真聖全』四・二一八）

といわれており、この文章を解説したと考えられる『御消息』第十通には、

二超といふは、一には竪超、二には横超なり。いまこの浄土宗は横超なり。竪超は証道自力なり。

（『浄聖全』二・七九〇）

と、明確に二超とは横竪二超であるといわれている。さらに証空の『玄観門義』には、超とは超越のことで次第に対する詞であり、他力超越の法を「横超」といい、自力断惑の法を「竪超」と示されている。[11] この証空の「超」を説明する中での「横竪二超」の説示、そして『西方指南抄』の法語等を合わせれば、法然の上にすでに横超・竪超といった教判的対目があったと考えられる。[12] また『玄観門義』には続けて、

論横次第。先欣浄土。次第依自止悪修善分。可生九品土是也。雖入浄土。尚有行門意。故次第断意也。

横の次第を論ぜば、先づ浄土を欣ひて次第に自らの止悪修善の分に依て、九品の土に生ずべしといふは是れ也。浄土に入るといへども、尚行門の意有り。故に次第断の意也。（『西山全』三・一三）

と、横の次第断について他力観門中、自の止悪修善の分によって九品の浄土に生ずべしというような自力行門の意を離れられない者であると示し、親鸞が横出に分類した法門構造と相似している。結局、証空は横とは本願力をあらわす語として超断なるが故に横超におさめるが、横超から別立されなくてはならない法門があることが示唆されているのである。親鸞の自力諸行による往生や自力念仏による往生を横出の法門と位置づけ、さらにそれらを第十九願と第二十願と有機的に関連させる立場からすれば、二双四重判は必然的に展開された親鸞独自の教相であるとせねばならない。確かに日下氏が、

謂く彼の化法四教の組織に於いても亦、界内・界外の二教を分ち、之を空と中との二種の観行に配合し、此空中の二観内に於て更に各々巧と拙との二度を分ち、茲に二双四重を成立し、以て蔵通別円の四教浅深の差別を判じたるもの即ち是れである。

と指摘しているように、親鸞の二双四重判と五時八教判には構造的な共通点がみられる。しかし、今ここで明らかになったのは構造上において相似点が見られるということであり、あくまでも表面的構造の所論と言わざるを得ない。したがって、この事実のみを以て即座に五時八教判における「二双四重」を親鸞がそのまま二双四重判に適用したと結論付けるのは早計である。親鸞の二双四重判の依拠を真摯に顧みたならば、五時八教判の構造を親鸞が依用して二双四重判を構築したという日下氏の指摘よりもむしろ、七祖の相承の中で構築されたものと考えるのが妥

当ではないだろうか。すなわち、道綽と善導の釈義を承けて、法然が用いた聖浄二門判と頓漸二教判を合わせ、聖道門中の頓漸二教を竪超・竪出、浄土門中の頓漸二教を横超・横出とし、さらに法然の「横竪二超」と択瑛の「横竪二出」を、願海真仮という親鸞独自の教判理解より必然的に四教が分配されたと考えるべきであろう。

次に、福原氏の「親鸞の二双四重判における頓漸二教は、天台五時八教判の頓漸二教をうけたもの」という指摘について検討していきたい。確かに、先に挙げた二双四重判の図で明らかなように、親鸞は五時八教判と同じ「頓漸二教」の名目を用いている。二双四重判で頓漸二教判を依用する際、頓教から聖道と浄土の実教、漸教から聖道と浄土の権教をそれぞれ分別している。聖道の頓教である竪超は「即身是仏・即身成仏等之証果也」といわれ、浄土の頓教である横超は「選択本願・真実報土・即得往生也」と示される。また、聖道の漸教である竪出には「歴劫修行之証也」といわれ、浄土の漸教である横出は「胎宮・辺地・懈慢之往生也」と示される。なお、小乗教は縁覚教と声聞教の二つに分類されているが、これらは二双四重判において聖道の漸教として竪出に位置づけられることになる。このように、『愚禿鈔』の分判は、まず頓漸二教のうち頓教から聖道・浄土の実教に、漸教から聖道・浄土の権教にそれぞれ分けられ、そして証果について、横超は「即得往生」、竪出は「歴劫修行之証」というように、四教を成仏の遅速によって権実が分けられている。そもそも、親鸞以前に頓漸二教判を自身の教判に取り入れていたのは善導であった。まず「玄義分」宗旨門に、

言教之大小者、問曰、此経二蔵之中何蔵摂。二教之中何教收。答曰、今此観経菩薩蔵收。頓教摂。

（『浄聖全』一・六六〇）

教の大小をいふは、問ひていはく、この『経』は二蔵のなかにはいずれの蔵の摂なる。二教のなかにはいず

れの教の収なる。答へていはく、いまこの『観経』は菩薩蔵の収なり。頓教の摂なり。
と示している。仏教を声聞蔵と菩薩蔵とに分ければ、『観経』所説の法は菩薩蔵に摂せられる。また仏教を頓教と漸教に分けたときは頓教に摂せられるとして、善導は浄土教を大乗中の頓教に位置づけているのである。さらに、この頓漸二教を成仏の遅速で論じているのは『般舟讃』である。すなわち、

瓔珞経中説漸教、万劫修劫証不退、観経弥陀経等説、即是頓教菩薩蔵、一日七日専称仏、命断須臾生安楽、一入弥陀涅槃国、即得不退証無生。（『浄聖全』一・九六七）

『瓔珞経』の中には漸教を説く、万劫の修劫不退を証す、『観経』・『弥陀経』等の説はすなはちこれ頓教菩薩蔵なり、一日七日もつぱら仏を称すれば、命断えて須臾に安楽に生ず、一たび弥陀涅槃国に入りぬれば、すなはち不退を得て無生を証す。

といい、『菩薩瓔珞経』に説かれる漸教は、万劫かけて苦行を修して悟りを得ていく教えであるのに対して、『観経』等の念仏往生の法門は、わずか一日七日の念仏によって命終と同時に涅槃界である報土に往生することができる教えであり、まさに頓速成仏の頓教菩薩蔵であるといわれている。この意を承けて法然は「大経釈」に、

天台・真言皆雖名頓教、断惑故猶是漸教也、未断惑出過三界之長迷故、以此教為頓中頓也。（『真聖全』四・二六三）

天台・真言皆頓教と名くといへども、惑を断ずる故になほ是れ漸教なり、いまだ惑を断たずして三界の長迷を出過するが故に、この教を以て頓中の頓とする也。

と示すのである。法然の教判については『選択集』「二門章」に、

今此浄土宗者若依道綽禅師意立二門而摂一切。所謂聖道門・浄土門是也。（『浄聖全』一・一二五四）

今この浄土宗はもし道綽禅師の意に依らば、二門を立ちて一切を摂す。いわゆる聖道門・浄土門これなり。

とあるように、道綽の聖浄二門判を中心に一代仏教を分判するのであるが、善導の二蔵二教判から影響を承け、自身の教判に取り入れていることは注目できる。この場合の頓漸二教の名目は、『般舟讃』の説示のように成仏の遅速によって教法の優劣を判定するものである。親鸞が二双四重判で取り入れている頓漸二教という名目は、まさに善導・法然の頓漸二教判を承けるものであるといえよう。一方で福原氏が、

此の二双四重の二双とは超と出とであって、これは天台において化儀の四教、即ち頓・漸・秘密・不定の四教を分ける中の初の二（頓教と漸教）に当たるのであり、その思想を受けた区別の仕方である。

と指摘しているように、五時八教判で用いられる頓漸二教という名目は、化儀四教における所論である。化儀四教とは、釈尊が衆生を教化する手段について、頓教・漸教・秘密教・不定教の四種に分類されたものである。その中の頓教とは、仏の自内証をただちに説き示す形式で、『華厳経』が説かれた時の説法態度をいう。これに対して漸教とは、対機の能力に合わせて方便を使用し、誘引・弾呵・淘汰という対機の調熟を目的として次第に説かれた教えのことである。これは前述したように、羅什門下の慧観が化儀について頓教・漸教に分け、頓教は菩薩のために説かれた華厳の教えとし、漸教は初転法輪から入滅までの説法次第とみた頓漸二教をその元としている。つまり、善導が説示する頓漸二教は教法の優劣を判ずるものであったが、天台における頓漸二教は優劣を論ずるものではない。釈尊は頓教によって鈍根の者を発心させ、次に漸教という方法によって修行段階の浅い者に対して方便を用い、対機の能力に合わせて次第に高度な内容の教えを説いていき、最終的に非頓非漸の法華円教を説くのである。この

ようにみてみると、天台における頓漸二教と、善導・法然でいわれる頓漸二教は、同じ名目であっても意味する内容は異なっている。親鸞の二双四重判で、頓漸二教からそれぞれ二超・二出を出して成仏の遅速によって四教を分判している教判構造は、福原氏が指摘するような五時八教判の頓漸二教を依用したものではなく、やはり善導・法然の教判を承けるものと言わざるを得ないだろう(13)。

しかし、二十年間も天台学を学んだ親鸞が、天台教判から全く影響を受けていないということではない。これまで縷々述べてきたように、親鸞は二双四重判によって一代仏教を整理しているのであるが、この教判は横超・横出・竪超・竪出というように聖道門と浄土門にそれぞれ権教と実教を立てて二権二実とする相対判的立場である。しかし、親鸞の教判は単なる法門分類に留まるのではなく、その所詮は第十八願の教法を真の一乗教として確立するところにあり、相対判釈は絶対判釈へと展開するのである。すなわち一乗海釈に、

大乗無有二乗三乗。二乗三乗者入於一乗。一乗者即第一義乗。唯是誓願一仏乗也。（『浄聖全』二・五四）

大乗は二乗・三乗あることなし。二乗・三乗は一乗に入らしめんとなり。一乗はすなはち第一義乗なり。ただこれ誓願一仏乗なり。

とあるように、第十八願法は一切の衆生を真実報土へと運載し、即成仏させる唯一無二の教法であるから「唯是誓願一仏乗」といわれ、二乗・三乗といわれる聖道門は本願一乗へと誘引する権仮方便法であると示すのである。これと同意趣の文が「化身土文類」にもある。

言門余者。門者即八万四千仮門也。余者則本願一乗海也。凡就一代教。於此界中入聖得果。名聖道門。云難行道。就此門中。有大小・漸頓・一乗・二乗・三乗・権実・顕密・竪出竪超。則是自力利他教化地方便権門之道

路也。（『浄聖全』二・一九六）

門余といふは、門はすなはち八万四千の仮門なり、余はすなはち本願一乗海なり。おほよそ一代の教について、この界のうちにして入聖得果するを聖道門と名づく、難行道といへり。この門のなかについて、大・小、漸・頓、一乗・二乗・三乗、権・実、顕・密、竪出・竪超あり。すなはちこれ自力、利他教化地、方便権門の道路なり。

といわれており、八万四千の権教の外に一切衆生が救われていく本願一乗の法門があることが示され、聖道門は本願一乗へ誘引するための権仮方便法と位置づけられるのである。その論理的根拠が、先にあげた法然の「大経釈」の文であった。たとえ天台・真言といった理論的には速疾成仏を説く聖道の一乗であっても、実際は三祇百劫の修行を必要とするために漸教となるのである。しかし、法然の教判では漸教に堕在する聖道門の位置づけが必ずしも明確ではない。この問題に対して親鸞は、真実・方便という概念を導入するのである。元々、この真実・方便という体系は、五時八教判で用いられているものであった。五時判では釈尊一代の教説を華厳・鹿苑・方等・般若・法華涅槃の五時に分類される。

まず第一時の華厳時とは、釈尊が菩提樹の下で『華厳経』を説いた時期で、その教えが高度であるために利根の菩薩には理解できるが、鈍根の声聞・縁覚には理解できない。したがって、まず鈍根のものに最高の法門をあてがい、奮起の心を発させるための時期とする。

第二時鹿苑時では、内容の高い『華厳経』の説法をした後、少し程度を下げて『阿含経』が説かれる。未だ機根の熟していない声聞や縁覚の二乗を誘引するために、平易な教えである小乗を説く時期である。

第三時方等時とは、仏の本意は小乗にとどまらせるのではなく、阿含の次に方等の大乗法を説いた期間である。『維摩経』等の大乗の教えによって、小乗が劣り、大乗が勝れていることを知らせ、大乗へと誘引させるのである。第四時般若時では、大乗を追慕する情のおこった衆生に対し、『般若経』等の般若皆空の教えを説き、空思想を中心とした大乗教理の高揚に努める時期である。

第五時法華涅槃時は、いよいよ釈尊の教えが理解できる段階にまで機根の根性が調った頃に真実教である『法華経』が説かれる。ここでは小乗も大乗も仏に至るための一つの乗り物であると説かれる。そして『法華経』の説法から漏れた増上慢の為に『涅槃経』を追説するのである。(14)

このように、釈尊一代の教説が五時に分類されるのであるが、五時判は智顗以前にある程度組織されており、またそれらは各経典において優劣を論ずるものであったことはすでに述べたところである。しかし、智顗が説示する五時判は単に経典間の優劣を論ずるものではなく、法華以前に説かれた教説は、法華円教へと導き入れるための方便法として新たな位置づけがなされている。こうして五時八教判においては、順序・方法・内容をそれぞれ有機的に組み合わせることによって、『法華経』至上説を弁証することにその主眼がおかれているのである。親鸞が第十八願法を真実とし、天台を含めた聖道の実教さえも権仮方便法とする絶対判釈は、法然教団が興福寺や延暦寺から加えられた、激しい論難への一つの回答であったといえる。それは、論難を加える側であった天台宗の真実・方便という教判論理を用いることで、第十八願の教法こそが真の一乗法であるということを主張する意図があったと考えられるのである。(15)このことは「円融至徳嘉号」、「本願醍醐妙薬」といわれるように、「円融」、「醍醐」など法華円教を表す天台用語を、本願一乗をあらわす用語に転用していることからも論考できよう。(16)

また、五時判の大きな意義として、智顗以前の五時判では頓教として確固たる地位にあった『華厳経』を第一時に位置づけた点にある。第一時に置かれているということは、衆生にとって深益を与えざる教法であることを意味することになろう。智顗が『法華玄義』で、

初説華厳於初心未深益於漸機亦未転。於二縁如乳。若漸機稟三蔵。能断見思三毒稍尽。即転凡成聖。如変乳為酪。不可以用益謂賤勝不用益謂貴劣。華厳亦如是。（『大正蔵』三三・八一〇）

初め華厳を説くに初心に於て未だ深益あらず。漸機に於て亦た転ぜず。二縁に於ては乳の如し。若し漸機は三蔵を稟けて。能く見思断じ三毒を稍く尽くして、即ち凡を転じて聖と成る。乳を変じて酪と為すが如し。用ひて益あるを以て賤を勝と謂ひ、用ひて益あらざれども貴を劣と謂ふべからず、華厳も亦是の如し。

といい、五時判に統一される『華厳経』は、法身の菩薩以外には無益の教法であると批判され、第二時以後の諸経において如来化導の真面目があるとされるのである。[17] このように、かつて頓教として代表的な経典であった『華厳経』を『法華経』に導く経典と位置づけた智顗と、当時一乗を説く代表的な経典であった『法華経』を『大経』に導く経典であると位置づけた親鸞には、旧来思想に対する両者の近似性が看取できる。

二、「絶待」と「絶対」

『法華経』至上説を学問的に基礎づけ、法華一乗を弁証する五時八教判の精神は、親鸞が「誓願一仏乗」といわれる本願一乗の絶対教判へと継承されていく。しかし、親鸞は無批判に天台教判を用いるということは決してしな

かった。天台教判を依用しつつも、そこには法然より面授された選択廃立の法門構造を一途に厳守する姿勢が看取できるのである。例えば、天台所説の一乗は「絶待一乗」と言われるが、親鸞の場合、一乗を明かす際には「絶待」と言わず、「絶対」と表現されている。この点について内藤知康氏が指摘しているように、天台教学を熟知する親鸞が、「行文類」一乗海釈で「絶待不二」といわずに「絶対不二」と示しているのは注目すべき点といえる。(18)それは「絶待」と「絶対」の両者のもつ言葉の意味内容が異なっているからと考えられる。「絶待」の語義であるが、智顗は『法華玄義』において、

明妙者一通釈。二別釈。通又為二。一相待。二絶待。（『大正蔵』三三・六九六）

妙を明かさば一に通釈、二に別釈。通を又た二と為す。一に相待、二に絶待なり。

と、『妙法蓮華経』の題号である「妙」を釈し、「相待妙」と「絶待妙」の二義を示して『法華経』の妙なることを明かしている。相待妙とは麁に待対して明かされた妙で、第五時法華円教は前四時三教の麁に対して妙、半字に対して満字、帯方便に対して不帯方便、生滅門に対して不生不滅門といったように、第五時法華円教と前四時三教とを比較相対し、今昔隔会の化用の異なることを判じ、麁妙を判じてその上で立てられた妙である。一方、絶待妙とは麁に待対して明かされた妙ではなく、麁妙待対を超えた絶対的な妙である。ものを隔てる情さえ取り除いてしまえば教法の体には別なく、隔会はただ根性の融不融にある。衆生の根性が融じ来たれば今昔の教体には別はなくなり、前四教の釈尊一代の教法が一仏乗法となって融じ来たるのである。(19)すなわち、相待妙は麁即不妙、妙即不麁としての妙で、破麁顕妙であり、絶待妙は麁即妙、妙即麁としての妙で開麁顕妙であって、絶待妙とは麁に待対して明かされた妙ではなく、いかなる待対分別を超絶した絶対的な妙なのである。

また『法華文句』では、『法華経』のみが他の諸経に勝れ、唯一独妙の円教を説く経典である理由を「方便品」の四種をあげ、教一・行一・人一・理一の四一を以て証している。[20]「十方仏土中、唯有二一乗法一、無レ二亦無レ三」は教一を指し、教が唯一で、それ以外に別の教法はない。「正直捨二方便一、但説二無上道一」は行一で、真実行は唯一絶待である。「但為二菩薩一、不レ為二小乗一」は人一で、教を信じて修行する人は全て菩薩であり、声聞や縁覚はいない。「世間相常住」は理一で、諸々の現象の事物は本体の理に依っており、諸法実相をあらわす。これらの場合の「一」とは、二や三に相対した数字ではなく、絶待を顕す「一」である。それは『法華経』とは「権」に対する「実」のように、相対を説く経ではなく、方便の教えそのままが真実の円教である「絶待一乗」を説く経典だからである。このように、絶待妙では衆生の根性が整えば、前四教の釈尊一代の教法が一仏乗法と融ぜられ、この教判構造を「開会」という。開会は開権顕実・廃権立実・会三帰一の三義で説明される。開権顕実とは、華厳・阿含・方等・般若における頓漸二教を開して、非頓非漸の法華に会入することである。また、蔵・通・別の三教を開して円教に会入すること、あるいは声聞・縁覚・菩薩の三乗を開して一乗に会することをいい、これらを総称して開権顕実という。廃権立実とは、方便の教である『法華経』爾前の諸教を廃して、真実教である『法華経』を立てることをいう。会三帰一とは、三は三乗、一は一乗で、方便の三乗教を会して一乗真実に帰することといい、開権顕実と同義である。[21]このようにみてみると、麁即妙、妙即麁として、いかなる待対分別を超絶した「絶待」という語は、化儀や化法の八教という隔たりを廃し、全てを一仏乗に帰入し、前四教を法華に融会してすべての対立を融合統一するという『法華経』の開会の思想をあらわしていることがわかる。そしてこの開会は天台教学における一乗義の特徴ともいえるもので、『法華経』を中心に一代仏教を統摂し、四一で表されるような絶待一乗なのである。実際、

『法華玄義』において、「絶待」という語は二十六例も見られる一方で、「絶対」の語例はない。(22)言い換えれば『法華経』が究竟一乗の法であることを顕すときには「絶対」ではなく「絶待」の語を用いており、「絶対」と「絶待」には使い分けが見られるのである。

以上、天台における「絶待」の用語をみてきたのであるが、先行研究の中には親鸞の「絶対」を天台の「絶待」と同義に解釈するものがある。例えば日下大癡氏は、

釈尊出世の本懐として大無量寿経を推すときは、眼中固より法華経の夫れはあるところなく、又絶対開会門に立ちて唯有誓願一仏乗の独立を宣言するところ、三世諸仏の経教何物か本師弥陀願海中の妙波瀾でないものがあらう。(23)

といわれており、誓願一仏乗義を「絶対開会門」の立場から解釈していることから、親鸞の「絶対」を「絶待」の義で解釈していることがわかる。では親鸞が用いる「絶対」とはいかなる意味をあらわす用語なのであろうか。これは親鸞の念仏と諸行との関連性と「絶対」の出拠となっている「行文類」一乗海釈と『愚禿鈔』二教二機対の構成から論考できる。念仏と諸行との関連性については次項で論ずるため、ここでは「絶対」の出拠となる箇所に注目したい。親鸞は念仏と諸行の教と機について比校対論させ、「行文類」では二教対四十七対、二機対十一対をあげ、『愚禿鈔』では二教対四十二対、二機対十八対をあげている。両書を対照すれば多少の相違があるが、二教対はともに「難易対」から始まって「報化対」で終わり、二機対は「信疑対」から始まって、「明暗対」で終わり、共に始終が一致している。この一致は単なる偶然ではなく、親鸞には明確な意図があったと考えられる。これについて灘本愛慈氏は、本願法は他力易行によって報土の勝果を得しめ、諸行は難行を修して化土の劣果を得るといっ

た、因果にかけて本願法が余法に比対して超絶する義を明かすものとしている。また、二機対においても、信疑と明闇をもって中間を総じるもので、他力信心は仏智を体としているから「明」であり、諸行自力信心は無明煩悩を体とするから「闇」と示すのであると、それぞれの対応関係を示している。[24] このように、二教二機対において念仏と諸行を比校相対させ、念仏が諸行より勝れていることを受けて「絶対不二之教、絶対不二之機」と結釈するのであるから、この「絶対」が念仏と諸行が相対的な対立が泯亡しているとは文脈からいっても考えることはできない。このように、親鸞における「絶対」の語義とは、親鸞の聖道門理解、一乗海釈の文言、二教二機対の構成からして、従来指摘されてきた天台の開会をあらわす相対を絶した「絶待」の意ではなく、比校すべきものがない無比対の義であり、諸行と相対して本願法の超勝性を明かすものであるといえよう。[25]

三、親鸞と天台における真実・方便の構造的相違

天台における真実と方便の体系であるが、『天台四教儀』に、

次説法華。開前頓漸、会入非頓非漸。故言開権顕実、又言廃権立実、又言会三帰一。

（『大正蔵』四六・七七五）

次に法華を説く。前の頓漸開して、非頓非漸に会入す。故に開権顕実と言ひ、又は廃権立実と言ひ、又会三帰一と言ふ。

といわれ、化儀四教・化法四教の隔たりを廃して一仏乗に帰入し、前四教を法華円教に融会する開会を開権顕実・

廃権立実・会三帰一の三義で説明している。開会の構造については前項で説明したように、権即実・三乗即一乗・方便即真実とされる。すなわち、一乗より二乗・三乗を出すのであり、二乗・三乗といっても一乗と別体ではないから本来廃されるものなどはなく、仮ではなく真の立場をあらわすのである。しかしながら、先にあげた一乗海釈や「化身土文類」で説示されているように、親鸞にとって聖道門とは、本願一乗へ調機誘引せんがための教えであるが、機根が熟し、真実の教法を受け容れることができるようになれば真実の教えが顕露され、方便の教法は廃される。つまり、これを暫用還廃の教法としてみられ、誘引方便の教法とみても第十八願に帰入の後は廃すべき教法として位置づけられているのである。もし開会を以てするならば、未熟の機に応じて方便として開説された定散二善の法門がそのまま念仏となり、定散即念仏という義を成ずることとなり、真仮廃立を厳然とした唯一仏乗法が成立しないことになる。

一方、法然門下において積極的に開会思想を自身の教学に取り入れているのは西山派証空である。証空は三福・定散二善・念仏にそれぞれ行門・観門・弘願門という独自の名目をあて、さらに定散二善は弘願念仏を所詮とする能詮の教としている。(26) これは、「能詮所詮は猶分別の義、観門弘願は開会の釈なり」(27) といわれるように、天台の開会思想を取り入れているからである。すなわち、諸行は本来阿弥陀仏の外になく、機縁が熟し自力の執情が除かれ、観門領解が成立すれば全ては弘願念仏であり、定散即念仏と開会されるとしている。しかしながら、梯實圓氏が指摘しているように、定散二善を観門とみるこのような理解は、法然が「予がごときは、さきの要門にたゑず、よてひとへに弘願を憑む也」(28) といい、要門の定散二善と弘願念仏を各別の往生行とみなし、両者を廃立の関係でみていた理解とは異なるといわねばならない。(29) 親鸞が定散二善と弘願念仏を廃立の関係でとらえ、決して定散即念仏といった開会思想を取り入れなかったのは、法然の選択廃立思想を忠実に承けていたからであるといえよう。さらに前項で取り上げた親鸞の「絶対」義は、定散二善と弘願念仏との関係性から考察しても「絶待」の意ではなく、比校すべきものがない無比対の義である事は明らかであろう。

また、親鸞と五時八教判とでは権実の判定基準も異なっている。五時判においては機の立場に随って説かれた法は真実ではなく、権法であるという判定基準がみられる。五時判では前述のように、第二時鹿苑時以降は機根の理解能力に合わせて徐々に高度な教えを説いていき、そして釈尊の教えが理解できる段階にまで機根の根性が調った頃に、真実教である『法華経』が説かれるというものであった。この場合、機根の能力に随って説かれた法華爾前の教法は天台においては方便の教えと位置づけられるのである。すなわち、天台で説かれる方便とは、法華円教へと調機誘引するものであるが、教えを受ける機根の側からいえば、仏の教化によって理解能力が高められていくという向上的立場にある。しかしながら、親鸞には機根に随って説かれた法であるが故に方便権法であるという論理は見られない。この点について武田一真氏が既に指摘しているように、親鸞において権実の判断基準は機に随うことそのものにあるのではなく、いかなる機に随って説かれたかにある。(30)「化身土文類」聖道釈に、

信知、聖道諸教、為在世正法、而全非像末法滅之時機、已失時乖機也。（『浄聖全』二・二一〇）

まことに知んぬ、聖道の諸教は、在世・正法の為にして全く像末法滅の時機に非ず、已に時と失し機に乖ける也。

と、聖道門は時を逸し、機に乖く法であるというように、親鸞が聖道門を所廃の法門とするのは「機に随う」からではなく、「機に乖く」という観点にある。むしろ第十八願法は、逆謗闡提といった、いかなる逆悪にも応ずる法

である故に真実と位置づけられるのであり、天台とは逆に「機に随う」という点においてはむしろ肯定される立場にある。故に「行文類」正信念仏偈には、

印度西天之論家、中夏日域之高僧、顕大聖興世正意、明如来本誓応機。（『浄聖全』二・六一〜六二）

印度西天の論家、中夏・日域の高僧、大聖興世の正意を顕し、如来の本誓、機に応ぜることを明かす。

と述べ、七祖の釈功として阿弥陀仏の本願が機に応ずる法であることを明かしたと讃嘆するのである。

小結

以上、親鸞の二双四重判と五時八教判との関連性について検討してきた。まず、従来指摘されてきた「頓漸二教の名目と四教分判の構造は天台教判を応用したもの」という見解の妥当性を論考した。その結果、二双四重判の構造的依拠を真摯に顧みるならば、直接的には善導・法然の教判を承けて、さらに第十九願と第二十願と有機的に関連させることによって必然的に展開された、親鸞独自の教判であるといわねばならないだろう。しかし、親鸞の教判に五時八教判からの影響が全く看取されないということではない。二双四重判が趣帰するところは「誓願一仏乗」と示される絶対判にあるが、ここに五時八教判の基調となる「一乗」の精神が受け継がれているといえる。その際に導入されるのが、天台の真実・方便という概念であった。ただし、親鸞の教判は天台の構造を無批判に用いるのではなく、あくまでも法然の選択廃立義の上から再構築されたものである。念仏と諸行に開会の論理を持ち込まない点、一乗を明かす際に天台教学で開会を顕す「絶待」ではなく、「絶対」という言葉を区別して用いている

点、そして法の権実の基準を最下の機にまで随っているか否かに置いているのはその証左といえよう。このように、親鸞は自身が二十年間学んだ天台教学を巧みに依用しつつも、それらを法然より面授された選択思想の立場から再構築し、厳然とした「誓願一仏乗」という絶対教判を確立していくのであった。

註

（1）梯實圓『教行信証の宗教構造』（法蔵館、二〇〇一）一七頁。
（2）高田慈昭「真宗の教判論」（『行信学報』通刊第一一号、一九九八）。
（3）四教分別の依用については、日下大癡『台学指針』（百華苑、一九三六）三三二頁、頓漸二教は福原蓮月「親鸞と天台学」（『天台学報』第二二号、一九七九）において指摘されている。
（4）安藤俊雄『天台学―根本思想とその展開―』（平楽寺書店、一九六八）五五頁参照。
（5）南三、北七の説明については、多田孝文・塩入法道・池田宗譲『天台仏教の教え』（大正大学出版会、二〇一二）五一～五三頁参照。
（6）五時八教判について関口真大氏は、昭和四二年（『天台学報』第八号）以来論文を発表し、五時八教という成語が智顗の撰述に見られないことや、五時八教の名に相応する組織や構成が存在しないことから、智顗の教判ではなく、後世、高麗の諦観によって創唱されたものと主張する。これに対して佐藤哲英氏は、智顗に五時八教の成語が無くとも、その思想根源は智顗にあるということを文献的裏付けによって主張している。（『印度学仏教学研究』第二五巻第一号、一九七六／第二六巻第一号、一九七七）。
（7）日下大癡『前掲書』三三二頁。
（8）福原蓮月「前掲論文」。
（9）多田孝文・塩入法道・池田宗譲『前掲書』七五頁以下参照。
（10）『浄聖全』二・二八三～二八四頁。
（11）『西山全』三・一二頁。

(12) 石田充之『法然上人門下の浄土教学の研究』上(大東出版社、一九七九)二六八頁。
(13) 親鸞の教判は、直接的には法然の聖浄二門判と、その頓漸二教判を統合的に承けるものであるが、法然の教判そのものが龍樹・曇鸞・道綽・善導といった浄土教の伝統を総合的に承けたものであった。したがって、二双四重判もまた、龍樹以来の浄土教の伝統を伝承するものであることはいうまでもない。
(14) 五時教判については、勧学寮遍『釈尊の教えとその展開―中国・日本篇―』一五三～一五七頁参照。
(15) 親鸞が聖道門を権仮方便の法門と見られた背景には、『選択集』念仏付属章における「随自意・随他意」の説示と幸西教学からの影響も考えられ、これらの見解を否定するものではない。親鸞の聖道門理解は、法然・幸西・天台といった全体的な教学的視野に立った考察が必要であろう。
(16) 淺田正博「教行信証における天台教判用語の依用について」(『宗学院論集』第五三号、一九八二)。
(17) 安藤俊雄『前掲書』六二～六三頁参照。
(18) 内藤知康『顕浄土真実行文類講読』(永田文昌堂、二〇〇九)二九九頁。
(19) 相待妙と絶待妙の語義については、河村孝照『天台学辞典』(国書刊行会、一九九〇)二〇三～二〇四頁参照。
(20) 『大正蔵』三四・五一頁。
(21) 開会の説明については、淺田正博『天台四教儀講述』(龍谷大学内淺田研究室、二〇〇三)七三頁～七六頁参照。
(22) 山上正尊「絶対釈の考察」(『行信学報』通刊第二五号、二〇一二)。
(23) 日下大癡『台学指針』(百華苑、一九三六年)三五三頁。興隆師もまた、「二つに絶対。然るに本願一乗を按ずれば(止)絶対不二の教也。夫れ待絶の二法は其の体不二なるが故に。必ず一具に談じて之を云々せり。如法華相待絶待」(『真宗全書』二二・二八一頁)と、一乗海釈の「絶対」を天台の「絶待」の義で捉えている。
(24) 灘本愛慈『愚禿鈔要義』(永田文昌堂、一九七二)一五〇頁、一六六頁をそれぞれ参照した。
(25) 「絶対」と「絶待」を同義で捉える見解に対して大江淳誠氏、灘本愛慈氏、内藤知康氏は、念仏は他の教法とは比肩できないほど勝れた無比対の義で解釈している。
(26) 『西山全』三・二八二頁。
(27) 『西山疏抄尋覧』第一輯・一頁。

(28) 『真聖全』四・一三二頁。
(29) 梯實圓『法然教学の研究』(永田文昌堂、一九八六) 一二八頁。
(30) 武田一真『親鸞浄土教の特異性』(永田文昌堂、二〇一三) 二三三頁以下参照。

親鸞における『阿弥陀経』受容の諸相（II）
――方便化身土としての極楽国土荘厳の意義――

河　智　義　邦

はじめに

前稿[1]において同主題のもと、親鸞が主著『顕浄土真実教行証文類』（以下、『教行証文類』）「化身土文類」に『阿弥陀経』の法門を「真門」として設定した意義について、教義学的考察をふまえつつ、未信の行者がどのようにすれば真実信心の念仏者になるか、という実践的側面から解明してみた。そこでは、親鸞が浄土三部経のうち、『観無量寿経』と『阿弥陀経』を基本的にはともに『無量寿経』の第十八願意の教説に誘引するための権仮方便の門戸と示し、隠顕釈なども施して、両経に重層的な釈意があることを明かしつつ、とりわけ真門・『阿弥陀経』から弘願門については、「転入」の語を使用して、直接的に『無量寿経』に説示される「弘願・選択の願海（第十八願・本願他力の念仏の道）」への契機になるものとして、要門・『観無量寿経』の方便意との質的相違を見ていたことを指摘した。

その考察の方法として、まずは『阿弥陀経』の本文構成を、（a）～（g）の七つに区切り、次に親鸞の著述における直接間接の引用・言及箇所、三十箇所を列記し、それらを対応させてその傾向を整理して論考の土台とした。その際に掲げた二つの課題の中、冒頭に述べた一つめの課題について考察したのが前稿である。いまひとつの課題として残っているのが、本文構成では二番目の（b）に分類した依報段、即ち極楽浄土の荘厳に関する記述について、親鸞が本経の主要部であるこの経説の文を著述の中に引用していないことをどう考えるかという点であった。本稿では、この点について親鸞の弥陀身土論、特に方便化身土論との関連を考察してみたいと思う。

1．親鸞の弥陀身土論にみる浄土観の基本的立場

（i）「真仏土」について

これまでにも多くの論究があるように、親鸞の弥陀身土論の特色は、曇鸞の『往生論註』（以下、『論註』）の二種法身説を受容し、それを大乗原理的根拠としつつ因願酬報の「報身土」の中に「真仏土」と「化身土」の二つを判別していることにある。そして、その「報身土」理解は従来的浄土教で捉えられていた「報身土」観とは二つの点で異なっている。一つは、『一念多念文意』や『唯信鈔文意』、「自然法爾章」などに説示されるように、今言う『論註』の受容によって阿弥陀仏とその浄土が無相無色無形の真如・法性が形相をとって顕れた「方便法身」「かたち」であり、その様態を衆生に知らせんとして具体的に「因願酬報」した「かたち」「報身土」であることを明

らかにしたことにある。すなわち、凡夫・衆生に「さとりの真実・智慧」を伝達し志向せしめるための象徴的・伝道的な存在と示している点にある。[2] いま一つは、その「報身土」の中に「真の報仏土＝真仏土」と「仮の報仏土＝方便化身土」という「真・仮二仏土」の報仏土論を展開していることである。

まず、親鸞の「真仏土」理解について確認しておきたい。「真仏土文類」の劈頭には、

つつしんで真仏土を案ずれば、仏はすなはちこれ不可思議光如来なり、土はまたこれ無量光明土なり。しかればすなはち大悲の誓願に酬報するがゆゑに、真の報仏土といふなり。すでにして願います、すなはち光明・寿命の願（第十二・十三願）これなり。（『浄土真宗聖典註釈版』、以下『註釈版』二〇九頁）

と述べられ、真実の阿弥陀仏、阿弥陀仏の本質は「不可思議光如来」であり、真実の浄土、浄土の本質もまた「無量光明土」と語り、いずれも固定的・実体的な存在と言うよりも、「光明」という動的な用（はたらき）として明かされている。先述のように、親鸞は阿弥陀仏や浄土という存在は「いろもなし、かたちもましまさない」一如・真如・法性法身より「かたちをあらはし」た「方便法身」であるが、それは「かたち」と言っても「ひかりの御かたちにて、いろもましまさず、かたちもましまさず」と述べ、その点では「法性法身におなじ」であると言う。すなわち、親鸞は「真の報仏土」という「方便法身」を、あくまでも「いろもましまさず、かたちもましまさず」という「光明」＝「智慧のかたち」（「無相」＝「法性法身におなじくして」）として捉えているのであり、そこには「弥陀身土」への実有的把握を空じていこうとする意図を窺わせる。[3] これが親鸞の「真仏土」「真の報仏土」の基本的視座であり、親鸞においてはそれは唯一「名号」という我々の感覚の対象となる「かたち」として言語化・象徴化されて、その用を具現化すると示すのである。言い換えるならば、「真仏土」は名号という表現形式以上の具

体性を持たないということである。[4]

「真仏土文類」にはかかる浄土の本質を明かすために「無量寿経」諸本や『涅槃経』が引用され、真仏土が「大涅槃界」であることが論証されていく。また、諸師の論釈も多く引用され、「西方寂静無為の楽は、畢竟逍遥して有無を離れたり（『註釈版』三六九頁）」「極楽は無為涅槃の界なり（『註釈版』三六九頁）」「自然はすなはちこれ弥陀の国なり（『註釈版』三六九頁）」等と明示されていく。「西方極楽浄土」という語感からも、通俗的には実体（実有）世界として浄土が理解されがちであるが、親鸞はこうした文章を引いて、浄土の真義とは「煩悩を滅し尽くした生滅変化のない絶対のさとりの世界」（『註釈版』三六九頁脚注）で、有無を離れた「何ものにも執われず、あるがままにある」ところと説明する。「無為」とは因縁によって作られたものではないこと、因果関係を離れ、生滅変化を超えた常住絶対の真実のこと[5]をそう呼ぶのである。それはまた涅槃界ともいわれ、親鸞は「西方」「極楽」といった実体性をもった表現で顕される浄土の本質は無為涅槃界であると捉えるのである。[6]とくに『涅槃経』の引用においては十三文連引して、「真仏土」が単に静的な涅槃界であるだけでなく、この世を照らし我々に常に関わるといった浄土の積極的なはたらきを見いだしている点も注目される。[7]そして、真仏土結釈下には

しかれば、如来の真説、宗師の釈義、あきらかに知んぬ、安養浄刹は真の報土なることを顕す。惑染の衆生、ここにして性を見ることあたはず、煩悩に覆はるるがゆゑに。（『註釈版』三七〇頁）

と述べ、これは煩悩具足の衆生によって対象となるような具体化された浄土の相は名号以外、すべて「真の報土」ではないこととの反顕とも言えよう。

さらに「真仏土文類」末の真仮対弁釈下には、

真土といふは、『大経』には「無量光明土」(平等覚経・二)とのたまへり、あるいは「諸智土」(如来会・下)とのたまへり。以上『論』(浄土論)には「究竟して虚空のごとし、広大にして辺際なし」といふなり。

(『註釈版』三七二頁)

と述べて真土の相について要略する。またこの他にも「自然の浄土」「浄土無為」「不可称不可説不可思議」「唯仏与仏の知見」などと表現して、そこには凡そ具体的に描写されるような有相の荘厳には触れられていないのである。こうしたことから、親鸞の浄土観は、従来の浄土教で語られてきた実有的浄土観や、民族宗教的他界観というものを根底から完全に変容させるものであり、ただ単に死後において帰る場所と見るものではないと指摘されるのである。(8)

(ii)「方便化身土」について

次に親鸞の「方便化身土」観について見ていきたい。「化身土文類」劈頭には、

つつしんで化身土を顕さば、仏は『無量寿仏観経』の説のごとし、真身観の仏これなり。土は『観経』の浄土これなり。また『菩薩処胎経』等の説のごとし、すなはち懈慢界これなり。また『大無量寿経』の説のごとし、すなはち疑城胎宮これなり。

(『註釈版』三七五頁)

とあり、実有的有相として表現される『観無量寿経』所説の真身観とその浄土等を「方便化身土」であると明示していくのである。(9)まず『観無量寿経』に説かれた浄土とは、定善十三観に所観の対境として説かれる宝樹や宝地、宝池のある七宝荘厳の浄土であり、九品段に三福九品の行業に対応する果報として説かれる死後の場所としての極

楽浄土である。いずれも有相有量の仏国土であり、親鸞はこれを「化身土（化土）」と定めている。また『菩薩処胎経』に説かれる懈慢界は西方の閻浮提より十二億那由他にある国で、阿弥陀仏の極楽国への途中にあって、国土は心地よく、音楽が奏でられている。極楽国に生まれようとする者の中でその国土に執着する者は、進んで極楽国に生まれることができないと説かれている。ここには懈怠の者や驕慢の者、そして阿弥陀仏を信ずることが浅い者が留まるので懈慢界と言われ、親鸞はこうした者が留まる世界、国土をまた「化土」と言うのである。さらに疑城・胎宮とは『無量寿経』の胎化段から名称されたもので、仏智を疑惑する行者は宮殿に閉じこめられて五百歳の間、真実の三宝を見ることができないところから疑城と言われ、それはまた囚われた生活であり、あたかも母の胎内にあって未成熟で不自由な状態であるから胎宮と言われるのである。いずれも真実の智慧を信知していない状態の行者の関わる世界を「化土」と捉えているのである。

このように、親鸞は具体的表現・様相をもって説かれる浄土を「方便化身土」として明示しているのであり、このことは上記の三つの経典だけにとどまらず、親鸞の浄土観では、実有的有相で表現される浄土はすべて「方便化身土」と見なすという、明確なる基本的立場が顕示されている。

（iii）いわゆる「報中の化」について〜「真仏土」と「方便化身土」の関係

さて、それでは親鸞は「真・化二土」の関係についてはどのように示しているのであろうか。まずはこれまでの論説を参照しつつ、その特色について新たな見解を加えてみたい。

「真仏土文類」真仮対弁釈下には、先の引文の前後に、それ報を案ずれば、如来の願海によりて果成の土を酬報せり。ゆゑに報といふなり。しかるに願海について真あり仮あり。ここをもつてまた仏土について真あり仮あり。選択本願の正因によりて、真仏土を成就せり。(中略)仮の仏土とは、下にありて知るべし。すでにもつて真仮みなこれ大悲の願海に酬報せり。ゆゑに知んぬ、報仏土なりといふことを。まことに仮の仏土の業因千差なれば、土もまた千差なるべし。これを方便化身・化土と名づく。真仮を知らざるによりて、如来広大の恩徳を迷失す。これによりて、いま真仏・真土を顕す。これすなはち真宗の正意なり。(『註釈版』三七一頁)

とある。阿弥陀仏の願海には真実の願(第十八願)と方便の願(第十九願・第二十願)がある。それに応じて、浄土にも第十八願成就の「真仏土」と、第十九願・第二十願によって成就された浄土、即ち「仮の仏土」があると言うのである。そして、ともに「大悲の願海に酬報」して建立された浄土であるから、いずれも「報仏土」であることを「知るべし」「知んぬ」と強調している。また「化身土文類」では、第十九願・第二十願ともに「悲願」と呼んでいる。したがって、梯實圓は、それは真土と仮・化土という二種の浄土を建立したというのではなく、阿弥陀仏が成就した報土は唯一の真報土であるが、未熟の機の感見によって化土が成立することを表していると解説する。(10)さらに、真実報土は、真如の顕現態として辺無辺不二、相即無相、無相即相であるような完全なさとりの領域であるが、自力の行者は自らの善根力に応じた有相、有辺の浄土を描き出し、それが真の浄土であると感見している。親鸞はこれを「方便化身土」と言い、未熟な機を調育し、誘引していく場として認め、不思議の仏智を信知させて真実報土へ転入させるための聞法の場としての浄土と解釈していると指摘する。(11)つまり、「真・化二身土」を同じ「報仏土」の内に語っていくことによって、実有的有相の「方便化身土」をあくまでも「諸有群生海」の「誘引」

「悲引」のための、「報中の化」として、その「方便」の意義を認めていくのである。[12]

ここで、梯が言うところの「相即無相」について注意してみたい。この場合「真実報土」の「相」、即ち「光明」と規定された言わば第一義的「形相」は、完全なさとりの領域と言えるであろうが、(ii)で展開されるような実有的有「相」はあくまでも、そうした浄土観が理解されず、実有的有相に囚われている状態、すなわち第十九願・第二十願にいる状態であることを意味している。言わば第二義的「形相」である。この第二義的「形相」は、自力の行者を導き育て、仏智不思議の誓願（第十八願）の世界へ転入させた上は、その行者においては「方便化身土」であったと信知せしめ、「真・仮」の分別がなされることと同義となる。決して「真土・化土に荘厳の別があるのでなく、化土を化土と知らず、真土と固執し、真土の荘厳を実体化すれば、化土となる[13]」と理解されるべきものではないと思われる。「真の報仏土」は有相をもって説かれるが、「真仏土」と「仮の仏土」「方便化身土」は相のレベルが相違するのである。つまり、「真仏土」（相）の世界へ入らしむるためのさらなる「相」が「方便化身土」なのであり、一つの世界の両面・表裏と言うよりは「真仏土」の用として重層的に捉える方が真意に近いものと言えよう。これは後に論考するように、「真の報仏土」は「方便化身土」、すなわち我々の感覚の対象になるような「相」を取らずしてその真実性を知らせることはできないので、次節で考察する『阿弥陀経』の極楽国土の荘厳（極楽浄土）の意義は、真宗伝道学・教化学的観点からも非常に重要なのものとなるのである。

2. 親鸞と『阿弥陀経』の依報段・極楽国土の荘厳

(i) 依報段の内容と親鸞の理解の基本的態度

初めに述べたように、前稿では『阿弥陀経』の経説の内容を七つの構成に区切って分析の基礎としたのであるが、その中、(b) 依報段について親鸞の直接の引用、それに関する言及がないことについて考えてみたい。まず依報段を内容に従い以下のように細分化しておく。(『註釈版』一二二頁―一二三頁)

(イ) 極楽の名義　宝樹の荘厳

舎利弗、かの土をなんがゆゑぞ名づけて極楽とする。その国の衆生、もろもろの苦あることなく、ただもろもろの楽を受く。ゆゑに極楽と名づく。

また舎利弗、極楽国土には七重の欄楯・七重の羅網・七重の行樹あり。みなこれ四宝周帀し囲繞せり。このゆゑにかの国を名づけて極楽といふ。

(ロ) 宝池の荘厳

また舎利弗、極楽国土には七宝の池あり。八功徳水そのなかに充満せり。池の底にはもつぱら金の沙をもつて地に布けり。四辺の階道は、金・銀・瑠璃・玻瓈合成せり。上に楼閣あり。また金・銀・瑠璃・玻瓈・硨磲・赤珠・碼碯をもつて、これを厳飾す。池のなかの蓮華は、大きさ車輪のごとし。青色には青光、黄色には黄光、赤色には赤光、白色には白光ありて、微妙香潔なり。舎利弗、極楽国土には、かくのごときの功徳荘厳を成就せり。

(八) 天楽・金地・妙華の荘厳

また舎利弗、かの仏国土には、つねに天の楽をなす。黄金を地とし、昼夜六時に天の曼陀羅華を雨らす。その国の衆生、つねに清旦をもつて、おのおの衣裓をもつて、もろもろの妙華を盛れて、他方の十万億の仏を供養したてまつる。すなはち食時をもつて本国に還り到りて、飯食し経行す。舎利弗、極楽国土には、かくのごときの功徳荘厳を成就せり。

(二) 化鳥・微風の荘厳

また次に舎利弗、かの国にはつねに種種奇妙なる雑色の鳥あり。白鵠・孔雀・鸚鵡・舎利・迦陵頻伽・共命の鳥なり。このもろもろの鳥、昼夜六時に和雅の音を出す。その音、五根・五力・七菩提分・八聖道分、かくのごときらの法を演暢す。その土の衆生、この音を聞きをはりて、みなことごとく仏を念じ、法を念じ、僧を念ず。舎利弗、なんぢこの鳥は実にこれ罪報の所生なりと謂ふことなかれ。ゆゑはいかん。かの仏国土には三悪趣なければなり。舎利弗、その仏国土にはなほ三悪道の名すらなし、いかにいはんや実あらんや。このもろもろの鳥は、みなこれ阿弥陀仏、法音を宣流せしめんと欲して、変化してなしたまふところなり。舎利弗、かの仏国土には微風吹いて、もろもろの宝行樹および宝羅網を動かすに、微妙の音を出す。たとへば百千種の楽を同時に倶になすがごとし。この音を聞くもの、みな自然に仏を念じ、法を念じ、僧を念ずるの心を生ず。舎利弗、その仏国土には、かくのごときの功徳荘厳を成就せり。

古来より『阿弥陀経』の依報段に対して真宗教学では、香月院深励が、

観経には・・・仏身仏土ことごとく隠顕あり。・・・観経顕義の浄土は方便化土。隠義では真実報土。・・・今此阿弥陀経も同じ様に隠顕あれども其様子異あり。先づ最初依報段の浄土の相の如きは方便化土の相にしてもなるまいものでもなけれども。吾祖の真土の相とみ給ふとみえて。終に弥陀経の浄土を化土なりと宣ふことなし。・・・又此経正報段の主荘厳の弥陀は光明無量も故に寿命無量の故に阿弥陀と名く。これ吾祖真仏土巻に明す処の十二十三の本願成就の光寿無量の真報身なること明けし。此経所説の仏身が真報身なれば夫より前に説くところの浄土も亦真報土でなければならぬ(14)

と断定するように、「真報土」とする見解が多い。しかし既に指摘したように親鸞はこの経文からは自身の著述に引用文という形式では一箇所も引用をしていない(15)。「『弥陀経』の意」を讃嘆した「弥陀経讃」五首にも極楽浄土の記述については全く触れていない。この点について瓜生津隆真は、

まず単純に極楽浄土のことは省かれたと考えることができます。次に浄土とは阿弥陀仏の本願が完成して仕上がったものであるから、この浄土のことは阿弥陀仏の中に収めて、阿弥陀仏のことをたたえられた、と考えることができます。第三には、『阿弥陀経』に説かれている極楽浄土は方便化身土であるから、これを省いて阿弥陀仏のみについてのべられた、と考えることもできます(16)。

と、従来の説を紹介し、「第二と第三の理由がもっとも聖人のお心に近いのではないか」という見解を示している。管見の限り、当テーマにおける先行研究では、古今の見解は深励に代表されるように、第二説を採用することがほとんどであって、聖典講讃という形式の著述ではあるが、第三の説に言及することは希な例と言える。

こうして親鸞の直接的な解説がないことから、今の第二説や第三説が見解が出てくるのであるが、前章（ii）で確認したように、「方便化身土」の内実に素直に従えば、『阿弥陀経』の依報段の極楽浄土の有相荘厳は「方便化身土」であることは明瞭である。ただし、繰り返しになるが、「報中の化」であるので、報土には相違ないのである。

（iii）『阿弥陀経』依報段と『無量寿経』弥陀果徳説示の浄土荘厳との関連

次に『阿弥陀経』同様に浄土の荘厳を説示している『無量寿経』弥陀果徳との関連を通して、真宗教義上の位置づけを考えてみたい。『無量寿経』において環境としての浄土の荘厳は五つの内容で構成されている。それらは「宝樹荘厳」「道樹荘厳」「自然の音楽」「講堂荘厳」「宝池荘厳」である。(17) まず、「宝樹荘厳」については上記（イ）と対照されるが、『無量寿経』では「七宝宝樹（行樹）」に特化され、宝樹一々の様相が詳細に説明され、最後に（ニ）の後半で説かれた微風（『無量寿経』では「清風」）の荘厳について説かれている。次の「道樹荘厳」については『阿弥陀経』には直接対照する文はないが、前半の「珍妙の宝網、その上に羅覆せり」あたりまでは、やはり（イ）と重なり、中程の「微風やうやく動きてもろもろの枝葉を吹くに、無量の妙法の音声を演出す」などは（ニ）の内容との関連が想起される。また「自然の音楽」の「自然の万種の伎楽」「法音・・・微妙和雅なり」などの文は、（ハ）や（ニ）と重なるところがあり、浄土が妙なる音楽の世界であることが述べられている。次の「講堂荘厳」はこの中では一番短い文であるが、あえて言うと（イ）と関連している。そして、最後の「宝池荘厳」は前半に（ロ）では「八功徳水」としか説かれていない宝池の功徳が一々詳説され、後半の「波揚がりて無量なり。自然の妙声」となって三宝や寂静、空・無我、大慈悲の声を聞かせて、歓喜せしめるといった説示は、（ロ）

や（二）と対応すると言えよう。なお（八）については、内容的に『無量寿経』巻下に浄土に往生した者に付与される果徳、「衆生往生の果徳」についておよそ五段にわたって説かれる二段落目の「第二十三願および第二十四願成就文」といわれる「供養諸仏」の経説（『註釈版』四八頁―四九頁）と同義であると言える[18]。

このように、『阿弥陀経』の依報段の所説は、『無量寿経』の浄土荘厳（弥陀果徳など）の説示と関連が深いことが知られる。それでは、親鸞はこの『無量寿経』の説示をどのように解釈しているか考察し、次いで『阿弥陀経』依報段の位置づけを確定してみたい。

（iii）『無量寿経』説示の五種の浄土荘厳と親鸞の理解

『無量寿経』弥陀果徳に明かされる安楽世界・有相の浄土荘厳に対する親鸞の見解は、『浄土三経往生文類』（以下、『三経往生文類』）と「化身土文類」、そして「讃阿弥陀仏偈讃」に伺うことができる。まず、『三経往生文類』では、『観無量寿経』の往生について、

観経往生といふは、修諸功徳の願（第十九願）により、至心発願のちかひにいりて、万善諸行の自善を回向して、浄土を欣慕せしむるなり。しかれば『無量寿仏観経』には、定善・散善、三福・九品の諸善、あるいは自力の称名念仏を説きて、九品往生をすすめたまへり。これは他力のなかに自力を宗致としたまへり。このゆゑに観経往生と申すは、これみな方便化土の往生なり。これを双樹林下往生と申すなり。（『註釈版』六三〇頁）

と明かされている。第十九願所誓の法門の願意に基づき、定散二善・自力称名念仏を修する往生を「観経往生」「方便化土の往生」「双樹林下往生」と規定している。そしてその「化土の相」を明かす中で、第二十八願文を引

用し、続いて第二十八願の成就文として先の「道場樹荘厳」の文が略出されている。次に「化身土文類」でも同じく要門の果徳である「化土の相」を明かす中で「道場樹荘厳」と「講堂荘厳」「宝池荘厳」の文が抄出されている。これらはいずれも有量・有辺の国土の在りよう、荘厳の相であることをもって「方便化身土」の具体的相と捉えているのである。やや細かな話になるが必要と思われるので次のことに触れておきたい。両書の引用について、古来「化身土文類」で「乃至」と中略している箇所については、親鸞がこれを「真実報土」の利益と捉えていたという見解があるが、『三経往生文類』では、その「乃至」されていた全文が引用されている。そのため、「乃至」はあくまでも簡略のためになされたものであって、親鸞は『無量寿経』弥陀果徳の（宝樹荘厳も含む）浄土荘厳全体を「方便化身土」と把握していたとみるほうが適切である。(19) この点は後に改めて検討する。

さて、親鸞の『無量寿経』弥陀果徳を初めとする様々な浄土荘厳の説示に対する見解は『浄土和讃』の「讃弥陀偈讃」にも示されている。これを見ていくにあたって、先に述べた親鸞の仏土観の基本的立場を確認しておきたい。

（a）「真土の相」　第一義的形相・・・実有的世界を超えたさとりの領域であることを表現

「無量光明土」「諸智土」「究竟して虚空のごとし、広大にして辺際なし」（「真仏土文類」）

「安楽国土の荘厳は　釈迦無碍のみことにて　とくともつきじ」（「高僧和讃」）

（b）「化土の相」　第二義的形相・・・凡夫の感覚で捉えられるような情景的、場所的実有的な表現

「『観経』の浄土」（七宝荘厳の国土）」「懈慢界」「疑城胎宮」(20)（「化身土文類」）

こうした内容に準拠させて、「讃弥陀偈讃」の関連和讃を検証していく。

「讃弥陀偈讃」の中、当論と関連すると見られるのは第三十三首から第四十四首までの和讃である。その内容構

成を伝統的には、三十三首が「方便の化土」を示し、三十四首から三十六首が「真実の報土」を讃嘆し、三十七首から三十九首が「宝林の讃嘆」、四十首から四十二首が「宝蓮の讃嘆」、四十三首から四十四首が「宝池の讃嘆」と説明されていて、三十四以下はいずれも「真土」の相を讃えたものと考えられている。[21] それぞれ直接的には曇鸞の『讃阿弥陀仏偈』を出典としつつも『無量寿経』や『阿弥陀経』の依報段の経説とも関連深い事柄が讃嘆されている。まず三十三首には

七宝講堂道場樹　方便化身の浄土なり　十方来生きはもなし　講堂道場礼すべし　（『註釈版』五六二頁）

とあり、七宝で荘厳された講堂や道場樹（阿弥陀仏がさとりを開いた場所にある菩提樹のこと。『無量寿経』には高さ四百万里、周囲五十由旬と有量の相で示されている）を「方便化身土」の代表として明かし、「辺地懈慢国なり、疑惑胎生の道場なり」と左訓が施されている。ここには、「方便化身土」ではあるが、十方から来生する者も多く、こうした化土を設けてくれた阿弥陀仏を礼拝すべしと勧められている。そして、三十六首から三十八首には「妙土広大超数限」（三十六首）「こころもことばもたえたれば」（三十七首）「真無量」[22]（三十八首）等と述べて、「真仏土」の徳を讃嘆するのである。伝道を考慮して作成された和讃の性質上、単純に分類することの必要性の有無はともかくとして、一応ははじめに「真化二土」の総論的な内容（三十三首は（b）、以下三首は（a））を明かし、以下の宝樹や宝華、宝池を讃嘆する和讃にある浄土の荘厳は、親鸞の基本的立場に照合すれば（a）となろう。[23] しかし、いずれの和讃も親鸞が「帰命」すべしと勧めているのは、衆生を帰依せしめるために慈悲方便としての巧みな荘厳相（方便化土）を設定した阿弥陀仏にあることは重要である。

以上のように、親鸞は『無量寿経』所説の有相の浄土荘厳を「方便化土」と捉えていたのであり、こうして見る

と、間接的にではあるが、やはり親鸞の『阿弥陀経』の依報段に対する基本的視座はこれと同様に「方便化身土」と捉えていたと言い得るのである。

3・「方便化身土」としての極楽浄土荘厳の意義〜「応化」と「教化」

(i) 親鸞の方便論

前章との関連で、親鸞の方便観を見る上で一般的に用いられる「善巧方便」と「権仮方便」について確認しておきたい。まず「善巧方便」とは、言葉を超えたさとりの世界(無分別智・般若・実智)を言葉で表し、形を超えた領域を形で表現して、迷える人々に近づいて呼び覚ましていく大悲の智慧を後得智のことを言う。[24] 1―(i)で言うところの「法性法身」より「かたち」を顕した「方便法身」のことであり、「不可思議光」「無量光明土」なる阿弥陀如来・真の報仏土のことを言う。しかしそれは先にも指摘したように、娑婆世間の我々凡夫が感覚として捉える実在性に比べれば、明らかにその実有・実体性が空じられたところの「いろもましまさず、かたちもましまさず、法性法身とおなじくして」という「無相」としての「光明」であること(「世間」に比せば二種法身ともに「無相」であること)を親鸞は主張するのである。[25] そして、かかる「光明」とは親鸞においては言葉となった「教え」を意味するものであって、より具体的には、智慧の内実、縁起・無常・無我の道理によって信罪福心の自己の現実を信知せしめる「教え」であり、行者はそのことを念仏申しつつ常に確認し、聞法・聞名の在俗生活の中に真実の生き方としての歩み、大乗仏道を志向せしめられるのである。[26] それが第十八願の法門の内実である。しかしながら、そうした「教え」をただちに受け取れないのもまた凡情の現実である。この点について、要門・真門の行信論との関連を考察したのが前稿である。

さて、そうした真実の法門（善巧方便）を受け取れない者のために設定されたのが要門・真門であり、「権仮方便」としての「方便化身土」である。こうした点について、村上速水は

弥陀の本願を素順に信ずることができず、自力をもって諸善を修し、あるいは称名し、その功徳を廻向して往生せんと願うもののために、如来が誘因のために自証をかくして、別に土を化現されるもの、それが方便化身土である。化現の土であるから化土と云い、また方便誘因して真実の報土に入らしめようとするものであるから仮土ともいわれる。即ち二土の名称には二種の相対があるわけで、真仮相対すれば真は真実、仮は権仮であり、権仮とは暫用還廃の義、即ち真実に入らしめるための階梯の意味である。これに対して報化相対するときは、化は化現の土であって、因願酬報の仏身が衆生の機感に応同して報中に化現する土をいう。[27]

と述べている。また、池田勇諦は施造方便（善巧方便のこと）と権仮方便の関係について、「化身土文類」の「方便」は施造方便を体とする権仮方便であって、

かくて「方便」（＝仮）は基本的に「真実」の自己表現として「報」（方便法身＝施造方便）であり、それはより具体的な歴史への即応性として、まさに報中の「化」（方便法身の変化の身＝権仮方便）に極まるといわねばならない。ゆえに如来からは「仮＝化」としての「方便」義が、衆生の機辺からは真実に転入せしめられる唯一の肝要性として作用する「仮＝要」の義となることは、もはやいうまでもない。[28]

と明かしている。こうした見解を、仏土論に当てはめてみると、『阿弥陀経』の依報段や『無量寿経』弥陀果徳段に説示される浄土荘厳は、「真の報仏土」の具体的な用、「真仏土（真実の浄土は光明として関わること）」を信知せしめるために、「有相」的に表現されたもの（これを「応化」という）で、自力行者をして真実に転入せしめる用（これを「教化」）を有することを「方便化土」と捉え、また真実報土の在りようが信知された上は、「真仮分別」して、この荘厳に固執することを遮したのが親鸞であったと言えよう。「化現」については「讃弥陀偈讃」の内容から、真宗教義学的になお考慮すべき事柄があるように思われるので「結論」で触れてみたい。

（ii）親鸞の「行信」と「仏土」における「真仮分別」の関連

さて、前稿と本稿にわたって二つめの課題としたのは、

二つに、親鸞の『阿弥陀経』に対する隠顕は、経文全体というより具体的には浄土往生の方法を説く因果段（修因段）の教説と第二十願意を重ねて理解していることを表しているが、その際、伝統的には親鸞は因果段以外の他の段については、権仮方便の教説と捉えていないと考えられている。しかしながら、『阿弥陀経』前半の主要部分である依正段における実体的な極楽浄土の荘厳相について、はたしてそのように直ちに言い得るのか、「真仏土文類」や『一念多念文意』に明示される親鸞の仏身仏土（阿弥陀仏・浄土）論との整合性を今一度検証する必要性を感じる。(29)

という内容であった。これまでに考察したように、親鸞の依報段に対する態度は、基本的には「化身土文類」などの所説に窺えるように、「方便化身土」「報中の化土」である。そして、二つの課題に対する親鸞の回答とも言うべ

き文言が、

・真仮を知らざるによりて、如来広大の恩徳を迷失す。これによりて、いま真仏・真土を顕す。これすなはち真宗の正意なり。（『註釈版』三七三頁）

・念仏成仏これ真宗　万行諸善これ仮門　権実真仮をわかずして　自然の浄土をえぞしらぬ（『註釈版』五六九頁）

等であると述べた。

この点について渡邊了生は、「弥陀身土」そのものに対する厳格な「真仮分別」が、救済の成立に関わる弥陀回向の「信知」の内実として要請されているとし、

親鸞は、かかる「真仮分別」を弥陀身土論の基底に据えながら、実有的な「方便化身土」をあくまでも「弘願」の「真の報仏土」の真実性を顕すための方便、すなわち弥陀悲願の「誘引・悲引」のためのプロセスとして示される弥陀身土論であると理解するのである。そして、そこにいう「真仮分別」とは、「方便化身土」が弘願酬報の「真の報仏土」によって絶えず我々の全面に悲願（十九・二十願）酬報として仮設されなければならなかった悲願の「こころ」と、その悲願ゆえに「方便化身土」は自らの発露によって自らを消滅契機として限りなく否定し、衆生を常に「真仏土」へと転入させ続けていくという悲用の真実とが「信知」されることに他ならない。(30)

と述べるのである。つまり、親鸞において捉えられている「方便化身土（化身土）」は「真の報仏土（真仏土）」に比して劣ったものと理解されているのではなく、これを措いて真実信心の世界は開かれてこない、といったように、

積極的な意義が見いだされている点を看過してはならないであろう。先に引用した中に、

すでにもつて真仮みなこれ大悲の願海に酬報せり。ゆゑに知んぬ、報仏土なりといふことを。まことに仮の仏土の業因千差なれば、土もまた千差なるべし。

という文があるように、「真仮」の仏土はいずれも「報仏土」であり、「化身土」という形相が示されることによって、我々が浄土の教えに出遇うことができるのであり、真実の浄土の用に転入することができるのであろう。正親含英は、その点に関して

化身土は人間の当情的要求に応じてあらわれるもの、人間の経験せる苦悩において要求せられ、憧憬（欣慕）せられる対象となるもので、その対象に愛執する限り、実体化せられ、偶像化することをまぬがれえない。それはたとえ真実の浄土でないにしても、現実の苦悩に当面せる衆生の求め得るものは、これを他にしてない。この方便化身土なくして、われわれは真実の如来、真実の浄土に帰入することを得ない。化身土は真実報土に入らしむるための方便の土である。逆に云えば、真実報土を願う身に、化土の有難さも知られるのである。帰命尽十方無碍光如来の御名によって、絵像、木像の尊さがあり、絵像木像を真仏の如く礼拝する人に、帰命尽十方無碍光如来と如来は御名のほかに在ぬことが知られる如くである。(31)

と述べている。これは先に「讃弥陀偈讃」の解釈において「いずれの和讃も親鸞が「帰命」すべしと勧めているのは、衆生を帰依せしめるために慈悲方便としての巧みな荘厳相（方便化土）を設定した阿弥陀仏にあることは重要である」と指摘したことと軌を一にする見解と言える。

以上のことより、親鸞教学における、『阿弥陀経』依報段の位置づけ、「方便化身土」設定の意義を考えると、そ

れは直ちに第十八願（真実の智慧への目覚め）に入れない仏智疑惑の第十九願・第二十願の行者を誘因するための仮の手だて、自力疑心の者を従仮入真せしめるために現された大悲に酬報する「応化・教化の土」であるから、これらの荘厳を「方便化身の浄土」と規定するのである。前出の香月院が言うように修因段（因果段）以外に「隠顕」はないとは言い得ないのである。すなわち、親鸞は七宝や数量など我々の感覚の対象となる実体性を有する荘厳の積極的意義を「方便化身土」と認めていたのである。この点は前稿でも取りあげた、「化身土文類」における「難思往生を勧む」「難思往生を願うべし」、そして『御消息』における「往生を不定におぼしめさん人は、・・・お念仏候べし」の文意と同様の趣旨と考えてよいのではなかろうか。

結論　現代の真宗伝道との関連

おわりに、親鸞が『阿弥陀経』所説の依報段、すなわち極楽浄土の荘厳を「方便化身土」と捉えていた意義を前稿の内容と合わせ、真宗教義学ならびに伝道学的視点から整理してみたい。親鸞が『観無量寿経』や『阿弥陀経』の顕説は、第十九・二十願の意を開説して説かれたもので、真実の法門（弘願の教え）へ至る権仮方便の行信（仏道）が明かされたものと捉えていたことと呼応するように、「方便化身土」もまたそうした自力執心の行者の心を教化するために、「智慧のかたち」へ導く意図をもって応化・開示された有相世界と考えていたものと言うことができよう。つまり「方便化身土」を、阿弥陀如来が仏智疑惑の自力行者の思いに寄り添いつつこれを誡めるために設定した教化の場であるとともに、阿弥陀如来の如来の用（はたらき）を世俗の情景に喩えつつ、真の信心・念仏行者へと導く応化・育ての場であると捉えていたのである。

真宗伝道の教化の場で頻繁に使用される依報段の「池中蓮華　大如車輪　青色青光　黄色黄光　赤色赤光　白色白光　微妙香潔」の経説は、さとりの智慧と慈悲を比喩する経説、すなわち「応化」であり、我々の煩悩現実が自己中心にとらわれていることを「教化」する教説として取りあげられることがあっても、教説の表層にとらわれ、死後にそうした実有的実体的世界があり、そこに生まれると固執されるならば、それはたちまちに「有見」として教誡の対象となり、「懈慢界」「疑城胎宮」となるであろう。また、親鸞が「高田の入道殿」や「有阿弥陀仏」に宛てた書簡には、それぞれ次のような文言がある。

・かくしんばう、ふるとしごろは、かならずかならずさきだちてまたせたまひ候ふらん。かならずかならずまゐりあふべく候へば、申すにおよばす候ふ。かくねんばうの仰せられて候ふやう、すこしも愚老にかはらずおはしまし候へば、かならずかならず一つところへまゐりあふべく候ふ。（『註釈版』七七〇頁　傍線部筆者挿入）

・この身は、いまは、としきはまりて候へば、さだめてさきだちて往生し候はんずれば、浄土にてかならずかならずまちまゐらせ候ふべし。（『註釈版』七八五頁　傍線部筆者挿入）

ここでは『阿弥陀経』の修因段における「諸上善人・倶会一処」の言葉を連想させる内容になっていて、これもまた親鸞の浄土往生観との関連で教化で使われることの多い文言である。これについては既に指摘したこともあるが、「その意趣は自力格別の心（自力のはからい）を捨て、等しく他力回向の信を得て、浄土に往生し、自他や時の違いを超えて一如に溶けあうことを説くための、教化・勧信の言葉と解釈[32]」すべきものである。さらに加えるに、これは同信の念仏行者同志間における限定的な往来書簡であることも考慮すべき言葉である。その点を、例えば

「一処」における「一」に注目してみると、「真仏土文類」には、

往生といふは、『大経』(上)には「皆受自然虚無之身無極之体」とのたまへり。以上『論』(浄土論)には「如来浄華衆正覚華化生」といへり。また「同一念仏無別道故」(論註・下)といへり。以上また「難思議往生」(法事讃・上)といへるこれなり」　(『註釈版』三七二頁)

とあり、浄土に往生(難思議往生)するには皆同一の念仏(他力の念仏)によって往生するのであって、別の道はなく、しかも往生した者は「自然虚無之身無極之体」、すなわち「あらゆる限定を超えた、色もなく形もない絶対無限のさとりの身」となると示されている。「同一念仏無別道故」の文は真実の行を明かした「行文類」(『註釈版』一八六頁)、真実の証果について明かされた「証文類」(『註釈版』三一〇頁)、および『入出二門偈』(『註釈版』五四六頁)、『三経往生文類』(『註釈版』六二九頁)に同趣旨を述べるため引用されている。さらに「一処」に関連して「証文類」には、『論註』の

「往生を願ふもの、本はすなはち三三の品なれども、いまは一二の殊なし。また淄澠の一味なるがごとし。いづくんぞ思議すべきや」と。　(『註釈版』三一〇頁)

の文を引用し、これも浄土に往生することは阿弥陀如来の用によって世俗の限定を超えた身となることの証文とするのである。親鸞はこの「一味」という言葉にも注目していて、著述に多用しているが、ほとんどが上述の引用意図と同じように「一如」と同義に捉えられている。この書簡の文言の真義は、こうした文脈で解釈される必要があることを重ねて強調しておきたい。(33)

また、『阿弥陀経』のいまの経句は、二つの論稿で明らかにした親鸞の『阿弥陀経』観からしても、彼土や死後

における事態として解釈するよりは、此土・現生における応化・教化の文言として捉える方が相応しいように思える。例えば、諸上善人（真の念仏者としての善知識・同行）と出会える聞法の場（一処）の基本は念仏道場としての寺院である。そこには浄土の荘厳をあらわした内外陣の荘厳がある。そうした環境の中で聞法・聴聞の相続によって真の念仏者が育てられ、弘願の法門へと転入せしめられていくのであろう。

このような観点に立ってみると、浄土の荘厳相に準えて具現化、建立した真宗寺院の本堂の荘厳や、家庭における仏壇の荘厳もまた浄土の教えに出遇うための大悲の荘厳・「方便化身土」と位置づけることも可能となろう。(34)

註

（1）拙稿（i）「親鸞における『阿弥陀経』受容の諸相（Ⅰ）～真門設定の実践的意義について～」（岐阜聖徳学園大学『仏教文化研究所紀要』第一五号　二〇一五年）

（2）拙稿（ii）「親鸞の信心論と大乗仏教原理～現代真宗伝道の一視座～」（『中央仏教学院紀要』第一二・一三合併号　二〇〇一年）、同（iii）「往生思想の日本的受容と展開（二）～親鸞の「難思議往生」理解を中心に～（『日本浄土教の諸問題』所収　二〇一一年）等参照

（3）渡邊了生「「倶会一処」の浄土観と親鸞の弥陀身土思想」（『真宗学』九九・一〇〇合併号　一九九九年）四九七―四九九頁参照

（4）藤場俊基『親鸞の教行信証を読み解くⅣ』化身土巻（前）（明石書店オンデマンド版　二〇一二年）四四頁

（5）星野元豊『講解教行信証』「真仏土の巻」（法藏館　一九八一年）一六一八頁

（6）拙稿（iii）三二八頁

（7）朝倉昌紀「親鸞の浄土観の一考察」（『印度學佛教學研究』四二（一）　一九九三年）九三頁

（8）朝倉、前掲論文　同頁。朝倉は「親鸞の浄土観とは、当時の民族宗教的他界観というものを根底から完全に変容させるものであり、ただ単に死後において帰る場所とみるものではない・・・。家族と個人・浄土と穢土という対

置において捉える民族宗教的な世界観に終始する限りは、親鸞の捉える浄土は感得されえない・・・。浄土とはこの世を照らすということにおいて常に我々と関わり続けるものであり、その関わりを具体的に示すために表されたのが浄土の荘厳相であると言える。故に親鸞の浄土観の立場とは、経典に示される浄土というものを日本の民族性に当てはめたというよりもその表現に含まれる本質的なものを表したものであり、現代に生きる我々はこのような親鸞の意を深く汲まなければならない」と述べている。およそ四半世紀前のこの重要な指摘は、いまだ今日の真宗教義学（特に本願寺派教義）において大きな課題となっていると思われる。

（9）　渡邊、前掲論文　四九〇頁
（10）　梯實圓『顕浄土方便化身土文類講讃』（永田文昌堂　二〇〇七年）二三六頁
（11）　梯、前掲書　二三八頁
（12）　渡邊、前掲論文　四九〇頁
（13）　正親含英『三経往生文類講讃』（安居事務所　昭和三十三年）七四頁
（14）　『阿弥陀経講義』（『香月院深励著作集』七　法藏館　一九八一年）五〇頁
（15）　なお『阿弥陀経集註』に関しては、「自修のための書き入れ本で・・・後年に見られるような聖人の教相や安心の精密な説明を見ることは出来ない」（定本『親鸞聖人全集』第七巻一五九頁）ので、考察の対象から外している。
（16）　瓜生津隆真『聖典セミナー阿弥陀経』（本願寺出版社　二〇〇六年）一八八頁
（17）　本稿では『無量寿経』の弥陀果徳における浄土の荘厳を伝統的な三分科に基づきつつ、細分化して以下のように五分科した。（『註釈版』三二―三六頁）

（宝樹荘厳）

また、その国土に七宝のもろもろの樹、世界に周満せり。金樹・銀樹・瑠璃樹・玻瓈樹・珊瑚樹・碼碯樹・硨磲樹なり。あるいは二宝・三宝、乃至、七宝、うたたともに合成せるあり。あるいは金樹に銀の葉・華・果なるあり。あるいは銀樹に金の葉・華・果なるあり。あるいは瑠璃樹に玻瓈を葉とす、華・果またしかなり。あるいは水精樹に瑠璃を葉とす、華・果またしかなり。あるいは珊瑚樹に碼碯を葉とす、華・果またしかなり。あるいは瑪瑙樹に瑠璃を葉とす、華・果またしかなり。あるいは硨磲樹に衆宝を葉とす、華・果またしかなり。

あるいは宝樹あり、紫金を本とし、白銀を茎とし、瑠璃を枝とし、水精を条とし、珊瑚を葉とし、瑪瑙を華とし、硨磲を実とす。あるいは宝樹あり、白銀を本とし、瑠璃を茎とし、水精を枝とし、珊瑚を条とし、瑪瑙を葉とし、硨磲を華とし、紫金を実とす。あるいは宝樹あり、瑠璃を本とし、水精を茎とし、珊瑚を枝とし、瑪瑙を条とし、硨磲を葉とし、紫金を華とし、白銀を実とす。あるいは宝樹あり、水精を本とし、珊瑚を茎とし、瑪瑙を枝とし、硨磲を条とし、紫金を葉とし、白銀を華とし、瑪瑙を実とす。あるいは宝樹あり、珊瑚を本とし、瑪瑙を茎とし、硨磲を枝とし、紫金を条とし、白銀を葉とし、瑠璃を華とし、水精を実とす。あるいは宝樹あり、瑪瑙を本とし、硨磲を茎とし、紫金を枝とし、白銀を条とし、瑠璃を葉とし、水精を華とし、珊瑚を実とす。あるいは宝樹あり、硨磲を本とし、紫金を茎とし、白銀を枝とし、瑠璃を条とし、水精を葉とし、珊瑚を華とし、瑪瑙を実とす。このもろもろの宝樹、行々あひ値ひ、茎々あひ望み、枝々あひ準ひ、葉々あひ向かひ、華々あひ順ひ、実々あひ当れり。栄色の光耀たること、勝げて視るべからず。清風、ときに発りて五つの音声を出す。微妙にして宮商、自然にあひ和す。

（道樹荘厳）

また、無量寿仏のその道場樹は、高さ四百万里、その本の周囲五十由旬なり。枝葉四に布けること二十万里なり。一切の衆宝自然に合成せり。月光摩尼・持海輪宝の衆宝の王たるをもつて、これを荘厳せり。条のあひだに周帀して、宝の瓔珞を垂れたり。百千万色にして種々に異変す。無量の光焔、照耀極まりなし。珍妙の宝網、その上に羅覆せり。一切の荘厳、応に随ひて現ず。微風やうやく動きてもろもろの枝葉を吹くに、無量の妙法の音声を演出す。その声流布して諸仏の国に遍ず。その音を聞くものは、深法忍を得て不退転に住す。仏道を成るに至るまで、耳根清徹にして苦患に遭はず。目にその色を覩、耳にその音を聞き、鼻にその香を知り、舌にその味はひを嘗め、身にその光を触れ、心に法をもつて縁ずるに、一切みな甚深の法忍を得て不退転に住す。仏道を成るに至るまで、六根は清徹にしてもろもろの悩患なし。阿難。もしかの国の人・天、この樹を見るものは三法忍を得。一つには音響忍、二つには柔順忍、三つには無生法忍なり。これみな無量寿仏の威神力のゆゑに、本願力のゆゑに、満足願のゆゑに、明了願のゆゑに、堅固願のゆゑに、究竟願のゆゑなり」と。

（自然の音楽）

仏、阿難に告げたまはく、「世間の帝王に百千の音楽あり。転輪聖王より、乃至、第六天上の伎楽の音声、展転してあひ勝れたること、千億万倍なり。第六天上の万種の楽音、無量寿国のもろもろの七宝樹の一種の音声にしかざること、千億倍なり。また自然の万種の伎楽あり。またその楽の声、法音にあらざることなし。清揚哀亮にして微妙和雅なり。十方世界の音声のなかに、もつとも第一とす。

(講堂荘厳)

また講堂・精舎・宮殿・楼観、みな七宝荘厳して自然に化成す。また真珠・明月摩尼の　衆宝をもつて、もつて交露としてその上に覆蓋せり。

(宝池荘厳)

内外左右にもろもろの浴池あり。〔大きさ〕あるいは十由旬、あるいは二十・三十、乃至、百千由旬なり。縦広・深浅、おのおのみな一等なり。八功徳水、湛然として盈満せり。清浄香潔にして、味わひ甘露のごとし。黄金の池には、底に白銀の沙あり。白銀の池には、底に黄金の沙あり。水精の池には、底に瑠璃の沙あり。瑠璃の池には、底に水精の沙あり。珊瑚の池には、底に琥珀の沙あり。琥珀の池には、底に珊瑚の沙あり。硨磲の池には、底に碼碯の沙あり。碼碯の池には、底に硨磲の沙あり。白玉の池には、底に紫金の沙あり。紫金の池には、底に白玉の沙あり。あるいは二宝・三宝・乃至七宝、うたたともに合成せり。その池の岸の上に栴檀樹あり。華葉垂れ布きて、香気あまねく熏ず。天の優鉢羅華・鉢曇摩華・拘物頭華・分陀利華、雑色光茂にして、弥く水の上に覆へり。かの諸菩薩および声聞衆、もし宝池に入りて、意に水をして足を没さしめんと欲へば、水すなはち足を没す。膝に至らしめんと欲へば、すなはち膝に至る。腰に至らしめんと欲へば、水すなはち腰に至る。頸に至らしめんと欲へば、水すなはち頸に至る。身に潅がしめんと欲へば、自然に身に潅ぐ。還復せしめんと欲へば、水すなはち還復す。冷煖を調和するに、自然に意に随ふ。〔水浴せば〕神を開き、体を悦ばしめて、心垢を蕩除す。〔水は〕清明澄潔にして、浄きこと形なきがごとし。〔地底の〕宝沙、映徹して、深きをも照らさざることなし。微瀾回流してうたたあひ潅注す。安詳としてやうやく逝きて、遅からず、疾からず。波揚がりて無量なり。自然の妙声、その所応に随ひて聞えざるものなし。あるいは仏声を聞き、あるいは法声を聞き、あるいは僧声を聞く。あるいは寂静の声、空・無我の声、大慈悲の声、波羅蜜の声、あるいは十力・無畏・不共法の声、もろもろの通慧の声、無所作の声、不起滅の声、無生忍の声、乃至、甘露潅頂、もろもろの妙法の声、かくのごときらの声、その聞くところに称ひて、歓喜すること無量なり。〔聞くひとは〕清浄・離欲・寂滅・真実の義に随順し、三宝・〔十〕力・無所畏・不共の法に随順し、通慧・菩薩と声聞の所行の道に随順す。三塗苦難の名あることなく、ただ自然快楽の音のみあり。このゆゑに、その国を名づけて安楽といふ。

(18) 藤田宏達『浄土仏教の思想 第一巻 無量寿経』(講談社 一九九五年)二〇八頁

(19) 星野元豊は、化身土巻における『大経』の引用に「乃至」として中略されていることをもって、香月院などが道場樹は真報土・化土にもあると見ていることを紹介しつつ、『浄土三経往生文類』(略本)にはその「乃至」した箇所が全文掲載してあることから、この「化身土巻」の乃至は簡略のためになされたのであって、親鸞は一貫して化身土の浄土として捉えていたと指摘する。『講解教行信証』「化身土の巻(本)」(法藏館 一九八三年)一六九二頁

(20) 「懈慢界」と「疑城胎宮」について、星野は、親鸞が観経往生をもって懈慢界に往生すると言い、弥陀経往生を胎宮に往生すると一応はわけているが、懈慢界も疑城胎宮もともに化土であって、真仏土への途中にある辺地であることに変わりはないと指摘する(星野、前掲書一六七六頁参照)。こうしたことからも、親鸞が『阿弥陀経』所説の極楽浄土の荘厳を「化身土」と捉えていたことは明確である。

(21) こうした伝統的な解釈に対して異論をとなえた数少ない論稿に、櫻部建の「真仏土と化身土」(『同朋仏教』二〇・二一合併号 一九八六年 一二五―一三二頁)がある。この中で櫻部は「講堂道場樹に限らず、宝樹・宝池などもまた、われらが忻慕の対象たる化土の相として示している、と見ることに不当はないであろう」と述べている。

(22) この第三十八首の直接の出典は、言うまでもなく曇鸞の『讃阿弥陀仏偈』にある一偈であるが、その偈文は『無量寿経』の弥陀果徳・道樹楽音荘厳の「阿難。もしかの国の人・天、この樹を見るものは三法忍を得。一つには音響忍、二つには柔順忍、三つには無生法忍なり。これみな無量寿仏の威神力のゆゑに、本願力のゆゑに、満足願のゆゑに、明了願のゆゑに、堅固願のゆゑに、究竟願のゆゑなり」(『註釈版』三三頁)という一節に基づいて詠われたものである。親鸞はこの『無量寿経』の文を「化身土文類」に化身土の徳を顕すものとして引用している。これについて梯は、

三忍はさとりが次第に深まっていく有様を表していた。それは往生と同時に無上涅槃をさとる真実報土との違いを表していた。その三法忍を得させる仏力を、威神力、本願力、満足願、明了願、堅固願、究竟願の故であるといわれているが、それらは化土の果を得させる仏力としてみる場合には、第十九願力と第二十八願力を指していたことになる。ただし『讃阿弥陀仏偈和讃』のように真実報土を感得させる「真報土」のはたらきとしてみる場合には、第十八願力のありさまとしなければならない。

と述べて、親鸞の引用意図を解説している（梯、前掲書二六三頁）。この文については親鸞は「讃弥陀偈和讃」以外にも、真実の行を明かす「行文類」に「本願力故といふは、すなはち往くこと誓願の力なり。満足願故といふは、願として欠くることなきがゆゑに。明了願故といふは、これを求むるにむなしからざるがゆゑに。堅固願故といふは、縁として壊ることあたはざるがゆゑに。究竟願故といふは、かならず果し遂ぐるがゆゑに」という憬興の文を引用し、独自の訓読を施して、本願力による即得往生を明かす文として間接的ではあるが引用し、以下に本願力の内実について説明している。同概念を「真実」と「方便」の両義にわたって解釈する親鸞の手法はいわゆる「隠顕釈」に見られる方法である。

(23) 金子大栄は当該の諸和讃について「特に方便化土とか真実報土とかいふことはかういふ所では言はずに、全体として、浄土荘厳のお徳を讃嘆せられるのであるといふことに致しておいた方が穏かであらうかと思います」と述べている。（『阿弥陀経講話』在家仏教協会　一九五八年　一九二頁）。親鸞の意図もこれに近かったと思われる。

(24) 梯、前掲書　一三三頁

(25) 渡邊、前掲論文　四九九頁

(26) 拙稿（Ⅰ）参照

(27) 村上速水『親鸞教義の研究』（永田文昌堂　一九六八年）三八九頁

(28) 池田勇諦「「方便」の義意」（『同朋仏教』九・一〇合併号　一九七六年）四二頁

(29) 拙稿（i）七頁

(30) 渡邊、前掲論文　四九一頁

(31) 正親、前掲書　六五頁

（32）拙稿「親鸞浄土教における還相回向論の特質―その構造と具体性について」（『科学時代における人間と宗教』所収　二〇一〇年）三五一頁

（33）栗田正弘（本願寺派住職・内科医）は、この点について、以下のように述べている。

親鸞聖人のお書物を拝見しますと、聖人には二つの浄土観があるようです。例えば『末灯鈔』では、「この身は、いまは、としきわまりて候へばぱ、さだめてさきだちて往生し候はんずれば、浄土にてかならずかならずまちまゐらせ候ふべし」（中略）というように、「お浄土で会いましょう」と、浄土での再会を期するような、情的で懐かしいような表現でお浄土を語っておられます。

一方、「自然法爾章」では、「ちかひのやうは、『無上仏にならしめん』と誓ひたまへるなり。無上仏と申すは、かたちもなくまします。かたちもましまさぬゆゑに、自然とは申すなり。かたちましますとしめすときは、無上涅槃とは申さず」（中略）と、浄土に往生するとは、無上仏にならしていただくこと、つまりすべての限定を越えた、色もなく形も無い状況に到達することだと述べられています。

一方で、浄土でまた会いましょうと語られ、もう一方では、浄土は色も形も無い世界だと言われる。一見矛盾する感じで、戸惑うところであります。しかし考えてみますと、浄土が色もなく形もない世界であるからこそ、自分や他人、生や死とかの一切の垣根が取り払われ、すべてのものが本当に平等に一つに溶けあっていける。そしてそういう一つに溶けあった世界であるからこそ、そこでまた会いましょうという世界がひろがっていけるのではないかと、今味わっております。お正信掲に「如衆水入海一味」とありますが、川の水が海に溶けあって一つの味になるように、私たちもお浄土で、自他を越えて平等に溶けあうことによって「一つの処でところまた会える（倶会一処）」のだと感じています」（「私にとってのお浄土」『『ビハーラ医療団講義集　Ⅲ』自照社出版　二〇一四年　四八頁）

これは親鸞の浄土往生の原意を押さえつつ「倶会一処」の文言を解釈した希有な例といえる。

（34）ある地域の真宗寺院や聞信徒宅において入仏法要の際に、本論で紹介した「七宝講堂道場樹　方便化身の浄土なり　十方来生きはもなし　講堂道場礼すべし」が読誦される伝統があることとは由無きことは言えない。そこには寺院や仏壇の荘厳を、如来が煩悩を生きる我々にもわかるように形なき浄土（真実）の世界を凡情に即した「形」

で表現し、本願に帰依せしめんとする救済の場を開いたことに対する意志を讃えた和讃との認識が働いているものと推論する。

※脚注（1）の前稿の文中に誤りがございました。正誤表の通り訂正し、お詫び申し上げます。

【正誤表】

訂正箇所	誤	正
一八頁八行目	言及内容（①～㉘）	言及内容（①～㉚）
二三頁七行目	正引となる③の後に	正引となる④の後に

なおウェブ版（岐阜聖徳学園仏教文化研究所ホームページ）では、すでに訂正したものを掲載しています。

(http://www.shotoku.ac.jp/facilities/bukkyo/bulletin/15-2.pdf)

『教行信証』「行巻」大行釈にみる親鸞の念仏観[1]
――『往生礼讃』引用の意図と「六字釈」を中心に――

貫名　譲

はじめに

親鸞は『教行信証』「行巻」において、

つつしんで往相の回向を案ずるに、大行あり、大信あり。大行とはすなはち無礙光如来の名を称するなり。この行はすなはちこれもろもろの善法を摂し、もろもろの徳本を具せり。極速円満す、真如一実の功徳宝海なり。ゆゑに大行と名づく。しかるにこの行は大悲の願より出でたり。すなはちこれ諸仏称揚の願と名づく、また諸仏称名の願と名づく、また諸仏咨嗟の願と名づく、また往相回向の願と名づくべし、また選択称名の願と名づくべきなり。[2]

と、「大行」とは称名であるとあらわす。そして、この称名がなぜ大行となるのかを、

名を称するに、よく衆生の一切の無明を破し、よく衆生の一切の志願を満てたまふ。称名はすなはちこれ最勝真妙の正業なり。正業はすなはちこれ念仏なり。念仏はすなはちこれ南無阿弥陀仏なり。南無阿弥陀仏はすな

はちこれ正念なりと、知るべしと。(3)

と、称名には破闇満願のはたらきがあるからだと述べる。

ここで表される「大行としての称名」とは、阿弥陀仏の願心の具現相としての称名である。これは「大悲の願より出でたり」とあるように、阿弥陀仏の願いと釈迦仏による阿弥陀仏讃嘆がひとつになった称名である。また、阿弥陀仏讃嘆は、釈迦仏以降も龍樹をはじめとした諸師（善知識）によって継承されていく。そこに「大行としての称名」のはたらきがあることを、親鸞は「行巻」において明らかにしているのである。龍樹引文から始まる七祖引文は、七祖による阿弥陀仏讃嘆の文である。こと善導引文においては、山辺習学・赤沼智善が

この十文を引き給うについて、初めには、『往生禮讃』を引き、最後に『般舟讃』を引き、中に『玄義分』と『觀念法門』を挾み給うたのは、『禮讃』も『般舟讃』も讃文であって、讃嘆を主とする書であるから、この十文全體が名號讃嘆であることを示し給うたのである。(4)

と述べるように、「讃嘆」としての意味合いが強いことがうかがえる。

そこで、本論においては、「行巻」大行釈の善導引文と御自釈（六字釈）をうかがい、親鸞の念仏観を再考してみたい。

一、大行釈引用の『往生礼讃』について

親鸞は、『教行信証』において善導の文を数多く引用しているが、「行巻」とそれ以外の巻、とりわけ「信巻」と

では、引用の仕方に大きな差異が見られる。「信巻」では善導の本疏と言われる『観経疏』からの引用がほとんどであるのに対し、「行巻」では具疏とされる『往生礼讃』からの引用が大半である。『教行信証』全体で見た場合、『往生礼讃』からの引用は重複も含めて十九文ある。そのうち八文が「行巻」に引かれている。[5] 量でみれば、「行巻」は「信巻」の約四倍、「化巻」の約五倍になる。ちなみに『観経疏』についてみてみると、「信巻」では『観経疏』からの引用がほとんどであり、「行巻」は「信巻」の約四十分の一に過ぎない。このことからしてみても、「行巻」における『往生礼讃』引用については特異であることがわかる。[6]

そこで「行巻」大行釈に引かれた五つの『往生礼讃』を順に見てみたい。

（一）

光明寺の和尚のいはく、「また『文殊般若』にいふがごとし。〈一行三昧を明かさんと欲ふ。ただ勧めて、独り空閑に処してもろもろの乱意を捨てて、心を一仏に係けて相貌を観ぜず、もつぱら名字を称すれば、すなはち念のなかにおいて、かの阿弥陀仏および一切の仏等を見ることを得〉といへり。

問うていはく、なんがゆゑぞ観をなさしめずして、ただちにもつぱら名字を称せしむるは、なんの意かあるやと。

答へていはく、いまし衆生障重くして、境は細なり、心は粗なり。識颺り、神飛びて、観成就しがたきによりてなり。ここをもつて大聖（釈尊）悲憐して、ただちに勧めてもつぱら名字を称せしむ。まさしく称名易きに由（由の字、行なり、経なり、従なり、用なり）るがゆゑに、相続してすなはち生ずと。

問うていはく、すでにもつぱら一仏を称せしむるに、なんがゆゑぞ境現ずることすなはち多き。これあに邪正あひ交はり、一多雑現するにあらずやと。

答へていはく、仏と仏と斉しく証して形二の別なし。たとひ一を念じて多を見ること、なんの大道理にか乖かんや。また『観経』にいふがごとし。勧めて坐観礼念等を行ぜしむ。みなすべからく面を西方に向かふは最勝なるべし。樹の先より傾けるが倒るるに、かならず曲れるに随ふがごとし。ゆゑにかならず事の礙ありて西方に向かふに及ばずは、ただ西に向かふ想をなす、また得たりと。

問うていはく、一切諸仏、三身同じく証し、悲智果円にしてまた無二なるべし。方に随ひて一仏を礼念し課称せんに、また生ずることを得べし。なんがゆゑぞひとへに西方を嘆じてもつぱら礼念等を勧むる、なんの義かあるやと。

答へていはく、諸仏の所証は平等にしてこれ一なれども、もし願行をもつて来し取むるに因縁なきにあらず。しかるに弥陀世尊、もと深重の誓願を発して、光明・名号をもつて十方を摂化したまふ。ただ信心をして求念せしむれば、上一形を尽し、下十声一声等に至るまで、仏願力をもつて往生を得易し。このゆゑに釈迦および諸仏、勧めて西方に向かふるを別異とすならくのみ。またこれ余仏を称念して障を除き、罪を滅することあたはざるにはあらざるなりと、知るべし。もしよく上のごとく念々相続して、畢命を期とするものは、十即十生、百即百生なり。なにをもつてのゆゑに、外の雑縁なし、正念を得たるがゆゑに、仏の本願と相応することを得るがゆゑに、教に違せざるがゆゑに、仏語に随順するがゆゑなり」と。〔以上〕(7)

この文から見えてくることは、ただ阿弥陀仏の名号を称えることが勧められている、ということである。ここでは、大行としての名号のはたらきが示されているのみであって、称える者すなわち衆生の様相は問われていない。

ちなみに『往生礼讃』では、右記の文に続けて、

もし専を捨てて雑業を修せんと欲するものは、百は時に希に一二を得、千は時に希に三五を得。なにをもつてのゆゑに。すなはち雑縁乱動するによりて正念を失するがゆゑに、仏の本願と相応せざるがゆゑに、教と相違せるがゆゑに、仏語に順ぜざるがゆゑに、係念相続せざるがゆゑに、憶想間断するがゆゑに、回願慇重真実ならざるがゆゑに、貪・瞋・諸見の煩悩来り間断するがゆゑに、慚愧・懺悔の心あることなきがゆゑなり。懺悔に三品あり。一には要、二には略、三には広なり。下につぶさに説くがごとし。意に随ひて用ゐるにみな得たり。また相続してかの仏恩を念報せざるがゆゑに、心に軽慢を生じて業行をなすといへども、つねに名利と相応するがゆゑに、人我おのづから覆ひて同行善知識に親近せざるがゆゑに、楽ひて雑縁に近づきて、往生の正行を自障障他するがゆゑなり。なにをもつてのゆゑに。余、このごろみづから諸方の道俗を見聞するに、解行不同にして専雑異なることあり。ただ意をもつぱらにしてなせば、十はすなはち十ながら生ず。雑を修して至心ならざれば、千がなかに一もなし。この二行の得失、前にすでに弁ぜるがごとし。仰ぎ願はくは一切の往生人等よくみづから思量せよ。すでによく今身にかの国に生ぜんと願ずるものは、行住坐臥にかならずすべからく心を励まし、おのれを剋して昼夜に廃することなく、畢命を期となすべし。上一形にありては少苦に似如たれども、前念に命終して後念にすなはちかの国に生じ、長時永劫につねに無為の法楽を受く。すなはち成仏に至るまで生死を経ず。あに快きにあらずや、知るべし。(8)

とある。ここには、念仏を称える者の様相によって差が生じてくることが示されている。事実、親鸞はこの文を「化巻」に、そして「信巻」に引用している。(9) このことから、親鸞が「行巻」で明らかにしようとしたのは、ただ

名号の讃嘆のみであって、衆生の信心をからめた称名念仏ではないことがわかる。親鸞はあえてこの文を「行巻」には引かなかったのだと考える。

（二）

またいはく、「ただ念仏の衆生を観そなはして、摂取して捨てざるがゆゑに、阿弥陀と名づく」と。〔以上〕[10]

阿弥陀仏は念仏をもって衆生を救済せんとする仏であると、阿弥陀の阿弥陀たる所以が示されている。したがって「ただ念仏の衆生を」が物語るように、どのように念仏を称えたらよいのかという、称える者の様相を問題にすることは必要ない。

（三）

またいはく、「弥陀の智願海は、深広にして涯底なし。名を聞きて往生せんと欲へば、みなことごとくかの国に到る。たとひ大千に満てらん火にも、ただちに過ぎて仏の名を聞け。名を聞きて歓喜し讃ずれば、みなまさにかしこに生ずることを得べし。万年に三宝滅せんに、この経住すること百年せん。その時聞きて一念せん。みなまさにかしこに生ずることを得べし」と。〔抄要〕[11]

この文に示されているのは、名号の功徳である。そして、名号を聞けと勧める。ここには、衆生にとっての念仏との関わり方が明かされていると見られる。ただしそれは、衆生の様相に重点を置いたものではなく、名号を聞くことを勧めるものである。ここで示される念仏とは、阿弥陀仏の願いを説き勧める声である。[12]

（四）

またいはく、「現にこれ生死の凡夫、罪障深重にして六道に輪廻せり。苦しみいふべからず。いま善知識に遇ひて弥陀本願の名号を聞くことを得たり。一心に称念して往生を求願せよ。願はくは仏の慈悲、本弘誓願を捨てたまはざれば、弟子を摂受したまへり」と。〔以上〕(13)

この文からは、阿弥陀仏の誓願すなわち第十七願の内実をうかがうことができる。念仏が衆生に対してどのように至り来たるのか。六道を輪廻している衆生にとって、自らの力では決して念仏と出遇うことはかなわない。善知識との出遇いによって（善知識の導きによって）、阿弥陀仏と衆生とが出遇うことができる。「行巻」に明かされる〝大行としての念仏〟の特性が強くうかがえる一文といえる。

（五）

またいはく、「問うていはく、阿弥陀仏を称念し礼観して、現世にいかなる功徳利益かあるやと。答へていはく、もし阿弥陀仏を称すること一声するに、すなはちよく八十億劫の生死の重罪を除滅す。礼念以下もまたかくのごとし。『十往生経』にいはく、〈もし衆生ありて、阿弥陀仏を念じて往生を願ずれば、かの仏すなはち二十五菩薩を遣はして、行者を擁護して、もしは行もしは坐、もしは住もしは臥、もしは昼もしは夜、一切時・一切処に、悪鬼・悪神をしてその便りを得しめざるなり〉と。また『観経』にいふがごとし。〈もし阿弥陀仏を称し礼念してかの国に往生せんと願へば、かの仏すなはち無数の化仏、無数の化観音・勢至菩薩を遣はして、行者を護念したまふ。また前の二十五菩薩等と百重千重行者を囲繞して、行住坐臥、一切時処、もしは昼もしは夜を問はず、つねに行者を離れたまはず〉と。いますでにこの勝益まします。憑むべし。願はくはもろもろの行者、おのおの至心を須ゐて往くことを求めよ。また『無量寿経』にいふがごとし。〈もしわれ成仏せんに、十方の衆生、わが名号を称せん。下十声に至るまで、もし生れずは、正覚を取らじ〉と。かの仏いま現にましまして成仏したまへり。まさに知るべし、本誓重願虚しからず、衆生称念すればかならず往生を得と。また『弥陀経』にいふがごとし。

〈《もし衆生ありて、阿弥陀仏を説くを聞きて、すなはち名号を執持すべし。もしは一日、もしは二日、乃至七日、一心に仏を称して乱れざれ。命終らんとする時、阿弥陀仏、もろもろの聖衆と現じてその前にましまさん。この人終らん時、心顛倒せず、すなはちかの国に往生することを得ん》と。仏、舎利弗に告げたまはく、《われこの利を見るがゆゑにこの言を説く。もし衆生ありて、この説を聞かんものは、まさに願を発し、かの国に生ぜんと願ずべし》と。次下に説きていはく、〈東方の如恒河沙等の諸仏、南西北方および上下一々の方に恒河沙等の諸仏のごとき、おのおの本国にしてその舌相を出して、あまねく三千大千世界に覆ひて誠実の言を説きたまはく、《なんだち衆生、みなこの一切諸仏の護念したまふところの経を信ずべし》と。いかんが《護念》と名づくると。もし衆生ありて、阿弥陀仏を称念せんこと、もしは七日、一日、下至一声、乃至十声一念等に及ぶまで、かならず往生を得と。この事を証誠せるがゆゑに護念経と名づく〉と。次下の文にいはく、〈もし仏を称して往生するものは、つねに六方恒河沙等の諸仏のために護念せらる。ゆゑに護念経と名づく〉と。いますでにこの増上の誓願います、憑むべし。もろもろの仏子等、なんぞ意を励まして去かざらんや」と。(14)

ここでは、念仏を称えることによる現世での利益について示されているが、言わんとするところは、『浄土三部経』等に説かれる通り、念仏は阿弥陀仏の願いであり、諸仏の勧めであるとみられる。『往生礼讃』とは念仏の功徳を讃嘆する疏であるということが、末尾の文であるこの文の引用をもって強調されているとうかがえる。

二、大行釈以外の『往生礼讃』引用について

大行釈以外に目を向けると、行一念釈に『集諸経礼懺儀』からの文としてではあるが引かれている。

智昇師の『集諸経礼懺儀』の下巻にいはく、「深心はすなはちこれ真実の信心なり。自身はこれ煩悩を具足せる凡夫、善根薄少にして三界に流転して火宅を出でずと信知す。いま弥陀の本弘誓願は、名号を称すること下至十声聞等に及ぶまで、さだめて往生を得しむと信知して、一念に至るに及ぶまで疑心あることなし。ゆゑに深心と名づく」と。〔以上〕(15)

内容的には信心について(二種深信)表されたものであるが、意図するところは阿弥陀仏の願いとしての名号のはたらきを述べたもの、つまり南無阿弥陀仏の一声の念仏の功徳を表したものと考えられる。なぜなら衆生の様相(信じ方)には言及していないからである。この文は「信巻」大信釈にも引用されているが、そこでは、

……「二つには深心。すなはちこれ真実の信心なり。自身はこれ煩悩を具足せる凡夫、善根薄少にして三界に流転して火宅を出でずと信知す。いま弥陀の本弘誓願は、名号を称すること下至十声聞等に及ぶまで、さだめて往生を得しむと信知して、一念に至るに及ぶまで疑心あることなし。ゆゑに深心と名づくと。〔乃至〕

〈それかの弥陀仏の名号を聞くことを得ることありて、歓喜して一心を至せば、みなまさにかしこに生ずる

ことを得べし〉」と。(16)

とあり、衆生の聞信が焦点となっている。

このことからも明らかなように、「行巻」ではあくまで念仏のはたらき（阿弥陀仏の願いと諸仏の勧め）が説かれているのであって、衆生の称名については示されていない。「行巻」で明かされているのは、①阿弥陀仏の本願によるはたらき。②諸仏による阿弥陀仏讃嘆と、衆生に対しての阿弥陀仏法の勧め。これが「行巻」に示される「大行としての念仏」である。阿弥陀仏を礼拝し讃嘆する。親鸞が「行巻」において『往生礼讃』を引用したのは、善導による阿弥陀仏の礼讃を通して、真実の行を明らかにしようとしたからにほかならない。大行釈の善導引文について、山辺習学・赤沼智善が

「行巻」一巻、何事もない、ただ名號讃嘆である。(17)

と示されている通りであろう。

三、『往生礼讃』以外の善導引文から見えてくること

『往生礼讃』の諸文を承けて、まず

またいはく、「弘願といふは『大経』の説のごとし。一切善悪の凡夫、生ずることを得るは、みな阿弥陀仏の大願業力に乗（乗の字、駕なり、勝なり、登なり、守なり、覆なり）じて増上縁とせざるはなし」と。(18)

が引かれる。これは『往生礼讃』中にある「増上の誓願」を承けて、阿弥陀仏の本願のはたらきを増上縁とするこ

とが示されている。そして、その本願の具体的な相が南無阿弥陀仏であることを

またいはく、「南無といふは、すなはちこれ帰命なり、またこれ発願回向の義なり。阿弥陀仏といふは、すなはちこれその行なり。この義をもつてのゆゑにかならず往生を得」と。(19)

と表すのである。これは、「教巻」において、

如来の本願を説きて経の宗致とす、すなはち仏の名号をもって経の体とするなり。(20)

と表したのと同意である。ここで、

……弘願といったものは仏の本願そのもので経の宗であり、南無阿弥陀仏の名号は経の体を示したものである。仏の弘願のはたらきはそのまま私の南無のはたらきとして名号としてはたらくのである。南無阿弥陀仏という名号の具体的なすがたを分析してみれば、南無というのは私が仏の仰せに従うことすなわち帰命であり、この帰命はほかならぬ弥陀の発願回向のはたらきが私にはたらいたものなのである。弥陀の摂取のはたらきが私の上にはたらくとき、私の帰命のはたらきとなるのである。阿弥陀仏というのは仏のこの摂取のはたらきの行そのものにほかならない。それだから必ず往生することができるのである。……(21)

というように、衆生の称名として捉える説もあるが、本願とその具現相としての名号のはたらきを示したものとして読む方が妥当と考える。なぜなら、親鸞は、『観経疏』のこの文の前にある

『観経』のなかの十声の称仏は、すなはち十願十行ありて具足す。いかんが具足する。(22)

の文を引いていない。善導が願行具足を表さんとし、法然も『選択集』(23)において引用しているにもかかわらず、親鸞はあえて引かなかった。それは、衆生の称名としての「南無阿弥陀仏」ではなく、本願の具現相としての「南無

阿弥陀仏」として捉えていたからにほかならない。この点が善導や法然と異なるので、親鸞は自らの解釈を後に述べるのである。

そして次に、『観念法門』から二文が引かれる。まず一つ目の

またいはく、「摂生増上縁といふは、『無量寿経』の四十八願のなかに説くがごとし。〈仏ののたまはく、《もしわれ成仏せんに、十方の衆生、わが国に生ぜんと願じて、わが名字を称すること、下十声に至るまで、わが願力に乗じて、もし生れずは、正覚を取らじ》と。これすなはちこれ往生を願ずる行人、命終らんとする時、願力摂して往生を得しむ。ゆゑに摂生増上縁と名づく」と。(24)

は、『往生礼讃』に示される摂受衆生の意を承けたものである。

そして、

またいはく、「善悪の凡夫、回心し起行して、ことごとく往生を得しめんと欲す。これまたこれ証生増上縁なり」と。〔以上〕(25)

と、阿弥陀仏の衆生摂取を諸仏が証明しているとする。これら二文は、『往生礼讃』引用によって表された、阿弥陀仏の本願のはたらきと、諸仏の弥陀讃嘆と弥陀法の説示(勧め)を承けて示されたものである。

最後に『般舟讃』の

またいはく、「門々不同にして八万四なり。無明と果と業因とを滅せんための利剣は、すなはちこれ弥陀の号なり。一声称念するに罪みな除こると。微塵の故業と随智と滅す。覚へざるに真如の門に転入す。娑婆長劫の難を免るることを得ることは、ことに知識釈迦の恩を蒙れり。種々の思量巧方便をもつて、選びて弥陀弘誓

の門を得しめたまへり」と。〔以上抄要〕[26]

の文をもって括るのである。

以上、善導引文から見えてくることは、阿弥陀仏による衆生救済が、諸仏の弥陀讃嘆としての称名によって明らかになる、ということである。

四、親鸞の六字釈

親鸞は大行釈において善導の文を引用することによって「南無阿弥陀仏」が表す内容を述べてきたが、ここで、親鸞は自らの見解を示す必要性が出てきた。そこで、自釈を施していくことになるのだが、そこには、善導や法然と異なる「南無」の解釈が展開されていく。

「南無」の言は帰命なり。「帰」の言は、［至なり、］また帰説なり、説の字は、［悦の音なり。］また帰説なり、説の字は、［税の音なり。悦税二つの音は告なり、述なり、人の意を宣述するなり。］「命」の言は、［業なり、招引なり、使なり、教なり、道なり、信なり、計なり、召なり。］ここをもつて「帰命」は本願招喚の勅命なり。「発願回向」といふは、如来すでに発願して衆生の行を回施したまふの心なり。「即是其行」といふは、すなはち選択本願これなり。「必得往生」といふは、不退の位に至ることを獲ることを彰すなり。『経』には「即得」といへり、釈には「必定」といへり。「即」の言は願力を聞くによりて報土の真因決定する時剋の極促を光闡するなり。「必」の言は［審なり、然なり、分極なり、］金剛心成就の貌なり。[27]

親鸞は、善導の六字釈を承けて自らの六字釈を展開していくが、「南無」の解釈に独自の理解がみられる。それは「本願招喚の勅命」と示していることである。本来的に衆生の願心をあらわす「南無」が「如来のよび声」として、言い換えれば、「信」ではなく「行」としてあらわされているところに大きな特徴がある。岡亮二は『教行信証口述50講』の中で次のように述べている。

いま問題にしている「南無」は、衆生が阿弥陀仏に向かって南無することではなくて、阿弥陀仏が衆生に対して南無する、その「南無」が問われているのです。だからこそこの南無が、衆生を摂取したいという、発願の意になり、その発願がそのまま、衆生を摂取したもうている、廻向行そのものになるのです。信を示す南無の語が、阿弥陀仏が南無する場合に限り、その「南無」が「行」を示す言葉となるのです。(28)

これをふまえて、あらためて「行」としての「南無」の特徴をうかがってみたい。

親鸞は、「南無」の訳語としての「帰命」について、註釈を展開している。これについては先師が詳細に説明されているので、そのまま引かせていただく。山辺習学・赤沼智善は次のように述べている。

「帰言至也」という訓は字書にはない。『大經述文讃』下三十に、『大経』の「會當歸之」の文を解釋して、「會當者必也、歸之言者至也」とある。(29)それが據處である。

「歸悦也歸税也」は、『詩經』「曹風蜉蝣篇」に「於我歸説」とある。

「告也述也宣述人意也」は『廣韻』劉熈の釋名に出ている。(30)

さらに、『大漢和辞典』(諸橋轍次著)を開いてみると、

【至】❶いたる。㋑鳥が飛び下って地に着く。㋺くる。到來する。㋩およぶ。㋥とどく。とほる。ゆきわたる。

㋭きはまる。❷いたって。よく。きはめて。大いに。❸いたり。きはまり。❹いたす。つくす。きはめる。❺ふかい。❻おほい。❼よい。❽あたる。中正を得る。❾なる。成就する。❿うる。⓫まこと。⓬一歳中の最短日と最長日。冬至と夏至。至日。日至。⓭しるす。志に通ず。(31)

とある。続いて、帰説と熟語していることについて、「説」を「悦」と「税」の音でもってみているので、ここでは、「説」の字を「えつ」「さい（ぜい）」と発音する場合に、どのような意味になるかに注目してみた。(32) 同じく『大漢和辞典』を開くと

【説】㊀セツ　セチ　㊁エツ　エチ　㊂ゼイ　ネ　㊃セイ　セ　㊄タツ　タチ

㊀❶とく。㋑かたりとく。はなす。㋺論ずる。あげつらふ。㋩のべる。叙述する。(33) ㋥つげる。(34) ㋭ときあかす。解釋する。㋬さとす。㋣をしへる。㋠いひわけ。いひわけをする。❷ときほぐす。❸ときあかし。經書の注解。❹かんがへ。❺言論。❻をしへ。❼道理。❽いひわけ。❾ちかひのことば。❿文體の一。義理を解釋し、自己の意見を述べるもので、論と同じく詳贍を主眼とする。其の名は易の説掛から起る。⓫祭りの名。辭を以て不祥を責め祓ふ祭。㊁❶よろこぶ。うちとける。悦に通ず。❷よろこび。よろこぶ所のもの。❸たのしむ。❹したがふ。❺このむ。❻こびる。❼つつしむ。❽たやすい。❾かぞへる。閲に通ず。❿兌に通ず。㊂❶よろこぶ。❷ゆるす。梲・脱・税に通ず。❸とりさる。❹やどる。❺おく。❻ぬるまゆ。涚に通ず。㊃いざなふ。人にときさとして己の意見にしたがはせる。游説。㊄❶ゆるす。❷とりさる。ときはづす。❸うばはれる。脱・奪に通ず。(35)

とある。これからすると、「エツ」と、（「サイ」の発音は無いが）「ゼイ」あるいは「セイ」とした場合、「よろこびの心」で「ゆるし、やどり」「自らの意に信じしたがわせる」ために、告げ・述べ・宣述するとなる。

「命」について山辺・赤沼は、

「業也招引也」は『述文讃』下三十一に『大經』の追命所生の文を解釋して「命者招引也、又命者業也」としてある。

「使也教也道也信也計也召也」は『廣韻』に出ている。(36)

と説明している。ちなみに『大蔵経』では

追者還取命者招引。善悪因成必進今果起也。又追者逐也命者業也。(37)

とある。「命」については、諸師において概ね「阿弥陀仏のはたらき」を表したものとして示されている。(38)

しかし、従来諸師のほとんどは、「帰命」を理解する際に「衆生の信」を絡めて捉えている。

帰命というのは私が帰命する私のはたらきであるが、それは如来の摂取せずんばやまずという本願から私をまねき喚ばせたまう如来の招喚の勅命にほかならない。そして私が弥陀に帰命するそのはたらきは、とりもなおさず私を召喚したまう如来のはたらきの私の上に具体化したものということができるであろう。南無阿弥陀仏とはそのようなはたらきである。(39)

とする星野元豊の見解が一例として挙げられる。「行巻」は阿弥陀仏の願い・諸仏の讃嘆としての称名のはたらきがあらわされた巻である。したがってここでは、衆生の信じ方を絡めるのではなく、岡が説くように「南無」を行として捉えたところに親鸞の独自色が見られるのであるから、「帰」も「命」もすべて阿弥陀仏のはたらきが表されているとみるべきである。

次に大きな特徴がうかがえる点として、

「即是其行」といふは、すなはち選択本願これなり。(40)

がある。大江淳誠の

即是其行というのは、衆生の行のことなのです。万行万善の徳、不可思議・不可称・不可説の徳なので、それをまたいうたら滅罪生善、無始以来の罪をほろぼし、そうして仏になるべき因をそこに成就して下さる。それを我々が頂く。即是其行というのは、「行文類」でいう行なのです。(41)

斯心即是出於念仏往生之願。斯大願名選択本願。(真聖全・二・四八頁)

と書いてあるのです。この心は「念仏往生の願より出たり」といって、「この大願を選択本願と名づく」という。「名づける」という言葉がここにある。その他には、この願を選択本願と名づけるなどということはない。この大願を選択本願と名づけるというのだから、第十八願だけを選択本願と親鸞聖人がいう。だから、選択本願は第十八願の固有名詞なので、本願という文字も十八願のところだけにしかおだしにならんということを、『教行証文類』を読む者はよく気をつけねばならぬ。(42)

の文言にみられるように、多くは、この「選択本願」を第十八願と捉える。この見解を検証すべく、あらためて『教行信証』で「選択本願」の語が出てくる箇所を列挙してみた(選択本願念仏集は省く)。

「行巻」

(標挙)

諸仏称名の願　(浄土真実の行　選択本願の行)(43)

（六字釈）

「即是其行」といふは、すなはち選択本願これなり。(44)

（正信偈偈前）

おほよそ誓願について真実の行信あり、また方便の行信あり。その真実の行の願は、諸仏称名の願なり。その真実の信の願は、至心信楽の願なり。これすなはち選択本願の行信なり。その機はすなはち一切善悪大小凡愚なり。往生はすなはち難思議往生なり。仏土はすなはち報仏・報土なり。これすなはち誓願不可思議一実真如海なり。『大無量寿経』の宗致、他力真宗の正意なり。(45)

（正信偈）

本師源空は、仏教にあきらかにして、善悪の凡夫人を憐愍せしむ。真宗の教証、片州に興す。選択本願、悪世に弘む。(46)

「信巻」

（嘆徳出願）

つつしんで往相の回向を案ずるに、大信あり。大信心は、すなはちこれ長生不死の神方、欣浄厭穢の妙術、選択回向の直心、利他深広の信楽、金剛不壊の真心、易往無人の浄信、心光摂護の一心、希有最勝の大信、世間難信の捷径、証大涅槃の真因、極速円融の白道、真如一実の信海なり。この心すなはちこれ念仏往生の願より出でたり。この大願を選択本願と名づく、また本願三心の願と名づく、また至心信楽の願と名づく、また往相信心の願と名づくべきなり。しかるに常没の凡愚、流転の群生、無上妙果の成じがたきにあらず、真実の信楽まことに獲ること難し。なにをもつてのゆゑに、いまし如来の加威力によるがゆゑなり、博く大悲広慧の力によるがゆゑなり。たまたま浄信を獲ば、この心顚倒せず、この心虚偽ならず。ここをもつて極悪深重の衆生、大慶喜心を得、もろもろの聖尊の重愛を獲るなり。(47)

「真仏土巻」

(真仮対弁)

選択本願の正因によりて、真仏土を成就せり。(48)

「化身土巻」

(観経隠顕)

しかるにいま『大本』によるに、真実・方便の願を超発す。また『観経』には、方便・真実の教を顕彰す。『小本』には、ただ真門を開きて方便の善なし。ここをもつて三経の真実は、選択本願を宗とするなり。また三経の方便は、すなはちこれもろもろの善根を修するを要とするなり。(49)

これらをうかがうに、「選択本願」を必ずしも「第十八願」に限定する必要は無いと考える。重要なのは、「真実の行」と「真実の信」によって往生を得ることができるということにあり、「真実の行」は、「諸仏の称名」でも、「乃至十念」の「衆生の称名」でも語られる。

ただ、いま「行巻」において表されている「真実の行」とは何かと言えば、それは第十七願を出拠とする「諸仏の称名」である。その「称名」は、阿弥陀仏の願いの「こえ」であり、諸仏の勧めの「こえ」である。山辺・赤沼

が

「悦」、「税」の二字を説の字で寫し給うてあるが説の字は「告ぐる」と訓む。告ぐるは阿彌陀如來がよりかかれ、よりたのめと告げ給うことである。また「述ぶる」と訓む。述ぶるは「他人の意をそのまま述べること」であって釋迦如來の御教えである。歸命の歸が「至る」というも、「歸説《きえつ》」、「歸説《きさい》」というも、皆な我等凡夫の方から如來へ歸入する意味であるが、今この「悦」と「税」の字を説の字を以て書し、その説の字に悦税の二音あり、又は説の字に告述の二訓があって上にのべる如き意味があるとすると、行者の歸入の裏に、彌陀がつかいに來て、よりかかれよ、よりたのめよと告げ給う彌陀の勅命と、釋尊が彌陀の本願の意をそのまま述べ給うという勅命と、二尊の勅命を味わうことが出來る。卽ち本願に歸入する思いは、二尊の御喚聲に目が覺めたこととなるのである。(50)

と述べている。「我等凡夫の方から如來へ歸入する」という点は首肯できないが、「彌陀の勅命と、釋尊が彌陀の本願の意をそのまま述べ給うという勅命と、二尊の勅命を味わうことが出來る」は、正に的を射た表現と言えよう。阿弥陀仏の声（衆生救済の誓願）は、釈尊の声（讃嘆としての称名）を通して具現化される。言い換えれば、釈尊の称名は、阿弥陀仏を讃嘆しているよろこびの声である（阿弥陀仏にとっても、諸仏が讃嘆することはよろこびである）。親鸞が『尊号真像銘文』では「勅命」を「二尊の勅命」と表したのは、正にそのことを表したものにほかならない。(51)

以上のことから、阿弥陀仏の誓願が釈尊の讃嘆によって（「南無阿弥陀仏」の一つの声となって）現れていることを示したのが「行巻」であるので、「行巻」六字釈は「阿弥陀仏の行と釈尊（諸仏）(52)の行」としての「南無阿弥陀仏」が明らかにされたものと考える。

おわりに

以上、『教行信証』「行巻」大行釈における善導引文と親鸞の「六字釈」について考察を行った。「行巻」において親鸞は、善導の本疏である『観経疏』ではなく、具疏である『往生礼讃』を主として引用している。『往生礼讃』は言うまでもなく「礼拝」と「讃嘆」を主とした疏である。その『往生礼讃』を「行巻」に引用した意図はどこにあったのか。親鸞は、『往生礼讃』の文をもって、「大行としての称名」の特質を表そうとしたのである。衆生の「信心と念仏」としての行ではなく、衆生を真実の「信心」へと導く「行」、すなわち阿弥陀仏の本願によるはたらきと、諸仏・善知識による弥陀の仏徳讃嘆としての念仏が、未だ阿弥陀仏と出遇えていないものに阿弥陀仏の教法をすすめる（説示する）声としての念仏となるのであるということを。ここに、「行巻」大行釈において『往生礼讃』を引用した大きな意図があると考える。そして『往生礼讃』に続くその他の善導引文によって、『往生礼讃』引用によって示された内容が、より深められていく。さらに、親鸞自らの言葉をもって六字釈を展開することにより、「南無阿弥陀仏」が阿弥陀仏と釈迦仏（諸仏）から衆生に掛けられた「こえ」（よび声・勧め）すなわち「二尊の勅命」と表される阿弥陀仏と釈迦仏二尊の行であることを明らかにする。ここに称名を大行として表した親鸞の念仏観の一端をうかがうことができる。

註

(1) 拙論「『教行信証』における『往生礼讃』引用の意義について」(『印度学仏教学研究』六五巻(一)、二〇一六)、「親鸞の六字釈―伝統と己証―」(『印度学仏教学研究』六六巻(二)、二〇一八)をもとに、加筆をおこなった。

(2) 『浄土真宗聖典全書』二(宗祖編 上)一五頁。『真宗聖教全書』二(宗祖部)五頁。『浄土真宗聖典』(註釈版)一四一頁。

(3) 同、一九頁。同、八頁。同、一四六頁。

(4) 山辺習学・赤沼智善、『教行信證講義』(教行の巻)(法藏館、一九五一)二六五頁。

(5) 「行巻」以外では、「信巻」に引用されている文が六つ、「化巻」に引用されている文が五つである。この中で、「行巻」と「信巻」両方に引用された文は一つ、「信巻」と「化巻」両方に引用された文が二つある。

(6) 『教行信証』引用の『往生礼讃』については、智昇の『集諸経礼懺儀』によるところが多いが、今回は、親鸞が『往生礼讃』をもって表そうとした意義に焦点を置いて捉えていきたいと思うので、『集諸経礼懺儀』との比較についてば場を改めて問題にしたい。因みに『教行信証』引用の『往生礼讃』と『集諸経礼懺儀』との比較考察については、次の先行論文等がある。

紅楳英顕、「『教行信証』における『往生礼讃』引用文について」(『印度学仏教学研究』四七(二)、一九九九)

武田晋、「本典引用の『往生礼讃』と『集諸経礼懺儀』」(『龍谷大学論集』四七四・四七五、二〇一〇)

(7) 『浄土真宗聖典全書』二(宗祖篇 上)三一〜三二頁。『真宗聖教全書』二(宗祖部)一九頁。『浄土真宗聖典』(註釈版)一六三〜一六五頁。

(8) 『浄土真宗聖典全書』一(三経七祖篇)九一五〜九一六頁。『真宗聖教全書』一(三経七祖)六五二頁。『浄土真宗聖典』(七祖篇註釈版)六五九〜六六一頁。

(9) 「化巻」に引用されているのは、

もし専を捨てて雑業を修せんと欲するものは、百は時に希に一二を得、千は時に希に三五を得。なにをもつてのゆゑに。すなはち雑縁乱動するによりて正念を失するがゆゑに、仏の本願と相応せざるがゆゑに、教と相違せるがゆゑに、仏語に順ぜざるがゆゑに、係念相続せざるがゆゑに、憶想間断するがゆゑに、回願慇重真実ならざるがゆゑに、貪・瞋・諸見の煩悩来り間断するがゆゑに、慚愧・懺悔の心あることなきがゆゑなり。懺悔に三品あり。

かの仏恩を念報せざるがゆゑに、心に軽慢を生じて業行をなすといへども、つねに名利と相応するがゆゑに、人我おのづから覆ひて同行善知識に親近せざるがゆゑに、楽ひて雑縁に近づきて、往生の正行を自障障他するがゆゑなり。

余、このごろみづから諸方の道俗を見聞するに、解行不同にして専雑異なることあり。ただ意をもつぱらにしてなせば、十はすなはち十ながら生ず。雑を修して至心ならざれば、千がなかに一もなし。

である。そして、

仰ぎ願はくは一切の往生人等よくみづから思量せよ。すでによく今身にかの国に生ぜんと願ずるものは、行住坐臥にかならずすべからく心を励まし、おのれを剋して昼夜に廃することなく、畢命を期となすべし。上一形にありては少苦に似如たれども、前念に命終して後念にすなはちかの国に生じ、長時永劫につねに無為の法楽を受く。すなはち成仏に至るまで生死を経ず。あに快きにあらずや、知るべし。

が、「信巻」に引用されている。

(10) 『浄土真宗聖典全書』二（宗祖部　上）三二頁。『真宗聖教全書』二（宗祖部）二〇頁。『浄土真宗聖典』（註釈版）一六五頁。

(11) 同、三二〜三三頁。同右。同、一六五〜一六六頁。

(12) 「こえ」としての念仏については、『往生礼讃』の文に続く『観経疏』からの引用、そして親鸞独自の解釈を施す「六字釈」に連なっていく。

(13) 『浄土真宗聖典全書』二（宗祖篇　上）三三頁。『真宗聖教全書』二（宗祖部）二〇頁。『浄土真宗聖典』（註釈版）一六六頁。

(14) 同、三三〜三四頁。同、二〇〜二一頁。同、一六六〜一六八頁。

(15) 同、五〇頁。同、三四頁。同、一八八頁。

(16) 同、七八頁。同、五八頁。同、二二八頁。

(17) 山辺習学・赤沼智善、前掲著、二六五頁。
(18) 『浄土真宗聖典全書』二(宗祖篇　上)三四頁。『真宗聖教全書』二(宗祖部)二一頁。『浄土真宗聖典』(註釈版)一六八～一六九頁。
(19) 同、三四～三五頁。同、二一～二二頁。同、一六九頁。
(20) 同、九～一〇頁。同、三頁。同、一三五頁。
(21) 星野元豊『講解　教行信証』(教行の巻)(法藏館、一九七七)二四三～二四四頁。
(22) 『浄土真宗聖典全書』一(三経七祖篇)六七三頁。『真宗聖教全書』一(三経七祖)四五七頁。『浄土真宗聖典』(七祖篇註釈版)三二五頁。
(23) 同、一二六三頁。同、九三七頁。同、一一九七～一一九八頁。
(24) 『浄土真宗聖典全書』二(宗祖篇　上)三五頁。『真宗聖教全書』二(宗祖部)二二頁。『浄土真宗聖典』(註釈版)一六九頁。
(25) 同、三五頁。同、二二頁、同、一六九頁。
(26) 同、三五頁。同、二二頁、同、一六九～一七〇頁。
(27) 同、三五～三六頁。同、二二頁。同、一七〇頁。
(28) 岡亮二『教行信証口述50講』(教・行の巻)(教育新潮社、一九九八)二七九頁。
(29) 『大蔵経』(三七―一六六C〇二～〇三)には、「會當者必也。歸之者至也」とある。
(30) 山辺習学・赤沼智善、前掲著、二八八頁。
(31) 『大漢和辞典』九―九七七五(四二一頁)。
(32) 諸師は「悦」「税」の文字に注目して読み解こうとしているが、いまは「説」を「エツ」「サイ」と発音するとしている点に注目して読み解く方が良いと考える。
(33) 〔釋名、釋言語〕説、述也、宣述人意也。
(34) 〔廣韻〕説、告也。
(35) 『大漢和辞典』十―一〇九二六(四八四頁)。

(36) 山辺習学・赤沼智善、前掲著、二八八頁。
(37)『大蔵経』三七―一六六C二四～二五。
(38)「命」の訓釈については、拙論「六字釈の一考察」(『真宗研究会紀要』二六、一九九四)参照。
(39) 星野元豊、前掲著、二五五頁。
(40)『浄土真宗聖典全書』二(宗祖篇　上)三五～三六頁。『真宗聖教全書』二(宗祖部)二二頁。『浄土真宗聖典』(註釈版)一七〇頁。
(41) 大江淳誠『教行信証講義録』(浄土真宗本願寺派宗学院、一九八四)一九五頁。
(42) 同、一九六頁。
(43)『浄土真宗聖典全書』二(宗祖篇　上)一四頁。『真宗聖教全書』二(宗祖部)五頁。『浄土真宗聖典』(註釈版)一四〇頁。
(44) 同、三五～三六頁。同、二二頁。同、一七〇頁。
(45) 同、五九頁。同、四二～四三頁。同、二〇二頁。
(46) 同、六四頁。同、四六頁。同、二〇七頁。
(47) 同、六七頁。同、四八頁。同、二一一～二一二頁。
(48) 同、一七九頁。同、一四一頁。同、三七二頁。
(49) 同、一九五頁。同、一五三頁。同、三九二頁。
(50) 山辺習学・赤沼智善、前掲著、二八六頁。
(51)「言南無者」といふ申すは、すなはち帰命と申すみことばなり。帰命は、すなはち釈迦・弥陀の二尊の勅命にしたがひて、召しにかなふと申すことばなり。(『浄土真宗聖典全書』二(宗祖篇　上)六二五頁。『真宗聖教全書』二(宗祖部)五八八頁。『浄土真宗聖典』(註釈版)六五六頁。)
(52) 龍樹などの善知識も含まれると考える。

大悲伝普化と大悲弘普化

――「行ずることもなほかたし」と関連して――

玉木興慈

はじめに

二〇一六年七月、龍谷大学文学部真宗学科の三回生演習の時のことである。親鸞聖人（以下尊称略、一一七三～一二六二）の「浄土和讃」について学生の発表後の質疑・討議において気付かされたことに、本稿の端緒がある。[1]学生の発表した和讃とは、次の和讃である。[2]

善知識にあふことも　をしふることもまたかたし
よくきくこともかたければ　信ずることもなほかたし

浄土真宗本願寺派総合研究所の『浄土真宗聖典』聖教データベースの利用の便から、発表者は『浄土真宗聖典（註釈版）』（以下、『註釈版』）を用いてレジュメを作成するが、その際に、国宝本にある左訓等にも留意するように指導をしていた。『註釈版』の表記は上記であるが、『浄土真宗聖典全書Ⅱ』には、『註釈版』の表記である文明本の他に、国宝本・顕智本がそれぞれ上・中・下の三段に分けて記される。

上段の文明本とは、「正像末和讃」の奥書に「右斯三帖和讃並正信偈四帖一部者末代為興隆板木開之者也而已文明五年癸巳三月日」とあるように、(3) 蓮如上人(以下尊称略、一四一五〜一四九九)が吉崎時代の文明五(一四七三)年に「正信偈」と三帖和讃を合わせて四帖一部として開版し、現在、最も流布しているものである。

中段の国宝本とは、真宗高田派専修寺に蔵されるものであるが、全体にわたって親鸞の真筆であるとして、昭和二十八(一九五三)年十一月十四日に国宝に指定されたものである。現在は、その本文や左訓などは門弟(真仏、一二〇九〜一二五八)の筆によるものと断定されている。(4)

下段の顕智本とは、「草本 建長七年乙卯四月二十六日書写之 正応三年庚寅九月十六日令書写之畢」「草本 正嘉二歳九月二十四日 親鸞八十六歳 正応三年庚寅九月二十五日令書写之畢」とあるように、(5) 建長七(一二五五)年に書かれたものを底本として、顕智(一二二六〜一三一〇)が正応三(一二九〇)年に書写したものである。(6)

先の和讃は、国宝本・顕智本によれば次のような表記である。

善知識にあふことも をしふることもまたかたし
よくきくこともかたければ 行ずることもなほかたし

左訓等は付されていないが、四行目の「信ずる」と「行ずる」についての異同があることに気付かされた。(7) 本稿は、この異同に着目しつつ、「行ずること」を「難」とする親鸞の意図について、愚考を論ずるものである。(8)

一　座談会「浄土和讃の問題点」

すでに三十年以上も前であるが、国宝本・顕智本を蔵する真宗高田派の研究者を中心に、「浄土和讃の問題点」と題する座談会が開かれた。(9) この興味深い座談会では、前掲和讃以外にも話題にされているが、本稿においては、前掲和讃について提供された話題を紹介する。一は「行ずる」と「信ずる」の異同について、二は「おしふる」ということについてである。

一については、前掲拙稿「『行ずることもなほかたし』考」においても論じたが、「行ずる」と「信じる」の異同について、座談会の様子を簡単に紹介しておこう。「第四行目の『行ズルコトモナホカタシ』というのは、文明本では『信ズルコトモナホカタシ』と改められているようですね。これはどう考えたらいいんですか」という問いかけに対し、「聖人が迷われた結果じゃないかなァ。どちらもお使いになりたい、というので」という意見や、「大経の文では、『善知識に遇ひ、法を聞き、能く行ずること、これ亦難しとなす』となっているんですから、『行ズルコト』の方が本当なんでしょうが、経の文はそれに続けて、『若しこの経を聞きて、信楽受持すること、難中の難』とあるものですから、『信ズルコト』に改められたのかもしれませんね」という意見が披瀝される。

二についても、まずこの座談会での意見を紹介すれば、一行目の「善知識にあふことも」は文字通りに受け取って問題ないが、次の「をしふることもまたかたし」は「善知識から聞いたことを人に教えるのもむつかしい、という風に解釈したらおかしいんじゃないですか」「私たちのような凡夫は、教えてもらうことはあっても、教える側へ廻ることはあり得ないのです」「聖人は徹底して法を聞き、教えを受ける立場にお立ちになっていて、教える立場には絶対にお立ちにならなかった」という問題提起に対し、元の『大経』には、「善知識に遇い、法を聞きて能く行ずること、これまた難しとすとあって、「ヲシフル」というこの一行だけはないんですね。全く聖人のお作りになったところなんです」「善知識に遇うことも、善知識が私に教えることもかたいというんだから、言葉の流れからいっても、それで自然じゃないですか」という意見が続く。すなわち、二行目を、私が教えるのではなく、教えられる私と読むという見解である。これに対して、親鸞が善導大師（以下尊称略、六一三〜六八一）の「自信教人信、難中転更難」に触れていることに関して、「オシフルことのむつかしさ、が出てくる」「聖人が教える立場に立たれたかどうかはともかくとして、真実の教えを伝えていくことの難しさを、深く嚙みしめておられたんではないでしょうか。そうしますと、今のご和讃は、文字通りにいただいて良いのじゃないでしょうか」という意見が披瀝される。これに対しては、自信教人信の「教」は、「教える」という動詞として使われておらず、「何々を何々せしめる」という助字であり、「自らも信じ、人をして信ぜしむる」と読むべきであるとの見解が示された後、和讃の形式が七五調で字数制限があり、言葉では十分に言い尽くされないのではないかと問題提起をされた立場からまとめられ、次の話題に転じられている。

　この「座談会」において、善導の『往生礼讃』から親鸞が「自信教人信」を引用している点に言及されている。[10]「自信教人信」については、池田勇諦氏が「〈真宗教化〉の位置について考えようとする場合、その教学的示語として自信教人信の一語が想起されることは、まず必須といえよう」と述べるように、[11]布教・伝道・実践の場に於いて重要なタームの一つとなっていることは論を待たない。[12]

では、この「自信教人信」を含む「仏世甚難値　人有信慧難　遇聞希有法　斯復最為難　自信教人信　難中転更難　大悲弘普化　真成報仏恩」という文について、江戸期の講録ではどのように論じられているであろうか。本稿では、三点に絞って、概観することとしたい。すなわち、（一）自信教人信について、（二）大悲弘普化について、（三）真成報仏恩について、の三点である。なお（一）において、この文の出拠も併せて論じることとするがこの文は、「信巻」真仏弟子釈下と、「化身土巻」真門釈下に重ねて引用されており、本稿においても、両者について併せて眺める。

二　自信教人信について

まず「信巻」については、玄智・深励・興隆・芳英等が論じる。

①玄智（一七三四～一七九四）『顕浄土真実教行証文類光融録巻二十[13]』

『大経』に如来興世難値難見諸仏経道難得難聞菩薩勝法諸波羅蜜得聞亦難というの意に依るが故なり。……仏世等の二句は、正しく東方偈の文を用いる。しかして流通の文、重ねて東方偈の意を説く。……教人信は、如来会流通文に依る。曰わく、「能」説法人亦難開示」。

②深励（一七四九～一八一七）『広文類会読記巻十七[14]』

大経の三十偈の文及び流通分の経文によりたまふ偈文なり。……信慧の文字は如来会の文にありて弁じたごとく、……集諸経礼懺文には人有信心難とあり。今は別行の往生礼讃によりて引きたまふとみえるなり。遇聞等。

これは大経の流通分の若聞斯経信楽受持難中之難無過此難のこころなり。

③興隆（一七五九～一八四二）『顕浄土真実教行証文類徴決巻十一[15]』

初の偈は大経東方偈、及び流通文に依る。……信慧は愚信に簡ぶ。智昇の懺儀は信心と作す。

④芳英（一七六四～一八二八）『教行信証集成記巻三十五[16]』

『大経』に依り、要文を採集す。……全て往観偈及び勧往段の意を頌する。……この文経中の所據を知り難し。私に按ずるに、「聞法能不忘　見敬得大慶　則我善親友　是故当発意」の文意、以てこれを頌するか。自信教人信は、聞法能不忘　見敬得大慶の人、必ず自ら信じ、また他を教える。もしそれ自ら信じ教人信せしむるなきは、則ち不如実の信。もし人を教え信ぜしめ自信なきは、則ちこれ名利の所作なり。聞不具足の邪信なり[17]。

次に、「化身土巻」においては、僧鎔・柔遠・興隆・芳英等が言及する。

⑤僧鎔（一七二三～一七八三）『顕浄土方便化身土文類六本聴記第三[18]』

『礼讃』初夜偈なり、初の二句は『大経』の往観偈「仏世亦難値　是故当発意」の文意なり。彼の若聞精進求の句を経末の「遇善知識　無過此難」の文と取り合わせて造偈したまへば、往観偈に依るとはいへどもこの偈は経末の文を兼述す。仏世等は上に『覚経』を引く。

⑥柔遠（一七四二～一七九八）『顕化身土文類本柵補聴記巻中[19]』

『礼讃』の文は正しく上の「如来興世」等の文を釈す。仏世等とは、上に『平等覚経』の「仏在世甚難」等の文を引く。

⑦興隆『顕浄土方便化身土文類徴決巻十七[20]』

然るにこの教人の四句は、東方偈及び流通に顕かな文を見ず。今案ずるに、これ恐らく、流通の是故我法等の
　六句の意より得来するか。
⑧芳英『教行信証集成記巻六十五[21]』
　往観偈の意を頌する文。
冗長になったが、「信巻」に対する芳英の釈（以下、「信巻」芳英等と略す）④は「この文経中の所據を知り難し。」と記すが、この文の出拠は、『大経』東方偈（往観偈）と流通分であることが明示される。東方偈の文とは、
　仏世亦難値　人有信慧難　若聞精進求　聞法能不忘
であり[22]、流通分の文とは、
如来興世難値難見諸仏経道難得難聞菩薩勝法諸波羅蜜得聞亦難遇善知識聞法能行此亦為難若聞斯経信楽受持難
　中之難無過此難。
である[23]。
また、「化身土巻」興隆⑦には「教人の四句は、東方偈及び流通に顕かな文を見ず。」と告白され、さらに「流通の是故我法等の六句の意より得来するか」とあり、また芳英の釈にも触れられないが、「信巻」玄智①や「信巻」深励②が述べるように、『大経』東方偈・流通分に加え、『無量寿如来会』も出拠として指摘される。
これは、本稿冒頭に掲げた和讃「善知識にあふことも……」に関する註釈として、是山恵覺（一八五七～一九三一）『浄土和讃講義』が、
　善教授の難、此は魏訳には無し、唐訳をもて加ふ、文に云く能説法人亦難開示と……

と講じ、[24] 三木照国『三帖和讃講義』にも、

善く教授することの難で、『如来会』に「よく説法することも難しとなす、人また開示し難し」とあるのによられる。

と示される如きである。[25] すなわち、魏訳『大経』のみならず、唐訳『無量寿如来会』にある「能説法人亦難開示」に基づき、[26]「能く説く」ことを、和讃の「をしふる」の語の含意と理解することができる。すなわち、「自信教人信難中転更難」について、自ら信じることも「難」であると示され、さらに、他（人）に教えて信ぜしめることも「難」であると明示されるのである。

なお、高田派座談会に於いて指摘された「教」の字が助字であるとの見解については、なるほど、諸橋轍次『大漢和辞典』などによれば、[27] 助字との義も示されるが、親鸞の語る文脈に於いては、この義は成り立たない。[28] なぜなら、池田前掲論文でも指摘されるが、親鸞自身が『教行信証』でこの語を用いるのは「信巻」真仏弟子釈下と、「化身土巻」真門釈下の二カ所であり、いずれも、親鸞自身が「みづから信じ、人を教へて信ぜしむ」[29]、「みづから信じ、人を教へて信ぜしむること」と訓点を付し、[30]「おしへて」と読んでいるからである。

三　大悲弘普化について

大悲については、「親鸞思想における「常行大悲」の意味」としてすでに論じた。[31] そこでは、慈悲について、西田幾多郎氏（一八七〇～一九四五）の「自他合一、其間一点の間隙なくして初めて真の愛情が起る・・・親が子と

なり子が親となり此処に始めて親子の愛情が起るのである。親が子となるが故に子の一利一害は己の利害の様に感ぜられ、子が親となるが故に親の一喜一憂は己の一喜一憂の如くに感ぜられるのである。・・・我々が自己の私を捨てて純客観的即ち無私となればなるほど愛は大きくなり深くなる。・・・仏陀の愛は禽獣草木にまでも及んだのである。」[32]や、中村元氏（一九一二〜一九九九）の「慈悲は求めることの無い愛である。われわれは、与えられる慈悲に対してはただ無限の感謝を捧げるのみである。こういう点で慈悲は、子に対する親の愛情の純粋化して考えられたものであるということができるかもしれない。幼児が親に対してどのようないたずらをしようとも親は子を憎まない」「子に対する親の愛が『慈悲』に近いものであると考えられるから、子に対しては『慈愛』という語が何の矛盾をも意識されることなしに成立する」[33]、石田慶和氏（一九二八〜二〇一五）の「キリスト教でアガペーといい、仏教で慈悲というはたらきは、宗教的な生を表現するものです。西田先生はそれを親子の関係で言おうとされています。『親が子となる』ということは、親が親の立場を捨てて子の立場にたつということです。」[34]、岡亮二氏（一九三三〜二〇〇七）の「母は自分のすべてを子に注ぎ、愛の一切を与えます。しかもその母の行為には、子からの見返りを何一つ求めないで、ただ赤ちゃんのためになされるのですが、この一心の努力が、まさに母親の生きる喜びになっているのです。・・・その愛の心が無限に他に広がると考えればよいのです。・・・それが仏の大慈悲心です」[35]などによりながら、『教行信証』に「貴賤緇素を簡ばず、男女・老少をいはず、造罪の多少を問はず、修行の久近を論ぜず」[36]と表す弥陀の大悲について論じ、更に、「愚禿悲嘆述懐讃」に「小慈小悲もなき身にて　有情利益はおもふまじ　如来の願船いまさずば　苦海をいかでかわたるべき」[37]と詠い、己れの慈悲のはかなさ・不十分さ・虚しさ・不確かさを嘆きつつ、現生十益の第九に挙がる常行大悲についての親鸞の意を論じた。「信巻」に引かれる「自信教人信」の文は、この常行大悲を助顕する文である。

「信巻」と「化身土巻」のこの文は善導の『往生礼讃』からの引文と示されるが、善導『往生礼讃』の文とは異なる字がある。「弘」の字である。(38)「化身土巻」に「弘の字、智昇法師の『懺儀』の文なり」と親鸞自身が示す細注があり、親鸞が智昇法師（八世紀頃）の『集諸経礼懺儀』から字句を引いていることは明白である。江戸期の講録ではほぼ一様に、「伝」と「弘」の文字の異同について、言及されている。煩を厭わずに、その始終を一瞥しよう。

まず「信巻」引文に対する玄智・深励・興隆・芳英・円月の所説は以下の如きである。

⑨玄智『顕浄土真実教行証文類光融録巻二十』(39)

大悲等とは弘の字礼讃本皆、伝と作す。化巻所引弘と作す。……並びにこれ弘伝派通の義なり。大悲等は、大悲心を以て弘化するなり、或いは可。弘化即ち大悲の行、故に大悲という。

⑩深励『広文類会読記巻十七』(40)

大悲弘等。礼讃の本文は伝普化とあり。この信巻坊間四本の内、寛永正保二本は本文の通り伝の字なり。明暦本はここと同じく弘の字に傍註に伝いとあり。御述書にはひろくとあり。これは我が祖の後真本にも異本ありとみゆるなり。化巻本この文を引きたまふとき大悲弘とありて細注に智昇法師懺儀文とあり。このおことはりがあるからみれば礼懺儀では弘の字、別行の礼讃では伝の字、両方へよりたまふゆえ異本ありとみゆる。とき今、伝わる礼懺儀はやはり伝の字なり。我が祖所覧はちがふとみえるなり。とき今大悲弘普化といふ大悲といふは仏の大悲なり。即ち上の楽集御所引の大悲経のこころにてみづから信ずるのみならず人を信ぜしむるこれ如来の大悲を伝へて普く衆生を化益するのでこれがまことの報仏恩ヂャといふことで真成報仏恩といふなり。

⑪興隆『顕浄土真実教行証文類徴決巻十一』(41)

大悲弘普化は、弘の字は永・保の二本。及び、別行の讃文は伝と作す。今の本及び、文本並びに化巻は弘と作す。述べ書きはヒロクと作す。化巻の弘の字の下に註して、智昇法師懺儀の文なりと言う。案ずるに彼の夾註は、仏恩の下にあるべき。錯濫して弘の下に入るか。化巻本また、錯濫の例ある故に、一説に云く、懺儀は弘と作すゆえに、弘の字の下にこの夾註有るか。今謂く、檗本智昇懺儀はまた伝の字と作す。懺儀に異本有るか。その実、知り難し。但し、二字並ぶに妨げなし。六要に會するが如し。

⑫芳英『教行信証集成記巻三十五』(42)

大悲弘普化は、本、伝普化と作す。今、礼懺儀に拠るが故に、化巻の弘の字の細注に言わく智昇法師の懺儀の文なり。故に知る、弘の字正と為す。これ即ち則我善親友の意。十七願力廣く弘く弘布す。我が輩随分教人信、義位、諸仏の讃嘆に同じの謂なり。真成報仏恩は、大悲伝普化、その本仏願の意。今、仏願の如きの行の故に、真実、仏恩を報謝するに成る。これ即ち真仏弟子の所作なり、知るべし。

⑬円月(一八一八〜一九〇二)『本典仰信録巻四』(43)

大悲普化は正しく讃嘆に在り、但し仏名を称するもまた讃嘆を成ず。……ここをもって称念仏名、能く大悲の行と成る、これを報恩の義と為すなり。

次に「化身土巻」引文に対する僧鎔・玄智・柔遠・興隆・石泉・芳英・善譲・円月・足利義山諸氏の所説は以下の如きである。

⑭僧鎔『顕浄土方便化身土文類六本聴記第三』(44)

この大悲が弘まりて人に其の利益を得せしむること、甚だ以て難しと為す、もしこの大悲を自信教人信せばこの上なき報仏恩なり、『礼讃』には伝普化とあり、今智昇の『礼懺儀』には弘普化とあり、『信巻』もまた同じ。この弘の字が諸仏讃嘆の願に応じて、名号が十方世界普流行の義を顕すに伝の字よりは義優ると思し召す故に弘の字の文を引きたまふなり。普化とは狭劣なることにあらず、広大なることを顕す。弘通広大なれば報恩また広大なり、この義を顕すに便利よきゆゑに弘の字の本に依りたまふ。

⑮玄智『顕浄土方便化身土文類光融録巻三十三(45)』

伝の字、弘と、各一本に依る。共に背乖かずか。伝即ち伝通、弘即ち弘通なり。(録に云く)この文また、上に所引の大経の文を釈す。しかして、恩を知り、徳に報ぜしむなり。知昇《(ママ)》等子註に八字。現本これを弘の字の下に置く。決するにこれ錯簡なり。

⑯柔遠『顕化身土文類本柵補聴記巻中(46)』

大悲とは謂く第十七願所讃の尊号の南無阿弥陀仏なり。弘の字はこれ十方世界普流行の義を顕す。普化の二字は、乃ち法徳の機を簡ばざるを示すなり。

⑰興隆『顕浄土方便化身土文類徴決巻十七(47)』

弘の字。懺儀・別行は並びに伝の字と作す。祖師所覧は恐らく弘の字と作すか。具に弁ずるに、この録八の如し。智昇等は、この夾註は恐らく錯置。宜しく仏恩の下に移すべき。弁ずることまた上の如し。真成等の句は、またまた上の如し。

⑱石泉(一七六二〜一八二六)『教行信証文類随聞記巻六十一(48)』

智昇法師等の子註あるに就て、懺儀の方では弘の字に作ってあるか。未だ考えず。

⑲芳英『教行信証集成記巻六十五[49]』

大悲弘（智昇法師懺悔文なり）普化　真成報仏恩は、その益を歎ず。如実の自信教人信は、則ち大悲弘普化。故に全く諸仏の讃嘆に同じ。弘の字の細注、即ちその意なり。伝の字また通ず。弘廣弘布の諸仏に斉しきにしかず。故に知んぬ。凡夫の所作真成報仏恩の義なり。これ即ち自力の計度を放下する称名なり。

⑳善譲（一八〇六～一八六六）『顕浄土教行証文類敬信記巻十八[50]』

弘の字、恐らくは、写誤か。しかれどもこの字にても通ぜざるには非ず。普化とは、法徳機を簡ばず、故に普く化することを得。これ即ち名号の円融至徳なる用なり。その法の如く弘化することは報恩となる。よって真成等とのたまふ。

㉑円月『本典仰信録巻七[51]』

大悲伝化は、これ報恩の義なり。

㉒足利義山（一八二四～一九一〇）『教行信証摘解巻八[52]』

智昇等とは、終南の『礼讃』の伝の字を『懺儀』には弘に作るが故に。

智昇法師の名を出さないものも若干あるが、ほぼ一様に、言及されていることがわかる。しかし、その理解は必ずしも同一とはいえない感がある。すなわち、「化身土巻」石泉⑱は「未だ考えず」とするのみであり、「化身土巻」善譲⑳は、「弘の字、恐らくは、写誤か」と語り、「しかれどもこの字にても通ぜざるには非ず」と続ける。「弘」の字は誤りであり、「伝」「弘」のいずれでも意は通らない訳ではないという。「信巻」「化身土巻」玄智

⑨⑮）も同様に、「共に背乖かずか。伝即ち伝通、弘即ち弘通なり」と講じ、意は同じであると見る。また「信巻」興隆（⑪）は、存覚（一二九〇～一三七三）『六要鈔』の「伝の字と弘の字と各一本に依る、共に乖かずか、伝は即伝通。弘は弘通なり」に基づき、「二字並ぶに妨げなし。六要に會するが如し」と講じる。さらに、「信巻」円月（⑬）は「大悲普化」と表し、「伝」「弘」の部分を省略したとも受け取れる。[53]

「信巻」深励（⑩）の釈は丁寧である。「寛永正保二本」「明暦本」「御述書」の相違に着目するが、その結びに、弘ではなく、伝の字を用いて「大悲を伝へて」と釈する。

対して、「信巻」芳英（⑫）と「化身土巻」僧鎔（⑭）の釈は、注目に値する。芳英は、「弘の字正と為す」と端的に談じ、僧鎔は、懇切に談ずる。まず、大悲が弘まりと読み、続いて、「名号が十方世界普流行の義を顕すに伝の字よりは義優ると思し召す故に弘の字の文を引きたまふなり」と講ずる。つまり、十方世界に普く流布する弥陀の名号のはたらきを顕すには、伝の字よりも弘の字の方が義が優れているから、弘の字が用いられる智昇の『礼懺儀』から引用するのであろうと、親鸞の意を測る。優れた見解であろう。非常に細やかな意を配って『教行信証』を執筆する親鸞は、「弘の字、智昇法師の『懺儀』の文なり」と細かく記すのである。私は、弘の字を用いる「大悲弘普化」の語を此処に引かんとする親鸞の意を酌み取りたい。

講録においては、細注を挟む箇所について、本来であれば、文の最後、つまり「真成報仏恩」の下であるべきだが、弘の字の直後におかれるのは、「錯濫」（「信巻」興隆（⑪））、「錯簡」（「化身土巻」玄智（⑮））、「錯置」（「化身土巻」興隆（⑰））であると指摘される。しかし、同じく「信巻」興隆に、「一説に云く、懺儀は弘と作すゆえに、弘の字の下にこの夾註有るか。」とあるように、敢えて、弘の字の下に施したと考える方が適当であろう。

煩瑣に過ぎた嫌いがあるが、江戸期の講録における釈を一瞥した。現代の解説書等ではどのように論じられるであろうか。

星野元豊氏は、智昇の『集諸経礼懺儀』からの引用であることを推定した上で、西本願寺所蔵の『往生礼讃』に「大悲伝普化」とあること、『六要鈔』にある弘と伝の両方ともさまたげはないという指摘などにならい、「伝」として読んでいる。(54)

信楽峻麿氏（一九二六〜二〇一四）は、「本願念仏の教えを遍く人々に伝えて信じさせる」(55)「阿弥陀仏の大悲を、あらゆる人々に伝えること」(56)と語る。

梯実圓氏は、『集諸経礼懺儀』下によって、「大悲伝普化」を「大悲弘普化」と改められているところに深い祖意があったと思われる」(57)と述べる。

岡亮二氏は、「大悲そのものの働きによって、浄土の教えは弘まっているのだと、親鸞聖人は捉えられた」と明言する。(58)

また、矢田了章氏も、この引文の【意訳】では、「自らが教えを信じ、人に教えて信じさせるということは、難しい中でいよいよ難しいことなのです。こうした中にありながら、阿弥陀仏の慈悲はひろくすべての衆生を教化しています。この阿弥陀仏のはたらきに賛同し身をゆだねてその一端を担うということは、まことに仏の恩に報いることになるのです」と示され、『往生礼讃』からの引用を指摘しつつ、「「伝」を「弘」に改めて引用しています。善導大師では信心獲得した者が「大悲を伝えてすべての衆生を教化する」のでしたが、親鸞聖人では「大悲が自らはたらいて弘《ひろ》くすべての衆生を教化する」と受けとめています。自分の能力や思いで有縁の人々を教化するのではなくして、浄土の教法自体が自らはたらいているそのはたらきに、真の仏弟子は参画せしめられているのだと、親鸞聖人は領解されたのでした。……親鸞聖人に「自信教人信」が突きつけられたのは、三部経千部読誦でしょう。[59]」

と述べ、岡氏の見解と同様の理解が顕示される。

大悲を伝えるという衆生の行為ではなく、大悲のはたらきを表明するために、善導の『往生礼讃』からではなく、智昇の『集諸経礼懺儀』から引用されたと考える。

四　真成報仏恩

最後に、「真成報仏恩」についての講録の記載を眺めてみよう。

まず「信巻」所引の文については、玄智・深励・興隆の所説を紹介しよう。

㉓玄智（『顕浄土真実教行証文類光融録巻二十[60]』）
真成等とは、真実報恩者の行方成就なり。或いは云く、真成の二字を合わせてこれ真実の義。和訓に未《マ》免《メ》也《ヤ》加《カ》。例えば、唐詩に真成薄命久尋思と云うが如し。蓋し、俗語の体のみ。最後の二句は、正しく現生十益の第八第九に応ずるなり。

㉔深励『広文類会読記巻十七[61]』
礼讃でなれば「真成、仏恩を報ずる」とよんでもよきなり。なぜといふにこの真成の文字はもと中華の俗語なり。詩につかふ文字で唐詩絶真成薄命久尋思とつかってあり。ほんまにといふことなり。今の中華の俗語には

成の字、正の字をかくといふことなり。(詩語解上) 華音では真正といふ。しかればここも真成報仏恩といふことでこれがほんまに仏恩を報ずるのぢゃといふことなり。今の御点はしからず。成の字下からかへりてなるとよみたまふなり。

㉕興隆『顕浄土真実教行証文類徴決巻十一』(62)

真成報仏恩は、転声を見るべし。もし文相に随えば、真成《シンセイ》は唐代の俗語なり。……

次に、「化身土巻」所引の文については、石泉の所説を紹介しよう。

㉖石泉『教行信証文類随聞記巻六一』(63)

真成報仏恩の句。皆、真に仏恩を報ずるに成ると訓むことなるが、点の通りなれば、成真報仏恩としてよかりそふなり。これは真成は唐の俗語にて、この二字でほんまにと云ふことになる。真成薄命久深思と唐詩にある如し。善導の御文の中、俗語を用いたこと折々見ゆる。それはそれなれど、この点はきっと吾が祖の御点と見れば、異論はなきか。文点の始終あながちそふばかりとは見えぬなり。処に依っては、宗祖の手澤なりと思はるる御点あり。心得べし。

「真成」の語について、唐代の俗語であり、この二字を以て「まことに」と読むべきであるとの指摘であるが、これは当たらない。親鸞自身が、「真に仏恩を報ずるになる」と訓点を付しているからである。

では、「仏恩を報ずるになる」、すなわち報恩について、親鸞は何を明かそうとしているのであろうか。報恩が感謝と共に熟語にされ報恩感謝と表現される時、阿弥陀仏の本願に救われることをよろこび感謝する意と理解し、獲信の念仏者と阿弥陀仏の間における交流に焦点が合わせられる感がある。しかし、親鸞がこの引文を通して報恩について表わさんとすることは、念仏者と阿弥陀仏の間の交流ではなく、新しい他者において阿弥陀仏の本願の心が具現することにある。大悲を伝えるという『往生礼讃』の読みではなく、大悲が弘まるという『集諸経礼懺儀』の読みを採用する親鸞は、自身が大悲を伝えることではなく、弥陀の大悲が弘まると表現することによって弥陀を讃嘆しつつ、弥陀の大悲が具体的現実的な私という人間を通して他者に弘まることが、報恩になると語り、我々自身の行為ではないにもかかわらず、報恩に関与することのできることを明かすのである。普く化することが報恩になるという趣旨を的確に読み取ることが肝要である。

おわりに

本稿は、学生の発表を通じて「善知識にあふことも……」という「浄土和讃」の諸本間の語句の異同に気付かされたことに端緒がある。この文字の異同に関連して、真宗教化における最重要タームの一つともいえる「自信教人信」が難中転更難と明かされるが、自信の難性と教人信の難性のうち、本稿は後者の難について論ずるものである。すなわち、親鸞が法然から聞いた教えを伝えることの難性を、「自信教人信……」という善導の『往生礼讃』と智昇の『集諸経礼懺儀』の語句の異同に関連させて論ずる所に筆者の意図はある。

もちろん、自信と教人信とは不離であるが、「伝」の字を「弘」に読まねばならない親鸞の真意を虚心にうかがえば、教人信の難性は、冒頭の和讃「善知識にあふことも…」の四句目が「行ずることもなほかたし」と表される国宝本・顕智本の字句が表さんとする点とも通底するものである。すなわち、はじめに紹介をした座談会に於いて、

「善知識にあふことも　をしふることもまたかたし　よくきくこともかたければ　信ずることもなほかたし」の「をしふる」の解釈が困難であるという指摘がある。しかし、前半の二行（句）と後半の二行（句）が対になると解釈すれば、解釈の困難さはない。すなわち、「善知識にあふことも　をしふることもまたかたし」という前半と、「よくきくこともかたければ　信ずることもなほかたし」という後半が対になると考えれば、国宝本・顕智本の表記の通り、「行ずることもなほかたし」と読む方が寧ろ、「善知識にあふ」と「よくきく」ことが対応し、「をしふる」と「行ずる」の対応も明々白々である。

浄土真宗の未来を論ずる時、現在の浄土真宗を明らかに見つめなければならない。その際、難信を主張することには何ら異論を提示するものではない。ただし、伝えることの難をもっと綿密且つ丁寧に論ずるべきではないかと感ずるのである。人間の熱意や努力や技術によって伝えるものではなく、そもそも、大悲が弘まるというそのはたらきに参画・参与するという親鸞の理解を重んじるべきであると考える。大悲とは、いうまでもなく阿弥陀仏の大悲である。この大悲を行ずる常行大悲に関して、すでに述べたことであるが、(64)親鸞は『一念多念文意』に、「常」と「恒」の区別を記す。(65)すなわち、

「恒」は、つねにといふ、……いまつねにといふは、たえぬこころなり、をりにしたがうて、ときどきもねがへといふなり。いまつねにといふは、常の義にはあらず。常といふは、つねなること、ひまなかれといふこころなり、ときとしてたえず、ところとしてへだてずきらはぬを常といふなり。

ほんのわずかな瞬間も途切れることがないのが「常」であり、「恒」とは途切れることがあるということである。常に大悲を行ずるという「常行大悲」の「行大悲」とは、獲信の念仏者・真仏弟子が、自らが念仏を称えることの

みではなく、未だ念仏の真実に出遇い得ていない未信の念仏者に念仏を称えさせることであり、その意味で利他行と言いうると指摘した。さらに、「常」の語に着目すれば、常行大悲は獲信者・真仏弟子自身の行ではあり得ない。獲信者とはいえ衆生の行に「常」は不可能だからである。「常」が可能となるのは、阿弥陀仏の大悲のはたらきである。そして、此処に生きる念仏の衆生を通して、念仏の真実が弘まる、その弥陀のはたらきに参与することが獲信者・真仏弟子のはたらきといえる。獲信者・真仏弟子の行について、利他をするとは語らずに、利他になると語るのはそこに所以がある。

『往生礼讃』と『集諸経礼懺儀』の語句の異同は、衆生が伝えることの難性を証しつつ、大悲そのもののはたらきを顕わにせんとすることを明示するものである。かといって、此処にいる我々が伝えようとすることの無意味さにうち拉がれることはない。

われわれが伝えなければならないと躍起になりつつ、その難性の故に感じる空しさからは解き放たれ、解き放たれた我々が、現代、今此処にいる同士と如何に弥陀の大悲の尊さや必要性を共有することができるかという方途を模索し続けていくことに、われわれは専心すべきであると考える。

註

（1）ゼミ生の名をここに記し、謝意を表する。浅井順観、井浦智真、丘珠里、柿原光輝、加藤誠哉、加藤文彌、栗田弘智、立川瞬、佃瑞香、寺西卓也、富永里菜、西明大智、西永智教、正木弘真、山内加奈、山本顕生、渡邉花野子（敬称略）。

（2）『註釈版』五六八頁。『真宗聖教全書Ⅱ』（以下、『真聖全Ⅱ』）四九四頁。『浄土真宗聖典全書Ⅱ』三七一頁。

（3）『浄土真宗聖典全書Ⅱ』五三二頁。

（4）昭和三十五（一九六〇）年六月二一日、影印本刊行に当たって、生桑完明氏による「国宝本三帖和讃について」（『親鸞聖人真蹟三帖和讃国宝本解説』所収）において、その大部分は親鸞の真筆ではないことが明らかにされた。後、『親鸞聖人撰述の研究』（昭和四五年、法藏館）所収。

（5）『浄土真宗聖典全書Ⅱ』四〇〇頁、五三二頁。

（6）三帖和讃の成立については以下の論考を参照した。
秋葉安太郎・安藤享子・寒河江実・山田瑩徹「親鸞聖人真跡　三帖和讃国宝本の研究」『語文』第二十輯、日本大学国文学会、一九六五年。
平松令三「国宝本三帖和讃の成立に関する諸問題」『高田学報』第六十四輯、一九七二年
常磐井和子「三帖和讃の諸本について」『真宗研究』第三十二輯、一九八七年。
宮崎圓遵『真宗書誌学の研究（宮崎圓遵著作集第六巻）』永田文昌堂、一九八八年。
矢田了章責任編集『龍谷大学善本叢書二一　三帖和讃』（龍谷大学仏教文化研究所、二〇〇一年）
佐々木瑞雲「「三帖和讃」成立の研究～「河州本」の特色について～」『宗学院論集』第七四号、二〇〇一年。
林智康「『三帖和讃』の撰述」『真宗学』第一一一・一一二合併号、二〇〇五年。

（7）この和讃は、私にとっても想いの強い和讃である。私事であるが、人生初の法話の際の讃題がこの和讃であった。当時は『浄土真宗聖典全書Ⅱ』がまだ出版されていなかったが、少し調べれば、第四行目の表現の差異に気付いたかも知れない。しかし、『註釈版』或いは、『真聖全Ⅱ』の表記のまま「信じることが難しい」として話をした。
すでに拙稿「『行ずることもなほかたし』考」（『真宗学』第一三六号、二〇一七年）においても論じたが、常磐井和子氏の前掲論考「三帖和讃の諸本について」によれば、文明本の草稿本は親鸞在世次代にさかのぼることができるが、三栗章夫・岡村喜史両氏の論考「三帖和讃の書誌について」（矢田了章責任編集『龍谷大学善本叢書二一　三帖和讃』龍谷大学仏教文化研究所、二〇〇一年）によれば、「不明である」といわねばならない。今、その原本の所在を探ることはおかなければならないが、国宝本について、佐々木勇氏は、その「朱筆は仮名・声点とも同筆であり、親鸞の手になると判断された」「当時、補訂の筆を入れることができたのは、親鸞以外には考えられない」

「親鸞の校閲・加筆補訂を施された専修寺本『三帖和讃』は、本真蹟集成に収められるにふさわしいものである」と記す（「国宝本『三帖和讃』の研究資料と朱筆について」（『親鸞聖人真蹟集成　第三巻』法蔵館、二〇〇七年、三八四頁・三八八頁・三八九頁）。また、常磐井論文には、「写本の一冊一冊が原著者の手もとを離れるまでに、いくつもの入念な階程を経てきていることが窺われる。まず本文を写す、振仮名を付す、声点を付す、朱を加える、左訓を加えるなどがそれで、訓点語学が明かす所では、本文を書写する人と、点を打つ人は別人であるべきというような慣習や制約もあったらしい」と記される。「行ずることもなほかたし」という本文が親鸞の直筆ではないにしろ、朱筆が親鸞自身のものであれば、本文を見ずに朱を加えることもあろうはずがない。或いは、修訂すべき文言を訂正をせずに「ママ」とすることも考えられない。とすれば、やはり、国宝本に記される「行ずることもなほかたし」の文言は、親鸞の意図する言葉と考えるべきである。

試みとして、真宗教団連合に加盟している真宗十派（浄土真宗本願寺派・真宗大谷派・真宗高田派・真宗佛光寺派・真宗興正派・真宗木辺派・真宗出雲路派・真宗誠照寺派・真宗三門徒派・真宗山元派）が日常勤行として用いている聖典等を確認してみた。

①　浄土真宗　本願寺派（西）本願寺
『龍谷　勤行要集』浄土真宗本願寺派　勤式指導所編、二〇〇八年改訂一版、十五頁。

②　真宗大谷派（東）本願寺　真宗大谷派
『真宗大谷派声明集』真宗大谷派宗務所、二〇一五年一一月、三四六頁。

③　真宗高田派　専修寺
『高田勤行聖典』真宗高田派宗務院、二〇〇五年五月二十一日、一四六頁。

『真宗高田派聖典』真宗高田派聖典編纂委員会、二〇一二年一月十六日、五三四頁・六二〇頁。

④　真宗佛光寺派　佛光寺
『真宗佛光寺派　勤行用六首引和讃』昭和五八年九月、編集兼発行者本山佛光寺、一八頁下段。

『真宗聖典（聖教篇）』平成二三年五月、聖典編纂委員会、五九二頁上段。

⑤　真宗興正派　興正寺

『正信念仏偈』昭和五〇年十一月、真宗興正派宗務所
⑥　真宗木辺派　錦織寺
『錦織寺創始七五〇年　念報慶讃法会記念出版』平成元年十一月二十一日、法要勤式検討委員会
『真宗木辺派　平成新編　勤行集』（平成一二年三月、勤式委員会）八二頁。
⑦　真宗出雲路派　毫摂寺
『真宗出雲路派　常用勤行集』（平成六年初版、平成二五年第二改訂三刷、真宗出雲路派勤行集編纂委員会）には、この和讃は掲載されていない。
⑧　真宗誠照寺派　誠照寺
『真宗誠照寺派勤行聖典』（平成五年版）一一〇頁。
『真宗誠照寺派勤行集』（平成二十五年九月改版、伝統奉告法要記念出版）五三頁上段。
⑨　真宗三門徒派　専照寺
上記②の大谷派（法藏館）が依用される。
⑩　真宗山元派　證誠寺　真宗山元派
上記②の大谷派（法藏館刊）が依用される。
なお、『真宗山元派　同朋勤行集』（二〇一一年六月初版・二〇一三年第二版、真宗山元派宗務所）には、この和讃は掲載されていない。

調査がまだまだ不十分であるが、「行ずることもなほかたし」と表現されている経本は、国宝本を所蔵している真宗高田派を除いては、真宗木辺派のみであることが明らかになった。真宗木辺派も、一九八八年に刊行された『錦織寺創始七百五拾年　念報慶讃法会記念出版勤行集』では「行ずることもなほかたし」とあるが、二〇〇〇年に編纂された『真宗木辺派　平成新編　勤行集』では「信ずることもなおかたし」と変更され、信の字の左に（行）の記載があるのみとなっている。

なお、調査に当たっては、松田利男、栗原直子、千葉（春木）憲文、林和英、橘亮輔、八力廣超、櫻井徳史、黒龍巧照の諸氏に一方ならぬ御協力を賜わり、貴重な御教示をいただいた。書して深甚の謝意を表する。

来る二〇二三（平成三十五）年には宗祖誕生八五〇年、そして、その翌年には立教開宗八〇〇年という記念すべき年を迎える。今一度、親鸞聖人の素意・深意を虚心に尋ねるべきである。

（8）本稿は、前稿「『行ずることもなほかたし』考」（『真宗学』第一三六号、二〇一七年）を承けるものであり、重複のあることを付言しておく。

（9）『高田学報』第七一輯、一九八二年。一九八二年二月二二日に行われた座談会のメンバーは以下。稲垣不二麿、梅林久高、川瀬和敬、栗原廣海、小妻道生、堤玄立、平松令三の諸氏。

（10）善導『往生礼讃』は、『七祖篇（註釈版）』六七六頁。『真聖全Ⅰ』六六一頁。『浄土真宗聖典全書Ⅰ』九二八頁。

（11）池田勇諦「自信教人信―真宗教化の位置―」『同朋大学論叢』第四十九号、一九八三年。

（12）長岡岳澄「「伝道」と「自信教人信」の関係―「自信教人信」の理解を通して―」（『宗学院論集』第八十一号、二〇〇九年）なども参照。

（13）『真宗全書』第二五巻、三四頁。

（14）『真宗大系』第十五巻、一六七頁。

（15）『真宗全書』第二三巻、一二二頁。

（16）『真宗全書』第三十二巻、五六九頁。

（17）「不如実の信」「聞不具足の邪信」とは、弥陀の本願をその如く聞信することのできない聞信のことであろう。親鸞は『教行信証』「信巻」菩提心釈の御自釈に、「欣求浄刹の道俗、深く信不具足の金言を了知し、永く聞不具足の邪心を離るべきなり」（『註釈版』二四六頁。『真聖全Ⅱ』六九頁。『浄土真宗聖典全書Ⅱ』九一頁）と示す。また引文では「信巻」大信釈の信楽釈に信不具足が（『註釈版』二三七頁。『真聖全Ⅱ』六三頁。『浄土真宗聖典全書Ⅱ』八五頁）、信一念釈に聞不具足が（『註釈版』二五〇頁。『真聖全Ⅱ』七一頁。『浄土真宗聖典全書Ⅱ』九四頁）、また「化身土巻」真門釈にはその両方が（『註釈版』四〇六頁。『真聖全Ⅱ』一六二頁。『浄土真宗聖典全書Ⅱ』二〇六頁）、『涅槃経』引文として記される。これについては、拙稿「往生一定と往生不定」（『真宗学』第一二三・一二四合併号、二〇一四年）に論じたが、再掲すれば、信不具足の文とは、次の文である。

信にまた二種あり。一つには聞より生ず、二つには思より生ず。この人の信心、聞よりして生じて、思より生ぜず。このゆゑに名づけて信不具足とす。また二種あり。一つには道ありと信ず、二つには得者を信ず。この人の信心、ただ道ありと信じて、すべて得道の人ありと信ぜざらん。これを名づけて信不具足とす。

信不具足の第一は、思惟から生じる信でなければ、信不具足であるという。ただ教説を聞いて、その言葉の上辺は耳に聞こえているかも知れないが、その教説に対する心からの納得・領解がなければ、信具足とは言われないのである。また、信不具足の第二は、悟りに至る道があると知るだけで、その道を歩む先達（得道の人、得者）がいることを知らないならば、信不具足であるという。星野元豊氏（一九〇九〜一九九五）は、『講解教行信證』（法藏館、一九九五年、六七四頁）において、理屈を理論的に信じるだけでは不充分であると解釈し、岡亮二氏（一九三三〜二〇〇七）は、『教行信証口述五〇講　信の巻　上』（教育新潮社、一九九七年、二八四頁）において、教えを第三者的立場に置いて、ただ眺める立場では不充分で、自分が得者と共に道を歩むことが肝心であると指摘する。

また、聞不具足の文とは、次の文である。

いかなるをか名づけて聞不具足とする。如来の所説は十二部経なり。ただ六部を信じていまだ六部を信ぜず、このゆゑに名づけて聞不具足とす。またこの六部の経を受持すといへども、読誦にあたはずして他のために解説すれば、利益するところなけん。このゆゑに名づけて聞不具足とす。またこの六部の経を受けをはりて、論議のためのゆゑに、勝他のためのゆゑに、利養のためのゆゑに、諸有のためのゆゑに、持読誦説せん。このゆゑに名づけて聞不具足とす。

聞不具足の第一は、釈尊の説法は全部で十二部とされるが、その半分の六部を信じているが、残りの六部を信じていない者は、聞不具足という。聞不具足の第二は、残りの六部を受け入れたとしても、深く理解することなく他の人に説明をしようとしても、その人を利益することはできないという。そして聞不具足の第三は、内容を深く極めて理解したとしても、その聞き方が不純であれば、聞不具足というのである。つまり、議論をして、他を打ち負かしたいと思いながら仏書に向きあうとすれば、それは仏書に対する真摯な姿勢とは言えないということであろう。名聞利養のため、自己の利益のため、自身の名声のために、仏書と向きあう姿勢を、聞不具足と指摘する。

(18)　『真宗叢書』第八巻、三五四頁。
(19)　『真宗叢書』第七巻、一四四頁。

(20)『真宗全書』第二十三巻、四七〇頁。
(21)『真宗全書』第三十三巻、四〇八頁。
(22)『真聖全Ⅰ』二七頁。『浄土真宗聖典全書Ⅰ』四七頁。
(23)『真聖全Ⅰ』四六頁。『浄土真宗聖典全書Ⅰ』六九頁。
(24)龍谷學舍、一九一二年、二二八頁。
(25)永田文昌堂、一九七九年、一二〇頁。
(26)『真聖全Ⅰ』二一三頁、『浄土真宗聖典全書Ⅰ』三三六頁。
(27)諸橋轍次『大漢和辞典』巻五、五〇二頁。『新字源』の「助字解説」四三九頁・一二四二頁。
(28)池田前掲論文では、自信教人信の語は、親鸞自身は「ほとんど用いてをらず、わずかに『教行信証』で「信巻」真仏弟子釈下と、「化身土巻」真門釈下の二ケ所にのみ」であり、「この語が常に真宗教化語として親しみ深い語となったのは、やはり蓮如上人による」と指摘され、『御文章』の第三帖第九通（『註釈版』一一五一頁）と、第四帖第五通（『同』一一七一頁）、及び『蓮如上人御一代記聞書』から第九十三条（『同』一二六一頁）が紹介される。『聞書』にはその他、第二十条（『同』一二三九頁）と第九十四条（『同』一二六二頁）にもこの語を見つけ得る。また、蓮如以外に、『恵信尼消息』（『同』八一六頁）、覚如（一二七〇～一三五一）の『口伝鈔』（『同』八九三頁）、存覚『浄土眞要鈔』（『同』九六一頁）にも、見つけ得る。梯実圓（一九二七～二〇一四）『聖典セミナー　口伝鈔』（本願寺出版社、二〇一〇年、一七七頁）には、「『口伝鈔』のこの文章は『恵信尼消息』によって書かれたはず」とあるように、『恵信尼消息』『口伝鈔』では「自信教人信　難中転更難」の十文字の引用であるが、『浄土真要鈔』では「自信教人信　難中転更難　大悲伝普化　真成報仏恩」の二十文字が引かれ、その「こころ」が「みづからもこの法を信じ、ひとをしても信ぜしむること、難きがなかにうたたさらに難し、弥陀の大悲を伝へてあまねく衆生を化する、これまことに仏恩を報ずるつとめなり」と示される。
(29)『註釈版』二六一頁。『真聖全Ⅱ』七七頁。『浄土真宗聖典全書Ⅱ』一〇一頁。
(30)『註釈版』四一一頁。『真聖全Ⅱ』一六五頁。『浄土真宗聖典全書Ⅱ』二〇九頁。
(31)『真宗学』第一〇九・一一〇合併号、二〇〇四年。

(32)『善の研究』「知と愛」岩波書店、一九二二年、三〇九頁。
(33)『慈悲』平楽寺書店、一九五六年、一六九頁、一七一頁。傍点は引用者による。
(34)『浄土の慈悲』本願寺出版社、二〇〇〇年、一七八頁。
(35)『おさめ』仏教伝道協会、二〇〇三年、十頁。傍点は引用者による。
(36)『註釈版』二四五頁。『真聖全II』六八頁。『浄土真宗聖典全書II』九一頁。
(37)『註釈版』六一七頁。『真聖全II』五二七頁。『浄土真宗聖典全書II』五一九頁。
(38)武田晋「本典引用の『往生礼讃』と『集諸経礼懺儀』」(『龍谷大学論集』第四七四・四七五合併号、二〇一〇年)において、両書からの引用姿勢について詳細な検討がなされている。また松尾宣昭『浄土真要鈔講読』(永田文昌堂、二〇一六年、八八頁)でも言及される。ちなみに、第25代専如門主の伝灯奉告法要における回向句は善導の文に依っている。
(39)『真宗全書』第二五巻、三四頁。傍点は引用者による。
(40)『真宗大系』第十五巻、一六七頁。
(41)『真宗全書』第二三巻、一二二頁。
(42)『真宗全書』第三十二巻、五七〇頁。
(43)『真宗叢書』第七巻、一八七頁。
(44)『真宗叢書』第八巻、三五四頁。傍点は引用者による。
(45)『真宗全書』第二十五巻、四三四頁。
(46)『真宗叢書』第七巻、一四四頁。
(47)『真宗全書』第二十三巻、四七〇頁。
(48)『真宗全書』第二十九巻、四二〇頁。
(49)『真宗全書』第三十三巻、四〇八頁。
(50)『真宗全書』第三十一巻、六二一頁。
(51)『真宗叢書』第七巻、三四四頁。

(52)『真宗叢書』第九巻、一六三頁。
(53)『真聖全Ⅱ』四〇六頁。
(54)『講解教行信証　信の巻』法蔵館、一九九四年、八七二頁。『教行証文類講義　化身土の巻　総索引』（法蔵館、二〇〇四年、一九一六頁）においても、「弥陀の大悲をあまねく弘く人々に伝えて教化する」と解釈する。
(55)『教行証文類講義　第六巻　信巻Ⅲ』法蔵館、二〇〇四年、二二三頁。
(56)『教行証文類講義　第八巻　化身土巻Ⅰ』法蔵館、二〇〇五年、二九〇頁。
(57)『顕浄土方便化身土文類講讃』永田文昌堂、二〇〇七年、四五〇頁。
(58)『教行信証口述五〇講　第三巻　信の巻〈下〉』教育新潮社、一九九七年、八六頁。直前には、次のような文もある。大いに傾聴すべきである。

末法の世においては、「自ら信じ、人を教へて信ぜしむ」ということは、まさしく「難きがなかに転たまた難し」ということで、このような選ばれた人になるということは、難中の難なのであって、もはや私たち凡夫には不可能なことになるのです。ですから、「大悲を伝えて普く化する」という仏道は、末法の凡愚の世では成立しないのです。けれども、末法の世でも、浄土の真宗の教えは栄えています。なぜか。「大悲弘く普く化する」からです。大悲が法を弘く普く伝えて、人々を教化しているからなのです。

(59)『教行信証入門』大法輪閣、二〇〇八年、二七五頁。傍点は引用者による。
(60)『真宗全書』第二五巻、三五頁。
(61)『真宗大系』第十五巻、一六七頁。
(62)『真宗全書』第二三巻、一二二頁。
(63)『真宗全書』第二十九巻、四二〇頁。
(64)前掲拙稿「親鸞思想における「常行大悲」の意味」、および「「信巻」真仏弟子釈についての一考察」『真宗学』第一一八号、二〇〇八年。
(65)『註釈版』六七七頁。『真聖全Ⅱ』六〇四頁。『浄土真宗聖典全書Ⅱ』六六一頁。

「正信念仏偈」の譬喩表現

――「光」の譬喩表現に生じる矛盾とその源泉――

玉木興隆

【序】

親鸞の「正信念仏偈」の中には二つの類似した譬喩表現が存在するが、それらを比較すると矛盾が生じているように理解できる。「光」に対して「見敬」と「不見」といった全く対照的な表現を残しているのである。本論ではその矛盾について主に「正信念仏偈」弥陀章と源信章の「光」の譬喩表現を中心に考察を進める。親鸞在世中に本稿で問題にする「光」の譬喩表現に関する矛盾が、門弟間で問題となっていたと筆者は考える。十二光の解説が残る『弥陀如来名号徳』などからも明らかな様に親鸞は晩年期に「光」に関する記述を多数残しているが、その理由の一端に門弟における光の譬喩理解における問題が一つの背景としてあったのではなかろうか。筆者の研究の目的意識として、親鸞の表現に対して内因的な思想理由を求めるのではなく、親鸞の年代において向き合った問題や状況などの外因的理由（対外仏教や門弟の法義理解の動揺など）を中心に考察を進める。研究方法としては、二つの矛盾ととられかねない譬喩表現を提示し、何故そのような状況が生じたのかを窺う。親鸞の著述においては、二つの「光」の譬喩表現が並列に挙げられ、特に賛銘という門弟の目の届きやすい書物に二つの譬喩表現が挙げられている。故に、その二つの矛盾ととられかねない譬喩表現は、親鸞の晩年期の法義理解においてきわめて重要になると考えられるので、以下詳しく見ていきたい。

【一、「光」の譬喩における矛盾】

それではまず問題となる二つの表現をみておこう。

「正信念仏偈」弥陀章　改訂前『坂東本教行信証』

摂取心光常照護　已能雖破無明闇　貪愛瞋憎之雲霧　常覆真実信心天

譬如日月覆雲霧　雲霧之下明無闇　見敬得大慶喜人　即横超截五悪趣

（摂取の心光常に照護したまふ　已に能く無明の闇を破すと雖も貪愛・瞋憎の雲霧常に真実信心の天に覆へり　譬ば日月の雲霧に覆はるれども雲霧の下明にして闇無きが如し見て敬得て大きに慶喜する人は即ち横に五悪趣を超截す）

「正信念仏偈」源信章　『坂東本教行信証』

極重悪人唯称仏　我亦在彼摂取中　煩悩障眼雖不見　大悲無倦常照我

（極重の悪人は唯仏を称すべし　我また彼の摂取の中に在れども煩悩眼を障へて見たてまつらずと雖も、大悲倦うきこと無く常我を照らしたまふといへり）

この二つの譬喩表現を問題とする。

〈一―一　書誌情報〉

内容の比較に移る前に、書誌情報を確認しておく。『坂東本教行信証』は親鸞真筆として疑う余地は無い。加えて筆跡研究が進み、字形や半葉に要した行数などから、年代によって加筆修正されていることが分かっている。「正信念仏偈」は前期筆跡にあたり、六三歳頃のものと考えられている。つまりこの二つの「光」の譬喩表現は同時期に同書物に記述したものである。また、信巻に引用される『往生要集』の引文も前期筆跡にあたる。(1)

「見敬得大慶喜人」は改訂前『坂東本教行信証』に残る文言であり、後に抹消され、「獲信見敬大慶人」に改訂されている。その他親鸞在世中の書物である『尊号真像銘文』などには「獲信見敬得大慶」、『専修寺本教行信証』には「獲信見敬大慶喜」となっており、多数の推敲が施されている。先に挙げたのは、原初期段階の文言である「見敬得大慶喜人」である。

「見敬得大慶喜人」の文言は尊蓮書写の奥書を伝える『文明本教行信証』に残っている。『文明本教行信証』が尊蓮書写本と関連するならば、尊蓮書写の奥書の記す「寛元五年二月五日」の時点でも、この部分の文言は改訂されていなかったことになる。他にも八〇歳前後のものを真仏が書写したと考えられる「尊号真像銘文断簡」には「見敬得大慶喜人」となっているために、この箇所は八〇歳前後時点でも改訂されていなかったことになる。また、「見敬得大慶喜人」以外の『坂東本教行信証』の改訂箇所については原本文を伝える写本が見つかっていない。以上から、『坂東本教行信証』では「見敬得大慶喜人」のみ改訂時期が異なり、他の改訂箇所と時差が生じているこ

とが理解できる。(2)

〈一-二　内容比較〉

さてこの二種の譬喩表現は、非常に類似した構造を持っている。両者ともに「阿弥陀仏の摂取の光の中におさめとられているが、衆生のもつ煩悩が障碍している」としている。しかし、この二種の譬喩表現には「見敬」と「不見」という相反する言葉が使われており、矛盾が生じている様に捉えることが可能である。特に、原初期段階の文言である「見敬得大慶喜人」では顕著であり、弥陀章では「煩悩に覆われている為に、その根源である日月は直接的には見えないが、照らされた「光」を見敬している」とする。一方、源信章では「衆生は阿弥陀仏の摂取の光の中にいるが、煩悩に眼を障へられている為に、照らされている「光」を見ることが出来ない」としているのである。

ここでこの「見敬」する対象が「光」なのか否かということが問題となるだろう。ただ、後述するが親鸞はこの文言を八〇~八三歳頃までは改訂をしていない。つまり、改訂後の「獲信見敬得大慶」や「獲信見敬大慶喜」にもなっていないのである。先行研究では、今回引用した「正信念仏偈」八句を解釈する場合、前六句後二句に区別して解釈をするのが通例と思われる。しかし、それは改訂された後「見敬」の前に「獲信」がある場合に成り立つ解釈であろう。今回の原初期段階の「見敬得大慶喜人」である場合、前文にある「譬如日月覆雲霧　雲霧之下明無闇」とある「光に照らされた雲霧の下の闇が無く明るい状態」、つまり「雲霧」の下の「光」を「見敬」したように第三者から捉えられるだろう。本論は親鸞自身の「見敬」理解ではなく、親鸞在世中の他の視点を考察することを目的とする。親鸞の内在的な「見敬」は「何を指していたのか」、「現生において光を見ることが可能か否か」といったことを明らかにするものではない。(3) 筆者の目的は親鸞が「見敬」を残すことによって、外（対外仏教や門弟など）に向かって「何を伝えたかったのか」、「また何故改訂したのか」などを考察することがねらいである。少なくとも「見敬得大慶喜人」であった場合、外の視点からは「光」を「見敬」したとの解釈が生じることが想定されよう。

何故、同時期（六三歳頃）、同書物（『坂東本教行信証』）に記述した譬喩表現にこのような矛盾ととられかねないが生じたのであろうか。次章からはその理由を考察する。

【二、二種の譬喩表現の収録書物とその状況】

本章では、先に挙げた「正信念仏偈」本願章と源信章（また、その典拠となる『往生要集』引文）の収録状況を挙げ、その変遷を年代順に列挙し概観する。またそれによって年代による親鸞の置かれた状況また他の視点からは「どのように」二つの譬喩表現が見られていたかを考える。

六三歳頃　改訂前『坂東本教行信証』行巻「正信念仏偈」（『浄土真宗聖典全書』二巻〈以下『聖典全書』二〉六一・六四頁）、信巻『往生要集』引文（『聖典全書』二、七九頁）。※改訂前「正信念仏偈」原初期段階。

七〇歳頃　西本願寺蔵「鏡御影」（『聖典全書』二、九〇一頁）大半が損傷している。しかし下部に「正信念仏偈」の一五字があったことが確認されている。※非寿像説あり。

七五歳頃　尊蓮書写の奥書の残る『文明本教行信証』では「見敬得大慶喜人」となっている。またそれ以外「正信念仏偈」の改訂前の文言を残す写本は見つかっていない。故に、この時点では「見敬得大慶喜人」を除く文言は改訂されていたと考えられる。（例・「唯説弥陀本願海」→「唯説本願一乗海」など。）

七六歳頃　『国宝本高僧和讃』源信讃（『聖典全書』二、四五二頁）。「煩悩にまなこさえられて　摂取の光明みざれども―以下略―」とある。※また八三歳の奥書の残る顕智本にもあったことが想定されるが、現在では顕智本の『高僧和讃』は失われている。

八〇歳頃　妙源寺蔵「尊号真像銘文断簡」（『聖典全書』二、九〇六頁。対校本）。「摂取心光常照護」から「即横超截五悪趣」の八句のみ残る。また既述したように先行研究では真仏が親鸞八〇歳頃の筆跡を転写したと考えられている。この書物では「見敬得大慶喜人」となっている為、この時点でも改訂されていないこととなる。

八〇～八三歳頃　改訂後『坂東本教行信証』にのみ「獲信見敬大慶人」の文言が残る。「見敬得大慶喜人」の最上限は前述した如くである。また『建長本尊号真像銘文』では「獲信見敬得大慶」となっている為に、この文言はこの期間の改訂であったことが想定できる。また源信章と『往生要集』引文では改訂が見られない。

八三歳頃　『建長本尊号真像銘文』「正信念仏偈」（『聖典全書』六四九～六五五頁）、「獲信見敬得大慶」となっている。また『往生要集』引文（『聖典全書』六三五～六三六頁）とその解釈も施されている。※「雖不能見」の字釈は残るが、「見敬」の字釈は施されないことも注目すべきである。

八三歳頃　『専修寺本教行信証』。「獲信見敬大慶喜」となっている。現在の『専修寺本教行信証』は『坂東本教行信証』を書写した『専信本教行信証』をさらに書写した転写本であることが分かっている。また転写者は真仏であり、このことから八三歳六月二二日～真仏示寂の正嘉二年三月八日の転写であることが想定できる。源信章や『往生要集』引文では特に相異は見られない。

八三歳頃　西本願寺本・東本願寺本「安城御影」。「獲信見敬得大慶」となっている。しかし、東本願寺本「安城御影」独自の特徴として「常覆真実信心天」と「雲霧之下明無闇」に文言の入替が見られる。

八五歳頃　『一念多念文意』に『往生要集』引文（『聖典全書』二、六六八頁）が見られる。また解釈文が残るが、文意としては『尊号真像銘文』の解釈とほぼ同様である。

八六歳頃　『正嘉本尊号真像銘文』。「獲信見敬得大慶」となっている。『往生要集』引文（『聖典全書』二、六三五～六三六頁）とその解釈も施されているが、少しの増補が見える。また「正信念仏偈」解釈文は大幅に増補されている。※『建長本尊号真像銘文』と同じく「雖不能見」の字釈は残るが、「見敬」の字釈は施されないことも注目すべきである。

年期未詳　妙源寺蔵「九字名号」。奥書がなく年期未詳としたが、先行研究では否定説もあるものの真仏真筆とされている。(4) 八三歳以降統一して賛銘に関連する書物に使用されている「獲信見敬得大慶」の文言であることから、八三歳六月頃から真仏示寂の正嘉二年三月八日の間のものと筆者は推測しているが、年期未詳とした。

年期未詳　「二尊大悲本懐」に『往生要集』引文がある。奥書は無く年期未詳であるとしたが、先行研究では親鸞晩年期のものと推測されている。(5)

年代ごとに書物の収録状況を辿ると、「獲信見敬大慶喜」部分が八〇歳前後頃から多くの推敲を見せていることが分かる。また今回注目する「見敬」は『尊号真像銘文』の解釈文には建長本・正嘉本の両本に解釈が残っていない為、一見不要とも考えうる。しかし、これだけの文言の変遷が見えるが全てに「見敬」の語を残している。以上から親鸞にはこの「見敬」を残すなにかしらの理由があったと考えられる。

『文明本教行信証』と「尊号真像銘文断簡」より八〇歳前後頃までは「正信念仏偈」の弥陀章は「見敬得大慶喜人」となっていたと考えられる。また「尊号真像銘文断簡」は『尊号真像銘文』との関連性が指摘される書物で、八句しか残っていないが本来は二〇句であったと考えるのが妥当であろう。親鸞在世中の賛銘に使用される文言は「獲信見敬得大慶」しかない。これらのことから現存はしない為に推測の域を出ないが「獲信見敬得大慶」以前の八〇歳前後頃まで「見敬得大慶喜人」の文言が賛銘として使用されていた可能性が高い。

一方、「正信念仏偈」源信章、『往生要集』引文には特に目立った変遷は見当たらない。ただし、『浄土文類聚鈔』「念仏正信偈」では弥陀章に該当すると考えられる「光」の譬喩表現は増えているのに対し、源信章に該当する箇所ではそれが見当たらない。

共に二つの譬喩表現が収録されている親鸞在世中の書物として『坂東本教行信証』、『建長本尊号真像銘文』、『専修寺本教行信証』、『正嘉本尊号真像銘文』が挙げられる。『尊号真像銘文』は賛銘を解説した書物であり、賛銘との関連が指摘される「二尊大悲本懐」に『往生要集』引文も見える点から、両者共に賛銘に使用されていたと見なしてもよいだろう。このように考えるとこの二種の表現は人が見ることも想定していたはずであろうが、それでも矛盾ととられかねない状況となっているのである。次章では親鸞が「見敬」を残した理由を考察する。

【三、「見敬」を残した理由―対外仏教との観点から―】

親鸞が「正信念仏偈」において度重なる推敲をしていることは指摘した。しかし、推敲を重ねたにも拘わらず、源信章との矛盾とも捉えられる「見敬」は全て残しているのである。換言すれば改訂する機会がありながらそれをしなかったことになる。僅か一二〇句の偈文において、矛盾ととられかねない表現が存在していることに気づかないということは考えづらい。また上記で指摘した様に、他の書物にも今回問題にする二つの文を並列して挙げている。そこには第三者に見られた際に矛盾ととられかねない可能性を残してでも「見敬」を残す何か特別な理由があったと考えるのが妥当であろう。

以上の点から、親鸞においては「見敬」の文言は必要なものであったことが推測できる。筆者は親鸞と源信の考える「光」の性質自体に相異があり、それが「光」の譬喩表現に齟齬をきたした思想的理由であったと考えている。以下、対外仏教による法然批判との関連からこの問題を見ていきたい。

〈三-一　親鸞から見た『往生要集』の「光」〉

まず親鸞から見た源信の『往生要集』における「光」の性質について、『西方指南抄』の記事と先行研究を参照にしながら考えていきたい。

『西方指南抄』「法然上人御説法事」（『真宗聖教全書』四巻、七四頁）

凡かの仏の光明功徳の中には、かくのごとき義をそなえたり。くはしくあかさば多種あるべし、おほきにわかちて二あり。一には常光、二には神通光なり。-中略-この常光について異説あり、すなはち『平等覚経』には別して頭光をおしえたり、『観経』にはすべて身光といへり。『往生要集』に勘がへたり、みるべし。常光といふは、長時不断にてらす光なり。次に神通光といふは、ことに別時にてらす光なり。釈迦如来の『法華経』をとかむとしたまひしとき、東方万八千の土をてらしたまふがごときは、すなはち神通光なり。阿弥陀仏の神通光は、摂取不捨の光明なり。念仏衆生あるときはてらし、念仏の衆生なきときはてらすことなきがゆへなり。

ここから法然の考える「光」の概念理解には二種あることが理解できる。それは「常光」と「神通光」である。「常光」は「頭光」（『平等覚経』）や「身光」（『観経』）、と呼ばれ、「長時不断に照らす光」の性質を持つものであったことが窺える。次に「神通光」であるが「別時にてらす光」「摂取不捨の光明」「念仏衆生のあるときのみ照らす光」という性質を持つものであったことが分かる。

『西方指南抄』は法然の言行を集録したものであるが、康元元年から康元二年の間に親鸞によって書写した真筆本が現存している。親鸞もこの二種の「光」理解の影響を受けていたと、推測することは決して無理な推察ではなかろう。傍線部の文から『往生要集』の「光」は「常光」、また「身光」であったと法然が述べており、親鸞にもその思想的継承があったと考えるのが妥当な解釈と思われる。(6)

〈三-二　対外仏教との観点から〉

近年、「正信念仏偈」にある「摂取心光」の由来を論究した研究成果が見られる。それは、親鸞の「心光」理解の由来として明恵の論難が影響していた、とするもので、その論証を鑑みても非常に参照にすべき点が多く筆者もその意見に賛同する。(7)

この先行研究が指摘する「摂取心光」が明恵の影響を受けている様に、「見敬」また他の賛銘に使用される二〇句にもこれと同様に他宗からの論難を意識していると以下のことから言えるのではなかろうか。当時の法然批判を概観して、「正信念仏偈」二〇句との関連性を指摘する。

まず「摂取不捨曼荼羅」批判についてである。

貞慶『興福奏状』「第二条　新像を図する失」(『鎌倉旧仏教』日本思想大系一五、岩波書店、一九七一年)

第二図新像失。近来諸所翫一図画。世号摂取不捨曼荼羅。弥陀如来前有衆多人。仏放光明、其種種光、或枉而横照、或来而返本。是顕宗学生・真言行者為本、其外持諸経、誦神呪、造自余善根之人也。其光所照、唯専修念仏一類。-中略-偏修余善、全不念弥陀者、実可漏摂取光。既欣西方、亦念弥陀、寧以余行故隔大悲光明哉。

(第二に新像を図する失。近来諸所に一の図画を翫ぶ。世に摂取不捨の曼荼羅と号す。弥陀如来の前に衆多の人あり。仏光明を放ち、その種種の光、或いは枉げて横に照し、或いは来りて本に返る。是れ顕宗の学生・真言の行者を本とし、その外に諸経を諸経を持し、神呪を誦して、自余の善根を造すの人なり。その光の照らす所、唯だ専修念仏の一類なり。

-中略-偏に余善を修して、全く弥陀を念ぜざれば、実に摂取の光に漏るべし。既に西方を欣び、また弥陀を念ず、寧ぞ余行を以ての故に大悲の光明隔てんや。）

明恵『摧邪輪』下巻（『鎌倉旧仏教』日本思想大系一五、岩波書店、一九七一年、三七〇頁）

仮図像顕此意趣、名摂取不捨曼荼羅。中央図阿弥陀如来。光明照十方、周迊図在家称名諸人受光照、出家雑善行人、不蒙照触。此像処処遍満。無情愚人等、悉皆信伏之。

（図像を仮して此意趣を顕し、摂取不捨曼荼羅と名づく。中央に阿弥陀如来を図す。光明十方を照らし、周迊に在家出家の諸人を図して光照を受けたり。出家雑善の行人、照触を蒙らず。この像処処遍満す。情無き愚人等、悉く皆之を信伏す。）

ここで触れられている「摂取不捨曼荼羅」は一幅も現存しないが二つの記事から「中央に阿弥陀仏が配置され、周辺には在家で称名する諸人は光照を受けているが、出家雑善の人は照らされていない」という構図であったことが窺える。さらに、この構図は親鸞在世当時に強く批判されていたものであることが理解できる。(8)

筆者が注目するのは、これが「絵像」として広く伝わっていたことである。「正信念仏偈」の賛銘に使用される二〇句も「光」の文言が残るが、賛銘は「絵像」の天部、地部に付属されるものであり、賛銘に「正信念仏偈」二〇句を使用した理由にはこれらの影響があったのではなかろうか。

次に親鸞在世当時の法然批判と「見敬」の関連性であるが、親鸞は『尊号真像銘文』建長本、正嘉本「共」に「見敬」の字釈には触れていない。また既述のように、「獲信見敬大慶喜」部分は多数の推敲がなされているにも拘わらず不要とも思われる「見敬」の文言は全てに残している。筆者はこの理由として、先行研究のいう明恵の論難や「摂取不捨曼荼羅」批判、「興福寺奏状」の批判など、親鸞在世中の対外仏教の批判に応じた為、「正信念仏偈」賛銘部分にこの文言を残すことが有効であると親鸞が判断した、と考えている。さてこれを論証するにあたり、「獲信見敬大慶喜」部分の典拠となったものは、魏訳『無量寿経』「東方偈」にある「聞法不能忘　見敬得大慶則我善親友（『聖典全書』一、四七頁）」という文言が注目される。そして明恵の批判には、

明恵『摧邪輪』下巻（『鎌倉旧仏教』日本思想大系一五、岩波書店、一九七一年、三六八頁）

何故如来心光応浄念耶。彼念力法如是故、其猶明月無心、水清影現、水濁影昏。何以故、法如是故、此亦如是衆生念心水清、如来心光影現、感応義准此可知。当知身光照一切者、依此大悲力也。依論摂取有無、非謂如来大慈不遍也。譬如説云日光遍照天下有目衆生摂取不捨者、有目無目衆生、得日光照触者、如弥陀身光遍照十方衆生。有目人如有念仏心。日輪示其体者、如弥陀垂摂取。無目人如無念仏心。日輪為此人不示自体者、如不蒙弥陀心光摂取。為無目人、日輪不失体、為無念心衆生、無縁大慈不止、見不見唯任眼目有無。非日輪過、摂不摂亦依念心有無、非弥陀過也。

（何が故ぞ如来の心光浄念に応ずるや。彼の念力法是の如くなるが故に、其れ猶明月の心無く、水清ければ影現して、水濁れば影昏きがごとし。何を以ての故に、法是くの如くなるが故に、此れ亦是くの如し。衆生の念心水清ければ如来の心光影現し感応の義此に准じて知るべし。当に知るべし身光一切を照らすは、此の大悲力に依りてなり。摂取の有無を論ずるに依りて、如来の大慈遍せずと謂ふに非ざるなり。譬へば日光遍く天下を照らし有目の衆生摂取して捨てずと云

ふが如きは、有目無目の衆生、日光の照触を得るは、弥陀の身光遍ねく十方衆生を照らして、有目の人念仏心有るが如し。日輪其の体を示すは、弥陀の摂取を垂るが如し。無目の人は念仏心無きが如し。日輪此の人の為に体を示さざるは、弥陀心光の摂取に蒙ざるが如し。無目の人の為に、日輪体を失せず、念心無き衆生の為に、無縁の大慈止ず。見不見は唯だ眼目の有無に任せたり。日輪の過に非ず。摂不摂も亦念心の有無に依りて弥陀の過に非ざる也。）

とある。これに関連して親鸞の「心光」理解の背景に明恵の影響が井上善幸氏によって指摘されている。親鸞著述上、「身光」の語が使用されるのは僅か一箇所（行巻「易行品」引用）のみであるが、七祖聖教中では「身光」は多用されるのに対して「心光」の語が使用されるのは、僅か二箇所（善導『観念法門』また同箇所を引用した『選択集』摂取章）のみである。親鸞は「身光」を使用しないが、七祖が使用しない「心光」を多用するのである。また明恵『摧邪輪』下巻には「身光」と「心光」を区別し詳細に解説をしている。(9) 以上から、これらの背景として七祖などの思想継承というよりは、同時代的背景である明恵などを意識していた可能性は使用語句の側面から見ても高いだろう。

また井上氏の指摘するように、「摂取心光常照護　已能雖破無明闇　貪愛瞋憎之雲霧　常覆真実信心天　譬如日月覆雲霧　雲霧之下明無闇」と傍線部で記した記述は明恵の理念と同じである。

そうすると同じ構造が「見敬」にも当てはまるのではないだろうか。本願念仏の行者は「有目人」である。阿弥陀仏の「摂取心光」を蒙る者は本願に随順する者であり、それを拒否する者は衆生側に他ならず弥陀の過ではない。

また、前述した「摂取不捨曼荼羅」の光の構図でも分かる様に阿弥陀仏の本願に信順した者が光照を蒙るのであり、逆に信順しない者は蒙ることがないのである。そして本願を信順する衆生は煩悩にまみれた存在であるが、阿弥陀仏の「摂取心光」に照らされた「有目人」であり、けして「無目人」などではない。

さらにこれは、『大経』「東方偈」に「聞法不能忘　見敬得大慶　則我善親友」と記されるように、釈尊の金言である。既述したように、親鸞は「獲信見敬大慶喜」部分の推敲を多く重ねたにも拘わらず、「見敬」の解釈はどこにも残してない。一方で「見敬」の文言は改訂を多く重ねても全てに残したという不可解な点がある。つまり一方で「本願念仏の行者は有目人である。そしてそれは釈尊の直説である」ということを対外的に明示する必要性がありその根拠として『大経』の文言である「見敬」を残したと考えられるのである。[10]そして明恵や「摂取不捨曼荼羅」の「光」に対する論難への意識から、「正信念仏偈」二〇句を人目につく賛銘に起用したのではないだろうか。

以上、「正信念仏偈」にある「見敬」の文言は対外仏教に対し、根拠として示された重要な語句であることを明らかにした。故に字釈は存在しないが、推敲を重ねても「見敬」の文言を残す必要性があったと思われる。その為に『往生要集』と譬喩構造の矛盾ととられかねない状況になってでも「正信念仏偈」二〇句を賛銘に採用する必要性があったと考えられる。

しかし、親鸞が対外仏教に対し「見敬」を残したのであれば、[11]親鸞の主張を文章に反映させるには、原初期形態の文言である「見敬得大慶喜人」でも充分に通じるように思われる。ただし親鸞が改訂を始めるのは八〇~八三歳六月頃（推敲が確実と思われるのは『建長本尊号真像銘文』の奥書が記す「建長七歳六月二日」）の間である。この時期に改訂を始めた理由として、今回問題にしている『往生要集』と「正信念仏偈」の譬喩表現が、親鸞在世中に門弟達の間で問題となったと考えられるが、その可能性について次章から論述する。

【四、親鸞在世中の「光」に対する疑問】

《四―一　親鸞と門弟間の「光」の疑義―『口伝鈔』第三条を手がかりに―》

親鸞は晩年期になると「光」に関する記述が多くなる。それは『弥陀如来名号徳』などの親鸞晩年期の著述を一見しても明白であろう。筆者はその理由の一つとして今回、提起した問題が親鸞在世中に関東門弟の間にあったものと考察している。その為、「正信念仏偈」に見える推敲や『弥陀如来名号徳』などに見える「光」の解釈が書かれた背景にそれらの理由があったのではなかろうか。以下、『口伝鈔』第三条を手がかりに論証していく。

覚如『口伝鈔』第三条（『龍谷大学善本叢書』一一巻、同朋舎出版、一九九二年、二三〇頁）

一　無㝵の光曜によりて無明の夜闇はるる事、

本願寺の上人親鸞あるとき門弟に示してのたまはく、つねに人のしるところ、夜あけて日輪はいつや、日輪やいてて夜あくや、両篇なんたちいかむかしると云々、うちまかせて人みなおもへらく、夜あけてのち、日いつとこたへ申、上人のたまはく、しからさるなりと、日いてゝまさに夜あくるものなり、そのゆへは日輪まさに須弥の半腹を行度するとき、他州のひかりちかつくについてこの南州あきらかになれは、日いてて夜はあくといふなり、これはこれたとへなり、無㝵の日輪照触せさるときは永々昏闇の無明の夜あけす、しかるにいま宿善ときいたりて不断難思の日輪貪瞋の半腹に行度するとき、無明やうやく闇はれて信心たちまちにあきらかなり、しかりといへとも、貪瞋の雲霧かりにおほふによりて炎王清浄等の日光あらわれす、これによりて煩悩障眼雖不能見とも釈し、已能雖破無明闇とらのたまへり、日輪の他力いたらさるほとはわれと無明を破すといふことあるへからす、無明破せすはまた出離あるへからす、他力をもて無明を破するかゆへに日いてゝのち夜あくといふなり、これさきの光明名号の義にこころおなしといへども、自力他力を分別せられんために法譬を合しておほせことありきと云々、

『口伝鈔』に以上の記述が見られる。『口伝鈔』は覚如自筆本の識語が記すように、親鸞の曾孫である覚如が如信から伝え聞いた話を、口述し筆記させたものである。故に親鸞の歴史的行実としての史料的価値は低いと考えられる。ただし『口伝鈔』第十一・十二・十三条は他の史料（「恵信尼消息」など）にも残っており、第十六条と「蓮位添状」に記される覚信示寂の記事と親鸞が門弟に宛てた「御消息」などから考えても、何かしらの源泉（親鸞在世中の行実を示す根拠）を『口伝鈔』はもっていたと考えられる。換言すれば、本来なんらかの源泉が存在し、それが時代を経て伝記・説話の形をとって伝えられていると思われる。

筆者はこの第三条にその可能性を考えている。さて、上記の史料から幾つかの情報が読み取れる。①親鸞と門弟間でなされた対話であること、②「正信念仏偈」の「光」の譬喩表現に関する内容であること、③本論の問題にしている二つの譬喩表現が挙げられていること、④二つの譬喩表現において比較がなされ、自力と他力を分別する為に法と譬を合わせたと結論づけたこと、⑤二つとも『尊号真像銘文』と関連する可能性がある（後述する）、など

が理解できる。

また、何故上記の引文は七言一二〇句で構成される「正信念仏偈」ではなく、八言である『往生要集』の「煩悩障眼雖不能見」であったか、ということにも注目すべきである。法と譬を合したという話であるならば、七言である「煩悩障眼雖不見」でも良いはずである。しかし選んだのは八言のものである。

数多く異本が残る『口伝鈔』であるが全て八言であり、改訂しようとした形跡も見当たらない。[12] つまり覚如に伝えられた伝承が八言であったということであろう。『口伝鈔』は覚如在世中にも何度も書写されており、さらに初稿本から四回は改訂されていたことが指摘されている。[13] もしも、誤写であるならば改訂していたはずであるが、それをしなかったのは八言を採用することに何らかの理由があったからであろう。

また二つの譬喩を比較しようとした場合、同じ書物の譬喩から引用する可能性が高いと考えられる。先にも記したが、『往生要集』引文と「正信念仏偈」の「光」の譬喩表現が収録されている親鸞在世中の著述は、『坂東本教行信証』、『建長本尊号真像銘文』、『専修寺本教行信証』、『正嘉本尊号真像銘文』であり、その他「賛銘」として二つが使用されることはある。このうち坂東本・専修寺本『教行信証』は出典元の候補からまず除外されよう。なぜなら、『教行信証』であれば「正信念仏偈」一二〇句内に「煩悩障眼雖不見」と「已能雖破無明闇」の七言があり、八言である『往生要集』の文をわざわざ採用した理由がないからである。

また『口伝鈔』第三条は自力と他力を分別する為に、「日輪に照触」するか否かが、一種の譬喩として語られる。つまり「夜」から「夜明け」の状況を法に譬えて表した譬喩表現と言える。第三条はその内容から「正信念仏偈」の譬喩を題材にしていることは明白だろう。しかし、「正信念仏偈」自体は直接的には「夜明け」の表現は用いていない。無論、「正信念仏偈」の譬喩から「夜明け」を彷彿したということは考えうるが直接的には述べていないのである。それが、直接的に述べられるのは『尊号真像銘文』「正信念仏偈」解釈文の「無明の闇はれ生死の長き夜すでにあかつきになりぬとしるべし」の文である。周知の如く、「あかつき（暁）」は「夜明け」[14]を指す言葉である。このことから、『口伝鈔』第三条と『尊号真像銘文』の関連性が推測される。[15]

以上から、『口伝鈔』第三条は『尊号真像銘文』や「賛銘」を源泉としていると推測した。

《四―二　「専信書状」と『口伝鈔』第三条に見える「光」の説示》

次に『口伝鈔』第三条の説話と親鸞在世中の書物で関連していると思われる「専信書状」を挙げ、その内容と照合する。

「専信書状」『善性本御消息集』第七通（『聖典全書』二巻、八六六頁）

一　或人云、

往生の業因は、一念発起信心のとき、無碍の心光に摂護せられまいらせ候ぬれば、同一也。このゆへに不審なし。このゆへに、はじめて信不信を論じたづね申べきにあらずとなり。このゆへに他力なり、義なきがなかの義となり。ただ無明なること、おほはるる煩悩ばかりとなり。恐々謹言。

十一月一日

筆者はこの消息の送られたと想定される年時、門弟グループがその年代に所持していた書物、話題内容の高い一致率、使用語句による限定などから、「髙田系グループの中で「正信念仏偈」賛銘部分（特に『尊号真像銘文』）に疑義が生じ、親鸞に法義理解を確認した書状」であったと考察したことがある。[16] 詳細は省くが、親鸞の著述上に「阿弥陀仏の心光に摂護されているが、煩悩に覆われている」といった、光に対して「煩悩」で「覆」れていると表現する事例は「正信念仏偈」に関連するものにしか見当たらない。また「正信念仏偈」関連するものの中では「義なきを義とす」[17] を使用しているのは『尊号真像銘文』にしか見えないことから、右のような考察に至った。[18]

筆者は『口伝鈔』第三条の内容にはこの消息のやり取りが関連していると考えている。先に記した『口伝鈔』第三条と「専信書状」の情報を照合してみよう。

① 親鸞と門弟間でなされた対話であるということであり、ここについては明らかである。「専信書状」は或人が述べた法義理解を親鸞に専信が問いただしたのであるから、親鸞と門弟間になされた対話と見なして良いだろう。ただ『口伝鈔』の場合は親鸞から門弟に問いただし、その解説をする、という説話であることは「専信書状」との相異点である。

② 「正信念仏偈」の「光」の譬喩表現についての話である点である。先にも述べたようにこの「専信書状」は「正信念仏偈」と関連していると考えられる。また、『口伝鈔』と同じく「無碍の心光に―中略―ただ無明なることおほはるる煩悩ばかりとなり」とあるように「光」と覆われている「煩悩」、また日輪に照触されない状態である「無明」の話など、多くの共通点が見える。

③ 本稿の問題にしている二つの譬喩表現が挙げられているという点である。これについては後述ずる。

④ 二つの譬喩表現において比較がなされ、自力と他力を分別していることである。「専信書状」では、「このゆへ

に他力なり、義なきがなかの義となり」とある。またこの消息に対応する「親鸞返答状」では「義なきを義とす」を繰り返し強調し、その理由として「他力と申すは行者のはからいのちりばかりもいらぬなり」と他力を強調していることが理解できる。

⑤『尊号真像銘文』と「賛銘」が関連している可能性があることについては筆者の考えでは共通していることは前に述べた。

以上のように話の主題や状況などにかなりの共通点が見える。無論、『口伝鈔』と相異する点はあるが、幾つかの相異点は『口伝鈔』という伝記書物である為に仕方ないことと思われる。しかしながら、ここまでの共通点が見えるのであれば、『口伝鈔』第三条の「源泉」とこの消息のやりとりが関連していた、と言えるのではないだろうか。

さて「専信書状」では『口伝鈔』第三条にある『往生要集』の「光」の表現は出てこない。筆者は「専信書状」は「正信念仏偈」の譬喩表現から疑義が生じたと考えている。ただ、この疑義は類似した構造をもつ『往生要集』と「正信念仏偈」の譬喩の矛盾ともとれる表現を目にした門弟の間で誤解が生まれたことにより成立したと考えられるのである。その可能性を「専信書状」の「ただ無明なることおほはるる煩悩ばかりとなり」の一文を手がかりとして次章で考察する。

《四―三　門弟の疑義の成立過程―「ただ無明なることおほはるる煩悩ばかりとなり」―》

先述の通り「専信書状」は「『尊号真像銘文』「正信念仏偈」解釈文を或人が解釈をし、それに門弟間で疑義が生じ、親鸞に法義理解の確認をした書状」と考えられるが一つ疑問が残る。それは「正信念仏偈」解釈文を見ていたのならば、何故「ただ無明なること」と解釈したのか、という点である。

「正信念仏偈」や『尊号真像銘文』解釈文では、「已能雖破無明闇」や「無明の闇はれ生死の長き夜すでにあかつきになりぬとしるべし」とあるように、「無明ではない」と述べていることは明白である。しかし何故、或人は「正信念仏偈」の譬喩表現を「無明である」と解釈したのだろうか。

かつて筆者はこの問題に対し、「正信念仏偈」解釈文の「夜」と「夜明け」の指す意味に注目して考察した。親鸞は「正信念仏偈」において「無明」の明確な定義をせず、また夜明けを示す「あかつき」も定義していない。ただ「あかつき」には、辞書を引くと「現今よりも時間が早く、曙光がさしだす前の、まだ暗い時刻をいう[19]」とあり、「あかつき＝未明」の意味がある。これを先の文に当てはめると「無明の闇はれ生死の長き夜、すでにあかつき（未明の時刻）になりぬ」ということとなる。そこで或人が「あかつき」を「未明＝無明」と解釈し、「専信書状」の「ただ無明なることおほはるる煩悩ばかり」という表現となったのであろう。要するに「夜」と「夜明け」の言葉の定義自体が親鸞と或人の間でズレが生じていたと考えた。[20]ただし「専信書状」にある「無明」は何を指しているものかも判然としないままであった。

さて以上をふまえて今回は以下の二つの問題点について言及する。

（一）何故「正信念仏偈」では否定しているはずであるのに「無明なること」と述べたのだろうか。

（二）また「専信書状」では明確に覆うのは「煩悩」と規定するが、「正信念仏偈」では覆うのは「貪愛・瞋憎」（無論、「煩悩」のことであるが、『尊号真像銘文』を見ても「煩悩」とはしていない）であり、認識に齟齬が生じているのではないだろうか。

既述のように、親鸞が「光」に対し、「煩悩」に「覆」われるという表現をとるのは「正信念仏偈」に関連するもののみであり、「正信念仏偈」賛銘部分だけを素直に読むと（一）のような結論は生じづらいように思われる。また（二）のように何故明確に「煩悩」と規定したのかが疑問が残る。

しかし『口伝鈔』第三条の説話を手がかりにすると、「或人は類似した構造をもつ譬喩表現を複合的に考えた結果、誤解が生じた」と考えられる。詳細は次の通りである。

（一）「正信念仏偈」では否定している「無明なること」＝「正信念仏偈」では「無明」と夜明けを指す「あかつき」の定義がなされていない為に、「あかつき」を「無明（未明）」と門弟が誤解した可能性が残る。しかし、『往生要集』では「不見」であり「光」を「見ることができない」としている。「光」が見えないことを「無明」と同義と門弟が捉えた可能性がある。

（二）「専信書状」では覆うのは「煩悩」と規定＝「阿弥陀仏」の「光」の障害となるものを「正信念仏偈」では覆うのは「貪愛・瞋憎」である。しかし、『往生要集』では明確に「煩悩」に障えられているとしている。

以上のように考えると説明がつくのではないだろうか。はじめに述べたように、今回問題にしている二つの譬喩表現は両者ともに「阿弥陀仏の摂取の光の中におさめとられているが、衆生のもつ煩悩が障碍している」としている点で同じ表現の構造をもつ。しかし、「正信念仏偈」の原初期形態の文言では「見敬得大慶喜人」と「雲霧之下」の「光」を「見敬」しているように第三者視点では見える。一方、『往生要集』では、「光」を「不見」としているのである。そして二つの譬喩表現は「正信念仏偈」一二〇句内をはじめ、幾つもの同じ書物に収録されているのである。

よって、或人が述べた「無明」の語義は『往生要集』にある「不見（「光」を見ることができない）」であり、「ただ無明なることおおはるる煩悩ばかりとなり」とは、「阿弥陀仏の摂取心光に摂護されているが煩悩に覆われている為に、「光」を見ることができない」ということであったと考えられる。ただし、その「無明」の定義そのものが親鸞のそれとは異なり、また門弟内でも異なっていた為に、専信が親鸞に法義理解を確認する為に書状を送ったと考えられる。

以上、類似した譬喩表現の矛盾、語義の認識の相異から親鸞と門弟達の間で疑義が展開したという可能性を提示した。また、これらのことから親鸞は、八〇～八三歳頃に「見敬得大慶喜人」を何度も推敲したのではなかろうか。

【五、結】

それでは本論で述べてきたことをまとめておこう。まず親鸞著述であり、また同年代に記した「正信念仏偈」内にある弥陀章と源信章にある「光」の譬喩表現について、煩悩が障害となる点は両者に共通するが、一方では見敬とし、他方では不見としており、表現構造が類似するにも関わらず矛盾ととられかねない表現になっていることを指摘し問題提起とした。

次に「正信念仏偈」と『往生要集』引文が収録されている書物を年代順に挙げることによって、同じ書物中に二つの表現が幾つも収録されていることを指摘した。さらにこの二つの表現は「賛銘」という形式を持ち、比較的に人の目に付きやすいものであったことを明らかにした。

そして「正信念仏偈」の中に存在する二つの類似した「光」の譬喩表現についてはそもそも「光」の性質自体が異なっていたと考えられる。一方でそのことによって矛盾ととられかねない状況が生じた。また字釈も残していないような一見不要にも思われる「見敬」を残した理由として、「摂取不捨曼荼羅」の「光」の構図の批判、明恵の「心光」理解の影響などを考慮し対外仏教に向けて対応する為のものであったことを示した。また、賛銘に「正信念仏偈」を採用した理由も同様であろう。

最後に『口伝鈔』という説話を手がかりに、「専信書状」と親鸞の手紙のやり取りの共通点（親鸞と門弟間、夜と夜明けの話など）を挙げて、その源泉が親鸞晩年頃に門弟との間に窺える可能性を提示した。また門弟間で疑義が生じた背景には、今回問題にした「光」の譬喩表現にあったものと考えた。

親鸞が賛銘に「正信念仏偈」を採用し、八〇～八三歳頃に「見敬得大慶喜人」の改訂をはじめ、「見敬」を残した理由、また、多くの推敲を重ねた理由の背景には、今回述べたような親鸞在世時における対外的な問題、また「光」の表現から生じる問題が関連したと考えられる。

註

（1）赤松俊秀「教行信証の成立と改訂について」（『続鎌倉仏教の研究』所収論文、平楽寺書店、一九六六年）四二～一〇〇頁参照。

（2）重見一行『教行信証の研究―その成立過程の文献学的考察―』（法藏館、一九八一年）一三五・一五二・三〇七頁参照。安藤章仁「新発見の真仏書写聖教について」（『印度学仏教学研究』五八号二巻、日本印度学仏教学会、二〇一〇年）参照、一〇九二〜一〇九七頁。

（3）　筆者の現段階で考えている親鸞の内在的な「見敬」の定義を述べておく。この「見敬」は「煩悩具足と信知して（見）救いの光に対して報恩感謝する（敬）」というように理解している。言うならば、ここでいう「見」は「光」そのものを見ることに重点を置かれているわけではなく、阿弥陀仏の摂取の「光」によって、破られた「闇」を見ることが「見」の定義であると考える。さらにここでいう「光」と「闇」は不離の関係であると考えられる。阿弥陀仏の摂取の心光に照らされることによって、本来、光の照らさない無明であった衆生の闇は破せられ、光と出会ったことによって衆生は無明の中にあったことを知るのである。もしも「闇が破られていない（煩悩具足と信知していない状態）」であるならば、それは阿弥陀仏の摂取の心光に出会っていないこととなる。逆に言えば阿弥陀仏の摂取の心光に出遇ったならば、必然的に闇が破られ（煩悩具足と信知して、阿弥陀仏の本願力に随順した状態）自身が無明の闇の中にいたことを必然的に知ることとなる。逆に、自身が無明の闇の中にいたことすら知らなければ、それは光と出遇っていないことになるのである。また自身が無明の闇を破せられたことによって光に対し、報恩感謝（敬）するのである。

（4）　真仏筆説に関しては、平松令三「光明本尊の研究」（『真宗重宝聚英』二巻「総説」、一九八七年）津田徹英「光明本尊考」（『美術史研究』三七八号、二〇〇三年）などを参照。また非真仏筆説に関しては早島有毅「九字名号を中尊とした三幅一舗の本尊の成立意義―岡崎市妙源寺蔵本を中心素材として―」（『藤女子大学紀要』第Ⅰ部四四号、二〇〇七年）一〜八三頁を参照にした。筆者は妙源寺蔵「九字名号」には先行する祖本があったと考えている。またその祖本は恐らく親鸞在世中に存在し、賛銘は現状の妙源寺蔵「九字名号」と同一のものであったと思われる。その理由として同妙源寺所蔵の『尊号真像銘文断簡』賛銘の文言が挙げられる。『尊号真像銘文断簡』は元々は親鸞筆と言われていたが、現在では真仏筆と言われる書物であることは本論中に述べた。筆者も『尊号真像銘文断簡』は親鸞在世中の書物であると考えている。その理由として、『尊号真像銘文断簡』では今回も問題としている「獲信見敬大慶喜」部分が原初期段階の文言として使用された「見敬得大慶喜人」であることからも窺える。理由を説明すると、『尊号真像銘文断簡』は賛銘の重なりから三幅一具の「光明本尊」の草稿本であったと考えられており、筆者も同意見である。筆者の述べたいことは、何故草稿本である『尊号真像銘文断簡』では原初期段階の

「見敬得大慶喜人」であるのに、「九字名号」では改訂後の「獲信見敬得大慶」の文言であったか、という点にある。どういうことかと言えば「九字名号」の草稿本的性格を持つ書物の『尊号真像銘文断簡』は「見敬得大慶喜人」の文言である。しかし早島氏の言うように「光明本尊」が真仏筆でないとしても、何故、草稿本では「見敬得大慶喜人」であるのに後の者が「獲信見敬得大慶」と改訂したか、ということである。無論、後の者が改訂後の「獲信見敬得大慶」を採用した可能性は考えられる。しかし、同寺には草稿本である『尊号真像銘文断簡』が所蔵されているにも関わらず、その文言を採用せずに、後の者が勝手に改訂後の文言を採用するのであろうかという点が疑問となる。それらを考えるならば、この「見敬得大慶喜人」から「獲信見敬得大慶」に改訂するように指示があったのではないか、と考えるのである。またこの指示を出せることが可能な人物を推測するとそれは原著者である親鸞と考えるのが妥当であろう。以上から、例え現行型「光明本尊」は親鸞在世中の書物でなかったとしても、現在では伝わっていない親鸞在世中の最終稿本が存在し、その文言は「獲信見敬得大慶」の文言であった可能性が高いと筆者は考えた。

(5) 雲村賢淳『真蹟本二尊大悲本懐の研究』(法藏館、一九八六年) 七〜一三頁参照。

(6) 川添泰信「親鸞の光明観—浄土教の伝承を鑑みて—」(『光華会宗教研究論集』一巻、一九八三年) 参照。上論文に三経七祖を中心に教理史的展開から親鸞の光明観を詳細に論じられている。また親鸞の光明観に「身光」ではなく、「心光 (また智慧光)」として捉えた意義の考察がなされており、参照すべき言及がなされている。また川添論文でも述べられているように基本的には源信の「光」は「身光」であるという指摘は注目すべきである。

(7) 井上善幸「親鸞の「摂取心光」理解について」(『真宗学』一一一・一一二号、二〇〇五年) また以下の論証は井上氏の論証に依るところが大きい。

(8) 「摂取不捨曼荼羅」の扱いについては、千葉乗隆「解説　弁述名体鈔」(『真宗重宝聚英』二巻、一九八四年) 参照。

(9) 親鸞書物上「身光」の一箇所の使用に対し「心光」は多用するという指摘は川添前掲論文、七祖聖教中に「心光」の語句が二箇所のみしか使用されていないが親鸞は多用するという指摘は井上前掲論文を参照にした。

(10) あくまで外的要因として、という意味である。内的要因としての親鸞の意図を考察する必要性が感じられる。

(11) 無論、親鸞の意図はそれだけではないと思うが。

(12) 「口伝鈔解説」(『口伝鈔　改邪鈔』龍谷大学善本叢書十一巻、同朋出版、一九九二年)や『真宗聖教全書』三巻、(大八木興文堂、一九四一年)などに所収される底本、対校本を参照にしたが、いずれもそのような形跡は見当たらない。

(13) 平松令三「口伝鈔の異本成立と高田口伝鈔について―佐藤哲英博士の所説に対する疑問―」(『高田学報』七四号、一九八五年)

(14) 詳細は後述するが正確にはまだ暗い時刻。「夜明け」のなかでは前段階的な表現である。

(15) 「正信念仏偈」では直説的には「夜明け」の表現が説かれないが、『浄土文類聚鈔』「念仏正信偈」では「必至無上浄信暁　三有生死之雲晴」とあり、「夜明け」の表現が直接説かれる。また、「已能雖破無明闇」の文言もある為この書物が関連している可能性もある。しかし、先述したように『浄土文類聚鈔』では源信の「光」の譬喩の説示はない。これらを踏まえると『口伝鈔』第三条と『尊号真像銘文』との関連性が高いと考える方が妥当である。

(16) 拙稿「正信念仏偈の文言の異同について―専信書状との関連性を考察―」(『眞宗研究』五九輯、一～二一頁)

(17) 「専信書状」では「義なきがなかの義」となっていることは述べておく。

(18) ここの「限定条件」に関して言及しておきたいことがある。それは今回でも問題にしている「光の性質」である。「専信書状」を見れば明らかのように、その光は「心光」である。先にも述べたように、親鸞は七祖聖教などでも多用される「身光」はほとんど使用しないが、七祖がほぼ使用しない「心光」を多用するのである。このことからも「心光」という「光の性質」によって、「専信書状」にある或人の見た書物はさらに「正信念仏偈」に限定されるものと考えられる。

(19) 「あかつき(暁)」の定義については『角川古語大辞典』巻一(角川書店、一九八二年)を参照。また他の辞書でもほぼ同様の意味である。また親鸞や関東門弟などの歴史学者である今井雅晴氏(『親鸞の家族と門弟』法藏館、二〇〇二年、三九頁参照)も当時の「あかつき(暁)」の語義を同様に説明している。

(20) 親鸞の「無明」の定義も非常に困難なものである。それは「疑無明・痴無明」の問題と関連する。この問題については村上速水(「真宗の無明義に関する一試論―痴無明と疑無明の問題―」『龍谷大学論集』四一二号、龍谷学会、一九七八年）一～二〇頁に詳しい。また、筆者は村上氏の説に依り、「無明」を「煩悩」と解釈すべきと考えている。また「正信念仏偈」の「無明のやみはれ」を「煩悩具足と信知して」と解釈している。詳細は前掲拙論参照。

親鸞の来迎思想

田中好三

はじめに

来迎とは、修行者の臨終時に仏・菩薩が来現して、迎え取るということであり、浄土教で言えば、浄土に往生したいと願う行者の臨終に、阿弥陀仏が菩薩、聖衆を率いてその人を迎えに来て往生にいたるということである。これがいわゆる伝統的な来迎思想である。このような阿弥陀仏による臨終来迎は、詳粗の違いはあるが、浄土三部経のすべてにわたって説かれ、浄土教にとって重要なものとされてきた。

しかし、親鸞は『末灯鈔』第一通で、

来迎は諸行往生にあり、自力の行者なるがゆへに。臨終といふことは、諸行往生のひとにいふべし、いまだ真実の信心をゑざるがゆへなり。また十悪・五逆の罪人のはじめて善知識にあふて、すゝめらるゝときにいふことばなり。真実信心の行人は、摂取不捨のゆへに正定聚のくらゐに住す。このゆへに臨終まつことなし、来迎たのむことなし。信心のさだまるとき往生またさだまるなり。来迎の儀式をまたず。(1)

と述べ、臨終時の来迎は不要であり、来迎の儀式はいらないとして、臨終に来迎を求めることは明確に否定している。つまり、伝統的な来迎思想を親鸞はきっぱりと否定したのである。「臨終といふことは、諸行往生のひとにいふべし」と述べていて、臨終来迎とは、諸行往生の人のためのものであるという。「真実信心を得た人」（念仏往生の人）については「正定聚のくらゐに住す」るために、臨終まで待つ必要がない、来迎をたのむ必要もないとして臨終来迎を否定している。この点はすでに多くの先学が指摘しているとおりである。(2) しかし、臨終来迎そのものについて親鸞はどのように考えていたかは、それほど論じられていない。

そこで、親鸞は、臨終来迎そのものをどのように認識していたのか、そうした考えはどのようにして形成されたのか、またどのような特徴があるのかについてさぐってみたい。そのためには、臨終来迎とかかわる護念思想や摂取不捨に関する思想をたどりつつ、主として法然との比較によって、親鸞がどのように引き継ぎ、新たな来迎思想を形成したのか考察したい。

一　親鸞の来迎についての基本的態度

親鸞は、臨終来迎に関しては積極的に述べていないというのが一般的な考えである。源信、法然を中心に、浄土教を担ってきた僧たちは、きわめて熱心に臨終来迎を説いてきたが、親鸞は否定するだけで詳しく論じていない。しかし、来迎そのものを否定しているわけではないことに注意する必要がある。

臨終来迎に関連して述べているものに、『一念多念文意』の冒頭の部分がある。（傍線は筆者。以下同じ。）

「一切臨終時」といふは、極楽をねがふよろづの衆生、いのちおはらむときまでといふことばなり。(3)である。これは、『往生礼讃』「日没讃」からの引用で、

恒に願はくは一切臨終の時　勝縁・勝境悉く現前せむ　願はくは弥陀大悲主　観音・勢至・十方尊を覩たてまつらむ　仰ぎ願はくは神光授手を蒙りて　仏の本願に乗じて彼の国に生ぜむ(4)

という箇所である。「臨終の時」となっているが、それを親鸞は、「いのちおはらむときまで」と釈していて、臨終時に限定していない。この点に関して、梯實圓氏は、少なからず影響を受けた隆寛との関係から、

『分別事』は平生から臨終まで一貫して願うべき事柄を示されたものと理解されたからであろう。すなわち『礼讃』では臨終のときに限定していた勝縁勝境の現前を、「まさしく往生せんずるときまで」願えといわれているから、臨終の出来事に限らず、平生から臨終まで願うべきことがらとされていると理解し、それは平生における摂取不捨の利益の内容をいわれたものと解釈されたのであろう。(5)

と述べ、隆寛の考えを親鸞が踏襲したと指摘する。

『一念多念文意』には、「勝縁勝境」についての説明がつづく。

「勝縁勝境」といふは、仏おもみたてまつり、ひかりをもみ、異香をもかぎ、善知識のすゝめにもあはむとおもへとなり。「悉現前」といふは、さまざまのめでたきことども、めのまへにあらわれたまへとねがへとなり。(6)

とあって、平生から臨終の時まで、仏を拝見し、仏の光に包まれ、えもいわれぬ香りを聞き、良き善知識の勧めに逢うといったさまざまな法縁が眼前に実現するように願えというのである。親鸞としては、珍しく来迎の様子を具体的に示していて、来迎そのものを否定していないと解することができる。「臨終時まで」ということは、平生に

おいて来迎を願えということである。

臨終来迎に直接かかわって述べている箇所には、ほかに『唯信鈔文意』がある。『唯信鈔』に引用の『五会法事讃』の偈、「観音勢至自来迎」の解説をしている部分である。

「観音勢至自来迎」といふは、南無阿弥陀仏は智慧の名号なれば、この不可思議光仏の御なを信受して憶念すれば、観音・勢至はかならずかげのかたちにそえるがごとくなり。(7)

とあって、このすぐ後に、「自」「来」「迎」の字釈によって来迎の義が詳しく解き明かされるが、まず、総論として「観音勢至自来迎」を解釈している箇所である。それは、この不可思議光仏の御名を信受して憶念すると、必ず観音・勢至の両菩薩が、影の形に寄り添うようにして護っている、というのである。つまり、この句の当面の意味である「臨終時の来迎」を、平生から影の形のように寄り添って護っているという意味に解しているのである。親鸞は、臨終時に特別に来迎があるのではなく、すでに平生に来迎があるということを述べていると解することができる。

さらに、『尊号真像銘文』の冒頭、『大経』第十八願文の解説の中に、

「乃至十念」とまふすは、如来のちかひの名号をとなえむことをすゝめたまふに、遍数のさだまりなきほどをあらはし、時節をさだめざることを衆生にしらせむとおぼしめして、乃至のみことを十念のみなにそえてちかひたまへるなり。如来より御ちかひをたまはりぬるには、尋常の時節をとりて臨終の称念をまつべからず、たゞ如来の至心信楽をふかくたのむべしと也。(8)

とあって、「乃至十念」とは念仏の数や時を定めていないことを、如来が衆生に知らせるための言葉であると、明

確に説いたうえで、臨終をまつのではなく、平生に念仏申すことが大切であるというのである。『尊号真像銘文』には、善導の『観念法門』「摂生増上縁」の文を解説する中で、臨終来迎にかかわる箇所がある。

「願力摂得往生」といふは、（中略）すでに尋常のとき信楽をえたる人といふ也、臨終のときはじめて信楽決定して摂取にあづかるものにはあらず。ひごろ、かの心光に摂護せられまいらせたるゆへに、金剛心をえたる人は正定聚に住するゆへに、臨終のときにあらず。かねて尋常のときよりつねに摂護してすてたまはざれば、摂得往生とまふす也。(9)

とある。臨終時ではなく、「尋常のとき」に仏の光に摂護され、金剛心を得て、正定聚に住するのである。だから、臨終来迎をたのむまでもなく、尋常のときに摂護されている、つまり、来迎にあずかっているとも言えるのである。

以上のように、名号を信受して憶念すると、常に影の形のように寄り添い、仏の心光によって摂護し、摂取不捨のゆえに正定聚に住するというのが、親鸞の基本的な道筋である。「真実信心を得た人」にとって臨終来迎が不要であるのは、すでに、平生に来迎がかなっているからであるとも言える。その意味で、この来迎は、正定聚に住し、浄土に往生するためには欠かせない、極めて重要なポイントである。

二　護念

「かげのかたちにそへるがごとく」という姿を来迎の意味に解したが、いわゆる護念思想を表していることでもある。護念については、すでに源信や法然がそれぞれの考えを示している。法然の説示を述べて、親鸞の護念理解を明らかにしたい。

法然は、護念への強い思いを『選択集』で述べている。章立てとして「護念章」を設けていることからもうかがえる。「護念章」の私釈の中で、『往生礼讃』の中の『十往生経』から、

若し衆生有りて阿弥陀仏を念じて往生を願ずれば、彼の仏即ち二十五菩薩を遣はして、行者を擁護したまふ。(10)

を引用し、また、『観念法門』の中の『観経』からも引いて、(11) 観音・勢至菩薩が常に勝れた友人となり、影が形につきしたがうように行者の身を離れず護っていると説示している。同様に、『般舟三昧経』の引文でも、(12) 諸天等の随逐影護により、悪鬼神・災障・厄難から護られるとする。時所を選ばず、常に、行者に影が形に添うように護られていることを強調するのが、法然の特徴である。これを敷衍すれば、臨終時に至る。臨終正念を迎えて急に「影護」が途絶えることはないのであって、最期まで護っているということである。

一方、法語にも、護念について随所に述べられている。『和語灯録』の「浄土宗略抄」に、(13)「阿弥陀仏をとなふる事一声すれば、すなはち八十億劫の重罪を除滅す。」「行住坐臥、よるひるをもきらはず、かげのごとくにそいて、もろもろの横悩をなす、悪鬼悪神のたよりをあらひのぞき給ひて」「一切の神王、恒紗の鬼神を眷属として、つねにこの人をまもり給ふといへり。」とあって、いずれも、現世において、鬼神から護り、重罪を滅すはたらきを説示している。

以上のように、来迎によって正念を得るという法然の考えには、仏・菩薩から常に影護されているという確信があったと考えられる。それは平生の念仏によって確保されるものであり、そのため、必ず臨終に来迎がかなうのである。このように、護念は、臨終正念を得るための弥陀のはからいであるととらえている。

親鸞の場合は、『教行信証』に、護念関係の語句は多く登場するが、自釈には、「正信偈」に、「摂取心光常照護」[14]とあり、「信巻」冒頭に、「心光摂護之一心」[15]とある。さらに、同じ「信巻」の「現生十益」には、「冥衆護持益」「諸仏護念益」「心光常護益」[16]が説かれている。まず、「正信偈」には、

摂取心光常照護　已能雖破無明闇　貪愛・瞋憎之雲霧　常覆真実信心天　譬如日光覆雲霧　雲霧之下明無闇[17]

とある。この部分について、『尊号真像銘文』（建長本）に、次のように解説がある。

「摂取心光常照護」といふは、信心を得たる人おば、無碍光仏の心光つねにてらしまもりたまふゆへに、無明のやみはれ、生死のながき夜すでにあかつきになりぬとしるべしと也。「已能雖破無明闇」といふはこのこゝろなり。信心をうればあかつきになりぬとしるべし。（中略）貪愛・瞋憎のくも・きりに信心はおほはるれども、往生にさわりあるべからずとしるべしと也。[18]

この解説によると、信心を得た人に対して、仏の心光が常に照らし護っているため、現生において無明の闇ははれて、生死出離への長い苦しみはすっかり消えるというのである。

また、『一念多念文意』の、『観念法門』から引文の解説部分に、

「照」はてらすといふ。ときをきらはず、ところをへだてず、ひまなく真実信心のひとおばつねにてらしまもりたまふなり。（中略）「摂護不捨」とまふすは、「摂」はおさめるとるといふ。「護」はところをへだてず、ときをわかず、ひとをきらわず、信心ある人おばひまなくまもりたまふとなり。まもるといふは、異学・異見のともがらにやぶられず、別解・別行のものにさえられず、天魔波旬におかされず、悪鬼・悪神なやますことなしとなり。（中略）「此亦是現生護念」といふは、このよにてまもらせたまふとなり。[19]

とあって、「常照」とは、「真実信心の人」には誰に対しても、仏の心光が照らしつづけ、時空を超えて護っているということである。「摂護」とは、そのようにして、「おさめとり、まもる」というのである。阿弥陀仏の心の中に(懐の中に)抱きしめるようにして護る、という意味に解することができる。

護るとは、仏道を妨げ、混乱させる天魔波旬や悪鬼・悪神から、念仏の行者を護るということである。また、「異学・異見」には左訓が「コトゴトヲナライマナブナリ　ジリキノヒトナリ」[20]、「別解・別行」には同じく「ネンブツヲシナガラジリキノコヽロナルモノナリ」[21]とあって、念仏往生を願う人々とは違う考えの人たちを指している。その人たちの妨害から護るということである。しかし、法然のいう臨終正念を得るために護られているという位置づけではない。

三　摂取不捨

護念されている行者が信心を得ると、摂取不捨にあずかると言われる。そこで、その摂取不捨について論をすすめたい。これについても、法然が見解を示している。『選択集』に「摂取章」を設けていること自体、摂取不捨への強い思いがあると受けとれる。まず『観経』からの引文で、

一々の光明遍く十方世界の念仏の衆生を照らし、摂取して捨てたまはず。[22]

とあって、阿弥陀仏の光明が念仏の衆生を照らし摂取不捨するとあるが、この後に、『観経疏』の該当箇所を引いて、三縁釈(親縁・近縁・増上縁)によって、光明に摂取される理由を明らかにしている。この点については、私

釈の中で、さらに、「余行は本願に非ざるが故に、之を照摂したまはず」[23]としている。念仏行者への摂取不捨を説くだけでなく、それ以外の者には摂取しない点を明記している。つづいて、『観念法門』からの引文で[24]、心光常に照らして、摂護して捨てないという文を引いている。ここにも、仏を念ずる衆生以外は照摂しないとある。摂取不捨に浴さない、余行の者を明確にしているのが法然の特徴である。

法然は、摂取不捨そのものについての明確な考えを述べている。『三部経大意』には、

然れば光明無量の願は、横に十方の衆生を広く摂取せむが為也。寿命無量の願は竪に三世を久しく利益せむが為也。此くのごとく因縁和合すれば摂取不捨の光明常に照らして捨て給はず。此の光明又化仏菩薩ましまして、この人を摂護して、百重千重囲繞し給ふに、信心弥いよ増長し、衆苦悉く消滅す。臨終の時には仏自来して迎へ給ふに、諸の邪業繫よく得る者のなし。是は衆生の命終る時に臨んで、百苦来りて逼めて、身心やすき事なく、悪縁外にひき、妄念内にもよをして、境界、自体、当生の三種の愛心きをい起り、第六天の魔王も此の時に当りて、威勢を起して妨をなす。此くの如く種々の礙を除かむが為に、しかし《ママ》臨終の時にみづから菩薩聖衆囲繞して、其の人の前に現ぜむと云ふ願を建て給へり。第十九の願是也。是によりて臨終の時にいたれば、仏来迎し給ふ。行者是を見て、心に歓喜をなして、禅定に入るが如くにして、忽に観音の蓮台に乗りて、安養の宝刹に至るなり。此れ等の益あるが故に、念仏衆生摂取不捨と云へり[25]。

とある。弥陀の光明（第十二願）のはたらきが摂取であり、第十三願によって時間を超えて利益がもたらされ、捨てることがないとする。この光明は化仏や菩薩とともに行者を囲繞して、信心を一層強固にし、多くの苦しみが消え、臨終時には必ず仏の来迎があるという。特に臨終時には、百苦があり、三種の愛心にさいなまれ、天魔も正念

を妨害する。こうしたさまざまな障碍から、弥陀の光明が護り、臨終正念を得て来迎があり、浄土往生が果たされる、これが法然のいう摂取不捨のはたらきである。『西方指南抄』「法然聖人御説法事」の文(26)や、『和語灯録』「念仏往生要義抄」の文(27)も、信心獲得の時から、臨終を迎え、浄土往生するまで捨てない、これが摂取不捨なのであると説示している。

以上のように、法然にとっては、摂取不捨は、現生における仏のはからいであるが、それが、往生まで相続して護っているというところに焦点をあてている、これが特徴である。

一方親鸞は『教行信証』の総序に、

噫、弘誓の強縁多生にも値ひ難く、真実の浄信億劫にも獲難し。(中略)誠なるかな、摂取不捨の真言、超世希有の正法、聞思して遅慮すること莫かれ(28)。

とあって、「噫(ああ)」と詠嘆し、「誠なるかな」と真実に打たれた感慨を率直に述べる中で、「摂取不捨の真言」と高らかに表明している。総序にこのように宣言することは、親鸞がいかに「摂取不捨」への思いを強く持っていたかを示している。つづいて、「行巻・大行釈」に、

何かに況んや十方群生海、斯の行信に帰命すれば摂取して捨てたまはず。故に阿弥陀仏と名づけたてまつると(29)。

とある。摂取不捨のゆえに「阿弥陀仏」と名づくとして、阿弥陀仏の本質は「摂取不捨」であるという。

摂取不捨という考え方は、もともと『観経』「真身観」から来ているとされる(30)。これによると、摂取不捨とは、無量仏の光明のはたらきをさしている。では、どのようなはたらきなのか。すでに指摘されているように、「浄土和讃」(国宝本)に、

十方微塵世界の　念仏の衆生をみそなわし　摂取してすてざれば　阿弥陀となづけたてまつる[31]

とあって、「摂取して捨てざれば」に左訓がほどこされている。「摂」に「オサメトル」「セフハモノヽニグルヲオワエトルナリ」、「取」に「シュハムカエトル」、「摂取して捨てざれば」に「ヒトタビトリテナガクステヌナリ[32]」とある。これらを総合すると、逃げて行く何かを追いかけていくようにして、追いかけ迎えに行って、おさめとり、永く捨てることはしない、という意味になる。「人の逃ぐる」ではなく、「ものの逃ぐる」という言い方は、どういうものであれ、何かが逃げて行くときに追いかけて救う、という阿弥陀仏の懐の深さ広さを暗示している。摂取不捨とは、単に見守るのではなく、親鸞はきわめて積極的行動的な意味をもたせているのである。

次に『唯信鈔文意』に、

如来の御ちかひをふたごゝろなく信楽すれば、摂取のひかりのなかにおさめとられまいらせて、かならず大涅槃のさとりをひらかしめたまふは、（中略）摂取のひかりとまふすは、阿弥陀仏の御こゝろにおさめとりたまふゆへなり。[33]

とあって、「摂取のひかり」は、阿弥陀仏の心におさめとるということである。比喩的に言えば、阿弥陀仏の胸の内に（懐に）抱きおさめるという意味に解することができる。ほぼ同じ意味が『一念多念文意』にもある。[34]さらに、『尊号真像銘文』には源信の「我亦在彼摂取之中〜」という銘文を解釈する中で、

「常照我身」といふは、（中略）つねにてらすといふは、つねにまもりたまふと也。「我身」は、わがみを大慈大悲ものうきことなくして、つねにまもりたまふとおもへと也。摂取不捨の御めぐみのこゝろをあらわしたまふ也。[35]

とあって、ここには、「摂取不捨の御めぐみのこゝろ」というくだりがある。この直前に示されている「大慈大悲」の御心を指すことはいうまでもない。

また、『末灯鈔』第十三通に、

まことの信心のさだまることは、釈迦・弥陀の御はからひとみえて候。往生の心うたがひなくなりさふらふは、摂取せられまいらせたるゆへとみえてさふらふ。摂取のうへには、ともかくも行者のはからひあるべからずさふらふ。（中略）まことの信心をば、釈迦如来・弥陀如来二尊の御はからひにて発起せしめたまひ候とみえて候へば、信心のさだまるとまふすは、摂取にあづかるときにて候なり。（中略）ともかくも行者のはからひをちりばかりもあるべからず候へばこそ、他力とまふすことにてさふらへ。(36)

とある。まことの信心を得て、往生への道が疑いなく確信できるのは、摂取によるのである、と説いている。そして、摂取された以上は、塵ほどのはからいもあってはならないと厳しく説示している。これこそが他力であるという。摂取不捨というのは、まったく、すべてをまかしきるところに成立するものであるというのである。この摂取不捨と「はからい」については、『御消息集』（善性本）や『唯信鈔文意』にも同様の内容がある。(37)

ここで、摂取不捨と正定聚との関係について、あらためて整理してみたい。正定聚については、『大経』下巻の冒頭に、「彼の国に生ずる者は、皆悉く正定の聚に住す。(38)」とあって、浄土への往生の後に正定聚に住することを示している。また『論註』には、「克念して生ぜむと願ずれば、亦た往生を得て、則ち正定聚に入る。(39)」とあって、往生後に正定聚に住するという。しかし、すでにみてきた摂取不捨のはたらきが、平生の利益だったことから明らかなように、親鸞の場合、現生において正定聚に住するというのである。それは、『教行信証』「信巻」現生十益に

「入正定聚益」をあげていていることからもはっきりしている。今までの引用部分にすでに述べられていたが、『唯信鈔文意』に、

選択不思議の本願、無上智慧の尊号をきゝて、一念もうたがふこゝろなきを真実信心といふなり。金剛心ともなづく。この信楽をうるときかならず摂取してすてたまはざれば、すなわち正定聚のくらゐにさだまるなり。このゆへに信心やぶれず、かたぶかず、みだれぬこと金剛のごとくなるがゆへに、金剛の信心とはまふすなり。(40)

とあって、真実信心を得るとき、必ず摂取不捨にあずかるため、正定聚の位に住する。だから、信心が破れることなく、揺れたり乱れたりせず、金剛の信心（金剛心）となるのである、と説いている。この、摂取不捨・正定聚・金剛心は各所に説かれていて、(41)親鸞の確信に満ちた主張ということができる。

四　現生正定聚

以上のように、摂取不捨によって正定聚に入り、同時にそれは金剛心となり、往生が約束されるということであった。すでに現生における正定聚という点は明らかになっているが、順序だてて述べてみたい。そもそも「正定聚」の語は、『教行信証』では、「行巻」（大行釈　行信利益）に初出する。

何に況んや十方群生海、斯の行信に帰命すれば摂取して捨てたまはず。故に阿弥陀仏と名づけてたてまつると。是を他力と曰ふ。是を以て龍樹大士は「即時入必定」と曰へり。曇鸞大師は「入正定聚之数」と云へり。仰いで斯を憑むべし。専ら斯を行ずべきなり。(42)

とあって、曇鸞の『論註』から引いたものである。「必定」「正定聚」は、それぞれ二師の著作の中にあるが[43]、親鸞はこれらの文および「即時入必定」「入正定聚之数」を、著作の各所に引用している[44]。親鸞にとって大きな意味をもっていたことを示しているのである。

次に、正定聚についての見解は、「証巻」の冒頭の自釈に、

然るに煩悩成就の凡夫、生死罪濁の群萠、往相回向の心行を獲れば、即の時に大乗正定聚の数に入る。正定聚に住するが故に必ず滅度に至る[45]。

とある。信心を獲得すると、「即の時に」、つまり現生において正定聚の位に住し、必ず浄土往生がかなう、と説いている。以下に、正定聚に関する引文が、『大経』『如来会』からの第十一願文および同成就文の引文や『論註』等により、正定聚を現生であるとする根拠を明らかにしている。

ただし、『大経』の成就文は「其れ衆生有りて、彼の国に生まるれば、皆悉く正定の聚に住す[46]。」となっていて、「(浄土に)生れると」という意味になり、現生ではなく、往生後のことになる。この点について、玉木興慈氏は、『浄土三経往生文類』(略本)には、わざと『大経』の成就文を引文せず、『如来会』の成就文だけを引文して、意識的に現生であることを明かしている、と述べている[47]。この点はたしかにそのとおりであるが、『同書』の広本には、『大経』第十一願成就文も引かれていて、「証巻」とは違った訓み方になっている。併記すると、

(証巻)　其れ衆生有りて、彼の国に生まるれば、皆悉く正定の聚に住す[48]。

(浄土三経往生文類)其れ衆生有りて、彼の国に生まれむ者、皆悉く正定の聚に住せむ[49]。

となっていて、広本の場合は、わざと『大経』から引文しないのではなく、訓みかえて引文し、現生であることを

示しているのである。

訓みかえによって原文（当面）とは違う意味に転ずるということでは、『論註』に、

若し人但彼の国土の清浄安楽なるを聞きて、克念して生ぜむと願ずれば、亦往生を得て、則ち正定聚に入る。(50)

とあって、当面では、往生後に正定聚の位に住する意味である。しかし、親鸞は傍線部を「克念して生ぜむと願ぜんものと、亦往生を得るものとは、即ち正定聚に入る。(51)」と訓んで、「浄土往生を願う者」と「往生を得る者」の二種類の願生者に分けたために、少なくとも現生の者を含むこととなったのである。なお、現生正定聚であることを意識してはっきりと説かれているのは、『浄土三経往生文類』である。そこには、「現生に正定聚のくらゐに住して、かならず真実報土にいたる(52)」とある。

また『尊号真像銘文』の「正信偈」の解説で、

信をうる人はときをへず日をへだてずして正定聚のくらゐにさだまるを即といふ也。「横」はよこさまといふ。如来の願力なり、他力をまふすなり。(53)

とあり、『末灯鈔』第十三通や『御消息集』（善性本）第七通、『浄土三経往生文類』に同様の内容があって、(54)正定聚の位に住するのは、行者の塵ほどのはからいもいらない、完全他力の世界であることを述べている。

五　親鸞の来迎思想

親鸞は、いわゆる臨終来迎を否定していたが、来迎そのものは否定しないどころか、積極的に肯定していた。そ

こで、親鸞は来迎をどのように考えていたのかに論をすすめたい。親鸞が来迎について語っている箇所から、親鸞の来迎思想について検討する。

それは、『唯信鈔文意』で『五会法事讃』の文（「観音勢至自来迎」および「聞名念我総迎来」）を解説している部分にある。はじめに、「観音勢至自来迎」について次のようにいう。

「自来迎」といふは、「自」はみづからといふなり。弥陀無数の化仏・無数の化観音・化大勢至等の無量無数の聖衆みづからつねに、ときをきらはず、ところをへだてず、真実信心をえたるひとにそひたまひてまもりたまふゆへに、みづからとまふすなり。また「自」はおのづからといふ。おのづからといふは自然といふ。自然といふはしからしむといふ。しからしむといふは、行者のはじめてともかくもはからはざるに、過去・今生・未来の一切のつみを転ず。転ずといふは、善とかへなすをいふなり。もとめざるに一切の功徳善根を仏のちかひを信ずる人にえしむるがゆへに、しからしむといふ。はじめてはからはざれば自然といふなり。誓願真実の信心をえたるひとは、摂取不捨の御ちかひにおさめとりてまもらせたまふによりて行人のはからひにあらず、金剛の信心をうるゆへに憶念自然なるなり。(55)

とある。「自来迎」の解釈については、すでに多くの先学の論がある。その中で、浅井成海氏は次のように述べている。そこでは、

「自」と、「来」と「迎」の解釈は、一語一語独立した解釈がなされている。しかしいずれも深い関連があり、この「自」の解釈の中に「来迎」釈の基本的意味があらわされる。あらゆるはからいを超えた他力自然の救いを示し、これが臨終を言わず、平生摂取、平生来迎の真意をあらわしていくのである。(56)

とあって、親鸞の来迎思想の基本を明らかにしている。

この論に沿いつつ、具体的に読み取っていきたい。まず「自」の解釈がある。阿弥陀仏が無数の聖衆等とともに、真実信心を得た行者に、時所を選ばず、常に寄り添い護っている。これは、阿弥陀仏が「みずから」なさることであって、行者のあずかり知らぬことである。また、「自」は「おのずから」「自然」の意味であって、行者のはからいではなく、何も求めてはいないのに、自然に（阿弥陀仏のはからいによって）善根を得ることになるのである。つまり、真実信心の人は、いつでもどこでも、常に寄り添って護られていて、摂取不捨のゆえに、金剛の信心を得るのであると説いている。まだ「来迎」の解釈はしていないが、この「自」釈によって、浅井氏が言うように、来迎というのは、あらゆるはからいを超えた仏のはたらき、他力救済のことであって、臨終時の来迎によるものではなく、真実信心を得る時、平生の摂取によるのである。

つづいて、「来迎」の解釈にうつる。はじめに「来」について、

「来迎」といふは、「来」は浄土へきたらしむといふ、これすなわち若不生者のちかひをあらはす御のりなり。穢土をすてゝ真実報土にきたらしむとなり、すなわち他力をあらはす御ことなり。また「来」はかへるといふ。かへるといふは、願海にいりぬるによりてかならず大涅槃にいたるを、法性のみやこへかへるとまふすなり。法性のみやことといふは、法身とまふす如来のさとりを自然にひらくときを、みやこへかへるといふなり。これを、真如実相を証すともまふす、無為法身ともいふ、滅度にいたるともいふ、法性の常楽を証すともまふすなり。このさとりをうれば、すなわち大慈大悲きわまりて生死海にかへりいりて、普賢の徳に帰せしむとまふす。この利益におもむくを来といふ、これを法性のみやこへかへるとまふすなり。(57)

とあって、「来」はまず、「浄土へ来させる」意味であるとする。第十八願の誓いそのものであって、仏の招喚たる他力を意味していると説く。また、「来」は「法性のみやこへかえる」意味で、これは「大涅槃に至る」ことをいう。このことはまた、法身・如来・真如・実相・無為法身・滅度・常楽に至り、さとることを意味する、という。ここにとどまらず、さらに「来」は、「生死海にかへりいりて、普賢の徳に帰せしむ」とあって、明らかに、成仏の後、穢土に還るという還相回向を示している。すると、「自」の解釈で示された平生来迎は往相回向の過程を述べていたということもできる。

次に「迎」の字釈について、

「迎」といふはむかへたまふといふ、まつといふこゝろなり。選択不思議の本願、無上智慧の尊号をきゝて、一念も疑ふこゝろなきを真実信心といふなり。金剛心ともなづく。この信楽をうるときかならず摂取して捨たまはざれば、すなわち正定聚のくらゐにさだまるなり。このゆへに信心やぶれず、かたぶかず、みだれぬこと金剛のごとくなるがゆへに、金剛の信心とはまふすなり。これを迎といふなり(58)。

とある。「迎」には「むかへたまふ」「まつ」の二義が示される。「むかへたまふ」は、臨終時に迎えに来られるという意味に解することができる。「待」の字は、「待ちうけて用意する。みな心構えをしてそのことを待つ意(59)」とあり、また、「待ちうける。用意する(60)。」とある。さらに「待つ」は「人、時、物事などの到来や働きかけを予期し、期待して、その場にとどまってじっとしている(61)。」とあって、これらを総合して端的に言えば、「その時が来るまで、用意してじっと待つ」という意味である。信を得るまで、じっと待つということである。したがって、これは、必ずしも臨終時まで待つというわけではない。親鸞が「待つ」の釈を加えたのは、「むかへたまふ」だけにすると、

「臨終時にお迎えが来る」意となってしまうので、それを回避するためだと、先学は指摘している。(62)

しかし、親鸞が「これを『迎』といふなり」と述べていることから、先学が理解した臨終時の迎えを回避するための意ではないことがわかる。すなわち文中の「これ」は、直前の文ではなく、もう一つ前の文を受けていると考えられる。なぜなら、「迎」は仏のはからい（動作）を意味するので、直前の「金剛の信心」という名詞句を受けるのには無理があるからである。したがって「迎」とは、一つの前の文「この信楽をうるときかならず摂取して捨てたまはざれば、すなはち正定聚の位に定まるなり」を受けているのである。つまり、「迎」とは、「仏が必ず摂取してお捨てにならないので、正定聚の位に定まる」を意味する。だから、来迎とは摂取不捨のことを指していると言えるのであって、「まつ」の義がなくても、「臨終にお迎えがくる」という解釈にはならないのである。信を獲得するその時にはすでに来迎されているのであって、平生来迎でなければならない。

また、「聞名念我総迎来」の解釈も、

「総迎来」といふは、「総」はふさねてといふ、すべてみなといふこゝろなり。「迎」はむかふるといふ、まつといふ、他力をあらわすこゝろなり。「来」はかへるといふ、きたらしむといふ、法性のみやこへむかへゐてきたらしめかへらしむといふ。法性のみやこより、衆生利益のためにこの娑婆界にきたるゆへに、「来」をきたるといふなり。法性のさとりをひらくゆへに、「来」をかへるといふなり。(63)

とあって、「迎」は「迎える」「待つ」、「来」は「来させる」「法性のみやこにかえらせる」「衆生を利益するため娑婆にかえる」など、「自来迎」の釈とほぼ同じである。つまり、摂取不捨によって正定聚に住するのは、平生来迎によるのである。

以上、「自来迎」「総迎来」の解釈には、「来迎」について、臨終のそれには全く触れていないことに気づく。「来」は摂取不捨によって浄土へ来させるという意味であり、同時に、娑婆に還ることでもあった。「迎」もまた、摂取不捨によって迎えることであった。つまり、来迎とは、真実信心の者を平生に摂取して正定聚の位に住し、浄土への往生を果たして成仏する、この阿弥陀仏の「みずから」「おのずから」なる他力のはたらき、つまり、往相回向・還相回向のことをいうのである。

むすび

法然は、源信が『往生要集』で明らかにした臨終行儀を否定はしないが、臨終正念が得られたから仏の来迎があるのではなく、阿弥陀仏の来迎によって行者の臨終正念が得られるのであって、仏のはたらき（他力）によるとした。平生の念仏をしていれば、必ず来迎があるという考えであり、伝統的な来迎思想を継承しているということができる。臨終来迎に重点を置かなかった背景には、護念思想があり、また摂取不捨の認識があった。現生において、無数の化仏、無数の化観音・勢至菩薩を遣わして常に念仏者が擁護されていると示している。

親鸞は、おおむね、法然の考えを継承しているが、いくつかの点で違っている。何よりも、護念思想や摂取不捨については、自らの言葉で語っているのが特徴である。法然よりも徹底して、摂取不捨を「現生」のこととして浮き上がらせた。それが、次のステップの正定聚の位に発展するのである。それは、「心光摂護」の解説で、法然は余行の者には光が当たらない点を強調し、また、摂取不捨についても、『観経疏』に説く三縁釈を引用して、余行の者との比較を中心に語っていた。これに対して、親鸞は、三縁釈は引用せず、専ら念仏行者に光をあてている。

次に、現生において摂取不捨されるという点、阿弥陀仏のはたらき（他力）という点では、法然・親鸞ともに同じである。しかし、法然の場合は、臨終正念を得るうえで、摂取不捨のはたらきがあるとするのに対して、親鸞は一層徹底して、摂取不捨によって、現生に正定聚の位に住し、往生が約束されると言い切っているところが大きく違う。

最後に、来迎観について、法然は、阿弥陀仏の来迎によって行者の臨終正念が得られるとして、臨終には必ず来迎があると述べている。親鸞は、まず、念仏往生には臨終来迎はないとして、伝統的な来迎思想は否定している。しかし、来迎そのものは否定しておらず、むしろ、平生の来迎を認めていて、それは摂取不捨によって浄土へ来させるという仏のはたらきとしてとらえているのである。同時に、娑婆に還ることをも来迎の意味に含ませたのである。したがって、来迎とは、真実信心の者を平生に摂取して正定聚の位に住し、浄土への往生を果たして成仏する、この阿弥陀仏の他力のはたらきをいうのである。それは同時に往相回向・還相回向のことを指している。

註

（1）教学伝道センター編『浄土真宗聖典全書』二（本願寺出版、二〇一一年）七七七頁。（以下『聖典全書』）。なお、「古写消息」（『聖典全書』二　七六八頁）にも、ほぼ同じ内容がある。
（2）梅原眞隆『唯信鈔文意講義』（同朋舎、一九三七年）五四頁、浅井成海「来迎思想―法然とその門弟㈡―親鸞の来迎観」（『龍谷大学論集』四〇〇・四〇一号）一四八頁、松野純孝『増補親鸞』（真宗大谷派出版部、二〇一〇年）二六七頁、田代俊孝『唯信鈔文意講義』（法蔵館、二〇一二年）一〇八頁など。
（3）『聖典全書』二　六六一頁。（引用文の旧字体漢字は新字体にした。以下同じ。）

（4）『聖典全書』一　九二一頁。なお、漢文の資料は、原則として書き下し文にした。
（5）梯實圓『一念多念文意講讃』（同朋舎、一九九八年）一二九頁。
（6）『聖典全書』二　六六一頁。
（7）『聖典全書』二　六八六頁。
（8）『聖典全書』二　六〇四・六〇五頁。
（9）『聖典全書』二　六二八・六二九頁。
（10）『聖典全書』一　一三二一頁。なお、ほぼ同じ文が『和語灯録』「浄土宗略抄」（石井教道『昭和新修法然上人全集』（以下『昭法全』）（平楽寺書店、二〇〇四年）六〇三・六〇四頁にある。
（11）『聖典全書』一（一三三一頁）に、「若し人有りて、心を至して常に阿弥陀仏及び二菩薩を念ずれば、観音・勢至、常に行人と与に勝友・知識を作りて随遂影護したまふ。」とある。
（12）『聖典全書』一（一三三一頁）に、「若し人専ら此の念弥陀仏三昧を行ずれば、常に一切の諸天及び四天大王・竜神八部の随遂影護、愛楽相見を得て、永く諸の悪鬼神、災障・厄難、横に悩乱を加ふること無し。」とある。
（13）以下の三例は、『昭法全』六〇三～六〇四頁。
（14）『聖典全書』二　六一頁。
（15）『聖典全書』二　六七頁。
（16）『聖典全書』二　九五頁。
（17）『聖典全書』二　六一頁。
（18）『聖典全書』二　六五二・六五三頁。
（19）『聖典全書』二　六六六・六六七頁。なお、これとほぼ同じ内容が同（六三〇頁）『尊号真像銘文』にある。
（20）赤松俊秀他編『増補親鸞聖人真跡集成』第四巻（法蔵館、二〇〇六年）三五六頁。
（21）前掲書、三三〇頁。
（22）『聖典全書』一　一二八四・一二八五頁。
（23）『聖典全書』一　一二八六頁。

(24)『聖典全書』一（一二八六頁）に「但専ら阿弥陀仏を念じて衆生のみ有りて、彼の仏の心光常に是の人を照らして、摂護して捨てたまはず。総じて余の雑業の行者を照摂することをば論ぜず。」とある。
(25)『昭法全』三三頁。（片仮名は平仮名にした。以下同じ。）
(26)『昭法全』（二八四頁）に、「念仏往生は修行往生にすぐれたることおほくの義あり。（中略）二には光明摂取なり。これは阿弥陀仏因位の本願を称念して、相好の光明をもて、念仏の衆生を摂取してすてたまはずして、往生せさせたまふなり。余の行者おば摂取したまはず。」とある。
(27)『昭法全』（六八七頁）に、「平生の時てらしはじめて、最後まですて給はぬなり。かるがゆへに不捨の誓約と申候也。」とある。
(28)『聖典全書』二　七頁。
(29)『聖典全書』二　四八・四九頁。
(30)『聖典全書』一（八七頁）に、「次に当に更に無量寿仏の身相と光明とを観じたてまつる。（中略）無量寿仏に八万四千の相有ます。一一の相、各の八万四千の随形好有り。一一の好に復た八万四千の光明有り。一一の光明は、遍く十方世界の念仏の衆生を照らし、摂取して捨てたまはず。」とある。
(31)『聖典全書』二　三七九頁。
(32)赤松俊秀他編『増補親鸞聖人真跡集成』第三巻（法蔵館、二〇〇七年）一〇五頁。
(33)『聖典全書』二　六九九・七〇〇頁。
(34)『聖典全書』二（六六三頁）に、「真実信心をうれば、すなわち無碍光佛仏の御こゝろのうちに摂取してすてたまはざるなり。摂はおさめたまふ、取はむかえへとると、まふすなり。」とある。
(35)『聖典全書』二　六三六頁。
(36)『聖典全書』二　七九五・七九六頁。
(37)『聖典全書』二（八六七頁）の『御消息集』第七通に、「正定聚に信心の人は住し給へりとおぼしめし候なば、行者のはからいのなきゆへに、義なきを義とすと、他力おば申なり。善とも悪とも、浄とも穢とも、行者のはからひなきみとならせ給て候へばこそ、義なきを義とすとは申ことにて候へ。（中略）補処の弥勒におなじくらゐに信心の人はならせたまふゆへに、摂取不捨とはさだめられて候へ。このゆへに、他力と申すは行者のはからいのちりばかりもいらぬなり。（中略）ただ仏にまかせまいらせ給へと、大師聖人のみことにて候へ。」とある。また、『唯信鈔文意』（六八八頁）にも、「摂取不捨の御ちかひにおさめとりてまもらせたまふによりて行人のはからひにあらず」とある。

(38)　『聖典全書』一　四三頁。

(39)　『聖典全書』一　五〇一頁。

(40)　『聖典全書』二　六八九・六九〇頁。

(41)　『尊号真像銘文』には、「摂取不捨の心光にいりぬれば、正定聚のくらゐにさだまるとみえたり」（六〇五頁）とあり、「金剛心をえたる人は正定聚に住するゆへに」（六二八・六二九頁）とある。また、『唯信鈔文意』には、「摂取不捨の御ちかひにおさめとりてまもらせたまふによりて行人のはからひにあらず、金剛の信心をうるゆへに憶念自然なるなり。」（六八八頁）とある。さらに、『末灯鈔』第一通に「真実信心の行人は、摂取不捨のゆへに正定聚のくらゐに住す。」（七七七頁）とあり、同じく第二通に「摂取してすてたまはざれば、金剛心をえたるひとゝまふすなり。（中略）このひとは正定聚のくらゐにさだまれるなりとしるべし。」（七八一頁）とある。また、第三通に、「『大無量寿経』には、摂取不捨の利益にさだまるものを正定聚となづけ、『無量寿如来会』には等正覚ときたまへり。」（七八三頁）とある。第七通にも、「摂取不捨の利益をあづかるゆへに、不退のくらゐにさだまると御こゝろえさふらふべし。真実信心のさだまるとまふすも、金剛の信心のさだまるとまふすも、摂取不捨のゆへにまふすなり。」（七八八・七九八頁）とあり、第十三通に「信心のさだまるとまふすは、摂取にあづかるときにて候なり。そののちは正定聚のくらゐにて、まことに浄土へむまるゝまでは候べしとみえ候なり。」（七九六頁）とある。

（頁はすべて『聖典全書』二による。）

(42)　『聖典全書』二　四八・四九頁。

(43)　『聖典全書』一（四一五頁）龍樹『十住毘婆沙論』に、「人能く是の仏の無量力威徳を念ずれば即時に必定に入る」とあり、同じく（五〇一頁）曇鸞『論註』に「若し人但彼の国土の清浄安楽なるを聞きて、克念して生ぜむと願ずれば、亦往生を得て、則ち正定聚に入る。」とある。

(44)『教行信証』「行巻」(三六・四九頁)、『愚禿鈔』(二八八・三〇六頁)、『尊号真像銘文』(六一五・六五〇頁)、『一念多念文意』(六六四・六六五頁)に引用されている。(頁はすべて『聖典全書』二による。)
(45)『聖典全書』二 一三二頁。
(46)『聖典全書』二 一三四頁。なお、『聖典全書』一(四三頁)には傍線部は「生ずる者は」となっている。
(47)玉木興慈「親鸞の『現生正定聚』考—臨終来迎否定に関連して—」(『龍谷大学論集』四六二)四九・五〇頁。
(48)『聖典全書』二 一三四頁。
(49)『聖典全書』二 五八一頁。
(50)『聖典全書』一 五〇一頁。
(51)『聖典全書』二 一三四頁
(52)『聖典全書』二 五七七頁。
(53)『聖典全書』二 六五四頁。
(54)『聖典全書』二(七九六頁)『末灯鈔』第十三通に「信心のさだまるとまふすは、摂取にあづかるときにて候なり。そののちは正定聚のくらゐにて、まことに浄土へむまるゝまでは候べしとみえ候なり。ともかくも行者のはからひをちりばかりもあるべからず候へばこそ、他力とまふすことにてさふらへ。」とある。同(八六七頁)の『御消息集』(善性本)第七通に、「十七・十八の彼岸みなまことならば、正定聚の願はせむなく候べきか。補処の弥勒におなじくらゐに信心の人はならせたまふゆへに、摂取不捨とはさだめられて候へ。このゆへに、他力と申すは行者のはからひのちりばかりもいらぬなり。」とある。同(五八四・五八五頁)『浄土三経』に、「如来の二種の回向によりて、真実の信楽をうる人は、かならず正定聚のくらゐに住するがゆへに他力とまふすなり。」とある。
(55)『聖典全書』二 六八七・六八八頁。
(56)浅井成海「来迎思想—法然とその門弟㈡—親鸞の来迎観—」(『龍谷大学論集』四〇〇・四〇一)一五四頁。
(57)『聖典全書』二 六八八・六八九頁。
(58)『聖典全書』二 六八九・六九〇頁。
(59)白井静『字統』(平凡社、一九八五年)五六四頁。

(60) 諸橋轍次他『広漢和辞典』上（大修館、一九八一年）一二七六頁。
(61) 『日本国語大辞典』九巻（小学館、一九八一年）一〇九四頁。
(62) 梅原真隆『唯信鈔文意講義』（同朋舎、一九三七年）六七頁、中西智海『唯信鈔文意講讃』（永田文昌堂、一九九七年）七九頁。
(63) 『聖典全書』二　六九四頁。

西田哲学と親鸞思想(一)

――西田幾多郎の宗教的関心と悲哀――

杉岡孝紀

はじめに

近代以降の日本思想史上、西田幾多郎(一八七〇〜一九四五)ほど多くの人々に影響を与え、また批評されてきた哲学者はいない。西田哲学と対決した田邊元(一八八五〜一九六二)をはじめとして西田の宗教哲学の後継者である西谷啓治(一九〇〇〜一九九〇)、西田に師事し西谷と共に近代の超克を主張した高坂正顕(一九〇〇〜一九六九)と高山岩男(一九〇五〜一九九三)等いわゆる京都学派の哲学者、マルクス主義を学び西田哲学と真摯に格闘した三木清(一八九七〜一九四五)や西田・田邊を批判した唯物論学者の戸坂潤(一九〇〇〜一九四五)など西田左派と称される学者、そして現代日本の哲学者は言うまでもなく、キリスト教神学・精神医学そして禅学など様々な分野の人々が西田哲学に学問的関心を寄せ、その結果、国の内外において多様な研究成果が蓄積されてきた。(1)そうした関心は、何より西田哲学が日本最初の本格的な哲学であったことに由来するものであるが、しかしそれは単に過去の偉大な哲学であったからではなく、真実を探究する者に向かってつねに問いをもって対決を迫り来る比類なき独創性をもった思想体系であるからに他ならない。

西田哲学の独創性は時代の多元的状況を見据え、東洋の思想とりわけ彼が実践的に学んだ大乗仏教の精神とその思想を西洋の思想・哲学と対峙させることによって、「東西文化の融合の途」(2)を切り開いたところにこそある。今日ではそうした試みに目新しさはないが、西田はまさにその先駆者であったのである。「無」を根幹とした東洋思想を論理化するという試みが、奇しくも門下生たちによって歪められアジア太平洋戦争を積極的に擁護する論理へと転換されていったことについては、(3)西田哲学自体に根本的な問題があるからではないかという批判の眼を向けることを忘れてはならないが、しかしそれでもなお西田哲学から学ぶべきことは多い。今日何らかの意味で思想と呼ぶべきものを論じる者であれば誰もが、それを賛嘆するにしろ批判するにしろ、一度は西田哲学を正面から取り上げてこれを論じ、そこから己が立つ学問の脱近代性を反省的に探究することが求められていると考える。こうした西田哲学に対する評価をもって、筆者は真宗学の領域から西田哲学と親鸞（一一七三〜一二六二）の思想との関連を考えていきたい。そこで先ず本稿では、西田哲学の宗教論を論ずるための予備的作業として、西田がいかにして実践的且つ学問的に宗教への関心をもつに至ったのかを考察することにする。

一　西田と宗教

西田哲学の根源的基調に宗教があることは誰もが認めるところである。西田は禅仏教の実践者であると同時に親鸞思想に高い関心を寄せた哲学者であった。[4] もちろん西田哲学は、三木清が語るように純粋に哲学として理解されなければならない。ただしそれは宗教と極めて深い関連をもつ哲学であると理解することに異論はないであろう。

はじめに、西田の思索過程を著作の順に把捉しておくと、最初の著作である『善の研究』（一九一一）で明らかにされた「純粋経験」は西田哲学を一貫する考え方であるが、それは批判を通して『自覚における直感と反省』（一九一七）の「自覚」に、さらに『働くものから見るものへ』（一九二七）では自覚の成立根拠である「場所」へと転じ体系化され、『一般者の自覚的限定』（一九三〇）で「絶対無の場所」、『無の自覚的限定』（一九三二）では「絶対無の自覚」と深化し、そして『哲学論文集　第二』（一九三七）の「行為的直観」を経て、『哲学論文集第三』（一九三九）の「絶対矛盾的自己同一」に到達した後、さらに「宗教論」である「場所的論理と宗教的世界観」（一九四六）の「逆対応」へと展開したと見ることができる。

さて、西田は宗教をどのように了解していたのか。西田は『善の研究』の序において宗教を「哲学の終結」[5] であると述べ、第一編の終わりには「学問道徳の本」[6] であると位置づけている。さらに第四編「宗教」第一章「宗教的要求」のはじめには、次のように述べる。

宗教的要求は自己に対する要求である、自己の生命に就いての要求である。我々の自己がその相対的にして有限なることを覚知すると共に、絶対無限の力に合一して之に由りて永遠の真生命を得んと欲するの要求である。……真正の宗教は自己の変換、生命の革新を求めるのである。……真実の宗教的欲求は我々の已まんと欲して已む能はざる大なる生命の欲求である、厳粛なる意志の要求である。宗教は人間の目的其者であつて、決して他の手段とすべき者ではないのである。[7]

西田は、宗教的要求を「自己の生命」についての要求であるという。それは自己そのものの要求であるから人間にとって普遍的で根源的な要求となる。そして西田は真実の宗教とは、自己が有限であることを自覚して絶対無限の力と一体となり、己の生命を根底から変革することであるという。したがって西田は、真実の宗教は「自己（生命）の変革」であると了解し、宗教とは「人間の目的そのもの」であると断言するのである。しかしながら西田には宗教を主題として体系的に論じている著作は意外と少ない。「現今の宗教について」（一九〇一）や「宗教の本質」（一九一四）といった小編を除くと、僅かに『善の研究』の第四編「宗教論」と遺稿となった「場所的論理と宗教的世界観」（「宗教論」）くらいである。しかも親鸞について直接記したものは、大谷学士会発行の『宗祖観』（一九一一）に執筆された「愚禿親鸞」が唯一である。これもごく短い随筆ではあるが、武田龍精が指摘するように[8]、「他力といはず、自力といはず、一切の宗教は此愚禿の二字を味ふに外ならぬのである[9]」と、「愚禿」の名告が宗教の真髄であるという西田の理解には、真宗の罪業論と絶対的な他力義の本質が見事に語られている。

西田が親鸞思想に言及している論文を読み進めると、西田の論考の多くが『歎異抄』によっていることに気づかされる。親鸞の主著『教行証文類』（『教行信証』）からの引用は極めて少なく、その場合も語句の引用にとどまっている[10]。西田哲学には人物研究がないことはよく知られるが、『教行証文類』全体の論理を文に沿って論じるものはなく、したがって親鸞思想の中心をなす往還二種の回向論を探究するものもない。

しかし、「場所的論理と宗教的世界観」では、宗教とは「心霊上の事実[11]」であり、宗教的世界への回心は親鸞の語る「横超」（他力）の構造をもつものでなければならないことが示されている。また、西田が「場所的論理と宗教的世界観」の中で絶対者と人間との関係を「逆対応」と見る理解は、浄土真宗における阿弥陀仏と衆生の関係に最も近似した構造をもっていることは、すでに大峯顯[12]をはじめ多くの学者が指摘するところである。そしてこの「宗教論」では、『教行証文類』「信文類」の「易往無人の浄信」の語が見られるが、引用の中心はやはり『歎異抄』である。筆者が見たところ、第一条・第二条・第三条・第八条・第十条・第十一条・後序からの引用が認められる。さらに、「場所的論理と宗教的世界観」の執筆動機の一つには田邊元の『私観教行信証の哲学』(後に『懺悔道としての哲学』岩波書店、一九四六年)における親鸞理解への批判という理由があったと推測されるが、西田哲学の終極に親鸞浄土教の名号による他力救済の論理、さらには自然法爾思想が説かれたことは実に興味深い。この点に関しては、西田に師事した務台理作(一八九〇〜一九七四)が西田の著作(論文)について、次のように述べている点に注目しておきたい。

私は最初の著作であった『善の研究』と最後の著作として先生の死後に発表された「場所的論理と宗教的世界観」(第七論文集)であると信じている。この二つは西田哲学の出立点とその帰着点を最も明らかにしている。[13]

西田の表現を借りるならば、哲学の帰結たる宗教について論じた『善の研究』の「純粋経験」と「場所的論理と宗教的世界観」の「逆対応」の論理こそが、西田哲学のアルファでありオメガであると言うことができる。西田はどのような経験を通して「人生の目的そのもの」であり、また「心霊上の事実」たる宗教心を持つに至ったのであろうか。『善の研究』が刊行される以前の西田の生涯をしばらく辿ることにしよう。

二　西田の宗教的関心

明治維新によって新しい社会が始まった最初、西田幾多郎は明治三年（一八七〇）、石川県河北群宇ノ木町に父得登（三十六歳）、母寅三（二十八歳）の長男として誕生した。二人の姉、正（十一歳）と尚（四歳）があり、明治四年には妹隅と明治六年に弟憑次郎が生まれた。北陸石川県は、周知の通り、本願寺第八世蓮如（一四一五〜一四九九）の教化によって真宗王国と呼ばれる程に真宗の信仰が盛んな地域であり、西田家も隣接する真宗大谷派長楽寺の門徒であった。西田家は江戸時代から十村（庄屋）を務めてきた旧家であり、父は教育熱心で母は真宗信心の深い人であったという。「愚禿親鸞」の冒頭で西田が、「余は真宗の家に生れ、余の母は真宗の信者である」[14]と述べるところである。

西田の幼少期のエピソードとして、しばしば取り上げられるのが授乳時の話である。西田の孫上田久によれば、母寅三は躾が厳しくて五歳頃まで乳をねだっていた西田に、「お文さまをつとめられたら乳を進ぜよう」と言ったと記す。[15]竹田篤司も伝記の中にこの事を記している。[16]しかしこの話には異説もあり、例えば高坂正顕は、西田の従妹の林一枝から聞いた話として、寅三は乳を与える際に『歎異抄』の一句を暗記させていたと記している。[17]それに対して竹内良知は、真宗門徒の家庭での躾としては『歎異抄』よりも『御文章』の方が真実性をもっていると述べている。[18]『歎異抄』か『御文章』なのかという事は、大きな問題ではないように思われるかも知れないが、筆者は『歎異抄』であるという理解には西田と『歎異抄』とを強く結びつけようとする意識が働いているように思われてならない。よく知られるように、西田は東京空襲の際に門弟の森本省念（一八八九～一九八四）に、「一切が焼け失せても『臨済録』と『歎異抄』が残ればよい[19]」と語ったという。西田にとって『歎異抄』が大切な書物であったことは疑いがない。しかし、小学校に通う前の子供に難解で決して読みやすいとは言えない『歎異抄』を、たとえ一部分であったとしても母が暗誦させていたとは考えにくい。北陸のいわゆる「土徳」と念仏者であった母の影響を考えれば、やはり上田や竹内が記すように、真宗の日常勤行で用いる『御文章』に自然と親しみ、また母が読誦する『御文章』を傍で聞いて育てられたと考えるべきであろう。授乳時における『歎異抄』のエピソードは、どこかで聞き間違えて伝わった可能性もあるが、おそらく清沢満之（一八六三～一九〇一）の研鑽と門弟の暁烏敏（一八七七～一九五四）の著書『歎異抄講話』（最初浩々洞から発行の雑誌『精神界』第三巻一号〔一九〇三年〕から第十巻十二号〔一九一〇年〕に「『歎異抄』を読む」の名で五十五回にわたり掲載）、さらには近角常観（一八七一～一九三一）の『歎異抄』を中心とした布教の影響によって、〈『歎異抄』＝近代的親鸞像〉という理解が形成されていく時代の中で、後に創作され伝えられたエピソードと考えれば納得がいく。

では、西田が『歎異抄』と出会ったのは何時であったのか。それは何より生涯の友となる鈴木貞太郎（大拙）（一八七〇～一九六六）との親交を通してであろう。そして清沢の著作と暁烏との出会いを通じてのものであったと考えられる。『西田幾多郎全集』には西田が明治三十年（一八九七）から昭和二十年（一九四五）までの日記や友人・知人に宛てた手紙（書状）が所収されているが、それらから西田が清沢から直接親鸞の教えを聞き学んだことを記す記述は見つけられない。ただし西田は「明治三十五年（一九〇二）一月十四日（火）付け」の日記の中で、「精神界にて清沢氏の文を読み感する所あり[20]」と記している。西田と『精神界』の関わりは深い。そのことは、明治四十年（一九〇七）八月の日記に、「二日（金）午前暁烏君来たる……。三日（土）精神界の為に知と愛といふ文を草す。五日（月）午後暁烏君帰る」[21]と記されていることから推測することできる。ここに言う「知と愛」とは、『善の研究』第四編「宗教論」第五章に掲載される「知と愛」のことであり、この原稿が最初暁烏の依頼で『精神界』第七巻九号（一九〇七年九月）に発表されたものであることが分かる。なお、日記には暁烏の名が度々現れ、招かれて三々塾（四高生が修養と勉学をする場として作られた公認下宿）で講話も行っている。さらに日記には佐々木月樵（一八七五～一九二六）や多田鼎（一八七五～一九三七）等の名も出てくる。西田の親鸞と『歎異抄』への関心には清沢とその門下の影響が大きいと言えるであろう。

次に西田と大拙との関係に焦点を合わせることにしたい。西田と大拙との出会いは第四高等中学校時代に遡る。西田は明治十九年（一八八六）、十六歳で石川県専門学校付属初等中学校に入学し、翌年旧前田藩の同校は官立に移管されて第四高等中学校と改変されている。これにより従来、啓蒙主義的ないし自由主義的であった校風が一変して武断的で国家主義的な学校へと変じた。西田は入学時からそうした学校への不満と反抗を募らせていた。そのため学生生活は行状点不足で落第を余儀なくされ、最終的に西田は高校を退学している。しかし西田は晩年、「或教授の退職の辞」において、この四高時代が最も愉快な時期であったと述懐している。[22]その理由は何より大拙をはじめ、金田（山本）良吉（一八七一～一九四二）、藤岡作太郎（東圃）（一八七〇～一九一〇）など終生の友を得たことが大きい。そして彼らを含めた友人と共に「我尊会」を組織して回覧雑誌を作成し、近代的自我や啓蒙主義への憧れと新時代への志、あるいは青年期の挫折などを吐露し切磋琢磨して充実した生活を送っていたからに他ならない。西田と四高時代の親友との交流は生涯続いていくが、大拙との関係は単に仲のよい同級生の関係ではなく、思想的交流を柱とした親交であったと言える。周知の通り、二人は哲学と仏教という異なる分野で相互に影響しあい、それぞれ思想の論理化・体系化を進展させていくことになる。二人の傍にいた務台理作は、次のように西田の言葉を記している。

自分は臨済禅をやったが、生家は真宗であり、とくに母は信心深かったので、少年時代から親鸞は未知ではなかった。長じて『歎異抄』を読んで心をうたれた。親鸞の思想に入るには『歎異抄』が一番いいと思っている。ただ私は宗教思想については友人の鈴木大拙には及ばない。彼は宗教的天才であるとともに、すぐれた実践思想家でもある。(23)

西田が大拙を信頼し尊敬していたことが窺える。ところで、大拙が西田に送った手紙には次のように記されている。

東洋人の抱いて居る思想の中に世界性を持ったものがないと云うなら兎に角、それがあるならそれに十分の論理性を持たせなくてはならぬ。西田の主張はいつもこの論理性であった。(24)

西田は西洋と対抗していくためには科学的な論理性が大切であることを繰り返し語っている。そして西田は大拙から大乗仏教思想に関する教示を受け、それを自身の哲学の中で昇華させ論理化していったのである。そして、西田は諸処に大拙から思想上の影響を受けたことを記しているが、大拙宛の「昭和二十年（一九四五）三月十一日付け」書状には、次のような記述が見られる。

私は今宗教のことをかいています。大体従来の対象論理の見方では宗教というものは考えられず私の矛盾的自己同一の論理即ち即非の論理でなければならないと云うことを明らかにしたいと思うのです……君の『日本的

霊性』は実に教えられます。(25)

鈴木大拙が『金剛般若経』に依って禅仏教の論理として「般若即非の論理」を案出したのは「金剛経の禅」においてであり、それは『日本的霊性』初版（一九四四）の最終章に所載されている。そして西田がこの手紙の中で今執筆中であると記している宗教論は後に「場所的論理と宗教的世界観」の「逆対応」の論理へと結実したと考えることができる。それは、西田が「絶対矛盾的自己同一」という思想的頂点に至り届いた後、その高みをさらに超えて最終的に帰着した人生の目的の結論であると了解することができる。

しかし、西田は大拙と共に過ごした四校時代には、まだ宗教への関心は強く持っていなかったと考えられる。ただし、十六歳の頃、専門学校で数学を学び、生涯師と仰いだ北条時敬（一八五八〜一九二九）から禅の教化を受けている。しかしそれは厳粛なる意志の欲求から実践されたものとは言えない。また、当時西欧を学び自己を近代的人間として実現しようとした知識人や佐幕派の士族等がキリスト教、特にプロテスタンティズムに影響を受けていたことを考えれば、西田もキリスト教に少なからず関心を持っていたと推測することは許されるであろう。ただしそれはごく普通の関心であったと見るべきであり、例えば四高時代に西田が山本良吉との間で宗教と科学を話題に交わした手紙の中に、次のような記述があることは注目される。

夫レ蒸気電線ノ如キ之ヲカノ無知ノ上古人民ニ見セシメハ必ス驚キ拝シテ神トナサン。然レトモカレ今学理上ヨリ考ヘテサホト怪ナルニモアラス。誰モ狂ナランヨリモ拝シテ神トナスノ者アランヤ。嗚呼吾人今日神トシテ尊拝スル者モ後世ヨリ之ヲ見レハ、カノ亜弗利加人力蛇類ヲ尊フト同一ナルモ知ルヘカラス。実ニ宗教心ハ己ノ知力及ハサル所、何トナク恐怖ヲ生シ遂ニ一個ノ妄念ヲ発スル者タルニ相違ナシ。是故ニ見ヨ日月ハ之レニ触ルル能ハス。忽然空中ニカカリ、上古時代ニ於テハ人間ニ最モ悟リ難キ怪物ナリ。然ル故ニ上古人民日月ヲ以テ神ト思ハサル者殆ント少ナキニアラスヤ。何レヨリシテ考ヘ見ルモ宗教ハ妄想ニシテ信スヘキニアラスト信ス。[26]

西田はこの手紙の中で、啓蒙主義及び唯物論的な立場から、宗教の発生は原始の時代に無知なる者が恐怖心によって創り出した一種の妄念であり、宗教は信ずるに値しない妄想であると切り捨てている。この手紙ではさらにキリスト教の神について「奇怪千万の神」とも批判しているのであるが、これは当時の進歩的知識人に影響された高校一年時生の発言であり、直ちにここから西田の宗教論を把捉することはできない。[27]

以上述べてきた通り、西田には幼少期から青年期にかけて真宗、キリスト教、禅との最初の出会いが見られる。しかしそれは「心霊上の事実」といわれるような自己の在処から出現したものとまでは言えない。

三　挫折からの転換

西田が自己を問題とし実践的な意味で宗教への深い関心をもったのは大学卒業以降のことであったと考えられる。西田は四高中退後、明治二十四年（一八九一）に帝国大学（東京大学）文科大学哲学科に専科生として入学した。北条の影響で数学に関心を寄せていた西田が哲学に興味を抱くようになったのは、四高在学時代に井上円了（一八五八～一九一九）の『哲学一夕話』を読んだことによるといわれている。[28] 西田は『善の研究』の第三版「版を新にするに当つて」に、私は何の影響によつたかは知らないが、早くから実在は現実そのままのものでなければならない。所謂物質の世界といふ如きものは此から考へられたものに過ぎないといふ考を有つてゐた。まだ高等学校の学生であつた頃、金沢の街を歩きながら、夢みる如くかゝる考に耽つたことが今も思ひ出される。その頃の考が此書の基ともなつたかと思ふ。(29)

と記している。ここにいう「実在は現実そのままのものでなければならない」という考え方の影響が円了の『哲学一夕話』によるものであるかは不明ではあるが、哲学への関心は高校時代には強くなっていたと考えられる。したがって、西田は高い志と希望を胸に大学に入学したはずであるが、しかし西田によれば、東大の専科生は学習環境をはじめ本科生に比べ差別的な待遇を受けていたようで、西田は実に惨めで「人生の落伍者となったように感じた」(30)と深い挫折感と屈辱感を語っている。ちなみに大学での指導教授は、東洋哲学研究を開拓した井上哲治郎（一八五六〜一九四四）であった。船山信一や小坂国継は、西田哲学が「現象即実在論」の系譜に位置づけられることを指摘しているが、(31)西田は井上を生涯「先生」と呼びながらも、国家主義の立場から国民道徳を主張した護教哲学者たる井上に対する西田の評価は必ずしも高いとは言えない。

西田が哲学を学びながら宗教への関心を増長させていった根底には、西田自身の挫折感とさらに人生の矛盾に対する深い嘆きがあったと考えられる。すなわち、まず高校から大学時代にかけて西田家は深刻な危機的状況にあった。当時、経済政策の失敗から農村部は疲弊し米騒動が起こっていたが、そうした影響もあってであろう、西田の父も米相場で失敗し破産状態に陥っている。加えて父の遊蕩や肉親とのトラブルも続く。(32)また後述するように、西田は身近な者の死を幾度となく経験した。さらに西田は大学修了後、金沢に帰るも就職にも失敗している。明治二十八年（一八九五）、ようやく尋常中学校七尾分校の教諭となり、同年寿美と結婚し、翌年には長女弥生が誕生し、また第四高等学校講師（ドイツ語担当）となり金沢に居を移した。しかし順風満帆とはいかず、明治三十年（一八九七）、二十七歳の時に父が原因で寿美と離婚に至り、また同年第四高等学校を罷免されている。西田の人生は誠に悲劇的で苦闘の歴史であった。

西田が実践的に禅への関心を持ち始めたのは、まさにこの心身共に苦悩していた頃である。すなわち西田は二十六歳の時、北条時敬や大拙が師事していた越中国泰寺の前住職雪門玄松（一八五〇〜一九一五）の洗心庵で参禅を始めた。二十七歳には禅への関心がさらに高まり、京都妙心寺まで足を運び、退蔵院に滞在している。小林敏明は、西田が人生に苦闘した結果が西田固有の憂鬱（メランコリー）を形成せしめたことを指摘した上で、西田の禅への傾倒を次のように分析している。

西田の禅の関心を初めから形而上学的関心などと結び付けようとする解釈は誤っている。そうではなくて、西田は人生の悩み、とりわけ家族関係と勉学心との板挟みや自分の置かれている不遇な学問環境といった、きわめて世俗的な苦悩からの脱出口を求めようとして改めて禅に出会ったのである。(33)

小林が指摘するように、西田の禅への取り組みは最初、家族関係や不運な自己の状況から生まれる不安を抑え、精神統一を目的としたものであったのかも知れない。しかしそれはやがて学問の傍らに行う鍛錬の領域を超えて、妄想と対決し真正の己を得るための厳しく真剣な実践的修行となっていったことが日記から窺い知られる。例えば、明治三十二年（一八九九）二月の日記には、次のような記述がある。

二十三日（木）雨　暁起打坐。学問ヲセバナラヌト云フ念ニ妨ゲラル、事多シ…。

二十四日（金）暁坐。ヤハリ書ヲヨムニイヤ古ノ者バカリヲミテモイカヌトカナントカト云フ念ヤマズ。(34)

また、同年三月には「八日（水）……午後ハ多分打坐ニ用ユ……。九日（木）……惰慢心ヲ生セリ　夜打坐(35)」と記される。西田は明治三十一年（一八九八）、二十八歳の時に再び妙心寺で参禅を行っているが、妙心寺での参禅は三十六歳まで毎年続いていることが分かる。その間、明治三十一年（一八九八）には父が逝去し、翌年寿美と復縁しているが、西田は家族と離れて参禅していることになる。明治三十四年（一九〇一）正月には、「一日（火）夜坐禅……。二日（水）午前坐禅……夜坐禅……。三日（木）午前坐禅……夜坐禅、十二時頃マデ独参。四日（金）午前坐禅　午後少シク眠リテ後坐禅　夜坐禅午前十一時半マデ(36)」と朝、昼、夜を問わず坐禅の修行が続く。西田が雪門禅師より「寸心」の居士号を受けたのはこの三十一歳の時であり、明治三十六年（一九〇三）、三十三歳の時には京都大徳寺の廣州老師（一八四〇〜一九〇七）のもとで「無学の公案」を透過して修行は一段落したようである。そしてこの頃から、参禅による見性体験を哲学的に表現するという学問的関心も生まれてきたという。(37)そして明治三十八年（一九〇五）以降の日記には「打坐」の文字が少なくなっていく。また明治三十九年（一九〇六）七月の大拙宛の手紙には、精神的修養は継続していくものの自分には学問の場こそが相応しいとも書き送っている。これらは、西田が北条の勧めで母校の第四高等学校の教諭となった時期と重なり、しかもこの四高の教授時代の講義ノートがもとになって『善の研究』が完成されていくことになるのである。

四　家族の死と悲哀

西田は『無の自覚的限定』所収の論文「場所の自己限定としての意識作用」において、「哲学の動機は『驚き』ではなくして深い人生の悲哀でなければならない(38)」と述べている。鈴木亨は西田のこの言葉について、「アリストテレスの哲学の思索の動機が驚異にあり、デカルトのそれが懐疑にあり、キルケゴールが絶望から出発したように、西田哲学の思索の主導的モチーフは悲哀であった」と説明する。(39)この「人生の悲哀」という言葉は、「場所的論理と宗教的世界観」の中にも現れる。

我々が我々の自己の根底に、深き自己矛盾を意識した時、我々が自己の矛盾的存在たることを自覚した時、我々の自己の存在そのものが問題となるのである。人生の悲哀、その自己矛盾と云ふことは、古来言旧された常套句である。併し多くの人は深く此の事実を見詰めていない。何処までも此の事実を見詰めて行くとき、我々に宗教の問題と云ふものが起ってこなければならないのである。(40)

西田が言う「人生の悲哀、その自己矛盾」とは実存の不可思議、すなわち生を受けたからには死を免れないという仏教が説くところの「生死」の諦観を意味する。宗教心はまさに自己の存在の根底にあるこの矛盾に突き当たることによって喚起されるのである。そしてこの自己矛盾が意識された時、自己の存在そのものが問題となる。また、自己の存在の根底に潜む矛盾は「死」を自覚することを経験して明らかになる。

西田は生涯において幾度となく肉親の死を経験している。西田がはじめて死別の悲しみを知ったのは、明治一七年（一八八四）、十四歳の時に仲が良く信頼していた次姉尚がチフスに罹患し亡くなった時である。西田はこの時はじめて死別の悲しみを知ったことを語っている。(41)明治三十七年（一九〇四）、三十四歳の時には弟憑次郎が日露戦争に出兵し旅順で戦死している。そして何より西田を深い悲哀に至らしめたのは愛しき我が子との死別の体験である。明治四十年（一九〇七）一月十一日に次女の幽子（五歳）が、そして五月には双子の女児の愛子が亡くなっている。西田は生涯、男子を二人、女子を六人恵まれたが、そのうち五人の子供に先立たれている。

西田は次女幽子を亡くした悲しみを、同じように我が子を亡くした親友の藤岡作太郎に語っている。すなわち、藤岡が『国文学史講話』（一九〇八年三月）を公刊した際に寄せた序文「我が子の死」の中で、次のように心のうちを明かしている。

亡き我児の可愛いといふのは何の理由もない、唯わけもなく可愛いのである、甘いものは甘い、辛いものは辛いといふの外にない。これまでにして亡くしたのは惜しからうといつて、悔んでくれる人もある、併しかういふ意味で惜しいといふのではない。……親の愛は実に純粋である。其間一毫も利害得失の念を挟む余地はない。唯、亡児の俤を思ひ出づるにつれて、無限に懐かしくて、可愛そうで、どうにかして生きて居てくれゝばよかつたと思ふのみである。若きも老いたるも死ぬるは人生の常である、死んだのは我子ばかりではないと思へば、理に於ては少しも悲しむべき所はない。併し人生の常事であつても、悲しいことは悲しい、飢渇は人間の自然であつても、飢渇は飢渇である。人は死んだ者はいかにいつても還らぬから、諦めよ、忘れよといふ、併しこれが親に取つては堪へ難き苦痛である。時は凡ての傷を癒すといふのは自然の恵みであつて、一方より見れば大切なことかも知らぬが、一方より見れば人間の不人情である。何としても忘れたくない、何か記念を残してやりたい、せめて我一生だけは思ひ出してやりたいといふのが親の誠である……折にふれ物に感じて思ひ出すのが、せめてもの慰藉である。死者に対しての心づくしである。この悲は苦痛といへば誠に苦痛であろう。併し親は此苦痛の去ることを欲せぬのである。(42)

西田は、親の立場から決して忘れることのできない堪え難き苦痛を飾らずに吐露している。「時が悲しみを癒す」という言葉がある。私たちは、しばしば他者の苦悩に対して、時間の経過がそれを自然と解決してくれるという言葉でもって相手を慰めた気持ちになるのであるが、この西田の文章から、実際はそれ程簡単に人の心は癒されることはないことを改めて知らされる。「折にふれて亡き子を思い出すことは苦しみであるけれども、親はこの苦痛の去ることを願うものではない、否、それこそが慰藉である」という西田の言葉は心に重く響くのである。浅見洋は、西田哲学の根底をなすこの悲哀について、次のように説明している。

人生を悲哀となす西田の把握は、人生の〈愛別離苦〉という事実経験により深く裏打ちされていると私は考えています。実人生の中で西田が幾度となく遭遇せざるを得なかった身近な人々の死＝〈二人称の死〉の経験です。不安は一人称の死という可能性の先駆（先取り）によって生じますが、悲哀（特に愛別離苦）は、二人称の死という事実経験から生じるのではないでしょうか。……西田は悲哀に依拠し、リアルに二人称の死を体験し、そこから人間存在の自覚をもち続け、それらを言語化した哲学者であると考えられます。(43)

西田が言う哲学の動機は、まさに親しき者との別れという深い悲哀のただ中から生まれたものであると言えるであろう。しかもそれが不安―浅見はハイデガーにおける「死の不安」の自覚が〈一人称の死〉であるのに対して西田の死の自覚を考えている―ではなく「悲哀」と表現されるのは、二人称の死を通して西田に「自己の生命の変革」、すなわち回心とも呼ぶべき出来事が起こった事実を表していると理解することができる。このことは単なる推測などではなく、「我が子の死」の後半の以下の文から十分に読み取ることができると考える。

我々の過失の背後には、不可思議の力が支配して居る様である、後悔の念の起るのは自己の力を信じ過ぎるからである。我々はかゝる場合に於て、深く己の無力なるを知り、己を棄てて絶大の力に帰依する時、後悔の念は転じて懺悔の念となり、心は重荷を卸した如く、自ら救ひ、又死者に詫びることができる。歎異抄に『念仏はまことに浄土に生るゝ種にてやはんべるらん、また地獄に墜つべき業にてやはんべるらん、総じてもて存知せざるなり』といへる尊き信念の面影をも窺うを得て、無限の新生命に接することができる。(44)

西田はここで「不可思議の力」の内容を説明していないが、この後に『歎異抄』が引用されていることから阿弥陀仏の本願力と了解することも許されるであろう。西田は言う、後悔の念が起こるのはまだ自力の計らいが残存しているからであると。そしてはからいを捨て去って大いなる力に帰依する時に救いが成立し、また同時に死者に詫びることができるという。後悔を離れた「懺悔の念」とは親鸞思想から言えば「慚愧」と言う方が適切であり、それは不安感情や絶望感とは異なり、救いと表裏一体の言葉として理解されるものである。西田自身も「場所的論理と宗教的世界観」の中で、「真の懺悔と云ふものには、恥と云ふことが含まれてゐなければならない(45)」と述べている。はからいを捨てて絶大の力に帰依するという事態は、はからいを捨てた後に帰依するのではなく、西田の文章を「己を捨てる」即「絶大の力に帰依する」と理解するならば、まさに親鸞における信心（二種深信）の相と一致する。深い人生の悲哀の中で、後悔をはじめ、いっさいのはからい、詮索する心が捨て去られるところ、そこにすでに注がされていた不可思議の力を自覚した経験を語るものだと考えることができる。

おわりに

ここで、本稿に一度掲げた『善の研究』第四編「宗教」の言葉、すなわち「宗教的要求は自己に対する要求である……我々の自己がその相対的にして有限なることを覚知すると共に、絶対無限の力に合一して之に由りて永遠の真生命を得んと欲するの要求である」を想起することにしよう。そうすると「我が子の死」と『善の研究』の言葉が重なっていることが明らかとなる。したがって、『善の研究』は禅体験を言語化した書というよりも、むしろ死別の体験を通して顕わになった不可思議なる力との直接経験を表現したものと理解することができるのではないであろうか。そしてこのような理解に立つ時、西田が『善の研究』第四篇「宗教」五「知と愛」において述べる以下の言葉も別様に光輝いて見えることになる。

我々が花を愛するのは自分が花と一致するのである。月を愛するのは月に一致するのである。親が子となり子が親となり此処に始めて親子の愛情が起こるのである。親が子となるが故に子の一利一害は己の利害の様に感ぜられ、親の一喜一憂は己の一喜一憂の如くに感ぜられるのである。我々が自己の私を棄てゝ純客観的即ち無私となればなる程愛は大きくなり深くなる。親子夫婦の愛より朋友の愛に進み、朋友の愛より人類の愛にすゝむ。仏陀の愛は禽獣草木にまで及んだのである。(46)

以上、些か雑駁な論考となってしまったが、西田の宗教的関心がどのような経験の中で成立したかを見てきた。西田の宗教論を理解するためには、『善の研究』第四編と「場所的論理と宗教的世界観」を内容に沿って解釈し理解する作業が必要となる。そこで、次に『善の研究』を具体的に取り上げ、その中心概念である「純粋経験」の意義を掘り下げることにしたい。（続）[47]

註

（1）「京都学派」とそのアイデンティティに関しては、藤田正勝編『京都学派の哲学』（昭和堂、二〇〇一年）を参照。また西田哲学の研究史については、藤田正勝「日本における研究史の概観と現状」及びL・ブリュル（北岡武司訳）「欧米における研究史の概観と現状」、茅野良男・大橋良介編『西田哲学―新資料と研究への手引き―』（ミネルヴァ書房、一九八七年）を参照。

（2）『西田幾多郎全集』新版第十巻・一三八頁、旧版第十一巻・一七四頁。

（3）大橋良介『京都学派と日本海軍―新史料「大島メモ」をめぐって』（PHP研究所、二〇〇一年）。藤田正勝『西田幾多郎の思索世界―純粋経験から世界認識へ』（岩波書店、二〇一一年）、二二二～二三八頁参照。

（4）西田は一般には禅仏教の人だと考えられているが、浄土真宗とも関係が深いことを指摘し、西田哲学と親鸞思想との関連を論じた近年のすぐれた研究として、武田龍精『親鸞浄土教と西田哲学』（永田文昌堂、一九九一年）、大峯顯「逆対応と名号」（上田閑照編『没後五十年記念論文集　西田哲学』創文社、一九九四年）、小坂国継『西田哲学と宗教』（大東出版社、一九九四年）、長谷正當「西田哲学と浄土教」（大峯顯編『西田哲学を学ぶ人のために』世界思想社、一九九六年）、竹村牧男『西田幾多郎と仏教』（大東出版社、二〇〇二年）等がある。また最近管見に入った研究として、名和達宣「西田幾多郎晩年の思索と『教行信証』―学習院西田幾多郎博士記念館（寸心荘）蔵書調査報告―」『親鸞と現代』二九号（二〇一四年）がある。

（5）『西田幾多郎全集』新版第一巻・六頁、旧版第一巻・三頁。

（6）同右、新版第一巻・三七頁、旧版第一巻・四五頁。

（7）同右、新版第一巻・一三五頁、旧版第一巻・一六九～一七〇頁。

（8）武田前掲書、二四〇～二四四頁。

(9)『西田幾多郎全集』、新版第一巻・三二五頁、旧版第一巻・四〇八頁。
(10)名和前掲論文によれば、西田は山辺習学・赤沼智善著『教行信証講義』(平楽寺書店、一九四一年)を参考にして、島地大等編『聖典　浄土真宗』(一九一九年)に親しんでいたという。また、この聖典には西田自身の書き込みが見られ、特に「信巻」から「証巻」にかけて集中していることが明らかにされている。名和の新しい視点からの研究は継続して発表されており注目される。
(11)『西田幾多郎全集』、新版第十巻・二九六頁、旧版第十一巻・三七二頁。
(12)大峯前掲論文、四四三頁。
(13)『務台理作著作集』第五巻「西田哲学論」(こぶし書房、二〇〇一年)、一三一頁。
(14)『西田幾多郎全集』新版第一巻・三二五頁、旧版第一巻・四〇八頁。
(15)上田久『祖父西田幾多郎』(南窓社、一九七八年)、一三頁。
(16)竹田篤司『西田幾多郎』(中央公論社、一九七九年)、一七六頁。
(17)高坂正顕『西田幾多郎先生の生涯と思想』(弘文堂書房、一九四七年)、二〇四頁。同じく西田門下の木村素衛(一八九五年~一九四六年)も、「西田幾多郎先生の話(『心』第十七巻十一号、平凡社、一九六四年)の中で、西田自身から聞いた話として、授乳時に『歎異抄』を暗記させられていたと記す。
(18)竹内良知『西田幾多郎』(東京大学出版会、一九九四年)、六~七頁。竹村牧男『西田幾多郎と仏教』(四八~四九頁)も『御文章』であったという見方に同感している。
(19)森本(省念)孝治「私の西田先生」、下村寅太郎編『西田幾多郎―同時代の記録』(岩波書店、一九七一年)、一二頁。
(20)『西田幾多郎全集』新版第十七巻・七九頁、旧版第十七巻・七一頁。
(21)同右、新版第一七巻・一九八頁、旧版第十七巻・一八七　頁。
(22)同右、新版第七巻・三四七頁、旧版十二巻・一七〇頁。
(23)『務台理作著作集』第五巻「大拙先生の哲学思想」(こぶし書房、二〇〇一年)、二六八頁。
(24)『鈴木大拙全集』第三十巻(岩波書店、一九六八年)、一四頁。

(25) 『西田幾多郎全集』新版第七巻・三四七頁、旧版第十二巻・三四八〜三四九頁。

(26) 同右、新版第十九巻・七頁。旧版第十八巻・七頁。

(27) 竹田篤司は前掲書(三九一頁)において、「我尊会文集」の中で西田が旧約聖書を英訳し引用して、「人間は道理の動物」であると述べている文章とこの金田宛の手紙を取り上げ、「最近の西田研究は、少年西田のなかにまず唯物論者を見いだし、西田の生涯をむしろその一点からの屈折、ないし内攻として把握しようとする傾向がある……(しかし)むしろ青春というものが本質的に持っている混沌をそこにみるべきではないであろうか」という見方を示している。筆者もこれに同感である。また、竹内良知は前掲書(六四頁)で、西田のこの考え方は中江兆民の『理学鉤玄』(一八八六年)の見解と一致することを指摘している。そして石上豊『西田幾多郎―自覚の哲学―』(北樹出版、二〇〇一年、一六六〜一六七頁)は竹内の理解を踏まえ、西田は当時まだ聖書について深く学んでいなかったものの、一つのアプローチをここで試みた、という理解を示す。

(28) 高坂前掲書、一七頁。

(29) 『西田幾多郎全集』新版第一巻・四頁、旧版第一巻・七頁。

(30) 同右、新版第七巻・三四七頁、旧版第十二巻・一七〇頁。

(31) 船山信一は『明治哲学史研究』(一九五九年)に、「西田の論理は井上円了、井上哲次郎、三宅雄二郎、清沢満之を貫いているところの現象即実在論、観念(即)実在論の論理の発展であり完成なのである」(『船山信一著作集』第六巻、こぶし書房、一九九九年、六〇頁)と述べる。また小坂国継も『明治哲学の研究―西周と大西祝―』(岩波書店、二〇一三年)第三部の中で、井上円了―井上哲次郎―清沢満之―西田幾多郎という思想の系譜を明らかにしている。また藤田正勝は「清沢満之と西田幾多郎」、藤田正勝・安冨信哉編『清沢満之―その人と思想―』(法藏館、二〇〇二年、一二九〜一三五頁)において、清沢と西田を比較し、二人の宗教理解には大きな対立が認められることを示す一方、宗教と哲学の関係や宗教の核心を無限なるものと有限なるものとの合一と理解する点は、両者が同じ立場にあることを指摘している。

(32) 上田前掲書、七九〜九七頁。竹田前掲書、二〇五〜二八四頁。竹内前掲書、八七〜一〇九頁等を参照。

(33) 小林敏明『西田幾多郎の憂鬱』(岩波書店、二〇一一年)、五八頁。

(34)『西田幾多郎全集』新版第十七巻・四二頁、旧版第十七巻・三六頁。
(35)同右、新版第十七巻・四三頁、旧版第十七巻・三七頁。
(36)同右、新版第十七巻・五三頁、旧版第十七巻・四六頁。
(37)上田前掲書、九八～一〇一頁。竹田前掲書、二八五～二九二頁。竹内前掲書、一五〇～一六二頁。なお、高坂は前掲書(三二～三四頁)において、明治三十一年・三十二年の記述内容は禅的色彩が強いと述べる。
(38)『西田幾多郎全集』新版第五巻・九二頁、旧版第六巻・一一六頁。
(39)鈴木亨『西田幾多郎の世界』、一五頁。
(40)『西田幾多郎全集』新版第十巻・三一二～三一三頁、旧版第六巻・三九三～三九四頁。
(41)同右、新版第一巻・三三〇頁、旧版第一巻・四一四頁。
(42)同右、新版第一巻・三三一頁、旧版第一巻・四一七頁。
(43)浅見洋『西田幾多郎―生命と宗教に深まりゆく思索』(春風社、二〇〇九年)、五二～五三頁。なお、浅見は今日的な課題の一つであるグリーフケアの視座から、西田における死の自覚が〈二人称の死〉の体験を背景にもつとすれば、生者のみならず死者と生者との間のケアというものの可能性があるというユニークな見解を示す(二八八～二八九頁参照)。
(44)『西田幾多郎全集』新版第一巻・三三四頁、旧版第一巻・四二〇頁。
(45)同右、新版第十一巻・三二三頁、旧版第十一巻・四〇七頁。
(46)同右、新版第一巻・一五七頁、旧版第一巻・一九七頁。
(47)刊行の順序が後先になるが、本稿は「西田哲学と親鸞思想(二)―純粋経験の多義性―」(『真宗学』第一三五号、二〇一七年)へと続く。

執筆者紹介 （論文掲載順）　①生年、②出身、③研究業績、④肩書

長宗博之（ながむね　ひろゆき）

①一九八七年、②山口県

③「曇鸞の浄土観に関する一考察」『印度學佛教學研究』第六四巻第二号、二〇一六年

「曇鸞における菩薩の階梯について」『眞宗研究』第六一輯、二〇一七年

「曇鸞の涅槃経観について」『宗教研究』別冊九〇号、二〇一七年

④龍谷大学大学院研究生

溪　英俊（たに　ひでとし）

①一九八三年、②山口県

③「浄土真宗における教理史研究に関する一考察」『宗教研究』別冊八八号、二〇一五年

「宗教教育についての一試論」『龍谷教学』第五一号、二〇一六年

「曇鸞の『浄土論』註釈の意図」『真宗学』第一三三号、二〇一六年

④浄土真宗本願寺派総合研究所研究助手、龍谷大学非常勤講師

田中無量（たなか　むりょう）

①一九八一年、②東京都

③「『往生論註』所説の平等法身と未証浄心の二菩薩の関係―曇鸞の「名義摂対章」の論理からの考察」『眞宗研究』第五八輯、二〇一四年

「親鸞における「智慧」の原点―世親・曇鸞の浄土教における「智慧」」共著『智慧の潮―親鸞の智慧・主体性・社会性　Shinshu Theorogy から見えてくる新しい水平線』武蔵野大学出版、二〇一七年

④千代田女学園中学校高等学校教諭、龍谷大学 REC コミュニティカレッジ東京講師、龍谷大学元非常勤講師

福井順忍（ふくい　じゅんにん）

①一九八八年、②広島県

③「中国における浄土教の拡大について―道綽の活動を一例として―」『京都・宗教論叢』第一〇号、二〇一五年

「『安楽集』の「勧信求往」について」『印度學佛教學研究』第六五巻第一号、二〇一六年

「道綽『安楽集』「勧信求往」の構造について」『真宗学』第一三六号、二〇一七年

④龍谷大学大学院博士後期課程三回生

山﨑真純（やまさき　しんじゅん）
①一九八五年、②大阪府
③「『念仏鏡』の一考察―善導教学との関連を中心に―」『真宗学』第一二八号、二〇一三年
「存覚における念仏思想―十八願解釈を中心として―」『選擇註解鈔』（『龍谷大学善本叢書』第三三巻）、二〇一六年
博士論文「浄土教における善導の研究」
龍谷大学学術機関リポジトリ（https://opac.ryukoku.ac.jp/webopac/TD32009544）、二〇一七年
④龍谷大学・京都女子大学・大阪大谷大学非常勤講師

細川　了（ほそかわ　さとる）
①一九九〇年、②福岡県、④龍谷大学特別専攻生

西河　唯（にしかわ　ゆい）
①一九八八年、②京都府
③「親鸞『見聞集』の文献的意義」『龍谷大学大学院文学研究科紀要』第三六集、二〇一四年
「専修念仏教団における聖覚の地位―法然・親鸞門下を中心として―」『眞宗研究』第六〇輯、二〇一六年
「聖覚仮託文献の意義と評価」『印度學佛教學研究』第六五巻第一号、二〇一六年
④龍谷大学大学院研究生

榎屋達也（えのきや　たつや）
①一九八八年、②大阪府
③「懐感浄土教の研究―善導浄土教と比較して―」『龍谷大学大学院文学研究科紀要』第三五集、二〇一三年
「吉蔵の浄土観に関する一考察―『観経義疏』を中心として―」『印度學佛教學研究』第六三巻第二号、二〇一五年
「吉蔵の浄土観に関する一考察―仏身論を手掛かりに―」『印度學佛教學研究』第六四巻第一号、二〇一五年
④龍谷大学大学院研究生

川添泰信（かわそえ　たいしん）

①一九四九年、②宮崎県

③『親鸞浄土教と師弟像』自照社出版、二〇〇九年

『高僧和讃講讃』永田文昌堂、二〇一〇年

「親鸞における人間様態の問題―三哉が明かすもの」共著『智慧の潮―親鸞の智慧・主体性・社会性

Shinshu Theorogy から見えてくる新しい水平線』武蔵野大学出版、二〇一七年

④龍谷大学文学部教授

四夷法顕（しい　ほうけん）

①一九八五年、②兵庫県

③「親鸞における「絶対」の語義―天台所説「絶待」の語をめぐって―」『宗教研究』別冊八七号、二〇一四年

「『獲得名号自然法爾御書』の釈風について―天台教学との関連性―」

『印度學佛教學研究』第六三巻第二号、二〇一五年

「親鸞の一乗思想における叡山教学の受容―源信『一乗要決』との関連性を中心に―」

『真宗学』第一三一号、二〇一五年

④龍谷大学非常勤講師

河智義邦（こうち　よしくに）
①一九六八年、②島根県
③「親鸞教学の思想構造と本覚思想―法然教学との関連―」共著『法然と親鸞』永田文昌堂、二〇〇三年
「親鸞浄土教における還相回向論の特質―その構造と具体性について―」
共著『科学時代における人間と宗教』法藏館、二〇一〇年
「親鸞における『阿弥陀経』受容の諸相（Ⅰ）―真門設定の実践的意義について―」
『岐阜聖徳学園大学仏教文化研究所紀要』第一五号、二〇一五年
④岐阜聖徳学園大学教育学部教授

貫名　譲（ぬきな　ゆずる）
①一九六七年、②広島県
③「親鸞の称名観」共著『『教行信証』に問う』永田文昌堂、二〇〇一年
「親鸞の獲信過程―「破綻」と「出遇い」―」『真宗学』第一〇五・一〇六合併号、二〇〇二年
「「行巻」大行釈引文の研究」『印度學佛教學研究』第六〇巻第一号、二〇一一年
④大阪大谷大学文学部教授

玉木興慈（たまき　こうじ）

①一九六九年、②大阪府

③『歎異抄のことば』本願寺出版社、二〇一五年

「『教行信証』行巻の行―称名破満釈を中心に―」『龍谷大学論集』第四七四・四七五合併号、二〇一〇年

「往生一定と往生不定」『真宗学』第一二三・一二四合併号、二〇一四年

④龍谷大学文学部教授

玉木興隆（たまき　こうりゅう）

①一九八六年、②富山県

③「親鸞の年代における表現変遷の理由」『印度學佛教學研究』第六二巻第二号、二〇一四年

「「獲信見敬大慶喜」部分の推敲について」『宗教研究』別冊八七号、二〇一四年

「「正信念仏偈の文言の異同について―専信書状との関係性を考察―」『眞宗研究』第五九輯、二〇一五年

④龍谷大学大学院研究生

田中好三（たなか　よしみ）
①一九四三年、②福井県
③『日本人のための基礎日本語』鳥影社、一九九九年
『賢い人の日本語力』鳥影社、二〇〇九年
共著『こころの教育と生き方講話集』ジューン・ファースト、二〇一四年
④龍谷大学特別専攻生

杉岡孝紀（すぎおか　たかのり）
①一九六五年、②岐阜県
③『親鸞の解釈と方法』永田文昌堂、二〇一一年
「親鸞における自然」『日本仏教学会年報』第六八号、二〇〇三年
「親鸞における「海」の解釈」『真宗学』第一一一・一一二合併号、二〇〇六年
④龍谷大学農学部教授

親鸞と浄土仏教の基礎的研究

2017年12月21日　第1刷

編　者　川　添　泰　信
発行者　永　田　　　悟
印刷所　㈱図書印刷同　朋　舎
製本所　㈱吉　田　三　誠　堂
発行所　永　田　文　昌　堂
京都市下京区花屋町通西洞院西入
電　話　0 7 5 (371) 6 6 5 1 番
F A X　0 7 5 (351) 9 0 3 1 番
振　替　0 1 0 2 0 − 4 − 9 3 6

ISBN978-4-8162-3048-6　C1015